大型智慧社区
建设技术研究与应用

曹少卫 主编

中国建筑工业出版社

图书在版编目（CIP）数据

大型智慧社区建设技术研究与应用/曹少卫主编
. —北京：中国建筑工业出版社，2023.11
ISBN 978-7-112-29377-3

Ⅰ.①大… Ⅱ.①曹… Ⅲ.①社区管理—现代化管理—研究—中国 Ⅳ.①D669.3

中国国家版本馆CIP数据核字（2023）第232852号

责任编辑：朱晓瑜　张智芊
文字编辑：李闻智
书籍设计：锋尚设计
责任校对：芦欣甜

大型智慧社区建设技术研究与应用
曹少卫　主编

*

中国建筑工业出版社出版、发行（北京海淀三里河路9号）
各地新华书店、建筑书店经销
北京锋尚制版有限公司制版
建工社（河北）印刷有限公司印刷

*

开本：787毫米×1092毫米　1/16　印张：24¾　字数：553千字
2024年2月第一版　2024年2月第一次印刷
定价：**85.00元**
ISBN 978-7-112-29377-3
（42158）

版权所有　翻印必究
如有内容及印装质量问题，请联系本社读者服务中心退换
电话：（010）58337283　QQ：2885381756
（地址：北京海淀三里河路9号中国建筑工业出版社604室　邮政编码：100037）

本书编委会

主　编：曹少卫

副主编：游又能　张海彬　朱长城

编　者：林剑远　曹思原　黄万龙　岑　涛　蔺国强　余　雷
　　　　赵楚翘　窦志文　刘　琳　徐向东　喻洁洁　黄　笑
　　　　张云翔　罗玉林　区云帆　仲滨维

序 言

2011年，我国城镇化率达到51.27%，城镇常住人口首次超过农村常住人口；2022年，我国城镇化率已达到65.22%。根据《中华人民共和国国民经济和社会发展第十四个五年规划和2035年远景目标纲要》，到2035年我国将基本实现新型工业化、信息化、城镇化、农业现代化，建成现代化经济体系。据此预测，到2035年我国城镇化率有望达到72%。在这样一个百年未有之大变局的时代背景下，本书的选题——如何建设大型智慧社区并推广应用，是对中国特色社会主义新时代建设中国式现代化城镇这一时代课题的总结、思考和探索，凸显出作者独具的前瞻性、全局性思维慧眼，以及作为学者的时代历史责任担当。

十多年前，我有幸代表中国科学院电子学研究所参加了由住房和城乡建设部组织的我国首个智慧城市指标体系的编写工作。期间我对未来十年大型智慧社区的建设做过设想——通过新一代信息技术对大型社区的基础设施和基本框架进行重构，赋予大型社区网络化、数字化、智能化、可视化和精准化等更多新时代的科技特征，从而打破传统大型社区现有格局，突破长期存在的建设和运营不协调、供给与需求不均衡、发展与安全不同步等矛盾制约，在我国快速城镇化的时代背景下，建设容纳不同人群的宜居便捷、乐业康养、绿色安全的新社区，打造新时代的生活、学习、休闲、娱乐、养老的新大院，从而提升人民群众的科技获得感、安全幸福感和品质生活感。

今天我欣喜地看到，当初设想的诸多创新技术与场景应用，在作者多年身体力行的宣传、推动和实践下大都得以体现，并以《大型智慧社区建设技术研究与应用》这本著作作为载体呈现出来。在这本书中，作者基于其对大型智慧社区建设技术的研究与项目实践经验，对大型智慧社区的定义、基本特征、创业原则以及建设运营模式做了清晰的阐述，对大型智慧社区建设中存在的问题和发展趋势进行了深入分析，并以"云、大、物、移、智"新一代信息技术的深入应用为手段，以场景创新为主线，结合相关案例，对大型智慧社区建设进行了全面的剖析与总结，对大型智慧社区的未来发展进行了分析与展望。本书对智慧社区的研究者、建设者、应用者而言，既有理论的高度，又有实践的广度，极具时代意义。

本书构思新颖、重点突出、内容鲜活、思考深入，是大型智慧社区建设领域中不可多得的一本好书，可以为大型智慧社区研究者、建设者和运维者提供一套先进科学、实操性强的解决方案，可以在智慧社区建设落地中让人们更能清醒地认识所面临的机遇和风险，找准智慧社区建设的定位和突破口，掌握未来智慧社区发展趋势。本书也可以作为高等院校的"通识教育"读本，供相关专业的教师与学生们研究学习。

我热忱地向大家推荐这本书！

住房和城乡建设部科技委科技协同创新专业委员会副秘书长

前言

在习近平新时代中国特色社会主义思想的指引下，中国发展进入了新的历史阶段，中国式现代化的理念已深入人心，随着人们不断追求美好生活，智慧社区建设蓬勃发展，以社区群众的幸福感为出发点，为社区百姓提供便利，推动社会进步，同时营造出新的需求和产业，促进了现代服务业发展，有效推动了国内经济向第三产业转型。因智慧社区建设是一项涵盖内容广泛、参与主体众多的系统工程，故在顶层设计一体化、统筹共建制度化、投资运营可持续、法规保障人文化等方面仍有待进一步完善。本书基于对大型智慧社区的研究与项目实践经验，全面介绍了智慧社区建设的发展、定义了大型智慧社区、分享了大型智慧社区建设经验和案例，同时分析了目前大型智慧社区建设中存在的问题，提出了"分类施策""建设、运营、管理一体化"建设模式及"政府主导、企业建设、市场运营、居民自治"的构架体系，探索共建共营商业模式，以期共同深入推进智慧社区建设。

本书第1章由曹少卫、朱长城编写，叙述了大型智慧社区的基本特征、创建原则、建设运营模式；第2章由林剑远、赵楚翘、曹思原编写，讲述了智慧社区国际、国内的发展情况，并对发展现状进行了分析；第3章由张海彬、黄万龙、刘琳、徐向东、张云翔、罗玉林、区云帆编写，结合项目实践详细介绍了城市生命线工程智慧监测预警技术，并对城市生命线工程技术发展趋势进行了展望；第4章由岑涛、窦志文、喻洁洁、黄笑、仲滨维编写，介绍了大型智慧社区在智慧物业、智慧康养、智慧运营、文化教育、政务服务等场景的应用和创新；第5章由游又能、蔺国强、朱长城编写，介绍了大型智慧社区高品质生态住宅的建筑及运维技术，并对智慧科技融入高品质住宅进行展望；第6章由余雷编写，结合中铁生态城实际案例，对大型智慧社区集成管理平台研发及应用进行了阐述；第7章由曹少卫、朱长城编写，对大型智慧社区发展难点、重点进行了分析，并对发展趋势进行了展望。

在此感谢北京建筑大学、中国科学院、中国建筑工业出版社的各位专家朋友在本书编写过程中给予的指导和建议。由于受所收集资料及编写时间的限制，加之编撰者能力有限，书中难免存在不当之处，敬请广大读者批评指正。

本书编委会

目 录

第 1 章 绪论

1.1 大型智慧社区概述 2
    1.1.1 社区的发展 2
    1.1.2 智慧社区 3
    1.1.3 大型智慧社区 3

1.2 基本特征 4
    1.2.1 智能便捷 4
    1.2.2 健康宜居 6
    1.2.3 生态低碳 8

1.3 创建原则 10
    1.3.1 分类施策 10
    1.3.2 指导原则 11
    1.3.3 创建路线 13

1.4 建设、运营模式 15
    1.4.1 EPC工程总承包管理模式 15
    1.4.2 政府平台公司运营模式 15
    1.4.3 联合公司运营模式 16
    1.4.4 政府购买服务模式 17
    1.4.5 政府和社会资本合作（PPP）模式 17

第2章
智慧社区的发展

2.1 发展历程 20

2.2 国外典型案例 26
2.2.1 新加坡榜鹅智慧社区 26
2.2.2 日本神奈川县藤泽可持续智慧社区 32
2.2.3 法国里昂汇流口智慧社区 41
2.2.4 美国纽约州斯克内克塔迪智慧社区 46
2.2.5 美国智慧城市和社区建设其他案例 48

2.3 国内典型案例 51
2.3.1 北京市朝阳区智慧社区 51
2.3.2 上海市长宁区北新泾街道数字社区 52
2.3.3 广州市越秀区六榕街旧南海县智慧社区 53
2.3.4 深圳市南山区南园智慧社区 56
2.3.5 杭州市萧山区瓜沥镇七彩未来社区 57
2.3.6 贵阳市中铁国际生态城 60

2.4 现状发展分析 72
2.4.1 国外现状发展分析 72
2.4.2 国内现状发展分析 73
2.4.3 大型智慧社区建设问题 79
2.4.4 大型智慧社区发展思路 80

第3章
大型智慧社区基于物联网的城市生命线工程智慧监测预警技术

3.1 城市生命线工程概述 84

3.1.1 城市生命线工程 84
　　　3.1.2 城市生命线系统结构及工程设施 89
　　　3.1.3 城市生命线工程典型事故分析 93

3.2 基于物联网的城市生命线工程监测预警技术 96
　　　3.2.1 城市生命线工程监测预警技术发展概述 96
　　　3.2.2 中铁国际生态城城市生命线工程现状 105
　　　3.2.3 中铁国际生态城城市生命线工程监测试点前端设备
　　　　　　布设方案 124
　　　3.2.4 多源异构数据治理 136
　　　3.2.5 城市生命线工程预警 138
　　　3.2.6 监测预警系统构建 144

3.3 城市生命线工程智慧平台建设 145
　　　3.3.1 平台概述 145
　　　3.3.2 平台需求分析 146
　　　3.3.3 平台建设目标 148
　　　3.3.4 平台总体架构 150
　　　3.3.5 子系统功能模块 155
　　　3.3.6 系统特点与优势 165

3.4 展望 167
　　　3.4.1 国家、地方政策层面对城市未来发展要求 167
　　　3.4.2 山区城市生命线安全管控发展需求 170
　　　3.4.3 城市生命线工程技术发展趋势 170

第4章

大型社区智慧应用场景和创新技术应用

4.1 智慧物业 174
　　　4.1.1 智慧物业概述 174
　　　4.1.2 智慧物业的典型应用场景 174

		4.1.3	新技术在智慧物业中的应用	179
		4.1.4	智慧物业的实施与挑战	186
		4.1.5	智慧物业案例分析	190
		4.1.6	智慧物业展望	198

4.2 智慧康养 199

- 4.2.1 智慧康养概述 199
- 4.2.2 智慧康养的典型应用场景 200
- 4.2.3 新技术在智慧康养中的应用 204
- 4.2.4 智慧康养的实施与挑战 206
- 4.2.5 智慧康养案例分析 208
- 4.2.6 智慧康养展望 214

4.3 智慧运营 215

- 4.3.1 智慧运营概述 215
- 4.3.2 智慧运营的典型应用场景 216
- 4.3.3 新技术在智慧运营中的应用 220
- 4.3.4 智慧运营的实施与挑战 224
- 4.3.5 智慧运营展望 229

4.4 文化教育 238

- 4.4.1 文化教育概述 238
- 4.4.2 智慧社区文化教育的典型应用场景 239
- 4.4.3 新技术在大型智慧社区文化教育中的应用 242
- 4.4.4 大型智慧社区文化教育案例分析 245
- 4.4.5 文化教育展望 252

4.5 社区政务服务 253

- 4.5.1 政务服务概述 253
- 4.5.2 社区政务服务的典型应用场景 254
- 4.5.3 新技术在大型智慧社区政务服务中的应用 256
- 4.5.4 社区政务服务案例分析 259
- 4.5.5 社区政务服务展望 265

第5章
大型智慧社区高品质生态住宅建筑技术

5.1 大型智慧社区高品质生态住宅建筑技术 268
5.1.1 概述 268
5.1.2 智慧社区高品质生态住宅建筑技术 273
5.1.3 智慧社区高品质生态住宅的能源管理 275
5.1.4 智慧社区高品质生态住宅的安全管理 278
5.1.5 智慧社区高品质生态住宅的环境控制 288
5.1.6 智慧社区高品质生态住宅基于物联网技术的设备管理 291
5.1.7 智慧社区高品质生态住宅自动化技术 299

5.2 大型智慧社区高品质生态建筑运维技术 305
5.2.1 概述 305
5.2.2 便捷交互场景管理与运维 305

5.3 未来展望 309

第6章
大型智慧社区集成管理平台研发及应用

6.1 概述 312
6.1.1 研究背景 312
6.1.2 社区管理的挑战和需求 313
6.1.3 大型智慧社区集成管理平台——社区智慧大脑的意义和作用 314

6.2 社区智慧大脑概述 317
6.2.1 定义和概念 317
6.2.2 架构和组成要素 318

	6.3	技术基础	321
		6.3.1 云计算和大数据技术	321
		6.3.2 物联网技术和传感器网络	323
		6.3.3 人工智能和机器学习技术	325
		6.3.4 区块链技术在社区智慧大脑中的应用	327

	6.4	社区智慧大脑设计与实现	329
		6.4.1 平台架构设计	329
		6.4.2 数据采集与处理	332
		6.4.3 数据存储与管理	335
		6.4.4 数据分析与智能决策支持	338
		6.4.5 用户界面与交互设计	340
		6.4.6 平台集成与部署	342

	6.5	社区智慧大脑应用	345
		6.5.1 社区安全与监控	345
		6.5.2 能源管理与环境监测	347
		6.5.3 社区服务与居民互动	349
		6.5.4 交通管理与出行服务	352

	6.6	典型案例	354
		6.6.1 四川眉山中铁生态城智慧大脑总体设计	354
		6.6.2 智慧社区底座	357
		6.6.3 智慧社区运营管理中心	358
		6.6.4 生态城综合服务App	359
		6.6.5 重点应用场景	359

	6.7	评估与未来发展趋势	362
		6.7.1 应用评估与效果分析	362
		6.7.2 未来发展趋势与挑战	363
		6.7.3 未来展望与扩展应用领域	366

第7章
未来发展与展望

- 7.1 发展难点 371
- 7.2 发展重点 372
  - 7.2.1 加强体制机制建设 372
  - 7.2.2 加强顶层规划设计 373
  - 7.2.3 完善框架体系构建 374
  - 7.2.4 统一评价考核标准 375
- 7.3 发展趋势 376
  - 7.3.1 人文关怀更强 376
  - 7.3.2 新技术应用更多 376
  - 7.3.3 平台建设更开放 377
  - 7.3.4 应用场景更丰富 377
  - 7.3.5 绿色、可持续发展 378
  - 7.3.6 数据分析应用更深入 378
  - 7.3.7 社会参与更广泛 379
- 7.4 未来展望 379

第1章

绪论

1.1 大型智慧社区概述

1.2 基本特征

1.3 创建原则

1.4 建设、运营模式

1.1 大型智慧社区概述

1.1.1 社区的发展

人类是群体动物，人类社会的活动离不开一定的地理区域，具有一定地域的社区就是社会群居、活动的场所，因此"社区"一词天然具有地域特征，可以说它是农耕文明的产物：农业兴起，形成村庄，村庄就是一个社区；随着经济社会文化的发展，村庄社区壮大为城镇社区；工业革命后城镇社区逐渐都市化，城市社区的数量日益增多，而且城市社区的经济基础与结构功能都不同于以往的社区，其规模日益扩大，出现了许多大城市、大都会社区。

社区的概念起源于西方，1887年，德国学者滕尼斯在《社区与社会》一书中强调"社区"与"社会"的区别，认为社区是传统的人们在共同的情感和价值观引导下，依据自己的自然意志，基于血缘、地缘或精神契合发展而成的共同体。从滕尼斯的定义来看，"社区"排除了政治意志与经济行为，其后马克思主义者的"政治—经济—公民"社会三分模式中的"公民社会"也是对这一"社区"概念的继承。20世纪20—30年代，以美国帕克为首的芝加哥学派及其人文区位学，将社区由一种类型学上的、理想化的概念转变为一个实体研究单位、一种研究方法以及社会学一个新的研究分支，这也不可避免地加强了对社区地域性特征的强调，提出社区是"占据了一块或多或少被明确限定了的地域上的人群汇集"。"社区"一词是在20世纪30年代经美国"转口"引进中国的，费孝通等燕京大学社会学系的部分学生首次将英文的"Community"译为"社区"，"社区"逐渐成为中国社会学的通用语。在"社区"一词传入之前，传统的中国基层社会已经稳定地存在了数千年，从最早的井田制、里坊制，到后来的单位制、街道居委会制乃至现代社区，从这个意义上讲，中国式"社区"由来已久，并非一个外来概念。

从滕尼斯开始，人们对社区的理解众说纷纭，关于社区的定义和解释也多种多样，归纳起来主要为两大类：一类是功能主义观点，认为社区是由有共同目标和共同利害关系的人组成的社会团体，即功能社区；另一类是地域主义观点，认为社区是在一个地区内共同生活的有组织的人群，即地域性社区。不管在定义上存在多少差异，社区一直都是城市结构的基本单元、居民生活的基本单元、社会治理的基本单元。

互联网的发展，实现了跨时空的人际互动，人们在互联网上通过交流形成了具有共同价值观、共同归属感的群体，因此，强调具有"精神共同体"属性的"虚拟社区"（Virtual Community）便逐渐凸显出来。虚拟社区是与传统的实在社区（Real Community）相对应的，它也具有实在社区的基本要素：①有一定的活动区域。如各网站开设的BBS、聊天室、网上论坛、网上沙龙等。②有一定数量的固定的人群（网民）。人与人之间有着频繁的互动，如聊天、交流讨论、咨询与求助等。③有共同的意识与文化。在虚拟社区的发展过程中形成了独特的社区文化并建立了成员间的价值认同和心理认同。④有满足居民各种需要的服务设施。如有专门从事技术维护支持的人员和机构。

虚拟社区是信息技术发展之后形成的崭新的人类生存空间，从某种意义上说它更接近滕尼斯所谓的共同体的那种"天然的状态"。虚拟社区与实在社区最大的差异是在地域空间的界定上，没有物理意义上的地域边界，虚拟社区的非空间组织形态以及成员的身体缺场，使其成员可能散布于各地，即个体可以超越空间的障碍生活在好几个虚拟社区里。

1.1.2 智慧社区

城市是人类文明发展的产物，社区是构成城市有机体最基本的单元和细胞，社区作为城市居民生存和发展的载体，其智慧化程度是城市智慧水平的集中体现。智慧社区从功能上讲，是以社区居民为服务核心，为居民提供安全、高效、便捷的智慧化服务，全面满足居民的生存和发展需要。

国内的智慧社区是新时代中国式现代化社区管理的一种新理念，是在日新月异的信息化技术发展的新形势下，对社区管理和服务的智能化升级，通过利用"云、大、物、移、智"等多种信息技术和集成应用方式，整合社会、市场各类服务资源，为社区居民提供社区政务、社区治理、社区管理、社区服务等多种便捷服务的模式。从应用方向来看，"智慧社区"应实现"以智慧政务提高办事效率，以智慧民生改善人民生活，以智慧家庭打造智能生活，以智慧小区提升社区品质"的目标。

2014年，住房和城乡建设部就印发了《智慧社区建设指南（试行）》，指出"智慧社区"建设是将"智慧城市"的概念引入了社区，以社区群众的幸福感为出发点，通过打造智慧社区为社区百姓提供便利，推动社会进步；同时"智慧社区"建设还能够营造出新的需求和产业，促进现代服务业发展，从而有效推动国内经济向第三产业转型。

1.1.3 大型智慧社区

大型智慧社区主要是从规模和尺度意义上进行的定义，是在整合多个传统完整社区（步行时长10min，步行距离500m，居住人口有上限）的基础上，通过社区智慧大脑集成管理平台对基础设施、能源生命线工程、社区内公共交通、分级医疗体系、职业教育、线上消费等应用场景进行管理的超大型社区组合体。作者参与建设的中铁生态城项目（图1.1-1），就是大型智慧社区的一个典型案例。

大型智慧社区一是规模和尺度更大，无论是社区服务提供者、社区管理者，还是社区居民，都可以跨越单一的完整社区范围，享受更大区域范围内的服务；二是信息集成度和智慧化水平更高，对环境的管理要求也更高，可以多方面、多角度地提供工作的便捷、生活的绿

图1.1-1　中铁生态城大型智慧社区

色、健康舒适的环境等。

大型智慧社区是随着城市的发展逐步完善的，是城市社区发展的一种新的探索。它跳出传统的行政区划管辖，以服务现代产业发展的需求为目标，充分利用新一代信息技术的发展，把社区看作有机体，进行智能化的管理，是一种智慧便捷、生态低碳、健康宜居的复合型社区，是构建现代和谐社会的基础。

1.2　基本特征

大型智慧社区除了具备信息化、智能化、服务精细化、可持续发展等多方面的特点，其智能便捷、健康宜居、生态低碳这些特征的实现必将会为居民的生活带来更多的便利和舒适。

1.2.1　智能便捷

大型智慧社区在传统住宅社区的基础上，借助互联网技术和物联网技术，实现社区居民之间信息交流、社区服务、物业管理等一系列服务的智能化、便捷化、高效化。可以说，智慧社区是一种以人为本、以智慧为核心的社区服务模式，旨在提升社区居民的生活质量，提高社区服务和管理水平，为社区居民提供便利的生活方式，实现社区管理智能化和服务智能化的新型居住社区（图1.2-1）。

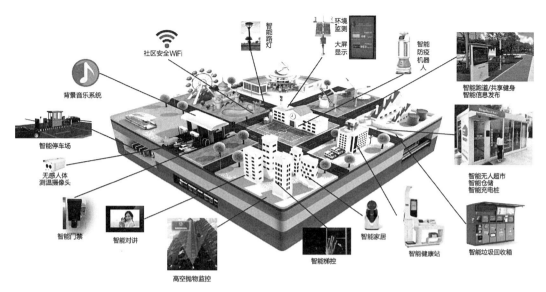

图1.2-1　大型智慧社区提供智能便捷服务

1.2.1.1　智能化硬件设备

采用各种智能设备和技术手段,如智能门禁系统、智能照明、智能电表、传感器、摄像头、环境监测、智能停车系统、可视对讲系统等设备,通过物联网技术,实现对社区内各种设施和设备的远程监控和管理,感知社区各类信息,实现资源管理最优化,保障社区环境、业主安全、出行便捷及生活舒适。

1.2.1.2　智慧化管理系统

建立优化各类管理系统,如城市生命线管理、智慧楼宇、高品质生态住宅、智慧运营等系统,结合物联网、云计算、大数据等信息技术手段,将社区内的各种资源进行数字化、智能化管理和运营,实现信息共享和互联互通,收集各类数据并进行分析优化,实现决策优化和运营智能化,保障社区功能正常、高效运行,优化内部管控,实现降本增效,提高管理效率和服务水平。

1.2.1.3　精细化社区服务

通过移动互联网、智能终端、人工智能等信息技术手段,实现对居民的个性化需求的精细化服务。例如,智慧物业可以线上一对一服务业主,提供线上缴费、报修、快递代收等服务,为业主提供专业、及时、便捷的服务和生活体验;智慧康养在生活起居、安全保障、保健康复、休闲娱乐等方面为老年人提供生活服务和管理,使老年人过得幸福,住得开心;智慧商城、智能家居、教育服务、共享充电宝等服务,使居民可以通过智能手机进行物品的租赁、购买、维修等,享受到更加便捷和高效的服务,满足居民多方面、精细化的生活需求。

1.2.2 健康宜居

大型智慧社区的发展不仅关注社区服务和管理水平的提高、社区居民生产生活的方便，还着重关注居民的健康和福祉，通过先进科技手段的应用，为居民提供便捷、健康、舒适、宜居的服务及生活环境，提升健康水平和生活质量，关怀居民的健康与福祉（图1.2-2）。

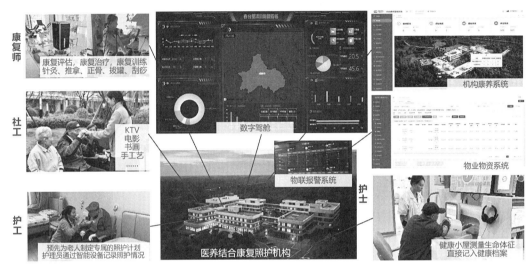

图1.2-2　大型智慧社区提供健康宜居生活

1.2.2.1 智慧便捷的健康生活

健康是全民关注的头等大事，在目前的大环境下，人们越来越注重身体的健康，居住理念也正以"健康"为标尺逐步重塑。健康的居住空间成为高品质住宅的重要衡量标准之一。未来智慧健康型社区充分满足了居民的健康维护需求，成为集医疗便捷、健康舒适、安全宜居等特点为一体的智能社区。

健康环境：通过传感器、互联网、智能分析处理平台可实时监测室内、室外环境状况，给予生活环境相关建议。如室内监测居民家中氧气、二氧化碳、甲醛等含量，一方面居民可查询自家数据，另一方面所有数据可汇总到管理后台，由系统设定合适的警戒值，及时进行相关设备的自动调整，打造健康的居家环境；室外环境主要监测小区内温度、湿度、噪声、粉尘量、风力、PM10、PM2.5、氧含量、紫外线强度等数据，数据同步到系统后台，可为居民社区活动、出门远行提供指导建议，健康出行。若社区安装有喷雾系统时，还可以同步喷雾系统，当遇到粉尘较大或室外温度过高时，自动启动主要道路和活动区域的喷雾系统。

健康医疗：个性化健康管理，通过结合健康监测设备和人工智能技术，实现对居民的个性化健康管理，居民可以通过智能手环、智能体重秤等设备进行健康数据的实时监测和记录，智能医疗系统可以根据数据进行健康评估和提供个性化健康建议，帮助居民管理和改善健康状况。智能分诊，居民使用AI分诊平台，通过输入性别、年龄等基本信息和主要症状，由系统识别判断患者主诉是否有分诊需求，再判断患者输入的是症状还是疾病，如果是疾病直接分诊，如果是症状通过算法判断是否需要继续问诊，直至得出科室。远程医疗服务，利用互联网和远程通信技术，实现医生与居民之间的远程医疗咨询和诊疗，居民可以通过智能手机或电脑与医生进行视频咨询，获得及时的医疗建议和处方，方便居民，尤其是那些行动不便的老年人和慢性病患者，减少就医时间和成本。共享医疗资源，通过建立医疗大数据平台，医疗机构可以共享医疗资源和病历数据，提高医疗服务的效率和质量，居民可以享受到更全面和便捷的医疗服务，提升就医体验。

健康照护：社区健康小屋，可实现测量血氧、血压、呼吸/心率、身高体重，进行人体成分分析等不需要采集体液的健康指标测量功能，并对接在线AI问诊平台，实时为用户提供健康咨询和就医咨询服务。家庭医生，根据各地政策实施情况，提供在线居民信息汇总、家庭医生信息汇总等服务，居民可选择相应的家庭医生在线建立服务关系，通过网络进行诊疗服务预约、诊疗服务记录，以及病例的在线查询和导出；当家庭医生系统与药房系统和医院系统对接时，可实现药品在线购买、医院专科医生在线调取日常病例。智慧照护，在家庭内部使用各种传感器进行及时报警处置，如老人在家中摔倒，地面的安全传感器就会立即通知此前协议约定的医护人员和老人亲属；如果正在煮的东西长时间"无人问津"，那么装在厨房里的传感器就会发出警报，提醒健忘的老人家，或者万一老人已经外出，传感器报警一段时间还是无人响应，这时煤气便会自动关闭。

养老服务：健康管理，通过智能设备采集长者身体数据，形成长者电子化动态健康档案，实时了解长者身体变化情况，辅助紧急救援，并通过分析提出针对性的措施，形成集疾病预防、治疗、康复护理、健康促进为一体的健康管理服务，帮助长者建立有序健康的生活方式，降低风险状态，远离疾病。生活照护，根据"评估—照护—反馈"机制，通过AI照护计划算法，合理制定照护及科学膳食方案，动态调整照护方案及慢病管理方案，形成健康照护动态闭环，有利于长者身体康复，节约护理资源。主动和被动预警，通过生活场景中的感知设备24h实时感知长者状态，将要发生风险时，系统主动触发报警，如离床报警、心率骤变报警、长时间未活动报警、走失报警等；被动预警是长者在生活场景中感知人身安全可能受到威胁时，通过触发相关装置达到预警。

1.2.2.2 方便舒适的宜居生活

随着经济的不断发展，人们对生活方式及生活环境要求越来越高，通过搭建数据治理体系，推进社区管理服务数字化、智能化、一体化升级，打造共治社区、平安社区、宜居社区，为居民提供宜居生活环境。

AI优化家居环境：基于AI、物联网、云计算等技术，将室内的智能照明、智能用水、智能烹饪、智能健康等,以及室外的智能门禁、智慧停车、AI安防等充分一体化深度融合,打造全场景智能社区,通过语音交互控制智能音箱、离家自动关闭灯光窗帘、进小区智能通行畅通无阻、自动控制电梯等,控制整个智能社区到智能家居的设备,从而享受室内室外、线上线下生活一体化全智能场景的操控。

优化资源配置:通过安装各种传感器、摄像头、门禁系统等设备,可以实时监测和分析社区内的人流、车流、垃圾、能耗等数据,从而优化资源配置,提升服务水平,解决各种问题。例如,智慧社区可以根据车位的使用情况,动态调整停车费用,鼓励共享出行;也可以根据垃圾桶的满载情况,自动通知清运人员,避免垃圾溢出;还可以根据居民的用电需求,自动调节电网的供应和负荷,节约能源。

便利多样的社区服务:通过建立智慧平台,为居民提供一站式的在线服务,如居民可以通过手机App预约物业维修、家政服务、快递收发等服务;也可以通过扫码支付水电煤气、停车、物业等费用;还可以通过在线商城购买生活用品、食品饮料等商品。此外,还可以推送各种信息和活动给居民,如天气预报、交通路况、健康提示、文化娱乐等。

安全保障和舒适:通过利用人脸识别、指纹识别等技术,可以实现对进出人员的身份验证和记录,防止陌生人或不法分子的入侵;也可以实现对火灾、水灾、气体泄漏等异常情况的及时发现和报警,并启动应急预案;还可以实现对噪声污染、空气质量等环境因素的监测和改善,并调节室内温度、湿度、光照等参数。

1.2.3 生态低碳

大型智慧社区作为一种新型社区模式,随着人们的生活水平不断提高,受到越来越多人的青睐,其在满足人们生活需求的同时,也注重环境保护和生态低碳(图1.2-3)。

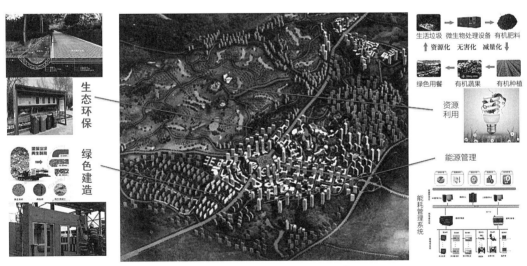

图1.2-3 大型智慧社区提供生态低碳生活

1.2.3.1 低碳建造

在建设过程中，采取一系列措施充分考虑节能减排的问题，在建筑设计上注重采用环保材料和节能技术，如采用高效、节能的建筑保温材料，建筑外墙采用外墙保温系统，减少室内空调能耗，降低供暖费用；在照明系统上采用LED灯，LED灯不仅寿命长、亮度高，而且能耗低，可以达到很好的节能效果；在电梯、水泵等设施的运行方面也进行优化，实现节能减排；采用一系列先进的节能技术和环保措施，实现节约能源，减少污染，为居民提供绿色、环保、舒适的生活环境。

1.2.3.2 生态环保

在环保方面积极努力，在垃圾处理方面引入智能分类垃圾桶，引导住户将垃圾分类投放，减少垃圾的污染和处理难度；同时，进行垃圾分类清运和回收处理，使垃圾重新变成资源，从而达到环保、循环利用资源的目的；建设植物园和绿化带，通过增加植被覆盖率，改善空气质量，提高居民的生活质量。

1.2.3.3 资源利用

注重能源利用，根据能耗进行整体分析，制定节能减耗的措施方案，分析可利用的资源量，确定合理的可再生能源规划，采用太阳能、风能、地热能、地表水能等新型能源，在自然光线和自然风力的作用下，实现能源的节约和利用，减少对传统能源的依赖；通过智慧手段尽量减少公共用水，或利用非传统水源进行节约，绿地用水、水景、游泳池、车辆冲洗用水、路面地面冲洗用水等公共用水可用非传统水源，或将生活用水、雨水等进行循环。

1.2.3.4 能源管理

建立城市生命线系统，实时监测给水、电力、供气等管网设施，可通过自动监测系统，掌握管网运行状态，发现管网问题，及时通知维修人员处理，避免资源浪费。建立能源监测系统，通过对社区的配电、照明、电梯、空调、供暖、给水排水等能源使用情况集中监测，将数据收集处理，实现社区能耗在线监测和动态分析，及时调整能源消耗，如社区照明系统可设定时、人体红外线和雷达感应，降低能耗；智能楼宇管理系统，根据天气数据调整空调和窗帘，在恒温环境下，冬季减少热损失、夏季减少空调使用时间，既提高了生活舒适度，又减少了能源损耗。

1.3 创建原则

大型智慧社区的创建应因地制宜、分类施策、科学有序地推进，不能搞"一刀切"，根据不同社区的实际情况，可分为整体提升类、拆改结合类、规划新建类三种分别进行建设，统筹建设、运营、管理一体化，覆盖六大生活场景，切实提高社区居民的生活质量和幸福感，促进社区的可持续发展，构建和谐社会。

1.3.1 分类施策

1.3.1.1 整体提升类

该类主要是针对具有一定智慧化、智能化基础或具备智慧化、智能化实施条件的整体环境品质较好，但离大型智慧社区要求还有差距的既有社区，进行整体提升类建设。

主要以智能化、智慧化、数字化改造和"补短板"式的功能嵌入为主，整合社区现有运营资源，增补优质社区公共服务配套，重塑社区生活圈活力。"查漏补缺"优化完善场景设施配置，灵活采取补建、购置、置换、租赁、改造等方式配套相关设施，保障场景设施的普惠共享性，实施社区环境和硬件设施的改造提升；"因地制宜"地推动场景"线上"功能全实现、服务应用全覆盖；满足向全体群众开放的要求，实现便捷生活场景的建立。

1.3.1.2 拆改结合类

该类主要针对存在智能化、智慧化无法实施与部分具有一定智慧化、智能化基础的混杂的社区，开展拆改结合类建设。

统筹协调保留与拆建区域，实施城镇老旧小区改造与片区联动城市有机更新相结合，系统性开展功能与业态植入，保留部分参考"整体提升类"方式，拆建部分参考"规划新建类"方式。

通过统一的"线上"大型社区智慧服务平台，叠加智能化"线下"设施，将旧改新建区域整合于一体，实现线上线下服务设施全社区普惠共享，构建较完备的社区生活圈。

1.3.1.3 规划新建类

该类主要针对完全新建或者拆除后新建的社区，开展规划新建类建设。

在大型智慧社区建设之前，首先，应在开展对现状、发展、需求等调查研究的基础上，进行详尽的规划，以确保社区的各项建设能够有条不紊地进行；其次，应统筹考虑"投建营"一体化运作，全方位探索新文化、新技术、新业态、新模式创新与应用；最后，按照既定计划实施，确保各项设施、功能、服务完美落地，构建智能便捷、健康宜居、生态低碳的和谐社区，促进社会的可持续发展。

1.3.2 指导原则

大型智慧社区的建设涉及社区居民、服务公司、政府部门等多方面的利益关系。社区居民是大型智慧社区建设的受益者，可以享受到更加便捷、高效、优质的社区服务；服务公司是大型智慧社区建设的推动者和管理者，需要承担建设、运营和维护大型智慧社区生态系统的责任；政府部门是智慧社区建设及运营的支持者和监管者，需要提供政策支持和监管服务，促进智慧社区的健康发展。因此，在建设、运营的过程中必须统筹考虑大型智慧社区建设一体化、运营一体化、管理一体化，兼顾各方的利益与发展。

1.3.2.1 建设一体化

大型智慧社区建设涉及监控监测等智能化设备、采集服务等智慧化平台、数据分析处理引用等数据化服务等，各方面既相互关联又相互影响，为了降低投资、精准服务、智慧应用，需要对大型智慧社区进行一体化建设，促进大型智慧社区建设的有序落地。

首先，建设一体化有利于合理规划满足需求。在对社区现状的深入了解、对未来发展趋势的分析、对社区的各项需求的调查研究等的基础上，对社区现状进行全面分析，更好地制定规划方案，综合考虑社区的生态环境、资源利用、能源消耗等，确保社区的建设能够可持续发展，满足社区居民的生活、文化、教育、医疗、交通、环保等多个方面的实际需求。

其次，建设一体化有利于统筹考虑降低投资。大型智慧社区建设中有很多硬件设施设备、软件功能等具有相似性或重复性，通过建设一体化可以有效减少重复投入、重复建设，如摄像头不仅可以用于安防，也可以用于智能识别、态势感知等，一个硬件兼顾不同用途；服务平台可共用一个客户信息系统，一方面避免重复建设，另一方面也能避免用户需要多个口令登录不同平台，影响服务体验。

最后，建设一体化有利于有序推进按时落地。大型智慧社区建设内容多、实施周期长、技术更新快，通过建设一体化，制定实施计划，有序推进各相关内容的实施落地，避免节奏不一，影响服务及体验，如硬件设备设施未完全实施到位，相关系统就已开放使用，不仅影响建设效率，还降低了居民的体验感、获得感。

1.3.2.2 运营一体化

大型智慧社区的运营涉及多项内容和多个服务，有些项目为纯提升品质而无收益，有些项目仅能维持收支平衡，而有些服务项目则可能产生较好效益，这就需要对大型智慧社区进行一体化运营，维持整个大型智慧社区良好的运行状态，促进大型智慧社区的可持续发展。

首先，运营一体化有利于资源整合。大型智慧社区运营涉及基础设备设施、系统网络及平台、服务人员、财务、服务商等众多资源，通过一体化运营，可以更好地管理和优化相关资源，提高资源使用效率。如针对保洁人员，以前可能仅负责小区物业公共区域的卫生清洁，通过运营一体化和时间合理调配，这些保洁人员还可进行住户卫生保洁、公共建筑保洁等，快速、高效调配相关资源，从而降低运营成本，带来更好的效益。

其次，运营一体化有利于提高效率。大型智慧社区一体化运营可以消除信息孤岛，将工作流程有机地结合在一起，快速收集和处理各种信息，形成一个高效的协同体系，让工作流程更快、更准确，从而提高工作效率和生产效率。如针对居民提出的相关问题，可以快速识别、判断，直接分发到相关责任人，减少了以往各单位、各部门沟通协调的时间及成本，快速解决问题，有利于提升工作效率，提高服务质量，增加居民用户满意度。

最后，运营一体化有利于可持续发展。大型智慧社区通过一体化运营可以更好地掌握市场需求和客户需求，提供实时数据分析和决策支持，帮助制定高效战略和决策，提供高质量的产品和服务，增强运营的竞争力；同时可以促进各业态之间的合作和交流，促进共同发展，从而提高大型智慧社区竞争力和生存能力，形成可持续发展的行业生态。

1.3.2.3 管理一体化

大型智慧社区的管理涉及软硬件设备设施维护、社区治理、社区服务等多维度、多层面的内容，所涉及的相关主体也不一致，需要对大型智慧社区进行一体化管理，避免推诿扯皮、无主体责任等现象的发生，从而影响居民的体验感和幸福感。

首先，管理一体化可以让社区居民更舒心。因为"大型智慧社区"可以提供更便捷、更高效、更个性化的服务，让居民享受到更高水平的生活品质。如居民可以通过手机App预约社区内的各种服务，如快递、家政、维修等，也可以随时查看社区内的各种信息，如物业费用、活动通知、邻里互动等。居民还可以通过智慧平台参与社区的治理和建设，提出自己的意见和建议，增强社区的凝聚力和自己的归属感。

其次，管理一体化可以让社区管理者更省心。因为"大型智慧社区"可以实现对社区内各种数据的实时采集、分析和应用，帮助管理者优化决策和提升效率。如管理者可以通过智慧平台监控社区内的各种设备运行状况，及时发现和处理故障；也可以通过智慧平台收集和处理居民的反馈和投诉，及时解决问题和改善服务；还可以通过智慧平台统筹和调配社区内的各种资源，实现资源的最优化利用。

最后，管理一体化可以让社区服务方更精心。因为"大型智慧社区"可以及时采集、分析居民的各方面的需求，帮助服务方有针对性地提供精细化服务，提升服务质量。如服务方可以通过智慧平台掌握社区居民最近的生活、生产需求，有针对性地调整服务策略和调配服务资源，及时准确地为社区居民提供对应的服务。

1.3.3 创建路线

1.3.3.1 场景系统设计是重点

大型智慧社区的应用、服务对象是居民，目前已经渗透到居民生活的方方面面，智能楼宇、智能家居等更进一步将智慧应用从社区引渡到家庭内部，这对于实现居民智能便捷、健康宜居、生态低碳的生活，提升生活品质有着根本性的改善。同时，也伴随着引发社区智能化、智慧家庭、社区养老、智能社区生态等建设内容的层出不穷和不断完善，这些完善和提升最终的服务对象是居民。因此，必须做好场景系统设计、功能模块组建与空间设置。

居民生产、生活主要涉及以下六大场景：公共安全场景（即能源安全、城市生命线安全）、社区服务场景（文化、教育、养老、扶幼）、健康生活场景（全民健康及分级医疗）、绿色低碳场景（智慧化设备、节能降碳）、便捷交互场景（智慧生活圈）、智慧物业场景（智慧服务、智慧停车）。

首先，大型智慧社区服务系统应结合居民工作、生活、消费的六大场景，以基础设施（包括各类智能硬件、传感器、射频标签等）为社区的神经末梢，把人、地、物等进行互联互通，通过云计算平台、交互平台等形成有序网络，为社区的管理与服务提供有力支持，并实现面向政府、企业、公众等的社区活动的智能化、智慧化、数据化。

其次，大型智慧社区应用系统设计、功能既要满足现阶段的需求又要顺应未来的发展，兼顾考虑六大生产、生活场景，必须具有良好的扩展性，其建设既要依托互联网大数据平台，又需要人工智能硬件相搭配，只有通过充分规划，才能够确保社区建设有序进行，满足居民的实际需求，实现可持续发展。

最后，数据库与信息安全管控是大型智慧社区服务系统建设的核心。由传感器采集的信息通过计算机网络传输到数据库，利用云计算架构搭建数据中心，将海量的数据和计算任务分布在大量计算机上，使各种应用系统能按需获取计算力、存储空间和各种服务，实现服务系统内部不同业务功能之间的资源贡献和调度。为了降低网络信息安全事故的发生概率，更好地为居民服务，必须提高信息安全管控能力。

1.3.3.2 长期运营是关键

随着城市化进程的加速，社区人口日益增多，越来越多的人开始关注城市社区的建设，大型智慧社区的出现为社区建设带来了新的发展机遇，提升了居民生活品质和社区管理效率，但在实践中，若要高效地达成大型智慧社区的目标，需要持续运营，不断改进服务质量，提升用户黏性，促进大型智慧社区良性发展。

首先，大型智慧社区建设需要不断改进完善。一方面，成熟的智慧社区智能运营系统，包括信息收集、分析、整合、处理、发布等环节，需要依靠数字化平台，不断对居民及社区的需求进行分析和反馈，将数据信息转换为科学有用的信息，使居民的生活更加方便和舒适，系统需要定期进行软件和硬件的科技升级，才能保证社区系统的长期稳定运营；另一方面，社区的服务人员力量也需要进行逐步优化，社区管理需要一个稳定高效的智能人才队伍，管理人员及技术人员必须具备正确的管理思维以及各自专业领域的技能和知识，这样的多元化人才队伍才能稳定维持大型智慧社区的正常运营。

其次，大型智慧社区需要建立可持续运营模式。如果把大型智慧社区比作一个完整的有机体，那么它的血液就是资金和人才，而造血机制就是可持续运营模式。只有寻找到政府、社会投资者、居民多方共赢的运营模式，促进政府搭台、各运营主体参与、社区委员会（或基层组织）自行管理，通过社区自持式参股方式实现营收，提高长期运营能力，才能实现智慧社区的不断演进和可持续发展。

最后，大型智慧社区服务需要不断多元化。大型智慧社区是一个多元化的社区服务体系，服务应具有全方位、针对性、关联性等特点，让居民享受到完善全面的各类服务，不仅提供物资储备和社区维护服务，更应该满足居民的精神需求，例如文化体验、心理健康等，这些服务理念应该扎根于社区的建设中，贯穿整个社区生态系统，确保社区居民的全面幸福感。同时，应该注重新技术应用强化服务，与人工智能相结合，使社区管理、社交互动等更智能化，如通过人工智能的数据分析，社区管理机构能够及时捕捉居民的动态信息，根据数据预测居民服务需求，提供更贴心的服务。

1.3.3.3 数字化建设是基础

大型智慧社区的成功实现，离不开智能化基础设施、智慧化系统平台和数据化服务场景三方面，通过构建公共服务、政务服务、物业服务和商业服务四大社区服务体系，建立系统架构和数字底座，提供强有力的数字支撑，为居民提供更加高效、便捷的数字化服务。

首先，要加强智能化基础设施建设。包括通信网络、数据中心、智能终端等设施，这些将为大型智慧社区的建设及发展提供强有力的支撑。通信网络是智能化基础设施的核心，它是信息传输的基础，可为居民提供高速、便捷的网络服务；数据中心是智能化基础设施的重要组成部分，承载着智慧社区的各类数据，为居民提供数据存储、处理、分析等服务，实现了信息资源的共享和利用；智能终端也是智能化基础设施中不可或缺的一环，是信息获取和交流的重要工具，通过这些终端为居民提供更加便捷的服务。

其次，要完善智慧化平台建设。智慧社区管理平台是大型智慧社区信息化管理和服务的核心，通过平台建设实现信息的集中管理、共享和互通，提高社区管理和服务的效率。智慧社区管理是大型智慧社区数字化服务的重要环节，可以实现社区管理的智能化、精细化、规范化，利用物联网技术，实现社区公共设施的实时监控和维护；利用大数据分析，对社区管理情况进行评估和优化；利用人工智能技术，实现社区管理工作的自动化等。智能化服务系统是大型智慧社区服务水平的直接体现，通过社区服务智能化、个性化、全天候化的实现，让居民可以随时随地查询社区服务信息、在线申请服务等，实现社区服务的一站式办理、便民服务等；智慧社区安全是社区管理和服务的保障，利用智能化监控、报警系统，实现社区公共区域的实时监控和预警，以及社区安全事件的快速响应和处理。

最后，要提升数字化服务能力。包含公共服务、政务服务、物业服务、商业服务四大社区服务体系，需要通过数字化手段提升服务的效率和质量，在网上办理各类手续或事情，如出行、教育、户口、社保、医疗、缴费、购物等，不仅可以避免排队等待，还可以减少人为因素对办事效率的影响，提高服务的透明度和公开性，让居民更加放心、舒心地享受各项服务。

1.4 建设、运营模式

大型智慧社区涉及多业态、多形态、多主体，只有寻找到政府、社会投资者、居民多方共赢的运营模式，使大型智慧社区各个主体之间相互合作、相互影响，才能共同推进大型智慧社区的建设，实现大型智慧社区的不断演进和可持续发展。

大型智慧社区的建设、运营需要构建一个协同的生态系统，这个生态系统应由政府、企业、社区居民等多方面组成，需要各方面积极参与、互相配合。政府应该提供政策指引、投资保障、资源支持，企业应该提供技术支持、人才支撑、产品服务，社区居民应该积极参与建设、使用、管理。同时，生态共建需要建立可持续的发展模式，大型智慧社区建设需要长期的发展和持续的投入，需要综合考虑经济、社会、环境等多方面因素，以确保建设、运营能够长期地进行下去。只有通过共同努力，才能够打造出更加智慧、便捷、高效的大型智慧社区，让居民享受到更好的社会服务。目前，智慧生态共建可考虑以下五种模式。

1.4.1 EPC工程总承包管理模式

EPC工程总承包管理模式又称"交钥匙总承包"，该模式一般由工程总承包企业按照合同约定，承担工程项目的设计、采购、施工、试运行服务等工作，并全面负责承包工程的质量、安全、工期、造价。

对政府而言，优势是对项目建设有较高的控制权，劣势是容易增加地方财政压力。随着智慧城市发展方式从以建为主向长效运营转变，EPC工程总承包管理模式可能导致的建运分离问题需要受到更多重视，应加强在项目建成后运营衔接的考虑。

1.4.2 政府平台公司运营模式

通常，由政府指定国资背景公司，再与社会优势企业合资成立运营公司，负责支撑地方政府开展大型智慧社区项目的整体建设运营。

通过成立平台公司,不仅可为政府补充必要的资金和技术支撑,还可以通过公司运营将大型智慧社区从传统政府主导、分散建设转向政企合作、长效运营,因此,这种模式正在被越来越多的地方政府关注。作为可持续发展的创新模式,其具有以下特点:

(1)平台公司一般具有全国资或国资控股性质。其可以为政府统筹推进大型智慧社区建设运营提供较高的控制权。

(2)平台公司负责生态构建。除了负责直接的项目建设运营,政府平台公司一般还负责围绕大型智慧社区建设的核心、关联和衍生生态,通过合资合作等多种方式,引入国内的头部企业,扶持本地优质企业,构建专业化、本地化的大型智慧社区建设运营和产业发展生态。

(3)管运分离开展建设运营。政府主要负责大型智慧社区的总体规划、统筹推进和评价考核,平台公司则负责具体的项目建设运营,实现了建运一体、运管分离,可以使政府更加关注大型智慧社区建设项目的发展需求、使用体验和建设成效,平台公司组建的建设运营生态更加专注于提供专业化的技术方案。

组建政府平台公司开展大型智慧社区建设运营的模式,更加适用于大型智慧社区统筹管理能力较强,以及平台公司融资能力、管理水平和技术素养较高的地方政府。

1.4.3 联合公司运营模式

与政府平台公司运营模式类似,该模式一般由政府指定国资背景的公司与社会优势企业合资成立大型智慧社区运营公司,负责支撑地方政府开展本级大型智慧社区项目的建设、运营。

两者的主要区别在于:一是联合公司运营模式一般不需要由国资控股;二是联合公司规模相对于平台公司较小,可仅开展领域建设运营而不负责整体建设运营。联合公司运营模式主要具备如下特征:

(1)建设运营主体为政企合作成立的合资公司。在当前实践中,通常由行业领域具有技术、管理优势的民营企业与当地政府指定的本地国有公司联合成立大型智慧社区建设运营公司,负责与建设运营相关的生态构建和项目建设运营,通过建立"利益共享、风险共担"的政企合作关系,达到降低财政资金压力、增强专业技术支撑、降低企业投资运营风险的目的。

(2)注重专业运营能力。联合公司通常以特定领域大型智慧社区建设运营为切入点,因此,政府在选择合作的民营企业时,一般较为注重其在相关领域的技术优势和专业化运营能力,对于指定参与合资的本地国有公司,则较为注重其融资和管理能力,并注重引进培养具备较高管理能力和技术素养的管理人员。

（3）强调本地化持续服务。联合公司一般要在本地落地扎根，配备足够的本地化专业建设运营团队，以防止项目建成后的运营衔接风险，提供便捷高效、快速响应、长久持续的运营服务。通过引进培养一批专业人才，有助于联合公司持续稳定发展，吸引和整合更多的生态资源，拓展更多的建设运营领域，带动整个城市相关产业的发展。

1.4.4 政府购买服务模式

在当前大型智慧社区建设运营实践中，政府购买服务模式多由相关服务的需求方代表（一般为地方大型智慧社区统筹管理部门或实际需求单位），通过地方公共资源交易中心或委托招标代理机构，按照《中华人民共和国政府采购法》明确的政府采购方式，如公开招标、邀请招标、竞争性谈判、单一来源等，确定承接主体并签订服务合同，由承接主体按照合同，提供相应的公共服务或政府履职所需的履职服务，并在通过政府组织的履约验收后，获取支付相应的服务报酬。

1.4.5 政府和社会资本合作（PPP）模式

简单来说，在发布项目中标公告后，政府指定投资主体与社会资本共同出资组建SPV项目公司；经过政府特许经营授权，项目公司负责具体项目的投融资、建设和运营，面向政府、民众和企业提供公共服务，通常情况下，项目公司通过项目抵押向金融机构进行直接融资；对于"可行性缺口补贴"类项目，财政则需建立相应的补贴机制；项目运营期满，将项目经营权和所有权移交至政府资产管理机构。

第 2 章

智慧社区的发展

2.1 发展历程

2.2 国外典型案例

2.3 国内典型案例

2.4 现状发展分析

2.1 发展历程

智慧社区概念源于20世纪80年代的西方国家。国内一般将智慧社区（Smart Community）作为智慧城市（Smart City）建设的组成部分，国外对这两个概念并无明显区分。"Community"既可以是一个乡镇、市区，也可以是省、城市或其他更大的区域；或者将智慧社区看作是"智能建筑"或"智慧家庭"的延伸，从微观的、技术的层面向外辐射出覆盖范围更广且包含社会关系的智慧社区[①]。

以图2.1-1的时间为主线脉络，对国内外智慧社区的发展历程进行回顾。

20世纪80年代，美国联邦政府成立"智能化住宅技术合作联盟"，这是一个由联邦政府、住宅开发商、制造商、保险商、财政机构等组成的组织，对住宅智能化技术、产品、应用系统等进行测试、规范，引导新技术进行住宅设计和建造。它装备有各种通信、家电、安保等设施，通过总线技术应用计算机和信息技术实现监视、控制与管理等智能功能。美国能源部启动"能源智能化家庭"（Energy Smart Home）计划，旨在推动能源管理和节能技术在住宅中的应用。美国的一些大型科技公司和研究机构开始开展智能住宅技术的研究和开发项目，例如麻省理工学院（MIT）的"媒体实验室（Media Lab）"于20世纪80年代初开始研究智能家居系统，旨在将计算机和通信技术应用于住宅环境中，以提高住户的生活质量。

1984年，美国联合科技的UTBS公司在康涅狄格州（Connecticut State）哈特福特（Hartford）市对一座旧式金融大厦进行改造并取名为City Place（都市大厦）。在这座3层高、总建筑面积约10万m^2的建筑里，实现了自动化综合管理，楼内的空调、电梯、照明、供水、防火、防盗、供配电系统等均由计算机进行监测控制；客户不必自己添置设备，便可获得语言通信、文字处理、电子邮件、市场行情信息、科学计算和情报资料检索等服务，使客户真正感到舒适、方便和安全；改造后的大厦在出租率、经济效益等方面都取得了较大的成功。

1986年，我国由国家计委与国家科委共同立项、中国科学院计算技术研究所承担的软课题《智能化办公大楼可行性研究》开始开展相关工作，在1991年提出报告。

1989年，北京市建筑设计研究院主持设计的北京发展大厦建成并投入使用，这栋大厦设计阶段明确为高智能性大楼项目，可以认为是我国第一栋有明确设计定位的智能大楼。

1992年，为了应对20世纪后期快速发展的科学技术以及社会需求，美国圣地亚哥大学国际通讯中心（International Center for Communication）第一次正式提出"智慧社区"（Smart Community）建设口号[②]。从20世纪90年代末开始，智慧社区建设在多国蓬勃展开，美、欧、日等国家和地区纷纷踏上探索之路，形成了各具特色的智慧社区建设模式。

---

① 黄一倬，张天舒. 国内外智慧社区研究对比与反思：概念、测评与趋势 [J]. 现代管理科学，2019，7.
② Lindskog H. Smart Communities Initiatives [J]. 2004.

第 2 章 智慧社区的发展

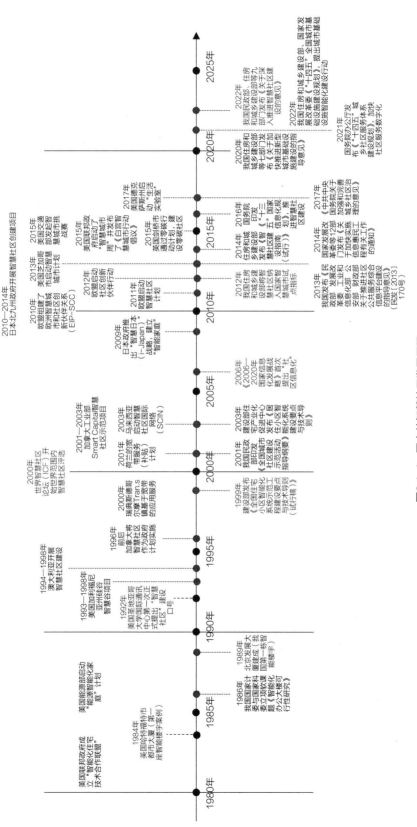

图2.1-1 国内外智慧社区发展历程

1993年，美国采取自下而上的方法开始了智慧社区建设，圣地亚哥州立大学智慧社区研究所（Institute for Smart Communications at San Diego State University）与加利福尼亚州交通部（California State Department of Transportation，CALTRANS）在加利福尼亚州硅谷成功实施了为期五年的智慧谷项目（1993—1998年）[①]。

1994—1998年，澳大利亚开展智慧社区建设，针对窄带互联网服务"拨号接入"的速度限制，倡议推动宽带基础设施建设[①]。

1996年前后，加拿大政府采用了自上而下的方法，将智慧社区作为一项政府计划来实施，该计划目标到1999年在全国建立世界级的智慧社区，以便加拿大人能够充分实现信息和通信技术所提供的好处。包括：协助社区制定和实施可持续智能社区战略，在社区之间分享智能活动、经验教训，创造学习机会，为加拿大商业公司开发信息通信技术应用创造新的商业机会等[①]。

1997年，美国圣地亚哥州立大学智慧社区研究所开始出版《智慧社区指导手册》*Smart Communities Guidebook*，该手册对"智慧社区"定义为：政府、企业、教育、医疗和居民了解信息技术的潜力，结成联盟并有意识地决定使用该技术，以重大和积极的方式改变社区的生活和工作[①]。

1998年，加拿大工业部智慧社区小组将"智慧社区"定义为：从社区到具有共同利益的全国性社区，其成员、组织和管理机构正在合作，利用信息和通信技术以重大方式改变其环境[①]。

1999年，建设部发布的《全国住宅小区智能化系统示范工程建设要点与技术导则（试行稿）》提出，自2000年起，用五年左右的时间组织实施全国住宅小区智能化系统示范工程，总体目标是：通过采用现代信息传输技术、网络技术和信息集成技术，进行精密设计、优化集成、精心建设和工程示范，提高住宅高、新技术的含量和居住环境水平，以适应21世纪现代居住生活的需求[②]。

2000年，世界智慧社区论坛（Intelligent Community Forum，ICF）开始举办世界范围内的智慧社区评选活动，该论坛位于美国纽约，是一个以智库为中心的全球网络。提出的评价体系包含宽带连接、知识型劳动力、创新、数字包容（后改为数字平等）、市场和倡导五个一级指标，2015年增加了可持续性指标。

2000年，瑞典斯德哥尔摩以南约300km的市镇Tran.s，采用"智能社区"概念，在政府、社区居民和企业的所有活动中，利用宽带基础设施为其提供最佳应用和服务，如公民可以与任何级别政府部门联系，政府部门通过互联网7×24h向居民提供服务和信息；将该镇的老工业区改造为一个超现代化的建筑群，为公司提供大量光纤和宽带连接[①]。

---

① Lindskog H. Smart Communities Initiatives [J]. 2004.
② 佚名. 全国住宅小区智能化系统示范工程建设要点与技术导则（1）[J]. 工程设计CAD与智能建筑，2000（2）：47-49.

2001—2003年,加拿大工业部将Smart Capital选为安大略省智慧社区示范项目,这是一个耗资数百万美元、拥有20项在线服务内容的项目[①]。

2001年,荷兰交通、公共工程和水管理部提出宽带服务(补贴)计划,为城市居民提供光纤到户服务[①]。

2001年7月27日,我国民政部印发《全国城市社区建设示范活动指导纲要》,提出在全国开展社区建设示范活动,全面推进城市社区建设。创建具有榜样和示范作用的先进典型,进一步摸索城市社区建设的经验和方法,充分发挥典型引路、以点带面的作用,推动和促进全国社区建设不断向广度和深度发展。

2003年3月,智慧社区国际网络(Smart Community International Network,SCIN)与澳大利亚的一个智慧社区同样地指出,"智慧社区"具有前瞻性思维,以创新的方式利用信息和通信技术,增强社区居民、机构和地区的整体能力,以提供更好的医疗保健服务、教育和培训以及新颖的商业前景[①]。

2006年3月19日,中共中央办公厅、国务院办公厅印发《2006—2020年国家信息化发展战略》,首次提出"社区信息化",要求"整合各类信息系统和资源,构建统一的社区信息平台,加强常住人口和流动人口的信息化管理,改善社区服务"。

2009年,日本政府推出"智慧日本(i-Japan)"战略,旨在构建以人为本、充满活力的社会,在整顿数字化基础设施的条件下,向社区延伸,建立"智能家庭"。日本的智慧社区特点是注重民生,其内容涵盖了物业、家政、物流和医疗等多方面的服务[②]。

2010—2014年,日本北九州政府开展智慧社区创建项目,五年期间投资了163亿日元,除了氢能应用,还建立了智慧生活、智慧办公、智慧移动和智慧工厂四个场景。东田区是绿色乡村的示范区之一,相比其他地区已经削减了30%的二氧化碳排放量,但还没达到智慧社区建设的50%削减目标[③]。

2010年,欧盟启动《欧盟2020战略》,包括智慧增长、可持续增长和包容性增长三个优先事项,定义了欧洲技术平台(ETP)和欧洲创新伙伴关系(EIP)两个利益相关者的咨询平台,组建了欧洲智慧城市和社区创新伙伴关系(EIP-SCC)。作为欧盟研究和创新的方法,其目的是将城市、行业和公民聚集在一起,通过更可持续的综合解决方案改善城市生活,涵盖能源、运输、信息和通信技术等领域,减少能源和资源消耗[④]。

2011年和2012年,欧盟分别启动智慧社区计划、社区创新伙伴行动,欧盟的成员国结合

---

① Lindskog H. Smart Communities Initiatives [J]. 2004.
② 区块链与智慧社区(技术赋能基层治理,智慧社区建设让生活更"聪明")[EB/OL]. https://www.yuanyuzhouneican.com/article-608562.html, 2023-6-27.
③ Gao W, Fan L, Ushifusa Y, et al. Possibility and Challenge of Smart Community in Japan [J]. Procedia-Social and Behavioral Sciences, 2016, 216: 109-118.
④ Russo F, Rindone C, Panuccio P. The Process of Smart City Definition at an EU Level [J]. WIT Transactions on Ecology and the Environment, 2014, 191: 979-989.

自身情况开展了智慧社区建设。公民参与是欧盟智慧社区建设的突出亮点，不论意见征集还是项目实践，政府都积极公开信息并吸纳民众参与。

2012年11月22日，我国住房和城乡建设部发布《国家智慧城市（区、镇）试点指标体系（试行）》，首次提出智慧社区建设并将其纳入国家智慧城市试点指标。

2013年9月，美国芝加哥市启动智慧城市计划，重点关注五个主要战略：下一代基础设施，每个社区都是智慧社区，高效、有效和开放的政府，公民创新和技术部门增长。前两项战略旨在使芝加哥公民和企业实现数字化连接和参与，而其他战略则被视为建立在前两项战略成果之上的增长战略[1]。

2013年10月31日，我国发布的《民政部　发展改革委　工业和信息化部　公安部　财政部关于推进社区公共服务综合信息平台建设的指导意见》（民发〔2013〕170号），提出积极推进社区公共服务综合信息平台建设，有利于扩大政务信息共享，降低行政管理成本，增强行政运行效能，推动基层政府向服务型政府转型；有利于减轻社区组织的工作负担，改善社区组织的工作条件，优化社区自治环境，提升社区服务和管理能力；有利于保障基本公共服务均等供给，改进基本公共服务提供方式，拓展社区服务内容和领域，为建立多元化、多层次的社区服务体系打下良好基础。

2014年1月9日，国家发展改革委等12部门发布《关于加快实施信息惠民工程有关工作的通知》，其中社区服务信息惠民行动计划提出"以创新基层社会管理方式、增强社区服务群众能力、扩大社会力量参与、完善社区信息消费环境为目标，以社区养老为切入点，推进社区信息化建设"。

2014年5月4日，住房和城乡建设部发布《智慧社区建设指南（试行）》，提出"智慧社区是通过综合运用现代科学技术，整合区域人、地、物、情、事、组织和房屋等信息，统筹公共管理、公共服务和商业服务等资源，以智慧社区综合信息服务平台为支撑，依托适度领先的基础设施建设，提升社区治理和小区管理现代化，促进公共服务和便民利民服务智能化的一种社区管理和服务的创新模式，也是实现新型城镇化发展目标和社区服务体系建设目标的重要举措之一"。

2015年6月，英国剑桥市通过了零碳行动计划，努力建设零碳社区，计划25年内将全市建筑物的温室气体排放量降至零，在城市设施中安装了直接的建筑数字控制管理系统，拥有50000个对象点，管理约21.37万m^2空间，通过在线建筑数据仪表板进行跟踪[2]。

2015年9月，美国联邦政府在全国范围内启动了"智慧城市周"并发布了《白宫智慧城

---

[1] The United States Conference of Mayors (USCM). US City Decision Maker Survey – A Collaborative Project Run by IHS Markit and the US Conference of Mayors [R/OL]. https://www.usmayors.org/wp-content/uploads/2018/06/2018-Smart-Cities-Report.pdf.

[2] International City/County Management Association(ICMA). SMART COMMUNITIES: Rethinking Infrastructure [R/OL]. https://assets.new.siemens.com/siemens/assets/api/uuid:18bfd2fa-8ba0-440a-933d-ed72ca099bc5/smart-communities-rethinking-infrastructure-icma-report.pdf.

市行动倡议》。相关城市采用政企联合的模式，依靠跨国公司的技术优势，结合近千个社区的需求，利用物联网技术整合了城市的水、电、天然气等基础设施，形成了一个能够服务数万人的智慧社区。

2015年12月，美国交通部发起智慧城市挑战赛，旨在促进智慧城市进步，并进一步发展成一个能实现互联社会的目标，解决各种规模社区面临的交通挑战，有78个城市提出申请，产生了数百个创新想法和数十个利用先进技术解决广泛问题的计划。公共机构及其合作伙伴在城市建立生活实验室，其可以是一个特区、一个大学校园或者一个新社区，在有限范围内安全地尝试潜在解决方案，允许居民与新技术和服务互动并提供反馈。

2016年12月15日，国务院印发《"十三五"国家信息化规划》，提出"推进智慧社区建设，完善城乡社区公共服务综合信息平台，建立网上社区居委会，发展线上线下结合的社区服务新模式，提高社区治理和服务水平"。

2017年3月，美国德克萨斯州启动"生活实验室"，AT&T、微软、IBM和地区大学等创建达拉斯创新联盟，在达拉斯西区建立技术测试场，包括智能停车、智能灌溉、智能供水系统、交互式数字信息亭和开源数据平台等。阿拉巴马州伯明翰市与公用事业阿拉巴马电力公司合作，旨在开发一个由高性能住宅、节能系统、电器和连接设备组成的微电网供电社区，这是东南部第一个住宅微电网，由太阳能电池板、电池存储和备用天然气发电机供电[1]。

2017年6月12日我国发布的《中共中央 国务院关于加强和完善城乡社区治理的意见》，提出增强社区信息化应用能力。其涉及一体化的社区公益性信息服务设施建设、社区政务服务、网络化社区治理和服务模式创新、社区电子商务等。

2020年8月，我国住房和城乡建设部等七部门发布《关于加快推进新型城市基础设施建设的指导意见》，提出加快推进智慧社区建设，深化新一代信息技术在社区建设管理中的应用，实施社区公共设施数字化、网络化、智能化改造和管理，推动物业服务企业大力发展线上线下社区服务业，推进智慧社区平台与城市政务服务一体化平台对接等。

2020年7月22日，我国住房和城乡建设部等六部门发布《绿色社区创建行动方案》，提出的创建内容有：建立健全社区人居环境建设和整治机制，推进社区基础设施绿色化，营造社区宜居环境，提高社区信息化智能化水平，培育社区绿色文化。

2020年8月18日，我国住房和城乡建设部等13部门发布《住房和城乡建设部等部门关于开展城市居住社区建设补短板行动的意见》（建科规〔2020〕7号），针对居住社区存在规模不合理、设施不完善、公共活动空间不足、物业管理覆盖面不高、管理机制不健全等突出问题和短板，与人民日益增长的美好生活需要还有较大差距等问题，提出完整居住社区建设理

---

[1] National Conference of State Legislatures (NCSL). Creating Smart Communities | A Guide for State Policymakers [EB/OL]. https://www.ncsl.org/energy/creating-smart-communities-a-guide-for-state-policymakers.

念，发布《完整居住社区建设标准（试行）》，并于2021年12月17日，印发了《完整居住社区建设指南》。

2021年12月27日，国务院办公厅发布《"十四五"城乡社区服务体系建设规划》，提出加快社区服务数字化建设，提高数字化政务服务效能，构筑美好数字服务新场景。部署了"互联网+基层治理"行动、智慧社区试点建设、现代社区服务体系试点建设三项社区服务数字化建设试点行动。

2022年5月10日，我国民政部、住房和城乡建设部等九部门发布《关于深入推进智慧社区建设的意见》，部署了集约建设智慧社区平台、拓展智慧社区治理场景、构筑社区数字生活新图景、推进大数据在社区应用、精简归并社区数据录入、加强智慧社区基础设施建设改造六大重点任务。

2022年7月7日，我国住房和城乡建设部、国家发展改革委发布《"十四五"全国城市基础设施建设规划》，将"城市基础设施智能化建设行动"纳入重大行动，提出：加快推进智慧社区建设。深化新一代信息技术在社区建设管理中的应用，实现社区智能化管理。提供线上线下融合的社区生活服务、社区治理及公共服务、智能小区等服务。实施社区公共设施和基础设施数字化、网络化、智能化改造和管理，实现节能减排、智慧供给等高品质要求。推动"互联网＋政务服务"向社区延伸，打通服务群众的"最后一公里"。鼓励社区建设智能停车、智能快递柜、智能充电桩、智能灯杆、智能垃圾箱、智慧安防等配套设施，提升智能化服务水平。

2.2　国外典型案例

国外典型的智慧社区案例，主要有新加坡榜鹅智慧社区（Punggol Digital District，PDD）、日本神奈川县藤泽可持续智慧社区（Fujisawa STT）、法国里昂汇流口智慧社区（Lyon Confluence District）等。

2.2.1　新加坡榜鹅智慧社区

新加坡榜鹅智慧社区（Punggol Digital District，PDD）[①]占地50hm^2，位于地铁东北线新增的榜鹅岸站周围，是首个试行的"企业发展区"（Enterprise District）。新加坡政府计划把榜鹅打造成数字经济枢纽，在关键增长领域，如网络安全、数据分析和人工智能等创造更多工作岗位，预计创造28000个就业机会。该区域业态集数字商业园、组屋、大学、餐饮和休闲

---

① JTC. Powering the Dreams of a Smart Nation［EB/OL］. https://estates.jtc.gov.sg/pdd/about#overview.

图2.2-1　PDD总体设计效果（图片来源：裕廊集团官网[①]）

设施等于一体，第一阶段工程于2018年1月动工兴建，新加坡理工大学和商业园部分大楼将率先在2023年建成。该区域可根据用途灵活调整土地规划，例如新加坡理工大学的实验室和课室可设在商业园内，商业园企业的研发中心也可以进驻校园，形成商学相融相长的合作模式。

PDD除了打造新加坡第一个企业发展区外，同时也打造智慧区。图2.2-1中，①为商业区（Business Park），②为住宅区（Residences），③为市场村（Market Village），④为遗产步道（Heritage Trail），⑤为校园大道（Campus Boulevard），⑥为新加坡理工大学（SIT），⑦为新榜鹅海岸地铁站（Punggol Coast MRT）。

PDD的规划设计旨在鼓励工业界和学术界的互动，允许工作空间和设施共享，促进思想的相互交流，推动重要新兴技术领域的合作，其中一些建筑建设特点有：①市场村是一个繁华的生活目的地，位于校园大道东端，在水边提供新的零售和餐饮场所。②遗产步道是由旧榜鹅路改建而成，1.3km长的绿色通道连接榜鹅社区和三个公园，从榜鹅水道公园延伸至海岸旁的榜鹅角公园。③新加坡理工大学论坛是一个有遮蔽的公共活动空间，与周围的校园中心和校园林荫大道具有视觉和物理联系。④校园大道是一条800m长的步行街，位于未来的SIT校园和JTC（裕廊集团）商业园建筑之间，提供从榜鹅海岸地铁站到PDD和海滨各个开发

[①]　JTC. Powering the Dreams of a Smart Nation [EB/OL]. https://estates.jtc.gov.sg/pdd/about#overview.

项目的直接连接。空中露台花园将拥有郁郁葱葱的绿色植物空间，供企业和学生聚集。⑤新榜鹅海岸地铁站内的公共空间设有公民共享区，可以将榜鹅北中心的通勤者聚集在一起。

智慧社区的特点是打造全区基础设施和服务，包括：①开放数字平台将把各个建筑物的管理集成到一个房地产系统中，并在系统中收集各项数据。创新者可以进入平台并访问数据，进而创建以社区为中心的解决方案。②通过集中冷却需求的区域冷却系统，可以减少区域的碳足迹，节省空间和成本。③气动垃圾收集，通过覆盖全区的地下真空管网，可以消除对垃圾收集车的需求，并消除垃圾槽中的气味。④智能能源网格不仅使消费者能够在日常使用中采用清洁能源（例如为电动汽车充电），而且还可以提高能源效率并节省能源（例如使用智能电表）。⑤有别于传统一栋大楼自带停车场、空调系统、垃圾槽和装卸货等设施的做法，整个榜鹅智慧社区将打造多个共通基础设施，包括可以节省能源成本的区域冷却系统（District Cooling System）、将多栋大楼的垃圾"吸"到中央垃圾槽处理的气动垃圾收集系统（Pneumatic Waste Conveyance System）、物流集散中心和一站式设施管理中心，以及建造衔接多座大楼的大型地下停车场[①]。

2.2.1.1　新一代邻里中心绿洲露台（图2.2-2）[②]

2019年，榜鹅推出了首个新一代邻里中心（Neighbourhood Centres，NCs）绿洲露台（Oasis Terraces），是六个新一代建屋发展局（Housing & Development Board，HDB）邻里中心的第一个。其位于榜鹅著名的水道沿岸，坐落在郁郁葱葱的景观、色彩缤纷的露台之中，是与朋友和其他居民闲逛的好地方。包括广场、游乐区、商店、餐饮、24h健身中心，以及

图2.2-2　新一代邻里中心绿洲露台[②]

---

① 林心惠. 榜鹅数码园区今年动工兴建［EB/OL］. https://www.zaobao.com/realtime/singapore/story20180121-828842.

② Ministry of National Development, Singapore(MND). Oasis Terraces: A Vibrant New Oasis for the Family and Community［EB/OL］. https://www.mnd.gov.sg/mndlink/2019/may-jun/article6.htm.

为年轻人服务的教育中心等，还设有新加坡最大的综合诊所之一，为居民提供各种负担得起的医疗服务。

在绿洲露台，对于喜欢网上购物的居民来说，可以在体验式收藏大厅享受更好的体验，包括包裹储物柜、用于测试新购买的电子产品的充电点，甚至还有用于在电子市场进行网上购物的平板电脑。在社区广场经常举办各种活动和节日庆祝活动，水上公园和游乐场等各种"玩耍和探索"元素则为家庭娱乐和休闲提供了机会。所有年龄段的居民都可以在充足的休息空间放松身心，或在设备齐全的健身角锻炼身体，俯瞰风景优美的水道。在屋顶社区花园，园艺爱好者还可以种植水果、香草、花卉和其他植物。

绿洲露台也是首个企业家集群的所在地，线上线下企业和提供利基产品的新企业可以在这里尝试他们的想法，并学习以较低的装修成本和租金经营零售店。除了鼓励中心地带的创新创业外，它还为居民提供了更多的零售选择。

2.2.1.2 榜鹅北岸智能组屋[①]

榜鹅北岸智能组屋于2020年基本建成，体现了新加坡将智能科技融入生活，为民众打造更加宜居、高效、可持续和安全家园的努力。

智能组屋应用了智能照明、电梯、水计量、风扇、废物管理等智能技术，提高效率，减少能源消耗。每个单位安装了智能配电板和插座，通过可监控电器用电量的智能配电板监测住家能源消耗，方便家居使用。组屋周围设智能照明灯和风扇等，进一步节省能源。停车场可监测车位使用量，不设置停车场障碍物，避免造成堵车，优化了季节性停车和访客停车等情况，根据访客需求调整非居民停车位，保障停车需求。

老年人智慧看护系统是新加坡政府为打造智慧生活引进的"智能家庭方案"之一，首先在裕华组屋区安装试用。老人家中大门、客厅、餐厅、厨房和卧室等都设置了传感器，利用传感器探测分析老年人的生活规律，在出现紧急情况时发出警报，保证老年人及时获得救助。例如：大门传感器会记录他们是否外出，其余的传感器会探测他们在家中的活动，在出现偏离作息等异常情况时，系统会响起小声的警报。如果之后依然没有检测到人员活动，就会立即发送短信向家人报警。

新加坡建屋发展局还和科技公司合作推出"邻里脉搏"平台，开发不同应用程序，方便居民寻找周边的商店和服务。居民还可订阅信息通报，随时了解周边情况。新加坡政府也在建设智能应用中心，利用感应器收集组屋内各种数据，包括调整灯光、水源供应、垃圾处理等，改善社区服务质量。

2023年起，在榜鹅将进一步推出相关科技方案，例如：设有智能设施管理的智能小贩中

---

① 人民网. 各具特色的智慧社区——来自一些国家的报道[EB/OL]. http://world.people.com.cn/n1/2023/0116/c1002-32607030.html.

心、每年可减少1500t碳排放的智能电网系统、无人驾驶巴士试验，以及智能气动垃圾收集系统等。其中，智能小贩中心预计在2023年下半年完工，将设有传感器探测用水量、气味和厨房排气气流，以及管理厕所清洁度的反馈等。

2.2.1.3 开放数字平台[①, ②]

新加坡政府希望PDD建成后，可以成为一个实验区，利用创新想法和数据共享推动新加坡数字行业及智慧国家的发展。开放数字平台（Open Digital Platform，ODP）将汇集各种系统，不仅可以优化建筑管理和资源，还使PDD成为实验和创新的"活实验室"。ODP第一个关键功能是其开放标准的多协议中间件，能够连接采用不同通信技术、不同地区的管理系统。ODP第二个关键功能是"数字孪生"，通过各种传感器收集的地区数据量（例如温度、天气、电力消耗以及该地区的人数），可以创建"数字双胞胎"，使得现实世界的系统，甚至是机器人，能够在数字领域中准确、及时地呈现，从而实现监控和控制（图2.2-3）。

基于ODP数字孪生技术可以构建PDD的3D命令控制的资产管理系统，希望测试其解决方案的技术公司可以直接插入数字孪生并进行实验，还可以使用事件模拟和历史回放功能来测试解决方案，技术公司可以从模拟中获得真实的结果，而无须承担测试想法通常涉及的风险。

图2.2-3 PDD的数字孪生3D模型（图片来源：裕廊集团官网[①, ②]）

---

① JTC.Open Digital Platform: The Digital Backbone of Punggol Digital District [EB/OL]. https://estates.jtc.gov.sg/pdd/stories/open-digital-platform-the-digital-backbone-of-pdd.

② JTC.Open Digital Platform: An Insider's Look at the Development of Disruptive Technology [EB/OL]. https://estates.jtc.gov.sg/pdd/stories/open-digital-platform-an-insiders-look-at-the-development-of-a-disruptive-technology.

用户能够注入场景来模拟事件，以改善未来的区域运营情况，例如优化一天中不同时间的冷却和照明要求等。通过向PDD的技术公司和新加坡理工大学学生等提供建筑数据，可以开发新产品和服务，使榜鹅成为企业尤其是初创企业具有经济竞争力的地区。

PDD计划于2024年逐步开放，JTC的软件工程团队在总部JTC Summit以及即将推出的综合用途地产Woodlands North Coast两个开发项目中测试数字孪生。数字孪生系统可以保存和回放历史数据（图2.2-4），以帮助解决与设施管理相关的问题，包括识别冷却系统问题，

图2.2-4　JTC总部大楼（JTC Summit）数字孪生系统（图片来源：裕廊集团官网[①]）

---

① JTC.Punggol Digital District's Living Lab: How the Digital Twin Will Create an Experiential Playground for Innovators [EB/OL]. https://estates.jtc.gov.sg/pdd/stories/pdd-odp---5-levels-of-the-digital-twin.

例如空调故障或气流限制。商用空调系统包括冷水机组、空气处理机组、过滤器、风机盘管和鼓风机等组件，在数字孪生上可以映射和呈现所有这些组件之间的关系，以便进行预测性维护。

借助PDD的数字孪生，可以在虚拟世界中部署模拟机器人，让它们尽情奔跑，并观察它们在与不同系统交互时的反应；也可以设置条件，例如潮湿的天气，以了解机器人在雨天如何导航其通常的路线。ODP集成Savioke机器人，并在JTC Summit进行了测试，机器人能够接管邮件投递等繁重的工作，解决"最后一英里"的智慧交付场景（图2.2-5）。

通过ODP，JTC（裕廊集团）设想了一种未来地产运营的新方式。例如：ODP会在拥挤的一天中识别出人流量增加，自动增加人流量较多区域的清洁服务和冷却水平。当周围没有人时，系统会关闭建筑物的灯光、水冷却器、空调和其他不必要的能源消耗。在系统中添加人工智能和机器学习功能，以期实现与标准建筑相比节能30%的目标；能够在不影响用户舒适度的情况下自动调节空调输出并节省能源等；通过十字转门上的计数模块和视频分析来统计进出建筑物的访客数量，优化电梯调度并节省能源；当会议室满员时，系统会自动降低室内温度。

图2.2-5　OPD集成Savioke机器人自动向JTC Summit住户投递邮件（图片来源：裕廊集团官网[①]）

2.2.2　日本神奈川县藤泽可持续智慧社区

日本立足于资源紧张的国情，其智慧社区的建设基调是促进可持续发展。"智慧日本（i-Japan）"战略旨在构建以人为本、充满活力的社会，在整顿数字化基础设施的条件下，向社区延伸，建立"智能家庭"。日本智慧社区的特点是注重民生，其内容涵盖了物业、家政、物流和医疗等多方面的服务。横滨市的智能化城市项目对基础设施实施了改造，在社区

---

① JTC. Open Digital Platform: An Insider's Look at the Development of Disruptive Technology [EB/OL]. https://estates.jtc.gov.sg/pdd/stories/open-digital-platform-an-insiders-look-at-the-development-of-a-disruptive-technology.

层面实现了可再生能源的大规模应用。

藤泽可持续智慧社区（Fujisawa Sustainable Smart Town，Fujisawa SST）[①-③]位于神奈川县（Kanagawa Prefecture）藤泽市，距离东京约50km，形式上讲是神奈川县藤泽的一个社区，占地19hm^2。该项目于2011年启动，2014年第一批居民入住，项目预计将持续数十年，建成后将包括1000多栋房屋，健康、福利和教育设施，以及商业设施和会议场所，属于私营企业和政府部门之间的联合项目，解决方案主要由松下提供，其他合作者包括东京天然气公司、大和运输公司、Sohgo安全服务公司等。项目按照100年愿景制定了小镇和社区设计的指导方针，环境和能源相关关键目标包括二氧化碳排放量比1990年减少70%，水消耗量减少30%，可再生能源使用量至少占总能源的30%，还设定了一个安全保障目标，即建立在灾难面前能持续3d的生命线。此外，建设目标不仅是发展一个以先进技术为基础的小镇，而更是一个以实际生活方式为基础的小镇，通过共享小镇目标的居民生活、互动并交流想法，以实现更好的生活方式。城市管理公司将考虑居民的意见，纳入新的服务和技术，并支持城市的可持续发展。基于实际生活方式的创新系统将继续为人们生活的各个方面带来能量，包括社区能源、社区安全、社区出行、社区健康、社区链接以及紧急情况等智慧服务支持的智慧生活方式（图2.2-6）。

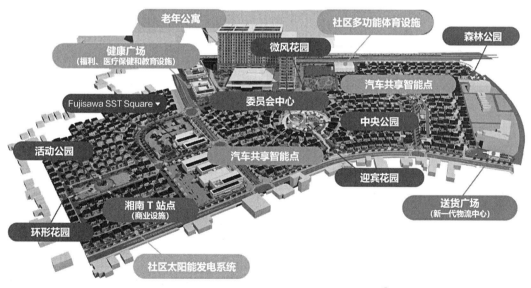

图2.2-6 Fujisawa SST总览（图片来源：项目官网[④]）

---

① Fujisawa SST Council.About Fujisawa SST [EB/OL]. https://fujisawasst.com/EN.
② Panasonic.Sustainable Smart Town Provides Better Lifestyles as the Entire Town [EB/OL]. https://holdings.panasonic/global/corporate/sustainability/sdgs/case-study/case01.html.
③ Euklidiadas, M. M.Fujisawa Sustainable Smart Town: Planning for the Next 100 Years [EB/OL]. https://tomorrow.city/a/fujisawa-sustainable-smart-town.
④ Fujisawa SST Council.Zones and Facilities [EB/OL]. https://fujisawasst.com/EN/town.

2.2.2.1 智慧能源（从太阳中带来新能源）

Fujisawa SST街道或区域采用"被动设计"，充分利用藤泽的风能、阳光、水、环境热等自然资源；还设计了路边的树木和花园小径，以便湘南海滩（Shonan Beach）的舒适风穿过。住宅建筑能够通过基于太阳能的"主动"能源创造、储存和节约设备来实现最佳能源管理效率，通过有源设备和无源技术间的协同效应，使整个房子内实现舒适和生态友好的生活。使用自然混合能源和先进技术，包括产能、储能和节能等技术，实现了"能源自我创造和自我消耗"的本地能源管理，满足大部分家庭能源需求，可以确保在灾难期间至少持续3d。

Fujisawa SST建造了可容纳约600户家庭的独立式住宅，每个住宅配备一个太阳能发电系统和蓄电池组，太阳能电池板安装在每个屋顶上，蓄电池系统（位于两处房产之间）储存太阳能电池板在白天产生的能量，用户可以在全电动和燃料电池型住宅之间进行选择（图2.2-7和图2.2-8）。上述设备集成到智慧家庭能源管理系统（Home Energy Management System，HEMS）实现"能源自我创造和自我消耗"，在利用阳光发电的同时，优化控制家庭能源消耗。通过这种管理，社区居民可以自己产生家庭使用的能源，并以高效和智能的方式利用它，实现"独立共生的能源管理"的目标，使社区居民能够享受环保和智慧的生活方式。

图2.2-7　屋顶太阳能装置（图片来源：tomorrow.city网站[1],[2]）

---

[1] Panasonic. Sustainable Smart Town Provides Better Lifestyles as the Entire Town [EB/OL]. https://holdings.panasonic/global/corporate/sustainability/sdgs/case-study/case01.html.
[2] Euklidiadas, M. M. Fujisawa Sustainable Smart Town: Planning for the Next 100 Years [EB/OL]. https://tomorrow.city/a/fujisawa-sustainable-smart-town.

图2.2-8　太阳能电池（图片来源：tomorrow.city网站[①]）

通过连接太阳能发电系统、蓄电池和ENE-FARM（家用燃料电池热电联产系统），实现从节能到销售的智能管理。独立住宅拥有最新的家庭能源创造存储连接系统，该系统可将太阳能发电系统或蓄电池连接到ENE-FARM。各系统产生的电力除了用于满足家庭需求，多余的电力还可以出售。未来，在能源方面独立的住宅将与智慧建筑能源管理系统（Building Energy Management System，BEMS）相连接。

智慧家庭能源管理系统（HEMS）和智慧建筑能源管理系统（BEMS）可以"可视化"房屋和设施的电力消耗，还可根据居民家庭结构或电力使用状况提供能源咨询服务，帮助居民控制过度用电或出售发电来提供环保和合理预算的支持。Fujisawa SST计划未来建立一个独立的共生能源管理系统，将社区内的各个建筑接入智慧社区能源管理系统（Community Energy Management System，CEMS），实现城镇和居民合作节约用电，进一步扩大能源管理系统的价值。

Fujisawa SST将为所有住户提供稳定可靠的电力供应，在地震等紧急情况下，住宅建筑将保持照明，居民依旧能够获得手机和平板电脑等通信设备以及电动汽车（EV）和电动自行车等交通工具的能源。Fujisawa SST的独立式住宅将配备家庭能源创造存储连接系统（Energy Creation-storage Linked System），实现综合监控太阳能发电系统、蓄电池和ENE-FARM。在停电的情况下，该系统利用太阳能电池板和ENE-FARM发电，实现可靠供电，并保障热水供应。此外，该系统将根据选定的设置为照明、冰箱、电视和其他重要的日

---

① Euklidiadas, M. M. Fujisawa Sustainable Smart Town: Planning for the Next 100 Years [EB/OL]. https://tomorrow.city/a/fujisawa-sustainable-smart-town.

常生活设备分配电力，从而在紧急情况下持续提供能源。

在全镇的公共区域建立社区太阳能发电系统、分布式可再生能源系统和其他硬件，建设抗灾型小镇。正常情况下该系统将向电网供电，有助于地区的低碳生活。一旦发生灾害，其将成为Fujisawa SST和邻近地区的应急电源。由具有太阳能发电功能的紧凑型单元组成的系统可以很容易地进行单元移动，使用高抗震性的中压气体管道在地下铺设电力线，未来可作为通用性的分布式可再生能源。另外，提高社区居民在日常生活场景中高效使用硬件的意识，为突发事件做好准备。10~20户家庭成立互助小组，并参加社区管理公司组织的季节性活动或防灾活动。居民通过通信加强群体联系，有助于在紧急情况下进行合作。

2.2.2.2 智慧安全（为安全保障注入新动能）

Fujisawa SST采用集成的"空间+社区+住宅+人"安全模式，为社区居民提供安心、安全的服务。空间级安全采用限制社区出入口进行保护，社区级安全通过监控摄像头和路灯进行保护，家庭级安全则采用家庭安全系统中集成入侵检测、火灾检测和紧急报警等功能来保护；同时通过增加安全警卫巡逻服务，系统和服务的集成网络将提供没有任何盲点的安全保障。

Fujisawa SST打造了小镇虚拟门禁（Virtual Gated Town）的新安全服务，确保安全可靠的生活。传统社区安装栅栏，并在出入口设置安全门，严格限制车辆和行人的进出，虽然加强了安全，但会让居民产生一种与世隔绝的不安感。Fujisawa SST采用隐形门来保护社区居民的安全，构建了"小镇虚拟门禁（Virtual Gated Town）"的概念，在没有大门和障碍物包围的情况下提供更高级别的、新的安全模式。

Fujisawa SST入口、公共建筑、公园阴影区、主要街道的十字路口等处有效安装了约50个监控摄像头和灯，通过监控摄像头、灯光和社区安保巡逻的组合，在开放的环境中为社区居民提供全面的安全保障，以不引人注目的方式监控儿童的安全。采用了最大限度地减少车辆直达交通的街道布局规划，通过交通安全促进社区安全。紧急情况下，安防摄像头和照明将用于防灾。除了通过摄像头进行监控，还保持一定数量的路灯点亮以确保安全，住宅入口灯和房间灯将提供微弱的街道照明（图2.2-9）。

街道最佳位置安装了带传感器的LED路灯，在夜间无人时会变暗，检测到行人或汽车时将提供足够的亮度，不仅照亮正下方的区域，还照亮前方几步的区域，从而实现安全性和生态友好性（图2.2-10）。通过将摄像头和灯连接到无线网络，所以实现街道路灯的中继开启。

每个住宅都安装或租用灾难预防通知推送电视系统，家庭电视连接一个信息终端，当居民观看节目或处于待机模式时自动显示警报，自动传送和显示来自气象局的灾害信息，例如暴雨或其他特殊天气等。社区管理公司可以在台风、风暴和龙卷风导致停电或其他风险时发布独立警报。该电视系统还用于紧急情况下的安全确认、社区事件变化的通信，或与社区节目相关的投票（图2.2-11）。

第 2 章　智慧社区的发展　　37

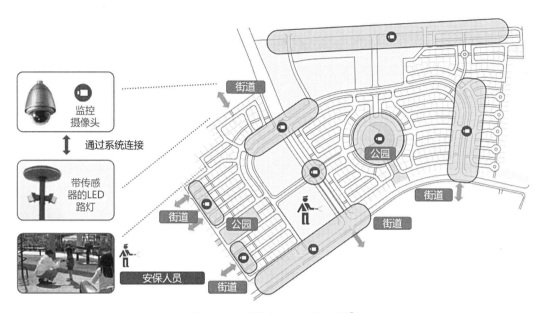

图2.2-9　摄像头与路灯联网系统[①]

图2.2-10　路灯检测有人调高亮度[①]

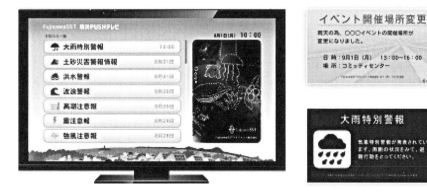

图2.2-11　灾难预防通知推送电视系统

---

① Fujisawa SST Council.Town Service-security [EB/OL]. https://fujisawasst.com/EN/project/service/security/.

2.2.2.3 智慧出行（为出行带来新能量）

随着社会共享经济的发展，Fujisawa SST为所有有车和无车居民提供了全新的出行服务，包括共享电动汽车（EV）、电动助力自行车服务，根据目的或需求定制的租车服务，以及租用充电电池的电池站服务（充电桩遍布全镇）。

出行礼宾部和出行移动门户提供一站式服务，除了接受预订外，还可以根据距离、使用时间、一天中交通状况的变化，从共享汽车或租赁汽车中提供最佳的出行方案，以及就是否选择电动汽车（EV）等出行方式提出建议。移动门户允许居民在家中通过电视或智能手机进行服务预订，还可查询汽车共享或租车交付服务使用记录，监测二氧化碳减排量等。居民选择租车服务可在居民家附近交付，使有自己汽车的居民扩大了活动范围，帮助居民更积极地生活。

电池共享服务使居民可以免费更换和使用电动助力自行车的电池，减少回家后为电池充电所需的时间和精力，以及通勤或购物时电池电量耗尽的担忧；通过消除电动自行车使用的瓶颈，宣传对环境影响较小的出行生活方式（图2.2-12）。

提供环保汽车检测服务，环保汽车检测是法定汽车检测体系中的新标准，该检查有助于最大限度地减少对人类有害的一氧化碳、碳氢化合物、氮氧化物、黑烟和二氧化碳的排放，减少汽油消耗量可以降低使用成本，在通过环保检查的汽车上粘贴生态清洁标签来提高环境意识。

社区委员会中心安装的电动汽车（EV）和V2H插座，在紧急情况下将作为宝贵的应急电源向公众开放（图2.2-13）。

提供社区配送服务，所有包裹到达该镇后都由大和运输公司处理，通过松下的信息技术，居民可以使用智能手机和智能电视指定送货时间和地点，并接收通知。同时努力减少再

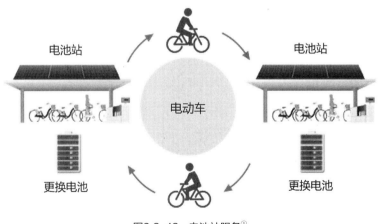

图2.2-12　电池站服务[①]

---

① Fujisawa SST Council.Town Service-mobility [EB/OL]. https://fujisawasst.com/EN/project/service/mobility/.

图2.2-13　电动汽车（EV）和V2H插座[①]

运输，以降低成本、减少二氧化碳排放，以及缓解劳动力短缺问题。2020年底，松下开始部署使用自动化送货机器人，以极低的速度行驶（4km/h，类似于快走），以确保没有人受伤。

2.2.2.4　智慧健康（为健康带来新能量）

Fujisawa SST希望所有的居民，从儿童到老年人，都可以按照他们想要的方式舒适地生活，认为社会互动是可以帮助社区居民在日常生活中改善健康的生活方式。开发综合健康中心，将老年护理设施、老年人辅助住宅、药店、家庭护理服务、诊所、托儿所、课后日托中心、补习学校等整合在一个设施中，自然地将人们联系起来，促进来到健康中心的人们之间的互动，为代际互动创造更多机会，老人可以将他们的知识和技能传给孩子，孩子可以"点亮"老人的生活，从而促进儿童更好的情感发展。

老年护理设施使用松下智能空调服务，采用运动监测传感器管理温度和湿度等，还可以通过跟踪生活节奏，包括患者的睡眠习惯，提供安全可靠的护理服务；还致力于建立一个系统，将那些缺乏机会做出贡献的健康老年人与其他在养老机构需要帮助的人相匹配，解决养老机构人手短缺的问题。

构建"本地化综合护理体系"，提供无缝联动的医疗、护理、养老和医药服务。针对住院后回家的患者往往很难获得必要的家庭护理问题，通过"本地化综合护理系统"，基于信息和通信技术（ICT）提供的健康共享信息，无缝地提供超越医疗、护理、养老和制药服务传统边界的健康服务（图2.2-14）。

---

① Fujisawa SST Council.Town Service-mobility [EB/OL]. https://fujisawasst.com/EN/project/service/mobility/.

计划并举办各种健康促进活动，为社区居民福利做出贡献。建设幼儿园、补习班和课后日托中心，缩短幼儿园等候名单，为培养"生活热情"奠定基础，满足儿童"学习"和"获取知识"的愿望。

图书馆区和实验室区，促进居民与社区建立温暖的联系。图书馆区放置了一批图画书和百科全书，以激发居民的好奇心和对知识的渴求，儿童和成人都会被实验室区域的实验套件吸引，正在写作业的儿童可能会收到等待临床检查老人的善意建议，居民可能会发现自己第一次与其他居民聊天。

图2.2-14　健康信息共享示意图①

新型终身学习是Fujisawa SST的另一个特点，为居民倾听并回应其他居民对"学习"的兴趣，以及"传递"经验愿望提供广泛的机会，可以让居民主动策划活动，例如：爱好弹奏四弦琴的居民可以举办四弦琴课程，或者想学习英语的居民可以邀请在国外学习的居民来教授英语会话课程。

2.2.2.5　智慧连接（为社区联系注入新活力）

Fujisawa SST希望将社区和附近地区的居民以及在社区工作的人联系在一起，构建具有前瞻性价值的社区。从入住社区的那一天起，居民只要加入社区网络，就能够与其他居民联系，并享受访问当地信息的权利，建立与社区更紧密的联系。从儿童到老年人，每个人都可以通过网络轻松获得高级服务。提供一个社区平台，包括一个易于访问的一站式门户服务，使任何人都能够监控其家庭的能源消耗。居民也将能够获得一系列有用的服务，包括当地服务、积分系统、移动服务预订和社区信息交换，社区委员会将开展丰富多彩的社区活动。

通过一站式社区门户网站，居民可以使用智能手机、PC、智能电视等多种智能设备获取个人需要的信息，例如：周边地区活动和观光信息、防灾信息、用户能源使用情况、移动共享服务预订等，允许居民发表自己的意见，参与小镇和社区发展建设。紧急情况下，可以快速访问所需的信息和相关信息，如最新情况和安全确认。

注册的家庭信息和家用电器信息有助于鼓励节能习惯，通过住房信息管理系统，记录住宅、家用电器等购买和维修信息，以保护资产价值。向居民提供总结电力使用数据的《能源

---

① Fujisawa SST Council.Town Service-wellness［EB/OL］. https://fujisawasst.com/EN/project/service/wellness/.

图2.2-15　Fujisawa SST中央公园广场鸟瞰图（图片来源：日本松下官网[①]）

报告》，以及每月提供节能建议的《生态生活建议报告》，提供最有效地使用能源以及如何根据他们的生活方式减少每件设备的功耗的具体建议。

建立Fujisawa SST卡和积分计划，居民只需将卡通过验证终端，就能借用电动助力自行车、更换充电电池、使用社区设施服务等。参加生活记录计划和社区活动并回答问卷，可以获得相应积分，累积积分将给予相应的奖励，鼓励居民积极参与提高社区价值的各类计划。

在Fujisawa SST中心的中央公园广场，社区居民可以讨论与社区有关的问题，其在社区的发展中发挥了积极作用（图2.2-15）。

2.2.3　法国里昂汇流口智慧社区

法国里昂汇流口街区占地150hm^2（图2.2-16），重建工作于2003年开始，将于2025年完成，预计该地区的人口将大幅增加，因此政府担心交通拥堵、停车位不足以及废气造成的环境恶化等问题出现。根据《欧盟2020战略》《格勒内尔法》《RT2012》等环境政策，要求进一步引入可再生能源、提高能源效率、减少二氧化碳排放。

2011—2016年，里昂开展了智慧社区示范项目。里昂汇流口智慧社区（Lyon Confluence

---

① Panasonic.Panasonic Announces Sustainable Smart Town Project [EB/OL]. https://news.panasonic.com/global/topics/4466.

图2.2-16　里昂汇流口街区重建后鸟瞰图[①]

District）[②]，重点建设利用先进能源技术积极实现欧洲环保目标的未来城市。其旨在示范将节能技术引入新建和现有房屋，以及基于IT的光伏发电管理系统、电动汽车共享系统，通过实时管理进而有效和高效地支持城市规划系统的建设和评估；同时还实施了正能源建筑（Positive Energy Buildings，PEB）、电动汽车共享及充电管理、家庭能耗可视化、社区管理系统（Community Management System，CMS）四项措施。

2.2.3.1　正能源建筑（PEB）

将日本智慧能源技术积极引入重建项目中的新建筑群（由办公楼、商店和住宅组成），打造具有节能优势的建筑。将光伏电池板、智慧建筑能源管理系统（Building Energy Management System，BEMS）/智慧家庭能源管理系统（Home Energy Management System，HEMS）和节能设备等引入，实现产生能量大于整个建筑消耗能量的正能源建筑（PEB）。

从建筑设计角度来看（图2.2-17），NISHI和HIGASHI大厦拥有大面积的窗户表面和带有切口（凹口）的结构，以吸收自然光进而减少照明负荷。MINAMI大厦的整个墙壁都安装了光伏电池板，以同时追求充足的发电量和卓越的设计。除了设计之外，还全面引入了先进的智慧能源技术。

为实现正能源建筑（PEB），引入了光伏和菜籽油热电联产系统（Rapeseed Oil Cogeneration System）作为能源，热电联产系统也被用作热源，使利用废热生产热水和利用吸收式制冷机生产冷冻水成为可能。根据建筑物的负载条件，发电机的电力和热源设备的热水和冷冻水，

---

① Panasonic. Panasonic Announces Sustainable Smart Town Project [EB/OL]. https://news.panasonic.com/global/topics/4466.
② NEDO.Case Study: Smart Community Demonstration Project in Lyon, France [EB/OL]. https://www.nedo.go.jp/content/100871965.pdf.

图2.2-17　HIKARI大厦全景（左起：NISHI大厦、MINAMI大厦、HIGASHI大厦）[①]

通过BEMS存储在智能电池和相变储热器中，并根据需要进行控制以提供适当的电量。从节能的角度来看，该建筑采用了高效的LED照明和辐射面板空调，通过在顶棚的管道中循环热水或冷冻水来提高空调效率。

此外，HIKARI大厦还使用了智慧建筑能源管理系统（BEMS）和智慧家庭能源管理系统（HEMS），以优化控制能量产生、储存和节约设备。除了上述能量和储热的最佳控制外，BEMS还具有在不牺牲舒适性的情况下节省能量的功能，例如由运动传感器最佳控制的LED照明。智慧家庭能源管理系统（HEMS）是一个面向居民的系统，具有空调、照明、百叶窗等的状态检查、远程控制、自动控制和调度控制等功能，既促进了居民的节能行为，又方便了居民。

2.2.3.2　电动汽车共享及充电管理

为了建立零排放交通，构建了以光伏为能源的电动汽车共享系统（图2.2-18）。该系统积极用于电动汽车充电，优化电动汽车充电时间表，利用可再生能源吸收供电波动进而最大限度地降低社会投资成本。其目的是解决城市之间常见的交通问题，即通过电动汽车共享解决交通和停车位短缺问题，并减少废气污染。

图2.2-18　电动汽车共享及充电管理[②]

---

① NEDO.Case Study: Smart Community Demonstration Project in Lyon, France [EB/OL]. https://www.nedo.go.jp/content/100871965.pdf.

② NEDO. Case Studies of Smart Community Demonstration Project [EB/OL]. https://www.nedo.go.jp/english/news/reports_20130222.html.

电动汽车充电管理系统由充电优化引擎组成，μEMS（光伏输出预测）起着重要作用。它预测光伏发电量和电动汽车充电时间，并具有优化电动汽车共享时间表的功能，同时还可以考虑配电运营商关于电网约束的信息。光伏输出预测（μEMS）：接收气象数据、法国气象局的预测信息和光伏远程监测系统的光伏发电数据，预测半小时的光伏输出并计算充电时间，最大限度地利用光伏发电进行充电。充电时间预测（充电优化引擎）：根据共享汽车系统收集的驾驶员数据、电动汽车租赁期、应用行驶距离等来估计功耗，进而计算必要的充电量和充电时间。充电时间表优化（充电优化引擎）：基于上述结果，尽可能提高电动汽车的周转率，并制定充电时间表，进而最大限度地利用光伏输出。

2.2.3.3 家庭能耗可视化

在重建区现有公共住房安装能源数据收集设备，建立数据收集网络，可视化查看并验证能源消耗情况，此外还研究了能源使用建议如何改变居民的行为（图2.2-19）。

位于重建区的示范点CitéPerrache是里昂人居中心拥有的公共住房，家庭总数为275户，其中165户参加了示范项目。在住宅小区中安装了能源数据采集装置，通过平板电脑可视化查看房间内能源消耗，进而鼓励居民采取节能行动。根据可视化的目的，有不同类型的屏幕。以下是四个主视图（图2.2-19）：

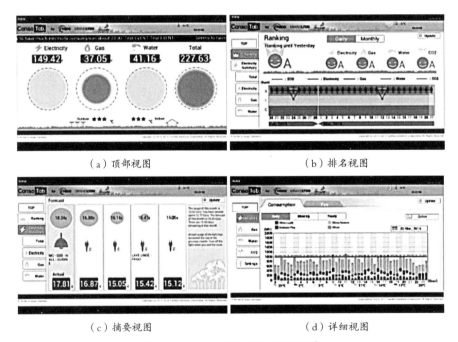

（a）顶部视图　　　　　　　　　　（b）排名视图

（c）摘要视图　　　　　　　　　　（d）详细视图

图2.2-19　家庭能耗可视化系统界面[①]

---

① Fujisawa SST Council.Town Service-mobility［EB/OL］. https://fujisawasst.com/EN/project/service/mobility/.

顶部视图：居民可以总体查看电力、天然气和水的总能耗及费用；可以直观地识别根据过去记录计算出的目标与实际对应情况，例如绿色表示好，红色表示坏。

排名视图：将社区内邻居用能情况，用不同颜色排名比较，以提高居民的节能意识。

摘要视图：电力数据测量设备可以从配电板详细监控每个线路的功耗，因此，用户可以识别高耗能家电。

详细视图：显示用电、用气和用水详细历史记录。

2.2.3.4 社区管理系统（CMS）

社区管理系统（CMS）作为里昂大都会能源规划的支持工具（图2.2-20），可以全面、集成地管理正能源建筑、电动汽车及充电桩、家庭能耗管理系统获得的数据以及其他可用数据，例如重建区内其他建筑物的能源数据、光伏发电数据、气象数据和其他实时数据。其目的是创建一个利用本地管理数据进行区域规划的系统。

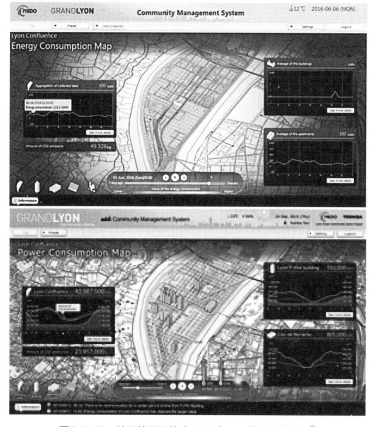

图2.2-20 社区管理系统（CMS）——能源消费地图[①]

---

① Fujisawa SST Council.Town Service-mobility［EB/OL］. https://fujisawasst.com/EN/project/service/mobility/.

基于社区管理系统（CMS），用户可以切换5种场景中的每一种场景的屏幕，并查看每栋建筑/设施的每种场景（能源消耗、二氧化碳排放、光伏输出、天气等）所需的历史和实时数据。

场景1：能源负责人检查当地建筑的能耗，将其与目标进行比较，把握趋势，评估和审查政策。

场景2：能源和公共住房负责人检查建筑改造的效果，并评估和审查政策。

场景3：公共住房负责人检查信息提供对居民的影响，并评估和审查有关部门提供的措施。

场景4：能源负责人检查当地能源供应和需求。

场景5：交通和能源负责人检查电动汽车共享和可再生能源的利用情况。

2.2.4 美国纽约州斯克内克塔迪智慧社区

纽约州斯克内克塔迪市政府自2016年起开始制定智慧城市发展规划，通过成立智慧城市咨询委员会（SSCAC），与各种公共和私营部门开展合作，进而指导该地区的智慧城市发展；同时，针对当地社区量身定制了10个关键支柱并形成可持续的发展通道，与美国国家电网、通用电气、AT&T和思科等公司合作开展试点项目。该市以部署物联网技术为切入点，在无线网络接入、交通和停车管理、公共安全、废物和水处理、能源效率、健康与服务以及公民参与等领域探索应用项目，目标是在整个城市范围内部署广泛的智能技术，力求通过数据分析来更好地了解和管理市政资源，提高社区的可持续性和效率，最终提高居民的生活质量。

2.2.4.1 能源改革愿景示范项目与智慧路灯

2018年，斯克内克塔迪市与美国国家电网公司合作，推出了为期3年的"能源改革愿景"[Reforming the Energy Vision（REV）Demonstration Project]示范项目，最终于2021年完成实施建设。该项目旨在将该市约4200盏路灯更换为LED路灯，并配备网络照明控制装置，制定节能调光计划，实现显著降低能源成本和碳足迹。同时，通过加装智能传感器和控制装置，利用互联智能技术和低带宽无线网络来加强路灯基础设施，实现实时数据分析和停电检测。此外，该项目还在两个区域安装CIMCON NearSky节点和GE-AT&T City IQ节点，以实现各种智慧城市应用，如交通流量分析、空气质量监测、枪声探测和路面温度测试等。

2022年，斯克内克塔迪市在智能路灯上加装传感器（Ubicquia Ubi Smart AQM+），可以监测空气质量等多个环境数据。这些传感器为当地官员和居民提供了重要且准确的"区域信息"，同时也能为市政项目和医院提供规划参考，用于确定行动计划。如冬季时，根据传感器数据来决定是否清除冰冻道路；当受到野火影响时，由当地卫生官员建议肺部和心脏有问题的人待在室内并制定合理的医疗规划，避免剧烈活动并分发抵御污染的口罩。当前，斯克内克塔迪市正在努力简化数据，并计划向公众开放更具实用性的数据地图①。

2.2.4.2 社区虚拟发电厂计划

斯克内克塔迪市正在逐步推进"社区虚拟发电厂计划"（Virtual Community Power Plant），为中低收入家庭提供绿色技术改造。该计划通过在住宅安装太阳能电池板、电池储能装置，并通过其他技术（如机器学习）跟踪家庭使用能源的方式和时间，并决定何时储存或出售能源，实现减少碳排放与降低居民的生活成本②。

2.2.4.3 社区公共互联网服务

创建一个社区信息门户网站，通过公共无线网络提供服务。开展智慧城市项目更新和保持健康计划，计划拨款260万美元用于扩大斯克内克塔迪的无线接入覆盖范围，为低收入社区提供公共互联网服务。

2.2.4.4 "保持健康"远程病人监测计划

斯克内克塔迪市在2020年11月启动了移动综合医疗项目，为急救服务提供者配备了平板电脑，使其可以在接到急救电话时与急诊科医生联系。通过联网医疗平台，护理团队可以在家中对病人进行治疗或建议将病人转送至其他医疗机构。在实施该计划的第一个月，41个远程医疗呼叫中有71%在家中得到了成功治疗。该项目每年可以为该市及其救护团队节省数百万美元的医疗费用，并改善从急诊室分流出来的病人的治疗效果。这类移动综合医疗项目正被医疗保健系统、消防和急救部门以及公共卫生项目部署到全国各地的社区，以减少急诊室拥堵和不必要的911电话数量。

2023年，斯克内克塔迪市与AION生物系统公司合作，推出名为"保持健康"（Stay Well）的远程病人监测计划。该计划旨在减轻感染、减少再入院率，并为免疫力低下的居民提供支持。计划的初始阶段将主要面向社区内65岁以上的老人、大手术后或关节置换术后的康复者、接受化疗者或癌症患者。通过iTempShield设备和监控系统，在60d内持续监测患者的体温，如果体温上升超过设定的阈值，患者的临床团队就会与其取得联系③。

2.2.4.5 社区部门数据交换计划

社区部门数据交换计划［Community Officials Data Exchange（C.O.D.E.）Program］由斯克

---

① Simmons, S. Schenectady Smart City Sensors Prove Useful during Air Quality Crisis［EB/OL］. https://www.wamc.org/news/2023-06-09/schenectady-smart-city-sensors-prove-useful-during-air-quality-crisis.
② Arnold, C. Schenectady Awaits Funding for Virtual Community Power Plant.［EB/OL］. https://www.governing.com/next/schenectady-awaits-funding-for-virtual-community-power-plant.
③ Smart City Project Updates and Stay Well Program［EB/OL］. https://www.cityofschenectady.com/CivicAlerts.aspx?AID=575.

内克塔迪市与奥尔巴尼大学政府技术中心（CTG UAlbany）及阿姆斯特丹市、格洛弗斯维尔市和科特兰市共同开发，通过收集和共享有关废弃房屋的数据，以解决该地区的凋敝与房屋空置问题。C.O.D.E.计划通过标准化记录社区中房屋的状况［如房屋是否空置、破败或被视为"僵尸房屋"］以及存在问题的业主、代理商、公司与房产的关联，利用自身社区的数据和纽约州其他政府的数据进行跨地理区域分析与可视化分析，最终实现地方政府之间的信息共享，并促使每个社区建立独立的数据用于预防和减轻城市凋敝问题。

2.2.4.6 太阳能项目

斯克内克塔迪市正在进行多个与太阳能相关的项目，推广清洁能源生产。其中一个项目是斯克内克塔迪市太阳能联盟项目（Schenectady County Solar Energy Consortium），该项目与通用电气公司合作，在9个地点建立太阳能农场。这些太阳能电池阵有助于减少当地的温室气体排放，并为该市每年节省约20%的能源费用（约21.7万美元）。另一个项目是贝维斯山太阳能项目（Bevis Hill Solar Project），该项目已于2017年完工，其太阳能电池阵由3029块电池板组成，功率为711kW，预计在整个项目周期内可节省约84万美元。由于太阳能站位置偏远，所以邻居们并没有反对或产生争议。此外，当地居民还可以通过购电协议获得电力，因此市政府无须为建设太阳能电池阵投入任何资金[①]。

2.2.5 美国智慧城市和社区建设其他案例[②]

从美国纽约州斯克内克塔迪智慧社区案例可以发现，美国的主要提法是智慧城市和社区，主要是城市政府与相关行业内公司合作开展项目建设，从应用场景角度看比较垂直，但是通过检索美国其他城市案例，显著特点是每个城市都会建设开发数据平台，打通政府部门数据，为智慧应用提供支撑，开放数据平台以及典型应用如下：

（1）通过开放数据平台和实时API实现响应式政府服务。这些平台为公民、研究人员和开发人员提供了标准化数据集来开发应用程序、识别问题，以及为公民创造了参加相关活动的机会。通过提供公民参与机会，社区可以推动公平性的提高，确保政府能够满足居民的需求和愿望。

（2）互联网车辆和基础设施技术，帮助社区识别安全问题、减少事故并改善应急响应。例如：一些社区在车辆上安装行人检测和警告系统，以保障行人安全。为了减少应急响应时间，社区安装信号抢占系统，为相关车辆授予优先通行权，如救护车和消防车。

---

① City of Schenectady.Going Solar in Schenectady［EB/OL］. https://www.cityofschenectady.com/594/Solar.
② U.S. Department of Transportation.Putting People First – Smart Cities and Communities［R/OL］. https://its.dot.gov/smartcities/SmartCities.pdf, 2021-06-09.

（3）为了解决路边空间可能会导致拥堵和安全隐患问题，一些社区部署先进的停车和路边管理系统，通过基础设施的传感器或摄像头，使用机器视觉来检测车位何时被占用或空置，并通过移动应用程序或可变消息标志提醒最终用户。

（4）为减少用户、改善交通流量，提供共享和主动出行替代方案，进行车辆电气化替代，将传统公交车、网约车等转为电动汽车并为其安装充电桩。

（5）智慧路灯可以提高基础设施能源效率，安装低成本空气质量传感器，可以帮助提供实时、特定位置的空气质量信息，帮助社区识别和解决排放热点问题，帮助市政当局解决公平和公共卫生问题。

2.2.5.1 达拉斯案例[①]

达拉斯从2017年开始在部分地区开展了以下应用推广：

（1）达拉斯开放数据平台使公众可以方便地访问政府发布的数据和信息，鼓励达拉斯公民与政府双向沟通。

（2）先进的交通系统，政府能够获取和分析来自传感器和摄像头的实时数据，以此进行交通状况管理和控制。

（3）智慧LED路灯系统与收集实时数据的传感器集成，例如人流量、噪声检测等，对降低犯罪率、节省能源消耗产生了积极影响，也便于系统的维修维护工作，可以远程向维护人员发出警报。

（4）交互式数字信息亭称为"WayPoint Kiosks"，采用55英寸触摸屏显示器，可以交互式显示地图、时间表、公交路线等信息，提供USB充电端口，让公众方便探索达拉斯。

（5）通过安装环境传感器来测量环境要素，包括温度、湿度、大气压力和颗粒物。

2.2.5.2 拉斯维加斯案例[①]

2016年开始全城推广车辆到基础设施项目（V2I），将"交通灯信息"智慧车辆辅助技术应用到选定的车辆，将拉斯维加斯联网实时交通数据通过4G或LTE发送到这些车辆内置计算机，允许车辆显示交通灯何时变绿的计时器，减少汽车在交通堵塞期间使用刹车的次数，燃油效率提高了15%。

2018年1—7月期间启动了车联网（V2X）试点，V2X可以使车辆与其他车辆、物体和集成设施进行通信，是物联网和无人驾驶车辆不可或缺的部分。由于驾驶员和车辆在遇到任何行人或车辆之前都会收到通知，因此，有助于防止碰撞。

---

① The United States Conference of Mayors (USCM). US Smart Cities - 2018 [R/OL]. https://www.usmayors.org/wp-content/uploads/2018/06/2018-Smart-Cities-Report.pdf.

2017年开始在部分区域启动基于人工智能的交通管理试点,计划对提前2h预防交通事故和拥堵方面的有效性进行衡量预测分析,包括天气预报、速度限制和交通灯计时,以生产准确的预测交通分析。

2016年开始在部分区域启动智慧路灯试点,LED智慧路灯覆盖了超过650.32m^2的非电网能源供电区域,该灯利用人行道上动能瓦片能量和光伏电池板,从步行行人和阳光获得能量,并存储在电池中。该灯包含运动传感器,可以检测有人或车存在,并在需要时开启;还包含空气质量传感器以及USB端口,以供无线充电,并提供免费的公共WiFi网络。

2018年起在全城推广拉斯维加斯开放数据平台,该平台包括城市财政预算、城市管理、经济发展和社区信息,有14类、400多个数据集。

2017年起在全城推广GoVegas智能手机应用程序,该应用鼓励社区与市政府之间互动,居民能获取城市交通、目录、地图、当地活动和景点的实时更新信息,还可以报告和请求有关城市环境问题的服务,如排水沟堵塞、交通灯故障、基础设施遭到破坏和乱扔垃圾等。

2.2.5.3 旧金山案例[①]

2010年在全市推广开放数据平台,根据来自多个城市部门的数据集,开发了60多个应用程序,允许居民访问信息,加快执行速度,提高效率。

2008年在部分区域推出智慧建筑管理,根据旧金山环境部数据,建筑物碳排放占总碳排放量的53%。旧金山设定了到2030年实现无碳化目标,计划通过"智慧建筑"实现。第三大市政公用事业公司、旧金山公用事业委员会(SFPUC)的总部大楼是典型例子,与基准标准相比,能耗减少55%,电力消耗减少32%。

2.2.5.4 芝加哥案例[①]

2015年启动智慧路灯试点,为750~800盏路灯配备了LED照明灯具,配置利用智慧电网网络基础设施的监控解决方案,目标是支持远程控制街道照明、停电调度和维护报警,以及保障公共安全等。

2017年启动WiFi信息亭,在芝加哥中心安装了航路点设备,提供高速公共WiFi连接,包括连接设备、人员和服务的CIVIQ移动体验,提高公民参与度。WayPoint配备55英寸触摸屏显示器,提供各种来源信息,包括实时交通时刻表、广告、服务公告等;配备NFC技术、USB快速充电端口、客户紧急对讲机,以及嵌入式摄像头、小型基站、信标技术、传感器等;可以提供多种服务和数字应用程序,例如交通服务的交互式信息、安全报警和免费WiFi。

---

① The United States Conference of Mayors (USCM). US Smart Cities - 2018 [R/OL]. https://www.usmayors.org/wp-content/uploads/2018/06/2018-Smart-Cities-Report.pdf.

2.3 国内典型案例

我国近年来,以北京市朝阳区智慧社区、上海市长宁区北新泾街道数字社区、广州市越秀区六榕街旧南海县智慧社区、深圳市南山区南园智慧社区、杭州市萧山区瓜沥镇七彩未来社区、贵阳市中铁国际生态城等为代表的智慧社区正在逐渐发展,并形成了稳定的特点。

2.3.1 北京市朝阳区智慧社区

北京市朝阳区已经实现智慧社区全覆盖的街道中,形成了以智慧生活、智慧养老、智慧安防等为主要特色的智慧社区建设范式,每个街道都有自身发展的重点,区域化特色较为明显。

2.3.1.1 利用网络服务平台开展便民智慧服务

团结湖街道在智慧社区的建设过程中建设了微博、微信和微群为支撑的"三微"网络平台,还设立了智慧信息机,开发了一号定位系统、掌上团结湖及3D智慧家园等软硬件平台。六里屯街道的"十北社区自治联盟"微信平台拉近了基层政府组织和居民的距离,居民与政府组织之间可以实时对话,及时得到帮助。

2.3.1.2 网格化管理基础上的全模式社会管理服务体系

奥运村街道充分利用了这一优势,依托网格化全模式指挥中心已经建成"电子哨兵"监控系统,利用物联网技术将社区出入口的监控视频实时进行传输存储,实现多系统的信息共享,与辖区公安、应急等部门进行信息联动,遇到突发情况进行自动报警。

2.3.1.3 整合既有资源搭建智慧养老服务平台

物理空间上借助社区的养老照料中心和养老服务驿站,网络空间上借助已有的社区服务网络,在进行部分升级优化的基础上为有需求的老人提供便捷的养老服务。例如:八里庄街道"云动中心"以辖区人口大数据库为支撑,将辖区的老年人口进行了细致划分,实现了对老年人个性服务需求的精确预估和定位。安贞街道与北京红枫盈社区服务公司合作引进了智慧养老自助售餐机,有需要的老人自己可以根据需求自助购买,也可以由他人通过手机App代为下单,由志愿者送餐上门。双井第二社区卫生服务中心是北京首家"医养结合"试点单位,周边社区老人不用跑医院,在家测量血压、心率、血氧等基本健康数据,医生每月入户进行问诊。双桥附近的恭和家园是北京首家共有产权养老院,打通了居家社区和机构养老相互独立的养老供给格局,让老年人在家就能享受像在养老机构医养的专业服务。百子湾南二路老年公寓是首个集养老照料、医疗康复、文娱休闲、体育健身等于一体的PPP模式养老机构。此外，朝阳区还为760户高龄空巢老人免费安装"一键式"智能呼叫终端，让老人足不出户就能享受诊疗、助洁、助浴、送餐等医养服务[①]。

2.3.2 上海市长宁区北新泾街道数字社区[②~④]

2023年7月8日，在2023世界人工智能大会"科技与人文——共筑无障碍智能社会"论坛上，上海市经济和信息化发展研究中心、上海市长宁区科委和长宁区北新泾街道联合发布了《数字社区导则——上海市长宁区北新泾街道数字社区实践体系》（以下简称《数字社区导则》）。

上海市长宁区北新泾街道位于上海西部，是一个老旧小区占比高、人口老龄化趋势明显、"产城融合"特征明显等因素集于一身的居住型社区。自2018年底起，依托"数字长宁"产业集聚发展优势条件，开始积极探索科技赋能基层治理和民生服务，聚焦百姓生活"新开门七件事"，即康养、物业、文体、政务、金融、出行、商业；探索人工智能应用场景，落地建成了涵盖"一个大脑、两条道路、三个小区"的"AI+社区"系列示范场景。以新泾六村小区为例，通过24h智能问诊机，居民可自助购药，获取来自持证医生的远程医疗咨询服务；联动"体魔方"项目，居民使用社区健身器材，即可了解个人的健康档案、运动数据等信息（图2.3-1和图2.3-2）。

图2.3-1 智能问诊、自助购药设备（图片来源：上海长宁微信公众号）

---

① 梁丽. 智慧社区与智慧北京：北京市智慧社区实践与探索［M］. 北京：中国社会科学出版社，2019.
② 王海燕. 上海发布《数字社区导则》探索无障碍数字化建设之路 打造城市数字化转型"社区样板"［EB/OL］. https://www.shanghai.gov.cn/nw4411/20230709/2b22266883a44223947c89b9006021d1.html.
③ 中国新闻网. 上海发布《数字社区导则》打造无障碍智能社会"社区样板"［EB/OL］. https://baijiahao.baidu.com/s?id=1770842503115790702&wfr=spider&for=pc.
④ 上海长宁.《上海市数字社区导则》今天发布，北新泾街道打造数字化转型"社区样板"［EB/OL］. https://mp.weixin.qq.com/s/Shu1p5UQGiJIVLrbQjxp9w.

图2.3-2 "一键叫车"智慧屏和无人看管篮球场（图片来源：上海长宁微信公众号）

随着上海市全面推进城市数字化转型，北新泾街道开展了新三年行动计划，推出"新开门七件事2.0"版本，包括"居住数空间、出行畅体验、健康慧服务、平安全守护、服务精准达、消费新方式、文娱智享受"七大类应用场景。例如家门口"一键叫车"，便利了老年人出行，也受到年轻人的青睐。北新泾社区平均300m，每步行3min就有一处"一键叫车"智慧屏，覆盖了辖区住宅小区、菜场、社区卫生中心、社区为老服务中心及商务楼宇园区。另外还有24h无人看管篮球场、24h营商服务、24h机动车共享充电桩、24h数字司法所等。

北新泾街道在推进精品小区改造、道路架空线落地、美丽街区建设等民生实事中，将数字化要素和项目纳入必选内容，实现了智能道闸、智能门禁、智慧电梯、智慧探头、智慧停车、智慧车棚、智能充电桩等系列更新的全覆盖。下一步，北新泾街道将以《数字社区导则》为"新起点"，加强实践探索，积极绘就中国式现代化的社区新图景。

2.3.3 广州市越秀区六榕街旧南海县智慧社区[①]

六榕街旧南海县社区位于广州市越秀区，是著名的历史文化街区，也是一个典型的"四老"（老城区、老街巷、老居民、老人家）街区，社区面积为0.136km^2，辖内60岁以上的长者近700人，占户籍人口的30%，其中离退休人员有1200人。旧南海县智慧社区建设的整体蓝图，是在社区微改造的基础上，充分利用5G、人工智能、云计算、物联网等技术，建设智慧社区IOC平台（图2.3-3），将"传统社区"与"数字世界"深度融合，在一个平台上集成映射，打造智慧社区服务中心。该平台以越秀区"令行禁止、有呼必应"综合指挥调度平台为"数据中台"，打造"小前台、大中台"的数据共享模式，多类数据资源双向互通。

---

① 广州市住房城乡建设行业监测与研究中心. "新城建"优秀案例："多元赋能、减负便民"智慧社区——越秀六榕街旧南海县 [EB/OL]. http://zfcj.gz.gov.cn/zjyw/xxhgz/xxhgz/content/post_8825048.html.

图2.3-3　旧南海县智慧社区IOC平台（图片来源：网易新闻[①]）

该平台纳管整个社区的人、事、物，提供VR全景视角、社区多维观测和全量数据分析，将智慧安防、智慧消防、智慧医养等场景落地。

2.3.3.1　智慧安防场景

广泛布设消防占道、垃圾堆放、高空抛物、人脸识别等多种AI算法和高清摄像头，通过与"越秀先锋"打通，实现事件"发现—告警—响应—处置—办结"五步闭环，有效提升工作效率，为基层减负赋能。

社区幼儿园在非接送时间出现人员群聚情况时，视频监控人员密度算法即可自动识别、迅速告警，提示工作人员留意，保障幼儿园小朋友安全。

当定时投放点出现垃圾堆放时，垃圾堆放算法启动，第一时间识别告警，自动推送"越秀先锋"，由环卫工人跟进处理，垃圾堆放处置效率提升5倍，更大限度地维护市容市貌的干净整洁。

视频监控遍布社区，串联治安巡逻沿线，社区工作人员通过平台即可在线"视频巡逻"，发现异常立即发起事件，相关工作人员协同处置。在相同时间内，视频巡逻范围是实地巡逻的3倍以上，极大地为社区工作人员减负（图2.3-4）。

[①] 张叶芳. 解码数智生活 老街上的智慧社区：让"传统社区"联通"数字世界"[EB/OL]. https://m.163.com/news/article/I2H9BP40000189DG.html.

图2.3-4　社区智能算法摄像头（图片来源：网易新闻[①]）

通过布控指纹锁、无线感应门磁、智能监控、可视化报警盒、广播音箱等设备，将社区安防触角深入到一房一屋，全面提升智慧安防水平。

社区充分利用原有的视频监控设备与新增的摄像头做联动，帮助社区节省新增摄像头费用，解决社区摄像头老旧改造难的问题，并在各个关口布控视频监控、高空抛物监测、人脸抓拍等设备，实现社会安防管理的信息化、智能化，真正做到"人过留影、车过留痕"的"全时段、全方位、无盲点"管控，有效提升了小区的治安防控水平。

2.3.3.2　智慧消防场景

越秀区重点在旧南海县高龄独居老人住所、沿街商铺等安全隐患较大的场所试点安装了近百个物联网智能烟感探测器。当监测数据达到一定阈值后，平台会自动弹出告警信息，通过"越秀先锋"发起预警，社区指挥中心即刻派员上门或电话核查，实现前置监测、实时监测，从苗头上掐住消防隐患。

2.3.3.3　智慧医养场景

越秀区在旧南海县试点创新智慧社区合作新模式，由"政府+企业"联合建设运营，将政府、运营商、服务商三方角色进行资源整合、平台互通、数据共享，推动社区居家养老可持续发展，实现共建共治共享共赢。

社区还向辖内高龄、独居或者患有严重基础病的老人发放智能手环（图2.3-5）。目前手环主要可实现防走失定位、跌倒监测报警、健康跟踪、紧急呼叫等智能感知服务，后台数据实时分析，动态维护健康档案。各项数据信息同时传递社区及监护人，筑牢社区医养双重保障。佩戴智能手环后，老年居民离开约定范围，手环将自动告警，告警信息通过"越秀先锋"告知社区并同步短信通知监护人，双管齐下确保老人安全，织密老人保护网。

---

① 张叶芳. 解码数智生活 老街上的智慧社区：让"传统社区"联通"数字世界"[EB/OL]. https://m.163.com/news/article/I2H9BP40000189DG.html.

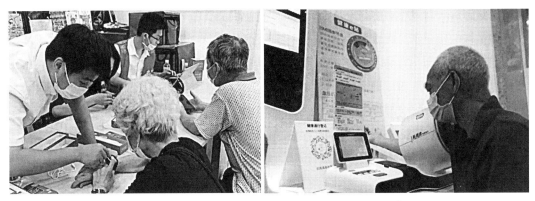

图2.3-5 发放智能手环、健康小屋（图片来源：网易新闻[①]）

另外，基于"壹镇通"的社区团购、居家养老、社区医疗等服务也陆续展开。"越秀人家"掌上服务资源下沉，党员服务、微心愿、长者饭堂、家政服务等线上线下一体融合，精准对接服务需求。多方共治、常态高效的社区医养模式正初现雏形。

2.3.4 深圳市南山区南园智慧社区[②,③]

深圳市南山区以"民生为本、综治引领、科技支撑"为理念，以问题为导向，坚持顶层设计、强化流程细节，重构基层治理体系建设，充分发挥社会组织作用，实现政府治理和社会调节、居民自治良性互动，打通服务群众"最后一公里"，提升辖区居民的获得感、安全感、幸福感。

2016年，针对城中村的管理难点和痛点，在深圳市委政法委和深圳市公安局的指导下，由南山区政法委统筹、南山公安分局充当主力军，南山街道作为实施主体，以居民的幸福诉求为出发点，利用"智慧南山"的建设机遇，选取南园社区作为试点，开启新技术引领下的社区治理新路径。

南园社区位于深圳市南山区腹地（图2.3-6），隶属南山街道，社区面积0.5km^2，有房屋966栋，出租屋21185套（间），实有人口39358人，流动人口占91%，是典型的城中村社区，存在着基础设施落后、环境卫生较差、治安消防群众满意度低等问题，影响着居民的生活品质。南山区积极探索社会治理新体制机制，努力构建共建、共治、共享社会治理新格局，以

[①] 张叶芳. 解码数智生活 老街上的智慧社区：让"传统社区"联通"数字世界"[EB/OL]. https://m.163.com/news/article/I2H9BP40000189DG.html.

[②] 南方日报. 深圳市南山区：推广"南园模式"试点"智慧社区"[EB/OL]. http://m.xinhuanet.com/gd/2018-07/25/c_1123172156.htm.

[③] 民主与法制网. "南园模式"：科技助力社区建设——"建设先行示范区，深圳政法在行动"媒体采风走进南山[EB/OL]. http://gz.mzyfz.com/detail.asp?dfid=2&cid=32&id=402695.

图2.3-6 南园社区入口、南园社区警务室（图片来源：民主与法制网[①]）

南园社区为试点，打造了"以人民为中心、以党建为引领、以法治为根本、以科技为支撑"的社区治理"南园模式"[②]。

南园社区安装了视频门禁系统600套、人脸识别系统625套、车牌识别系统6套、各类智能消防探测器390个、烟感喷淋2394个，日均采集人脸信息10万条、车牌信息5000条。这些大数据汇聚到安全的云平台，在南园社区应急指挥室实现可视化，各项数据一图通览、一键指挥，有效实现社区智慧化管理。

"南园模式"具有"党建全覆盖、矛盾全化解、控防全天候、服务全提供、人民全参与"的基层治理特色，群策群力，政府搭台居民齐参与。2018年4月，南山区提出勇当营造共建、共治、共享社会治理格局尖兵，在全区全面推广新时期枫桥经验的"南园模式"，以党建为引领、以人民为中心、以法治为根本、以科技为支撑，通过加强社区党建、社会治安、消防安全、市容环境、交通秩序等工作，让"南园模式"在全区101个社区落地生根。以"蔡坤海警务室"为样板，推广"警务+便民服务+群防群治"，在社区警务室，设立了24h便民服务区，引入"三合一"警务终端机，为居民提供实实在在的服务。

2.3.5 杭州市萧山区瓜沥镇七彩未来社区[③]

浙江省以高质量发展和建设共同富裕示范区为新时代战略目标，明确要将未来社区打造成为共同富裕现代化的基本单位。2019年3月，浙江省政府印发《浙江省未来社区建设试点工作方案》（以下简称《试点方案》），未来社区建设正式启动。未来社区建设理念的总体框

---

① 民主与法制网. "南园模式"：科技助力社区建设——"建设先行示范区，深圳政法在行动"媒体采风走进南山 [EB/OL]. http://gz.mzyfz.com/detail.asp?dfid=2&cid=32&id=402695.
② 民主与法制周刊. "南园模式"为什么值得推广？[EB/OL]. http://www.mzyfz.com/cms/benwangzhuanfang/xinwenzhongxin/zuixinbaodao/html/1040/2019-02-11/content-1383353.html, 2019-02-11.
③ 齐钊斌. 瓜沥七彩社区——未来社区的七彩共享发展之路 [J]. 建设科技，2020（420）：53-57.

架可以用"一三九"概括,即围绕人们对美好生活的向往这一中心,以人本化、生态化、数字化三维价值坐标为导向,通过构建邻里、教育、健康、创业、建筑、交通、低碳、服务、治理九大场景,打造具有归属感、舒适感和未来感的新型城市功能单元。

浙江省未来社区首批试点建设项目中,杭州市萧山区瓜沥镇的七彩社区具有很强的代表性和示范性。七彩社区成立于2020年,社区面积1.14km^2,现有本社区户籍512人,常住人口约7600人,在册党员29名。社区现有社工10名,网格员5名,居委会下辖10个住宅小区,2个商住型小区。辖区内有镇机关、社区卫生服务站、幼儿园、农贸市场、文体中心、银行等公共服务单位,2个大型商场,2家大型超市,企业及商业店铺众多[①]。

七彩未来社区从可持续运营的结果导向出发,创新提出"七彩三三理论":

(1)政府、企业和居民三方共同参与实现多方共生共赢。

(2)规划公益性、微利性、营利性三种相互复合的社区业态,保证政府公共服务和商业运营可持续。

(3)社区系统设计上强调地下综合管网层、中间立体连廊和公共服务设施层、虚拟数字孪生层三重空间,打造三体的未来社区多维互联空间。并以瓜沥社区居民的幸福感知为设计本源,提炼七彩未来居民的七个幸福触点:邻里记忆、学习成长、医养健康、生活服务、创新创业、绿色低碳、社区凝聚。通过建设承载七个幸福触点的物理空间和相对应的数字化虚拟空间,为居民提供O2O线上线下的幸福服务。

七彩未来社区一期A区运用政企共建、双方共赢的模式成功实践了TOD立体公交模式,解决传统社区大量存在单一功能、运营困难的公共服务设施等情况。参考新加坡邻里中心建立"七合一"社区邻里中心模式,满足社区居民美好生活的七个场景内容(公共服务、智慧治理、交通出行、创新创业、邻里共享、文化教育、运动健康)高度融合在一站式社区邻里综合体中,并以步行15min的距离覆盖全社区(图2.3-7)。

瓜沥镇根据"城市大脑+未来社区"模式,在杭州城市大脑和萧山平台的赋能下,构建起了数字化镇、村社、户三级治理体系"沥家园"系统,以积分制管理的方法,构建起的一个覆盖社区居民的"七彩云端未来社区"。村民在"沥家园"注册后,会获得一张专属数字名片,用这张新名片,村民可以获取村镇新闻、参与公益活动、发布反馈诉求。在"全国先进司法所"——瓜沥司法所里,11个窗口每天有专业律师、调解员值班"坐诊";在法律服务智能一体机上,点击屏幕就可以实现在线法律文书查询、法律机器人问答、面对面律师视频解答等功能[②]。

---

① 瓜沥镇. 瓜沥镇七彩社区概况 [EB/OL]. http://www.xiaoshan.gov.cn/art/2022/11/4/art_1229694119_59079257.html.
② 人民资讯. 提升社会治理智能化水平 [EB/OL]. https://baijiahao.baidu.com/s?id=1707936937961137505&wfr=spider&for=pc.

图2.3-7 七彩未来社区"七合一"社区邻里中心（图片来源：七彩集团百家号①）

  七彩社区有效运用智能化手段，布局实施"沥家园"数字驾驶舱，通过政府数字化驾驶舱管理端、社区居民微信用户端、"沥小二"公众用户端、"沥MALL"现场实体端等应用，全面构建七彩未来社区59幢居民楼、近万人组成的"七彩云端未来社区"，实现社区基本情况及管理信息"一键通"，社区与居民管理沟通"一键达"，社区帮扶公益任务"一键抢"，致力打造共建、共治、共享的社会管理格局（图2.3-8）。

---

① 七彩集团. 新加坡驻沪总领事考察瓜沥七彩未来社区[EB/OL]. https://baijiahao.baidu.com/s?id=17479153 06754211397&wfr=spider&for=pc.

图2.3-8 城市大脑·萧山平台 瓜沥数字驾驶舱（图片来源：澎湃新闻客户端①）

2.3.6 贵阳市中铁国际生态城

中铁国际生态城项目位于贵州省黔南州龙里县贵龙城市经济带和贵州双龙航空港经济区的核心区域，东侧为贵龙纵线，南侧为夏蓉高速，西侧为贵阳市环城高速公路，北侧为G210国道、建设大道等城市主干道。中铁国际生态城项目定位为以自然人文为依托，以主题公园、体育公园为主线，以康体休闲、养生养老为支撑，以旅游观光、休闲度假为平台，集旅游、度假、休闲、运动、康养、会议、会展、教育、培训、地产等于一体的产业综合发展的超大型智慧社区。项目规划总建筑面积1582万m²，计容总建筑面积约为1320万m²，规划居住人口24.6万人，总体规划为"三谷一城一带"，即占地701hm²的白晶谷旅游运动休闲商务区、占地551hm²的太阳谷康体休闲养生区、占地190hm²的云栖谷主题公园风情小镇区、占地594hm²的悦龙国际新城和占地80hm²的巫山峡谷旅游风景带（图2.3-9）。

截至目前，已完成项目区域内交通、通信、水电气综合管网等基础配套设施建设，安纳塔拉酒店、国家"AAAA"级景区巫山峡谷公园、民族风情小镇、生态体育公园、双龙外国语学校、摩都娱购公园等主要业态已建成并投入运营。白晶谷、太阳谷、云栖谷、悦龙国际新城和巫山峡谷旅游风景带的"三谷一城一带"总规布局基本成型。每年到项目区域旅游、运动的游客达100余万人次，项目社会综合效益明显（图2.3-10）。

---

① 萧山发布. 萧山这个镇要装"智慧大脑"，用数字治理城市，打造镇街样板 [EB/OL]. https://m.thepaper.cn/baijiahao_8455445.

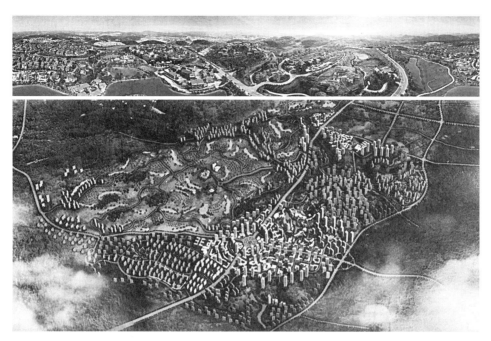

图2.3-9 中铁国际生态城鸟瞰图

图2.3-10 中铁国际生态城的业态

2.3.6.1 生态环境修复

中铁国际生态城项目所在的黔南州龙里县，地处缓坡丘陵和深沟地带，石漠化分布较广，喀斯特地貌广泛发育，荒山、干沟遍布，水资源极度匮乏，水土流失和石漠化现象较为严重。据统计，项目区域内喀斯特地貌占项目土地总面积的27.5%，潜在石漠化面积达9960亩，山地、低丘缓坡等未利用地面积高达90%。

中铁置业文旅公司在项目区域内大力实施石漠化综合治理工作，坚持多利用荒山、荒坡等未利用地搞建设，注重生态恢复与项目开发建设并重，兼顾环境保护与企业发展有效衔接，科学开展生态治理修复工作。采取封山育林、改良草种、覆土处理、人工造林、人工植草等手段，先后投入超过40亿元对区域石漠化山地进行了彻底整治，使原本脆弱的生态环境得到了极大改善。累计完成人工林草植被种植超过10万m^2，累计植树种苗达1000余万株，恢复植被面积超过7000亩，土地恢复植被面积超5000亩，区域内80%石漠化土地得到有效改造和合理利用，并在石漠化改造基础上建设了生态体育公园，符合国家集约用地要求。中铁国际生态城还修建了人工景观湖11个、提水站2座、蓄水池4座，铺设引水管网超过40km，使石漠化治理成果得以长期保持。

2.3.6.2 智慧特色小镇

云栖谷双龙镇（图2.3-11）是中铁国际生态城项目子项目，总投资约35亿元人民币，项目占地面积4782亩，项目含小镇商业街、休闲广场、地标建筑鼓楼、人工湖、绿化湿地、景观吊桥、市政公路桥梁和巫山峡谷公园。项目总建筑面积约120万m^2，总建筑占地面积80万m^2，市政道路5000m，市政桥梁285m，人行景观吊桥1000m，绿地面积30万m^2，玻璃栈

图2.3-11 双龙镇夜景

道1800m，人工湖1000m²。项目定位以自然人文为依托，以主题公园、体育运动为主线，以康体休闲、养生养老为支撑，以旅游观光、休闲度假为品牌，形成集旅游、度假、避暑、休闲、运动、娱乐、养生、会议、会展、培训等于一体的旅游体育休闲度假胜地，力求打造国家级旅游文化创新示范区。

中铁置业文旅公司紧跟时代步伐，运用大数据、智能化等先进技术手段，引入了智慧建造，通过物联网、云计算等技术建设智慧景区，有效解决了人员超载和节能减排等问题。智慧景区在物联网基础上建设智能监测系统、风险评估系统、应急响应系统和危机决策系统，有效应对火灾、洪水、极端天气、地震、泥石流等自然灾害，以及瘟疫、恐怖袭击等突发事件对智慧景区建设的冲击，最大限度地避免或减少突发事件对游客、社区居民及景区工作人员的人身和财产造成的伤害与损失，实现旅游景区的健康有序发展，促进区域和谐、稳定。

2.3.6.3 大型智慧社区运营管理

根据中铁国际生态城的发展定位和建设目标，采用5G、大数据、AI、物联网、区块链等先进技术，围绕"新型智慧城市、智能社区、智能景区"三大应用场景，主要完成"1底座+1中心+1抓手"的建设。"1底座"就是指智慧城市操作系统底座，"1中心"就是指智慧城市运营管理中心，"1抓手"就是指综合服务App。智能城市操作系统底座为基础支撑，汇聚智慧社区、智慧景区相关应用系统，采用"大数据+AI"分析能力，通过城市运行管理平台为管理者提供辅助决策支撑。

1. 智慧城市操作系统底座

智慧城市操作系统底座是一个开放的、组件化、标准化的集采集、存储、管理、挖掘、分析、可视化于一体的智能城市大数据AI使能平台，涵盖大数据基础平台、数据汇聚平台、数据治理与管控平台、空间数据管理（时空数据管理引擎）、空间数据AI算法模型（城市时空智能引擎）、跨域学习模型（联邦数字网关系统）、城市可视化平台、数据赋能平台、视频融合平台、数据安全管理平台和运维管理平台等不同平台，实现城市大数据"落得下、管得住、用得好"，提升大数据整合与利用效率、释放数据价值，为城市指挥中心、业务应用场景提供支撑。

该底座旨在构建一个开放的数据汇聚平台，并利用该平台实现所有业务系统的实时数据采集、存储和分析，以接口的方式对接生态城的五大系统，包括生态城路灯管理系统、中铁销售控制系统、环境监测系统、智慧社区系统与景区系统。该底座还构建了生态城全域的态势感知体系，整合全域关键旅游经济活动和民众日常生活中相关的物流、信息流、资金流和人力资源流等资源，实现对生态城全域活动中关键节点的实时监控、管理、分析、预警，以及经应用分析后的调整等，进而提高各项资源的运行效率。同时，各关联方能够快速获得服务匹配，得到体系支持。

2. 智慧城市运营管理中心

基于智慧城市操作系统底座打造的智慧城市运营管理中心，主要为决策部门及其辅助部门根据用户角色需求提供信息智能搜索和数据分析服务。以领导驾驶舱的形式对综合服务App、聚合支付、第三方业务系统等所有相关业务系统的汇聚数据进行实时展示和挖掘分析，内容涵盖经济运行、人居环境、生态环境、旅游服务、城市运行等民众重点关切的话题等，提高了生态城各类资源的运行效率。

智慧城市运营管理中心是一个轻量级、定制化的城市管理决策辅助工具，可在多种终端上运行，方便领导随时查询景区内各类信息，以及掌控城市运行态势、督导部门行政效率、快速展开城市管理问题分析研判等内容。除此之外，该中心还将对智慧社区综合服务平台所采集的数据进行综合分析，主要功能包括：社区进出记录管理、社区整体画像、多人员间关系挖掘、单人员潜在社会关系挖掘、小区人员异常情况预警、"一标三实"大数据分析等。

3. 综合服务App

综合服务App，包括中铁国际生态城综合服务系统后端管理平台、B端用户（中铁监管人员、商家用户、景区监管人员）综合服务App、C端用户（居民、游客）综合服务App。

结合城市现有资源，依托于智慧城市操作系统底座的核心技术，通过一个App向游客和居民提供城市的各种服务，将游客、居民、商户和中铁管理等各方连接起来。该App集生活、旅游、交通、医疗、娱乐等应用于一体，让用户能够用一部智能手机在城市中享受各种服务。其中，中铁国际生态城综合服务系统后端管理平台主要功能包括基本信息管理、聚合支付码管理、商家优惠券管理、交易结算管理、优惠活动管理、游乐主题管理、生活服务管理、交通出行管理、旅游服务管理、日常运营管理、智慧社区综合服务平台等第三方应用集成管理等。B端用户综合服务App主要功能包括基本信息维护、商家优惠管理、交易结算管理、优惠券核销管理、生活服务统计查询、交通出行状态、旅游态势分析、基本信息查验等。C端用户综合服务App主要功能包括个人信息管理、健康打卡、优惠券管理、旅游服务、交通出行服务、智慧社区综合服务等。

2.3.6.4 智慧监测

1. 智慧设施监测

山区桥梁监测预警（图2.3-12和图2.3-13）：贵州省地质地貌不同于平原地区，具有典型山区特色。山区的桥梁易受滑坡、泥石流等影响，通过对山区桥梁所处温湿度环境、桥面风速，桥梁结构位移、偏位、振动等进行实时监测，实现桥梁的安全监测预警。

山区边坡监测预警：山区在极端天气情况下，道路边坡滑坡问题频发。监测深部位移、地表位移（GNSS）、降雨量和地下水位监测等数据，实现对边坡的实时预警。

2. 智慧管网监测

山地社区生命线工程监测预警：山区地形高差较大，各区供水排水、燃气管网地面标高

图2.3-12 干沟大桥（矮塔混凝土斜拉桥）

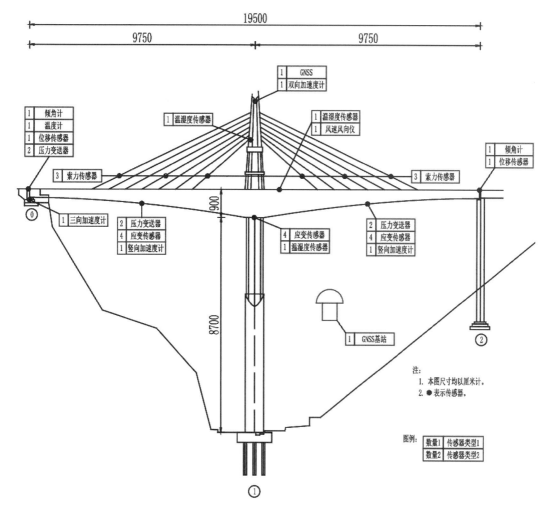

图2.3-13 桥梁安全监测示意图

相差悬殊，地质条件复杂，管网的安全稳定对社区保障极为重要。对给水排水、燃气、电力等管网部署物联传感器，实时监测流量、压力、液位、气体、能耗等，实现异常事件预警。

燃气管网监测预警：监测相邻地下空间甲烷浓度、温度，确保微小泄漏实时发现和及时预警，实现泄漏快速溯源及泄漏影响分析。

给水管网监测预警：监测给水管网流量、压力，进行预警分析，为抢险、抢修提供决策依据和关阀方案，并自动给出泄漏爆管事故的影响范围。

排水管网监测预警：监测排水管网流量、液位，实现查询、更新维护与统计分析，满足日常管理、预警预报等需要。

电力管网监测预警：用能监测多维开展，能耗拓扑可视呈现；设备状态全息管理，能效数据实时分析；智能诊断能耗数据，分析节能潜力；实时计算三相负载率，提升变压器的使用效率。

3. 智慧环境监测

山地社区植被水土流失监测（图2.3-14）：生态城主要为山区地貌，为确保丰富的植被地貌降低水土流失，设置人工模拟降雨观测系统、水土流失自动监测系统、气象监测系统，对各类植被的水流保持率进行实验和实地验证。

(a) 人工模拟降雨观测系统　　　　　　(b) 水土流失自动监测系统

(c) 气象监测系统　　　　　　(d) 不同植被水土流失实验验证

图2.3-14　山地社区植被水土流失监测

4. 智慧路灯监控

支持多功能的灯联网（图2.3-15）：此类路灯集多功能于一体，路灯载体及设备统一管理，构建灯联网，实现智慧联动，以及设备全生命周期资产管理、故障流程管理及运维管理。

2.3.6.5 智慧管理

1. 智慧通行（图2.3-16）

用户便捷通行、门禁权限便捷管理：社区智慧通行应用场景，要实现业主、访客从社区出入口的人行通道，到区域门、单元门、入户门的安全、便捷通行。支持IC卡、身份证、居住证、手机近场等多种通行验证方式，访客也可通过临时授权扫描二维码通行。

2. 智慧停车（图2.3-17）

车辆无感通行，便捷预定车位和缴费：社区大门、车库出入口设置远距离识别系统，挡车器或卷帘门自动开启，业主和预约访客车辆无感通行；提供访客车辆预约、代客缴费、临时缴费、自助缴费、归家引导等服务。

3. 智慧安防（图2.3-18）

专业安防人员与智能科技安防相结合：社区周界，通过电子围栏周界报警与周界视频联动；将高空抛物视频AI监测、智能防疫机器人应用到社区安防场景。

图2.3-15 支持多功能的灯联网

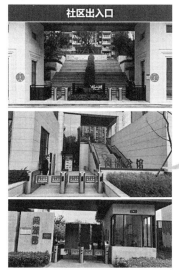

图2.3-16 智慧通行

图2.3-17 智慧停车

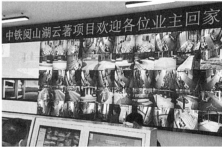

（a）电子围栏　　　　　　　　　　（b）社区安防监控中心

（c）电梯视频监控　　　　　　　　（d）高空抛物监测

图2.3-18 智慧安防

4. 智慧家居（图2.3-19）

满足业主基础和个性家居管理需求：智能家居设备已进入寻常百姓家，但住宅产品的智慧家居系统预装，相比酒店标准配置要难，住宅业主的个性需求比较多。住宅产品既可以提供全屋智能家居交付，也可以在设计时提前预留业主自行安装的点位，充分考虑到基础性配备和业主的个性化需求。

5. 智慧楼宇（图2.3-20）

办公空间可视化运维管控：面向办公建筑、酒店建筑等，搭建智慧安防、智慧通行、智慧养护、智慧办公、智慧节能等应用场景，建立智慧楼宇数字孪生运维管控平台，实时采集各类冷热源机房、设备管线、安防、消防、门禁等设备运行状态和工作参数数据，实现集中可视化管控，提高运维管理效率，提升楼宇的建筑服务品质。

第 2 章 智慧社区的发展

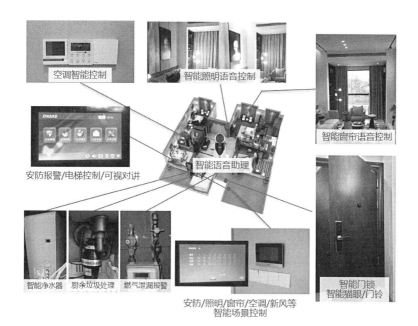

图2.3-19 智慧家居

图2.3-20 智慧楼宇

2.3.6.6 智慧服务

1. 智慧物业

降低成本、节能增效：利用管理系统替代人工巡检，节省人力成本；利用自动化能源系统代替机械操作，节能降耗。

智能维保、降本增效：设备状态监控，故障、预警实时监测，设备维保科学化，有效减少损耗和预防安全事故。

提升服务体验：物业管理可视化、工具化，优化多类别基础服务，提升业主对社区环境感知和服务体验。

中铁慧生活App业主端（图2.3-21）：提供社区活动通知、业主表决通知、物业账单、社区医院服务、门禁开通回复等物业通知，防范天气预警、停水公告、外墙清洁公告等社区公告，以及服务开通、装修申请、访客登记、家政服务、周边购物、车辆登记、门禁申请等线上服务。

中铁慧生活App商家端（图2.3-21）：打通"人—物—店"，提供商业运营管理，包括店铺入驻、店铺管理、营销管理、会员管理、交易管理、运营管理等服务。

2. 智慧康养（图2.3-22和图2.3-23）

医养结合康复照护机构面向失能失智长者提供服务，千亩田园CCRC康养社区面向活力老人提供服务。

自主研发的智慧康养运营服务平台、物业/物资管理服务系统等，为护士、护工、社工、康复师等开展护理、照护、康复、用药等业务培训，提供标准化、全流程、精细化的机构康养服务模式；社区活动管家、健康管家、楼栋管家、客服管家，为活力老人提供全方位

图2.3-21 中铁慧生活App

第 2 章 智慧社区的发展

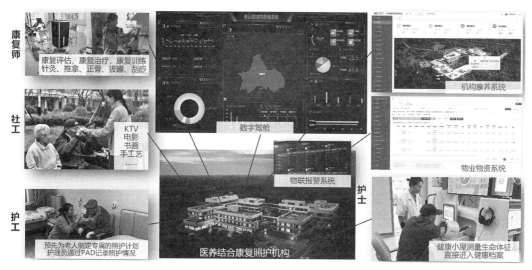

图2.3-22　面向失能失智老人的机构康养服务

图2.3-23　面向活力老人的田园社区养老服务

的管家式田园社区养老服务。长者房间部署拉绳报警器、人体活动传感器、门磁等感知设备，及时响应长者需求。长者家属可以通过移动端小程序，及时获取长者身体健康状况，以及照护、康复情况等。

3. 智慧通卡（图2.3-24）

中铁置业文旅公司自主研发出一款服务用户的数字化服务平台——"彩虹一卡通"。通过"彩虹一卡通"，有效串联起生态城内各项产业及生活配套服务，涵盖了"文体旅商养"五大业态，用户可一站式体验"吃、住、行、游、购、娱"，可用于生活家居、卫生健康、

图2.3-24 "彩虹一卡通"消费场景

医疗保障、交通出行、旅游观光、文化体验、智慧城市、教育教学等各个领域的消费服务，实现了"一卡在手·便捷无忧"的畅想，多业态对用户需求进行全覆盖，大幅提升了用户体验。

"彩虹一卡通"具有由管理者、商户和用户三者共通、共建、共享消费运营系统的功能。管理者具有持卡用户信息管理功能，根据用户消费行为分析用户画像；用户使用时，实现微信小程序与卡片无缝衔接，具有身份识别、出入门禁管理、综合结算等诸多功能。商户具有消费数据智能管理、商家产品管理、系统数据测试运营等功能，为商家提供一体化的智慧服务，增加商户销售额；与停车场管理系统对接，对内部经营的停车场进行统一收费管理，在"彩虹一卡通"上实现一致的收费、车辆通行权限、收费优惠逻辑管理。

2.4 现状发展分析

2.4.1 国外现状发展分析

根据对国外最新大型智慧社区案例的不完全调查，新加坡榜鹅智慧社区（Punggol Digital District）、日本神奈川县藤泽可持续智慧社区（Fujisawa STT）、法国里昂汇流口智慧社区（Lyon Confluence District），都比较符合典型的大型智慧社区建设，各自特点分析如下：

（1）新加坡榜鹅智慧社区由负责新加坡工业发展的政府机构裕廊集团（JTC）负责建设和运营，定位为国家级的"企业发展区"试点，打造全区的开放数字平台（ODP），负责接入全区各类智能设备、传感器，并打造数字孪生空间，支持技术公司、高校等基于ODP

进行插件式创新研发，促进社区可持续发展。此外，打造区域冷却系统、气动垃圾收集、智能能源网格等公共基础设施，为商业、住宅、校园的各类建筑提供服务，更好地保护环境、降低碳排放。基于上述公共能力建设的面向居民的智能组屋、新一代邻里中心也具有代表性。

（2）日本神奈川县藤泽可持续智慧社区是由松下私营企业和政府部门及相关公司之间联合建设的项目，包括智慧能源、智慧安全、智慧出行、智慧健康、智慧连接以及紧急情况等智慧服务，支持社区居民智慧的生活方式，比较贴合居民实际需要，整体建设框架和思路有较大参考价值。能源方面，从社区总体到家庭单位，采用太阳能产能、储能和节能等技术，实现"能源自我创造和自我消耗"，并建立灾害应急持续3d用能的生命线。综合健康中心纳入老年护理设施、老年人辅助住宅、药店、家庭护理服务、诊所、托儿所、课后日托中心等各类业态，除了老人的专业康复，也能让儿童与老年人在这个空间增强代际沟通，通过社会互动改善生活方式。

（3）法国里昂汇流口智慧社区是里昂大都会（副省级行政单位）实施的区域更新开发项目。所选案例是其中一部分建设内容，日本NEDO（新能源产业技术综合开发机构，属于国家研究和开发机构）和里昂大都会签订了协议备忘录（MoA），并由日本东芝与法国四大合作公司签署实施协议（IA）合作建设。该项目利用光伏、智慧建筑能源管理系统（BEMS）、智慧家庭能源管理系统（HEMS）、热电联产系统，构建产生能量大于整个建筑消耗能量的正能源建筑（PEB）。家庭的能耗支持可视化查看，并将社区内邻居用能情况进行排名比较，提高居民的节能意识。电动汽车充电管理系统可以优化充电时间，尽可能提高电动汽车的周转率，最大限度地利用光伏输出。构建了基于GIS的社区管理系统（CMS），结合各类物联网数据，进行区域规划和运行管理。

国外大型智慧社区典型案例特征对比，如表2.4-1所示。

2.4.2 国内现状发展分析

国内智慧社区以政府推动建设为主，不同地区基于各自基础和特点逐步形成较为成熟的建设模式，共性方面都在打造面向居民的各类智慧服务场景，例如北京市朝阳区基于网格化管理优势构建社区智慧安防体系，并结合既有资源搭建社区智慧养老服务平台；上海市长宁区北新泾街道打造从"新开门七件事"到"新开门七件事2.0"版本场景；广州市越秀区六榕街旧南海县智慧社区打造智慧安防、智慧消防、智慧医养等场景；杭州市萧山区瓜沥镇七彩未来社区打造邻里、教育、健康、创业、建筑、交通、低碳、服务、治理九大场景。另外，贵阳市中铁国际生态城"投建营"一体化的规划新建类大型智慧社区，与日本神奈川县藤泽可持续智慧社区建设有异曲同工之妙。国内大型智慧社区典型案例特征对比，如表2.4-2所示。

表2.4-1

国外大型智慧社区典型案例特征对比

大型智慧社区基本特征		新加坡榕廊智慧社区	日本神奈川县藤泽可持续智慧社区	法国里昂汇流口智慧社区	美国纽约州斯内克塔迪智慧社区
规模和尺度		0.5km²	0.19km²	1.5km²	—
分类施策		规划新建类	规划新建类（在松下公司藤泽工厂旧址上新建）	拆改结合类	整体提升类
建设、运营模式		政府平台公司运营模式 裕廊集团（JTC）隶属于新加坡贸易与工业部，其主要职能是促进发展和管理园区、不动产，城镇和国外用工商业发展的地产，以及为工商业发展提供便利条件	联合公司运营模式 藤泽市政府牵头，联合松下等19家公司采用"公私合营"组成Fujisawa SST委员会共同开发	政府购买服务模式 法国里昂大都会（副省级行政单位）和日本NEDO（新能源产业技术和开发机构，属国家级研究和开发机构）签订协议备忘录（MoA），由日本东芝与法国四大合作公司签署实施协议（IA）合作建设	政府和社会资本合作（PPP）模式 纽约斯克内克塔迪市政府与美国国家电网、通用电气公司、AT&和思科等公司合作开展试点项目
智能化硬件设备	智能便捷	整个区域采用集中冷却网格；气动垃圾收集；智能能源网格；照明、电梯、水计量、风扇、废物管理等智能技术；停车单位监测；公共区域应用老人的生活规律，调整供应；智能小贩中心应用传感器收集数据、垃圾处理等；气味和厨房排气	住宅配备太阳能发电系统和蓄电池，ENE-FARM家用燃料电池热电联产系统，家庭电视智能信息终端；社区太阳能发电系统、分布式可再生能源系统；公共区域的LED路灯，摄像头，带传感器的EV、电动助力自行车（EV）、电动护理设施使用的电动汽车站，自动化送货机器人；老年护理下智能空调管理温度和湿度等	办公建筑墙壁安装光伏电池板，实施菜用油热电联产系统，高效的LED照明和辐射面板和空调；住宅建筑可以对空调、照明、百叶窗、自动窗帘等进行状态检查、远程控制和能耗监测控制等；部署区域能源管理和电动汽车共享系统，实施以光伏为能源的电动汽车充电桩	智能路灯可节能调光，加装交通流量分析、空气质量监测、枪声探测和路面温度测试等传感器；住宅安装太阳能电池板、电池储能装置；医疗救助平板电脑、患者体温远程监测
智能化管理系统		开放数字平台、智能家居系统、智能停车系统、老年人智慧看护系统、"邻里搏"平台、智能电网系统、智能区域冷却系统、智能气动垃圾收集系统等	智慧家庭能源管理系统（HEMS）、智慧建筑能源管理系统（BEMS）、智慧社区能源管理系统（CEMS）、家庭安防系统、智慧路灯系统、智慧能源创造存储系统、社区智能电视信息发布系统、智慧出行一站式服务系统、门诊智慧配送服务系统、老年护理一站式服务系统、化综合护理系统、社区门户网站系统、智能卡和积分系统	智慧建筑能源管理系统（BEMS），智慧家庭能源管理系统（HEMS），电动汽车充电管理系统、电动汽车共享系统、家庭能耗可视化系统、社区管理系统	智慧路灯系统、社区虚拟发电厂系统、社区信息门户网站、社区发病人监测系统、社区门部门数据交换系统、大阳能农场系统

续表

大型智慧社区基本特征		新加坡榜鹅智慧社区	日本神奈川县藤泽可持续智慧社区	法国里昂汇流口智慧社区	美国纽约斯汀克塔迪智慧社区
智能便捷	精细化社区服务	新一代邻里中心绿洲露台，居民社交、企业集群服务	智能出行：提供共享电动力自行车服务，电池站共享租用服务，出行礼宾部的出行移动门户提供一站式服务；环保汽车检测服务、社区配送服务	社区管理系统（CMS）：可以查看每栋建筑设施的每种场景（能源消耗、二氧化碳排放、光伏输出、天气等）所需的历史和实时数据	社区部门数据交换计划：收集和共享有关废弃房屋的数据，以解决该地区的闲置与房屋空置问题
	智慧健康的健康生活	智慧看护：老人偏离离等异常情况预警、老人紧急情况报警和救助	(1) 智慧健康：综合健康中心将老年护理设施、老年人辅助住宅、药店、家庭护理服务、诊所、托儿所、课后日托中心、补习学校等整合在一个设施中 (2) 智能化的老年护理设施，通过跟踪生活节奏，包括患者的睡眠习惯，提供无缝联系的护理服务 (3) 构建"本地化综合护理体系"，提供无缝联动的医疗、护理、养老和健康促进活动 (4) 举办各种健康促进活动；图书馆主动策划和实验室区，让居民主动参与社区建立温暖的服务		"保持健康"远程病人监测计划：为急救服务提供者配备了平板电脑，使其可以在接到急救电话时与急诊科医生联系；通过联网医疗平台，护理团队可以在家中对病人进行治疗或建议将病人转送至其他医疗机构；面向社区内65岁以上的老人，大手术后或关节置换术后的康复者，接受化疗或癌症患者，通过持续监测患者的体温，如果体温上升超过设定阈值，患者的临床团队就会与其取得联系
健康宜居	方便舒适的宜居生活	(1) "邻里脉搏"平台方便居民寻找周边的商店和服务 (2) 智慧家庭：家电控制、节能能源 (3) 季节性停车、访客车优化	(1) 智慧安全：空间级安全用限制出入口进行保护，社区级安全通过监控摄像头和路灯进入侵保护，家庭级安全则采用家庭安全系统中集成入侵检测、火灾检测和紧急报警等功能来保护，同时通过增加安全警卫巡逻服务 (2) 智慧链接：通过一站式社区门户网站，居民可以使用智能手机、PC、智能电视等多种智能设备，获得一系列有用的服务，例如获取周边活动信息、移动观光信息、防灾信息，每个居民可以表达自己的意见，参与小镇智慧社区发展，积极发表自己的意见；注册家庭信息有助于数据系统，向居民提供结电能耗电力使用数据及节能习惯，向居民每月提供节能建议的《能源报告》，以及每月提供节能建议的《生态生活建议报告》	(1) 以光伏为能源的电动汽车共享系统，解决交通和停车位短缺问题，并减少废气污染 (2) 家庭能耗可视化：可视化查看能源消耗、验证能源消耗使用情况改变居民行为；将社区内邻里用能情况，采用不同颜色排名比较，以提高居民节能意识	社区公共互联网服务：扩大无线接入覆盖范围，为低收入社区提供公共互联网服务

续表

大型智慧社区基本特征		新加坡裕廊智慧社区	日本神奈川县藤泽可持续智慧社区	法国里昂汇流口智慧社区	美国纽约州斯内克内塔迪智慧社区
生态低碳	低碳建造				
	生态环保	气动垃圾收集：通过覆盖全区的地下真空管网，可以消除对垃圾收集车的需求，并消除垃圾槽中的气味		以光伏为能源的电动汽车共享系统：解决电动汽车停车位短缺问题，并减少废气污染的空气	
	资源利用		(1) 街道或区域采用"被动设计"，充分利用藤泽的风能、阳光、水，环境绿等自然资源 (2) 住宅建筑全面应用太阳能光伏技术 (3) 社区公共区域全面建立太阳能发电系统	(1) 正能源建筑（PEB）设计，拥有大面积的窗户表面和带有切口（凹口）的结构，以吸收自然光和减少照明负荷 (2) 正能源建筑（PEB）引入了光伏和采用油热电联产系统 (3) 电动汽车充电桩采用光伏发电	(1) "社区虚拟发电厂计划"：在住宅安装太阳能电池板、电池储能装置，跟踪家庭使用能源的方式和时间，决定何时储存或出售能源，实现减少碳排放，降低居民生活成本 (2) 太阳能项目：建立太阳能农场，有助于减少当地的温室气体排放，并为该市每年节省约20%的能源费用
	能源管理	(1) 社区管理：智能调整社区灯光、水源供应、垃圾处理等，改善社区服务质量 (2) 区域集中冷却系统：提高能源效率并节省能源，减少区域的碳足迹，从而节省空间和成本	智慧能源：住宅建筑、太阳能发电系统和蓄电池组设备集成到智慧家庭能源管理系统，实现"能源自我创造和自我消耗"的本地能源管理，满足大部分的家庭能源需求；进一步连接到ENE-FARM家用燃料电池电联产系统，多余的电力可以出售；独立住宅进一步连接到城镇设施的智慧建筑能源管理系统（BEMS），以扩大能源利用价值；公共区域建立社区能源管理系统（CEMS），智慧社区太阳能发电系统，分布式可再生能源系统，一旦发生灾害，作为应急电源使用	(1) 实施正能源建筑（PEB）：新建建筑群（由办公楼、商店和住宅组成），打造具节能、节能优势的建筑 (2) 电动汽车充电量管理系统：可以预测光伏发电量和电动汽车充电的时间，配合有优化电动汽车充电时间长，电运营商电网络带来 (3) 家庭能耗可视化：现有公共住房安装能源数据收集设备，可视化查看能源消耗并验证能源消耗，提供能源使用建议改变居民行为	智慧路灯：约4200盏路灯更换为LED路灯，配备网络照明控制装置，节能调光计划，实现显著降低能源成本和碳足迹；进一步加装空气质量等传感器；便于冬季清除冰冻道路等

表2.4-2 国内大型智慧社区典型案例特征对比

大型智慧社区基本特征		北京市朝阳区智慧社区	广州市越秀区六榕街旧南雄县智慧社区	深圳市南山区南园智慧社区	杭州市萧山区瓜沥镇七彩未来社区	贵阳市中铁国际生态城
规模和尺度		以街道为单位组织	0.136km²	0.5km²	1.14km²	20km²
分类施策		整体提升类	拆改结合类（在社区微改造的基础上，充分利用5G、人工智能、物联网等技术）	拆改结合类	拆改结合类	规划新建类
建设、运营模式		EPC工程总承包管理模式、联合公司运营模式等多种模式	政府购买服务模式（智慧安防、智慧医养）、公司运营模式（智慧医养）	政府购买服务模式等	联合公司运营模式在一期A区运用政企共建、双方共赢的模式基础上成功实践了TOD立体公交模式	政府平台公司运营模式（中铁置业文旅公司）
智能便捷	智能化硬件设备		广泛布设消防占道、垃圾堆放、高空抛物、人脸识别等多种AI算法和高清摄像头，较大的场所安装物联网智能烟感探测器系统	布设视频门禁、人脸识别、车牌识别、各类智能消防探测器、烟感喷淋设备等		通过物联网、云计算等技术建设智慧景区，有效解决人员超载和节能减排等问题
	智慧化管理系统		智慧社区IOC平台、综合指挥调度平台、智慧安防、智慧医养等系统		数字孪生未来社区运营中心、科技services运营平台、无障碍地图服务系统等	建立"1底座+1中心+1抓手"。"1底座"就是指智慧城市操作系统底座，"1中心"就是指智慧城市运营管理中心，"1抓手"就是指综合服务App
	精细化社区服务	（1）利用网络服务平台开展便民智慧服务（2）网格化管理基础上的全模式社会管理服务体系		社区治理：以党建为引领，以人民为中心，以法治为根本，以科技为支撑，通过加强社区党建、社会治安、消防安全、市容环境、交通秩序等工作，打造共建、共治、共享社会治理格局		自主研发出一款服务用户的数字化服务平台——"彩虹一卡通"，实现了"一卡在手、便捷无忧"的畅想
健康宜居	智慧便捷的健康生活	整合既有资源营造建智慧养老服务平台	智慧医养：由"政府+企业"联合建设运营，推动社区居家养老可持续发展；向错内高龄、独居或患有严重基础病的老人发放智能手环，探索多方共治、常态高效的社区医养模式		TOD立体公交模式：解决传统社区大量存在单一功能、运营困难的公共服务设施等情况	通过"彩虹一卡通"有效串联起生态城内各项产业及生活配套服务，可用于生活家居、卫生健康、医疗保障、交通出行、旅游观光、文化体验、智慧城市、教育教学等各个领域的消费服务

续表

大型智慧社区基本特征		北京市朝阳区智慧社区	广州市越秀区六榕街旧南海县智慧社区	深圳市南山区南园智慧社区	杭州市萧山区瓜沥镇七彩未来社区	贵阳市中铁国际生态城
健康宜居	方便舒适的宜居生活		（1）智慧安防：布设具有AI算法的高清摄像头，实现事件"发现—告警—响应—处置一办结"五步闭环，包括消防占道、垃圾堆放、高空抛物、人脸识别、社区幼儿园非法进入同人员群聚、垃圾堆放识别提高处置效率，在线"视频巡逻"等，布控指纹锁、无线感应门磁、智能猫眼、可视化报警盒、广播音箱等设备，将社区安防触角深入到"一房一屋"。（2）智慧消防：高龄独居老人住所、沿街商铺等高安全隐患较大的场所试点安装了近百个物联网智能烟感探测器，实现前置监测，从苗头上掐住消防隐患	"蔡坤海警务室"：布设视频门禁系统、人脸识别系统、车牌识别系统，各类智能消防探测器、烟感喷淋设备等，南园社区应急指挥室实现可视化、各项数据一图通览、一键指挥，有效实现社区智慧化管理	（1）七彩未来居民的七个幸福触点：邻里记忆、学习成长、医养健康、生活服务、社区凝聚、绿色低碳、创新创业，通过建设针对七个幸福触点的物理空间和相对应的数字化虚拟空间，为居民提供O2O线上线下的幸福服务。（2）"七幺归一"社区邻里中心：满足社区居民美好生活的七个场景内容（公共服务、邻里治理、交通出行、创新创业、动共享、文化教育、运动健康）	通过中铁生态城综合服务App向用户提供个人信息管理、健康打卡、优惠券管理、旅游服务、交通出行服务、智慧社区综合服务等功能服务
生态低碳	低碳建造					
	生态环保					在项目区大力实施石漠化综合治理工作，包括封山育林、改良种草、覆土处理、人工造林、人工植草等手段，成功改善了生态环境，并建设了生态公园和人工景观湖等设施，确保石漠化治理成果得以长期保持
	资源利用					
	能源管理					全流程统一规划信息资源，建立能源信息专题库：主要支撑园区水电能源异常预警、水电能源使用情况预测等数据需求。数据范围涉及历史和实时水电消耗量、水电能源历史使用情况、区域人流情况、环境指标、天气情况、实时用水用电量等

2.4.3 大型智慧社区建设问题

从国内外大型智慧社区典型案例对比分析来看,国内在大型智慧社区建设方面已取得不错成绩,也形成了各有特色的投资建设运营模式,但还存在以下主要问题:

(1)需加强一体化的顶层设计。大型智慧社区建设情况复杂,业态多样,涉及部门多。建设类型分为整改提升类、拆改结合类、规划新建类等,建设模式分有EPC工程总承包管理模式、政府平台公司运营模式、联合公司运营模式、政府购买服务模式、政府和社会资本合作(PPP)模式等,推进方法有自上而下的政府推动、自下而上的基层实践、自上而下与自下而上相结合等。国内在大型智慧社区建设上还存在其他相关问题,如缺乏统一的管理、协调机制和工作流程;缺少一体化的顶层设计,在公共安全、政务服务、健康生活、绿色低碳、便捷交通、智慧物业等功能模块组建和空间设计中统筹不够,各场景系统间整合度低、数据利用效率不高,还无法实现社区建设一体化、运营一体化、管理一体化目标。

(2)需加强制度化的统筹共建机制。智慧社区建设需要政府、投资企业、社区居民、市场运营主体多个利益相关方的积极和深度参与,各方主体参与动力与利益诉求不同。政府侧重于整体规划,投资企业关注资产运作;其他市场主体聚焦于社区应用场景;社区居民则关注生态环保、智能便捷、健康宜居的社区环境。在具体实践中,缺少制度化的统筹协调共建机制,也未形成多方主体协同合力,造成平台重复建设、资源浪费,无法满足多方、多层次的需求。

(3)需加强可持续的投资运营模式。大型智慧社区的后期运营多采用政府购买服务、成立专业运营公司等方式。大型智慧社区建设投资额度大、投资时间长,建设投资分析专业性强,政策优惠激励政策变化大,投资风险较难控制,仅依靠单一主体投资很难完成。同时,运营场景复杂,运营需求多,运营期资金平衡难度大;投资运营模式不成熟、不可持续,无法对各利益主体进行合理分配,企业参与社区治理的模式单一,成本偏高,盈利模式不清晰,利益相关方投资意愿不强;社区居民参与机制相对缺失,无法参与管理、实现营收增长。

(4)需加强人文化的制度保障。大型智慧社区通过提高智慧化服务水平,为社区居民提供舒适便捷的居住体验,让社区更和谐、更有序、更有温度。在实际情况中,仍存在工作模式、管理流程、保障机制不完善,人性化考虑不足等问题,在社区智能化系统信息安全、社区居民个人隐私保护、政府数据资源社会公开、社区文化娱乐等方面,无法提供法规制度保障。大型智慧社区建设法规制度出台滞后于社区数字化、信息化、智能化进程,必然阻碍智慧社区的深化建设。

国内大型智慧社区典型案例特征对比,如表2.4-2所示。

2.4.4 大型智慧社区发展思路

应对上述问题，首先要建立大型智慧社区建设、管理和运营一体化的机制，具体如下：

一是顶层谋划，分类施策。建立涵盖政府、企业、市场主体、居民自治委员会等各方利益主体的协调机制，共同谋划大型智慧社区建设顶层设计方案，坚持"以人为本"，构建"数字化、绿色化、人文化"的社区环境，打造邻里互助、生活便捷、健康宜居、交通顺畅、低碳环保、基层治理现代化的应用场景，强化智慧社区"投、建、营、治"全产业链条规划和落地引导。

二是全盘统筹，整合共建。建立政府主导、企业建设、市场运营、居民自治的框架体系。在政府公共平台引导下，实现多元主体共建、共治和共营的协同建设模式。政府方统筹大型智慧社区建设和资金投入，采取多种政策措施，如财政资金补贴奖励、税收优惠、研发资金支持、创新项目评选等，激励和支持市场主体积极参与大型智慧社区建设和协同运营。建立系统化的整合机制，实现多元主体建设的不同系统、不同平台之间的数据共享和整合，提高数据利用效率和整合度，实现大型智慧社区建设的智能化、高效化和可持续发展。鼓励创新社区自治管理体制机制，引导居民群众（社区委员会）参与智慧社区的建设管理，增强社区自我管理和自我服务能力。建立有效的利益协调机制，通过对话、协商等方式，平衡各方需求和利益，推动机制落实与实施。

三是以人为本，加强保障。针对社区居民需求，聚合各类市场主体提供的社区便民服务和商业服务，加强大型智慧社区系统之间互联互通和融合应用，高度关注大型智慧社区系统协同的信息安全、社区居民个人隐私保护、政府数据资源向社会开放等，建立数据安全与隐私保护机制。加强大型智慧社区数据安全管理，建立健全数据安全管理机制，采用安全的数据存储和传输技术，采取网络安全和防护措施，保障数据使用和共享的合规性。以网络安全法、数据安全法、个人信息保护法等法律为框架，建立透明的数据收集和使用机制，保护个人数据权益并加强教育，捍卫社区居民隐私权。

实现大型智慧社区建设、管理和运营一体化的主要实施方法和思路如下：

一是以"三个中心"建设为抓手。基于大型智慧社区公共服务中心、大型智慧社区综合服务中心、大型智慧社区物业管理中心建设，研发综合信息管理平台、智慧物业管理平台等信息化系统，整合社区数字运营资源，打造社区数字化基座。以统一平台为载体，利用数字化技术，赋能物业服务、养老扶幼、健康医疗、智慧停车、文化娱乐等各类场景，创造服务便捷、治理高效、方式健康、生活融洽的社区氛围。

二是重点打造生态化社区。从环境生态化改造、能源生态化利用、景观绿化提升等方面着手，利用生态化物联网监控技术，在社区建设初期，通过实地检测和数字化模拟，科学调整社区日照、通风，改善小气候环境。同时，在景观绿化提升方面，构建生态廊道、生态水域、建筑外立面绿化覆盖，调节社区环境舒适度；构建社区综合能源系统，创新能源互联网、微电网技术应用，建设"光伏建筑一体化+储能"的供电系统、"热泵+蓄冷储热"的集中供热（冷）系统，优化社区智慧电网、气网、水网和热网布局；构建资源循环利用系统，打造海绵社区和节水社区；完善垃圾分类体系、打造花园型无废社区；做好环境监控和反馈，及时提供环境信息。

三是实施大型智慧社区评价考核。合理引入市场竞争机制，建立大型智慧社区投资、建设、运营体检评估体系。由政府相关部门或委托第三方机构，对参与大型智慧社区共建共营的市场主体履约情况、合作效果等进行评估，同时建立合理的"居民参与、自下而上"的考评机制，及时发现问题，并采取有效的解决办法，最后将考核结果作为政策激励措施兑现的依据。

第 3 章

大型智慧社区基于物联网的城市生命线工程智慧监测预警技术

3.1 城市生命线工程概述

3.2 基于物联网的城市生命线工程监测预警技术

3.3 城市生命线工程智慧平台建设

3.4 展望

3.1 城市生命线工程概述

3.1.1 城市生命线工程

3.1.1.1 城市生命线工程定义

城市生命线工程,从广义上定义,是指维持城市社会经济、居民居住和生活运转必不可少的信息通信、供水排水、管道燃气供给、用电供给和消防等城市基础设施。从狭义上定义,主要是指维持城市生存功能系统正常运转和对国计民生有重大影响的工程,主要包括供水、排水系统工程;电力、管道燃气及石油管网等能源供给系统工程;电话和广播电视等情报通信系统工程;市政道路、桥梁、隧道、边坡等工程。

3.1.1.2 城市生命线工程基本特征

1. 网络系统紧密性

城市生命线工程大多以一种网络系统的形式存在,且在空间上覆盖一个很大的区域范围,如高压输电网络、区域交通网络、城市供水管网、城市燃气管网、通信网络、桥梁及边坡监测预警系统等。网络系统的功能不仅与组成系统的各个单元的功能密切相关,而且与各个单元之间的联系方式(主要表现为网络拓扑特征)密切相关,这种共性特征使得对于城市生命线工程的考察与分析必须借助于系统分析的手段进行。

2. 结构工程统一性

城市生命线工程由各类生命线系统工程组成,各类生命线系统工程都是由不同类型的工程结构构成,工程结构是城市生命线工程系统的客观载体。例如:在电力系统中,存在电厂主厂房、高压输电塔、各类变电站建筑等,即使是高压输电设备(如各类电容互感器、绝缘子、断路器等),也可以视为一类工程结构;在城市供水系统中,存在供水泵房、水处理水池、输水管网等各类工程设施;其他如交通系统中的道路与桥梁、通信系统中的枢纽建筑与通信设备,无一不具有工程结构的基本特征。城市生命线工程系统中的结构可以统称为城市生命线工程结构,其抗灾性能、健康状态、耐久性等是决定城市生命线工程系统能否良好地发挥功能的重要因素。

3. 耦联性

不同类型的城市生命线工程系统在功能上往往具有耦联性,如电力系统运行状态可以影响到城市供水系统正常功能的发挥;交通系统、输油系统的状态可能影响到电力系统的运行状态等;监测预警系统能否精确监测数据及正常运行可能影响到城市运营甚至影响到居民生命财产安全。

4. 环境复杂性

例如山区城市,存在地质条件复杂、溶洞多、极端天气频发、地形高差大、易滑坡且形成泥石流概率大等特点,导致供水排水系统、燃气管网系统、电力系统等运营和维修难度大。

5. 社会垄断性

在工业信息化高度发展的今天,水、电、燃气及通信四大行业都是社会经济发展、社会稳定及城市居民生活必不可缺的基础资料,城市生命线一旦形成,便具有区域限制和社会垄断的特征,在市场上占有支配性地位。

6. 不可替代性

水、电、燃气及通信四大行业功能和作用意义重大,缺少其中一项都会给人类生活带来严重影响,故其具有不可替代性。

3.1.1.3 城市生命线工程发展历程及研究现状

1. 国内外发展历程

1)国外发展历程

国外对城市生命线工程的研究起步较早。1975年,Duke首先提出了生命线的概念,认为生命线是物质能量和信息传输系统,包括运输系统、水系统、通信系统和能源系统等[1,2]。1981年,Shinozuk等将GIS技术引入生命线地震工程的研究中,并对孟菲斯市的供水系统做了大量的研究[3]。1996年,Basz、Kiremidjian采用基于脆弱性和重要性的评估决策分析方法,选择城市交通系统为研究对象,确定系统运行中不同损失状态的概率,并确定了风险损失[4]。

美国较早意识到关键基础设施风险治理的重要性,1996年成立的美国总统关键基础设施保护委员会(PCCIP)专门着手关键基础设施的安全保护工作,对关键基础设施的界定也在不断发展及完善。

美国的地下管网主要通过美国交通部下属的安全办公室、联邦能源监管委员会及地下公共设施共同利益联盟联合进行管理。民间组织主要为地下公共设施共同利益联盟(Common Ground Alliance)和一呼通中心。美国地下管网先进的技术管理在于建立并完善了地下管网管理信息系统,包括GIS、地下电子信息标识、GPS、卫星图像应用等。

基于对自身国土面积及大都市圈日渐聚集状况的认识,日本已经从单一的地下管网管理逐步转向整个地表以下空间的综合开发与管理,日本是目前有关城市地下空间开发利用立法

---

[1] Duke C M and Moran D F. Guidelines for Evaluating of Lifeline Engineering [A] //Proceeding of the U.S National Conference on Earthquake Engineering [C]. Oakland: Earthquake Eng Res Inst, 1975:367-376.
[2] Duke C M. An Earthquake Hazard Plan for Lifeline [A] //ASCE. Life Earthquake Engineering [C]. 1981.
[3] Shinozuka M, Tan R Y, Koike T. Serviceability of Water Supply Networks during Seismic Risk [J]. SCTCLEEE ASCE, 1981 (2): 97-110.
[4] Basz N, Kiremidjian A S. Risk Assessment for Highway Transportation Systems [J]. Berkeley: Pacific Earthquake Engineering Research(PEER) Center, University of California, 1996.

最完善的国家。

2）国内发展历程

国内对城市生命线工程的研究起步较晚，尤其是改革开放以来，随着中国经济高速发展及城市面积扩张，城市地下管网运营安全与城市发展的矛盾越来越突出，城市生命线系统运营事故的频发，严重威胁到人民的生命财产安全，也成为制约城市经济发展的主要因素之一。为解决城市生命线系统运营技术瓶颈，合肥市于2015年成立合肥市城市生命线工程安全运行工作领导小组，依托清华大学合肥公共安全研究院，率先在全国开展城市生命线工程安全运行监测技术研究与应用。合肥市目前已建成重要桥梁22400余座，城市地下管网总长超过2.4万km，按照"点""线""面"相结合的城市生命线工程监测方法，城市建成桥梁、燃气、供水、排水、热力、地下管廊六大专项，布设100多种、8.5万余套前端监测设备，实时监测约510座桥梁、82200km燃气管网、73900km供水管网、2540km排水管网、2010km热力管网、140km中水管网、5850km综合管廊，以及2.5万余个城市高风险点。目前成果得到了国家部委和省市领导的高度认可，其技术成果应用俗称"合肥模式"。

依托"合肥模式"的成功经验，为了更好地促进城市健康发展和保障人民的生命财产安全，中共中央、国务院也颁布了关于城市生命线工程一系列政策文件：

（1）2018年，中共中央办公厅、国务院办公厅印发《关于推进城市安全发展的意见》，提出应加快推进城市安全风险管控、隐患排查治理体系和机制建设，强化系统性安全防范制度措施落实，严密防范各类事故发生。对城市安全风险进行全面辨识评估，建立城市安全风险信息管理平台。

（2）2018年，贵州省人民政府发布《省人民政府关于促进大数据云计算人工智能创新发展加快建设数字贵州的意见》（黔府发〔2018〕14号），提出推进物联网基础设施建设，开展物联网试点示范，结合智慧城市建设，以水、电、气表智能计量，公共停车管理，环保监测等为切入点，逐步拓展应用行业和领域范围。

（3）2021年4月，国家发展改革委印发《2021年新型城镇化和城乡融合发展重点任务》，提出加快建设新型智慧城市，推进市政公用设施智能化升级，建设"城市数据大脑"等数字化智慧化管理平台，推动数据整合共享，提升城市运行管理和应急处置能力。

（4）2021年5月，国家发展改革委、中央网信办、工业和信息化部、国家能源局联合印发的《全国一体化大数据中心协同创新体系算力枢纽实施方案》提出深化数据智能应用，开展一体化城市数据大脑建设，为城市产业结构调整、经济运行监测、社会服务与治理、交通出行、生态环境等领域提供大数据支持。选择公共卫生、自然灾害、市场监管等突发应急场景，试验开展"数据靶场"建设，探索不同应急状态下的数据利用规则和协同机制。

（5）2021年9月，国务院安委会办公室、应急管理部下发通知，部署加强城市安全风险防范工作，推广城市生命线安全工程经验做法，要求切实提高城市防控重大风险与突发事件的能力，从本质上提升城市安全治理现代化水平；并确定合肥、沈阳、南京、青岛、深圳、成都、西安、东营、洛阳、宜昌、常德、佛山、南宁、遵义、北京通州、上海浦东新区、上海黄浦、上海松江共18个城市（区）作为国家城市安全风险综合监测预警工作体系建设试点。

（6）2021年10月，国务院安委会办公室印发《城市安全风险综合监测预警平台建设指南（试行）》，提出从风险监测、分析报警、联动处置、技术保障四个方面，分两个阶段在城市生命线工程、公共安全、生产安全、自然灾害防治四个板块建设城市安全风险综合监测预警平台。

2. 国内外研究现状

1）城市生命线系统内涵及其特征研究现状

姚保华、谢礼立、袁一凡（2001）认为生命线系统一般包括工程系统和以提供服务为主的网络系统，并进一步将生命线相互作用分为布设型、功能型等相互作用类型[1]。李杰（2006）认为城市生命线工程主要是指基础性工程设施设备，一般包括城市区域交通、电力、供水、供气、通信等系统[2]。操铮、刘茂、许同生（2011）认为城市生命线系统是为保障城市活动正常进行的各类市政公用设施，主要包括供水排水、供热和燃气等地下管网系统[3]。我国《工程抗震术语标准》JGJ/T 97—2011将城市生命线工程定义为维系城市的经济、社会功能及基础性工程的设施和系统，主要包括交通、电力、通信、给水排水、燃气热力、供油等系统[4]。

2）城市生命线安全防控策略研究现状

胡勃、袁万城（2001）论述了建立生命线系统工程自然保险制度的必要性，提出了我国应从政府、保险企业和工程部分出发，密切合作建立兼顾公平的新型救灾体系[5]。尤建新、陈桂香（2006）提出防灾减灾（非工程措施）主要应从管理体制、法律法规、保险市场及防灾减灾教育等四个方面来构建和完善[6]。刘裕等（2019）着重分析了城市安全风险和城市化发展之间的关系[7]，并针对成都市提出了城市安全风险防控指标体系。

3）城市生命线系统安全运行评价技术研究现状

蔡龙、章波、黄贤金（2004）构建了包括道路交通、公共设施、排水防涝、城市环境等在内的评价指标体系，对不同地区的主要城市进行综合评价[8]。Li（2007）以供水子系统为研

---

[1] 姚保华，谢礼立，袁一凡. 生命线系统相互作用及其分类[J]. 世界地震工程，2001，17（4）：48-52.
[2] 李杰. 城市生命线工程的研究进展与发展趋势[J]. 土木工程学报，2006，39（1）：1-6.
[3] 操铮，刘茂，许同生. 城市生命线系统的地震网络可靠性研究[J]. 自然灾害学报，2011，20（6）：32-39.
[4] 中华人民共和国住房和城乡建设部. 工程抗震术语标准：JGJ/T 97—2011[S]. 北京：中国建筑工业出版社，2011.
[5] 胡勃，袁万城. 建立城市生命线工程的灾害保险制度[J]. 自然灾害学报，2001，10（2）：117-120.
[6] 尤建新，陈桂香，陈强. 城市生命线系统的非工程防灾减灾[J]. 自然灾害学报，2006，15（5）：194-198.
[7] 刘裕，蔡诗琪，田欢. 新时期城市安全风险防控实践探索——以成都为例[J]. 安全，2019，40（2）：24-28.
[8] 蔡龙，章波，黄贤金，等. 我国城市基础设施现代化水平综合评价研究[J]. 城市发展研究，2004，11（4）：50-54.

究对象，采用证据理论的风险评估方法，确定了每种灾害的风险概率、风险严重程度和风险水平[1]。管友海、张媛等（2010）为更科学合理获得综合防灾规划的决策依据，通过层次分析法计算出综合灾害指标，结合城市供水管道综合防灾规划的要求，在烟台市开发区得到实际应用[2]。张广良（2015）在详细分析和总结国内外城市生命线工程系统的研究进展及基础上，以安徽省16个地级市为例，验证了构建的基于安全视角的城市生命线工程系统的评价模型[3]。

4）城市生命线工程安全防控技术研究现状

城市生命线工程安全防控技术研究，目前主要聚焦于其概念内涵、运行机制、安全保障等方面。

包元锋、李杰（2004）在分析了城市生命线抗震可靠性的基础上，详细介绍了网络系统终端连通可靠性分析方法，并实际应用于不同城市的电力和供水管网的规划实践中[4]。李莲秀、高湘（2007）基于系统科学理论，构建了城市水系统的理论框架，指出城市水系统是与水相关的各个组成部分，包括水源系统、供水系统、排水系统和雨水系统等，并进一步提出了完善水网的建议[5]。袁越、朱晨（2009）从系统的角度分析了在极端的灾害事故环境下，生命线系统工程之一的城市电网的规划方法，并实际研究了江阴市电网规划[6]。肖久明、应援农（2010）在总结历次地震对燃气管网设施破坏的基础上，总结了燃气管网地震灾害特点，介绍了日本的相关经验[7]。

5）城市生命线系统安全运行监测预警技术研究现状

为保障城市生命线工程的安全运行，我国不少专家学者提出要建立城市生命线工程安全运行监测平台，提供生命线安全运行综合监测运维服务。汪锋、朱晓东、李杨帆（2006）根据生态安全的特点和城市生命线系统特征，构建了城市生命线系统数据库和决策支持系统，并以厦门和连云港市为实例进行分析，从多层面提出优化建议[8]。2015年，合肥市在全国率先实现对城市多类型基础设施进行整体实时监测，研发建成城市生命线工程安全运行监测

---

[1] Li H P. Hierarchical Risk Assessment of Water Supply Systems [D]. Leicestershire: Loughborough University, 2007.
[2] 管友海，张媛，王耀. 供水管道综合防灾规划决策方法研究与应用 [J]. 震灾防御技术，2010，5（3）：333-339.
[3] 张广良. 安全视角下的安徽省城市生命线系统综合评价研究 [D]. 长春：东北师范大学，2015.
[4] 包元锋，李杰. 城市生命线工程网络抗震可靠性分析方法的比较研究 [J]. 防灾减灾工程学报，2004，24（2）：139-148.
[5] 李莲秀，高湘. 城市给排水系统规划设计探讨 [J]. 基建优化，2007，28（3）：87-90.
[6] 袁越，朱晨，李振杰，等. 城市电网城市生命线工程规划 [J]. 电力科学与技术学报，2009，24（4）：29-38.
[7] 肖久明，应援农，席丹. 城镇燃气系统地震灾损分析及灾后思考 [J]. 燃气与热力，2010，30（11）：30-37.
[8] 汪锋，朱晓东，李杨帆. 基于生态安全的城市生命线系统评价与优化 [J]. 灾害学，2006，21（4）：103-107.

系统①~③。黄山市、淮北市、六安市、马鞍山市、铜陵市、淮南市、徐州市、佛山市等城市生命线运行监测系统已相继投入使用。

6）城市生命线系统安全运行监测标准体系研究现状

国外对城市生命线系统安全运行监测标准体系研究起步较早，如美国早在20世纪60年代就开始逐步建立以确保油气管道为核心的多层次管道法律法规体系。2002年，美国修订的《管道安全改进法》，对风险分析及管网完整性管理等方面进行了严格规范④。新西兰政府将16个地区的生命线系统作为总体进行灾害管理⑤，颁布了《土木工程灾害应急管理法》。德国污水技术联合会发布了《除构筑物外排水系统状态统计、分级、评价》（ATV-M149）等标准，对排水管道进行管理和监督。日本自1970年以来，非常重视城市地下管网运行管理，建立了比较完备的法制体系，以城市地下空间综合管理促进地下管网运行管理，保障城市安全运行⑥。

我国对城市生命线工程运行监测标准体系建设尚处于初期阶段，现有针对城市生命线工程运行监测技术的相关标准规范较少，多为针对地下管网和桥梁等单个城市生命线工程建立的工程监测技术或监测相关系统的规定，如住房和城乡建设部发布的《城镇供热直埋热水管道泄漏监测系统技术规程》CJJ/T 254—2016行业标准，对城镇供热直埋热水保温管道泄漏监测系统的设计、施工、调试、验收、运行与维护进行了规定⑦；交通运输部发布的《公路桥梁结构监测技术规范》JT/T 1037—2022行业标准，对公路桥梁结构安全监测数据的采集、传输、处理与管理、分析与安全预警及评估等进行了规定⑧；各省市也出台了城市地下管网监测规范，但大部分为对单个工程监测、地下管网信息化建设及管理规定。

3.1.2 城市生命线系统结构及工程设施

3.1.2.1 城市生命线系统结构

城市生命线系统结构一般分为：供水工程子系统、排水工程子系统、供电工程子系统、

---

① 袁宏永，苏国锋，付明，等. 城市生命线工程安全运行共享云服务平台研究与应用[J]. 灾害学，2018，33（3）：60-63.
② 袁宏永，苏国锋，付明. 城市安全空间构建理论与技术研究[J]. 中国安全科学学报，2018，28（1）：185-190.
③ 谭琼，冯国梁，袁宏永，等. 燃气管网相邻地下空间安全监测方法及其应用研究[J]. 安全与环境学报，2019，19（3）：902-908.
④ 米琪. 柏林翰姆镇燃气管道泄漏的处理与美国新修订的H.R.3609《2002年管道安全改进法》[J]. 城市燃气，2004（2）19-23.
⑤ 国外如何建设和管理城市地下管网[N]. 经济日报，2015-06-10（16）.
⑥ 尚秋谨，张宇. 城市地下管网运行管理的德日经验[J]. 城市管理与科技，2013，15（6）：78-80.
⑦ 中华人民共和国住房和城乡建设部. 城镇供热直埋热水管道泄漏监测系统技术规程：CJJ/T 254—2016[S]. 北京：中国建筑工业出版社，2017.
⑧ 中华人民共和国交通运输部. 公路桥梁结构监测技术规范：JT/T 1037—2022[S]. 北京：人民交通出版社，2022.

通信工程子系统、供热工程子系统、供燃气工程子系统、交通路网工程子系统（重点为道路、桥梁、隧道、边坡）、消防工程子系统等。

1. 供水工程子系统

主要包括取水工程中提升原水的一级泵站、输送清水的二级泵站、建设于管网中的增压泵站、从净水工程输入城市供配水管网的输水管道以及各种用以贮存和调节水量的贮水构筑物，如高地水池、水塔、清水池等。

2. 排水工程子系统

1）污水管网工程

污水管网工程包括下水道、检查井、污水处理厂及污水排放口等主要设施，还包括污水管道及污水提升泵站。污水的排放需要按照国家的环保标准进行，可以对水质进行检测，以保证体系的正常运行。

2）雨水管网工程

雨水管网工程主要包括雨水管道、雨水提升泵站、排涝泵站及雨水检查井。雨水管网工程主要功能是负责建筑物周边排水和基础排水，当雨水落在建筑物上后，通常需要经过排水管道和雨水收集设备进行收集、排放和处置。其中，地面排水通过地面排水设施到达市政排水管网工程。

3）通气工程

通气工程通常与污水系统一起安装，它主要是负责污水工程中不同管段之间的空气交换，让污水能够顺利地流动到污水处理站，减少管道内的压力和防止污水反流等问题。

3. 供电工程子系统

1）城市电源工程

主要包括城市电厂和区域变电所（站）等电源设施。城市电厂是为城市服务的火力发电、水力发电厂、风力发电厂、地热发电厂及核能发电厂等。区域变电所（站）常指大于等于110kV的高压变电所（站）或超高压变电所（站）。

2）城市输配电网工程

城市输配电网工程由输送电网工程与城市配电网工程组成。

（1）输送电网工程：

输送电网工程包括城市变电所（站）、城市电厂及变电所站接入的输送电线路等设施。城市输送电线路以架空线为主，重点地段采用直埋电缆、管道电缆等敷设形式。输送电网具有城市电源输入城区，将电源变压进入城市配电网的功能。

（2）城市配电网工程：

城市配电网工程一般分为高压、中压及低压配电网工程。高压配电网工程一般指大于等于110kV变电站及110kV高压配电线路（含架空线路与电缆线路）；中压配电网工程主要为10kV变电站及10kV中压配电线路（含架空线路与电缆线路）；低压配电网工程主要由

220V/380V低压线路与低压配电所构成。

4．通信工程子系统

主要分为电信管网工程与有线电视管网工程。

1）电信管网工程

主要包括开挖通信光缆沟槽、通信光缆、光缆配线管、社区通信接入机房、移动通信基站及室内分布系统。

2）有线电视管网工程

由馈线管网、配线管网、用户引入线及总前端、分前端、一级机房、二级机房等设施组成。

5．供热工程子系统

包括供热热源工程和供热管网工程。

1）供热热源工程

主要为城市热电厂及区域锅炉房等设施。城市热电厂是以城市供热为主要功能的火力发电厂，供给高压蒸汽及采暖热水等。区域锅炉房是指城市地区性集中供热的锅炉房。

2）供热管网工程

供热管网工程包括热力泵站、热力调压站和不同压力等级的蒸汽管道及热水管道设施。热力泵站主要用于远距离输送蒸汽和热水。热力调压站主要用于调节蒸汽管道的压力。

6．供燃气工程子系统

供燃气子系统主要由燃气供应系统、燃气调压系统、燃气燃烧系统等组成。

1）燃气供应系统

燃气供应系统是指将燃气从燃气储罐或管道输送到燃气燃烧设备的系统。常见的燃气供应系统有两种：

（1）燃气管道系统：燃气管道系统是利用地下或室内的管道将燃气输送至燃气燃烧设备的系统。燃气管道系统包括燃气管道、阀门、计量表和安全保护装置等。

（2）液化石油气（LPG）系统：LPG是一种常用的燃气，其存储和输送方式与石油类似。LPG系统包括LPG储罐、输送管道和安全保护装置等。

2）燃气调压系统

燃气调压系统是将高压燃气调节为低压燃气并保持一定的稳定压力的系统。燃气调压系统包括燃气调压器、调压阀、减压阀、压力表和安全保护装置等。

3）燃气燃烧系统

燃气燃烧系统是将燃气燃烧转化为热能或动能的系统。燃气燃烧系统包括燃气燃烧设备、点火系统、燃烧控制装置和安全保护装置等。

7．交通路网工程子系统

交通路网工程子系统由道路、桥梁、隧道、边坡系统工程构成。

1）道路系统工程

道路系统工程主要指城市区域的主要干道道路、社区内道路等的运营及使用监控，具体包括道路路面凝冻、路面抗滑及路面塌陷等监控。

2）桥梁系统工程

桥梁系统工程主要指城市区域内的大小桥梁（小桥、中桥、大桥、特大桥）的运营及使用监控，如连续刚构桥下挠、斜拉桥索力、梁体应力等监控。

3）隧道系统工程

隧道系统工程主要指城市区域内的交通隧道、市政隧道等的运营及使用监控，如隧道内交通突发事件监控、主体结构及衬砌结构的变形和受力监控等。

4）边坡系统工程

边坡系统工程主要指城市区域内的主要干道道路、社区道路的高边坡的运营及使用监控，包括深部位移、拉线位移、地下水位监控。

8. 消防工程子系统

本书所提的消防系统为狭义的消防系统，主要包括火灾自动报警系统、自动喷水灭火系统、消火栓系统、防排烟系统、防火卷帘门系统、消防应急广播系统等。

1）火灾自动报警系统

火灾自动报警系统是设置在建筑物或其他场所中的一种自动消防设施，能早期发现和通报火灾，其可以通过探测器检测火灾烟雾、温度等信号，并自动报警。

2）自动喷水灭火系统

自动喷水灭火系统是一种固定式自动灭火的设施，通过探测火灾、自动控制灭火剂的施放实现灭火。按照管网上喷头的开闭形式分为闭式系统和开式系统。

3）消火栓系统

消火栓系统由蓄水池、加压送水装置（水泵）及室内消火栓等主要设备构成，这些设备的电气控制包括水池的水位控制、消防用水和加压水泵的启动。

4）防排烟系统

防排烟系统是为控制起火建筑内的烟气流动，创造有利于安全疏散和消防救援的条件，防止和减少建筑火灾的危害而设置的一种建筑设施。

5）防火卷帘门系统

防火卷帘门系统是一种适用于建筑物较大洞口处的防火、隔热设施，能有效地阻止火势蔓延，保障生命财产安全。

6）消防应急广播系统

消防应急广播系统是火灾逃生疏散和灭火指挥的重要设备，当发生火灾时，火灾报警控制器（联动型）通过自动或人工方式接通着火的防火分区及其相邻的防火分区的广播音箱进行火警紧急广播和人员疏散，指挥现场人员有效、快速地灭火，减少损失。

3.1.2.2 城市生命线系统工程设施

城市生命线系统工程设施通常是指对社会生活、生产有重大影响的工程设施（供水、排水、燃气、供电、交通、通信及消防工程设施），也可以理解为维持城市生存功能及正常运转的重大工程设施，如地下管廊、污水处理厂、城市地铁等。

城市生命线系统工程设施主要分为：

（1）供水子系统工程设施（主要为生活用水、生产用水、蓄水等设施）；

（2）排水子系统工程设施（主要为污水、市政雨水、污水处理等设施）；

（3）燃气子系统工程设施（主要为燃气管道、燃气工程、储气工程、输配气管网工程）；

（4）供电子系统工程设施（供电线路、变压器、配电箱、输配电网工程、地下管廊等）；

（5）交通子系统工程设施（车站、机场、市政路、市政桥梁、市政路基边坡、地铁轨道等）；

（6）通信子系统工程设施（通信塔、通信线路、通信管道、通信光缆等）；

（7）消防子系统工程设施（消防站、消防指挥中心、消防通道、消防设施等）。

3.1.3 城市生命线工程典型事故分析

3.1.3.1 燃气管网典型事故分析

1. 湖北省十堰市燃气爆炸事故

1）事故概况

2021年6月13日，十堰市张湾区艳湖社区的集贸市场发生重大燃气爆炸事故（图3.1-1），造成26人死亡、138人受伤及37人重伤，造成直接经济损失约5395.41万元[①]。

2）事故原因分析

导致事故的直接原因为天然气中压钢管严重锈蚀破裂，泄漏天然气在建筑物下方河道内密闭空间聚集，遇餐饮商户排油烟管道排出的火星发生爆炸。事故爆炸前，负责运营维护事故管道的单位未对其管道进行维护和巡查。

图3.1-1 十堰爆炸现场图片

---

① 数据来源：湖北省应急管理厅官方网站公布的《湖北省十堰市张湾区艳湖社区集贸市场"6·13"重大燃气爆炸事故调查报告》。

2. 辽宁省沈阳市燃气爆炸事故

1）事故概况

2021年10月21日，沈阳市和平区太原南街发生管道燃气泄漏爆炸事故（图3.1-2），造成5人死亡、3人重伤及49人轻伤，造成直接经济损失约4425万元①。

2）事故原因分析

导致该事故发生的直接原因是烧烤店燃气并网施工过程中，施工人员打开进户引入管阀门入口法兰，完成并网施工焊接作业后，未将该法兰口有效密封，且通燃气后未对法兰口进行严密性检查，导致通过法兰口泄漏燃气与电冰展示柜机械式温控器闭合或断开时产生的电火花相遇发生爆炸。

3. 贵州省晴隆燃气爆炸事故

1）事故概况

2018年6月10日，中石油中缅天然气输气管道贵州过黔西南晴隆沙子镇发生燃气泄漏爆炸事故（图3.1-3），造成1人死亡、23受伤，造成直接经济损失2145万元②。

2）事故原因分析

因环焊缝脆性断裂导致管内天然气大量泄漏，与空气混合形成爆炸性混合物，大量冲出的天然气与管道断裂处强烈摩擦产生静电引发爆炸。焊缝断裂的原因是现场焊接质量不满足相关标准要求，在组合荷载的作用下造成环焊缝脆性断裂。

4. 预防措施

（1）在运营管理方面，建立一套完整运营管理维护体系，定期对管道供气情况进行排查和维护，将隐患死角提前排除，建立长期持久的运营管理制度。

图3.1-2　沈阳爆炸现场图片　　　　　　图3.1-3　贵州晴隆爆炸现场图片

---

① 数据来源：沈阳市应急管理局官方网站公布的《沈阳市和平区太原南街222号"10.21"较大管道燃气泄漏爆炸事故整改落实情况评估报告》。

② 数据来源：贵州省应急管理厅官方网站公布的《中石油中缅天然气管道黔西南州晴隆段"6·10"泄漏燃爆较大事故调查报告》。

（2）在技术层面加强创新和升级，研发燃气工程子系统监控平台，在燃气管网、调压装置等重要部位安装传感器，动态监测燃气管网运营状况。当出现燃气泄漏时，燃气工程子系统监控平台能自动发出警示，为抢救和疏散人群提供准确位置信息，尽量规避事故的发生，减少人民群众财产损失。

（3）建立切合实际且高效的应急处置预案。

3.1.3.2 桥梁及边坡典型事故分析

1. 贵州省毕节市金海湖新区"1·3"在建工地山体滑坡事故

1）事故概况

2022年1月3日，贵州省毕节市金海湖新区规划街道办事处香田村在建的毕节市第一人民医院分院培训综合楼边坡支付工程在施工过程中，突然发生山体滑坡（图3.1-4），造成14名人员死亡、3人受伤，造成直接经济损失约2856万元[①]。

2）事故原因分析

事故直接原因是边坡开挖改变了斜坡地表形态和应力分布，降低了山体滑动面抗滑力，导致山体失稳造成重大山体滑坡事故。在管理原因方面，存在无施工许可证、无勘察设计审批、无施工方案、无施工监管及无边坡监测的违法施工。

2. 黑龙江哈尔滨阳明滩大桥坍塌事故

1）事故概况

2012年8月24日，哈尔滨阳明滩大桥疏解工程一上行匝道坍塌（图3.1-5），桥上4辆

图3.1-4　毕节金海湖新区山体滑坡现场图片

---

① 数据来源：贵州省应急管理厅官方网站公布的《毕节市金海湖新区"1·3"在建工地山体滑坡重大事故调查报告》

货车侧翻至桥下，致使3人死亡、5人受伤[①]。

2）事故原因分析

技术原因是匝道坍塌是由于车辆超载造成的，车辆荷载同时集中靠右侧行驶，造成匝道钢筋混凝土连续叠合梁一侧偏载受力及严重超载荷，实际受力超过了桥梁稳定性临界点，故导致匝道桥梁倾覆发生事故。管理原因是执法疏漏，未禁止超载车辆经过本桥。

图3.1-5　阳明滩大桥坍塌事故照片

3. 预防措施

（1）管理单位应进一步提高桥梁及边坡设施的安全管理工作水平，并加强桥梁及边坡管理和养护人员的专业技能培训。

（2）桥梁在运行期间会因气候变化、腐蚀、氧化、老化等影响，导致其强度和各方面性能有所降低，应做好桥梁设施维护和保养工作，保证桥梁的安全与交通畅通。

（3）应及时掌握桥梁、边坡的健康情况及运行状况，以便有针对性地做好养护加固工作，防患于未然。

3.2　基于物联网的城市生命线工程监测预警技术

3.2.1　城市生命线工程监测预警技术发展概述

3.2.1.1　边坡监测预警技术发展概况

边坡是在路基两侧筑成的具有一定坡度的斜面，对路基稳定和防水、排水具有重要作用。由于应力状态、湿度状况变化，边坡在运营期内可能会产生不同程度的变形，并在一定条件下失稳，引发破坏性较强的滑坡、崩塌等灾害。

边坡监测理念最早产生于20世纪60年代[②]，此时主要对边坡失稳的宏观前兆现象，如崩塌落土、地面裂缝等进行预测，进而对其发展规律进行预测[③]。1965年，斋藤迪孝根据监测

---

① 数据来源：哈尔滨市政府于2012年9月19日召开新闻发布会公布的《"8·24"三环群力高架桥洪湖路上行匝道特大道路交通事故调查结果》
② 凌建明，张玉满，立李想. 公路边坡智能化监测体系研究进展［J］. 中南大学学报（自然科学版），2021，52（7）：2118-2136.
③ 伍法权，王年生. 一种滑坡位移动力学预报方法探讨［J］. 中国地质灾害与防治学报，1996, 7(S1): 38-41.

结果提出滑坡预报经验公式，可看作系统化边坡监测工作的起点[1]。自20世纪80年代起，学者们先后提出了多种边坡位移–时间曲线拟合模型，对边坡病害发展规律的认识逐渐深入[2]。自20世纪90年代起，学者们为了提升边坡监测的可靠性开展进一步研究，此时主要应用了动态跟踪监测法[3,4]。

21世纪后，智能化、自动化快速发展，智能科技化边坡监测技术与方法涌现，边坡监测逐步迈向智能化、自动化。光纤传感技术、数字化近景摄影测量技术、全球导航卫星系统、三维激光技术等边坡智能化监测技术成为近十年来的关键预警技术。

光纤技术成熟、成本低廉、布设灵活，易于实现大规模部署，同时又具有防水防潮、耐高温、防雷击、抗腐蚀能力强、抗电磁干扰性能强等特点，适于在野外边坡恶劣环境下使用[5]。景俊豪（2020）指出在现有光纤传感技术中，布里渊光时域反射技术（BOTDR）、布里渊光时域分析技术（BOTDA）与光纤布拉格光栅（FBG）在公路边坡监测中应用较多，效果良好[6]。

伴随计算机和数字化技术的快速革新，近景摄影测量技术逐步发展成边坡监测的新手段，李德仁（2000）提出粗差定位验后方差选权迭代法[7]，冯文灏（2002）介绍了该技术的基本方法与摄影测量衍生拓展理论[8]。

三维激光扫描技术通过扫描仪对目标整体或局部进行完整的三维坐标数据测量，得到完整、全面、连续、关联的全景点坐标数据[9,10]，董秀军等（2006）使用三维激光扫描仪对边坡工程进行监测，扫描得到的数据拼接、坐标转换、消噪后生成DEM模型[11,12]。谢谟文等（2013）利用三维激光扫描技术并结合GIS平台，通过固定点比较、断面分析和DEM比较三种方法全面地对金坪子滑坡进行了监测研究[13]。

---

[1] 易武，孟召平，易庆林. 三峡库区滑坡预测理论与方法［M］. 北京：科学出版社，2011：3-5.
[2] 崔政权，李宁. 边坡工程：理论与实践最新发展［M］. 北京：中国水利水电出版社，1999：8-16.
[3] 孙怀军，张永波. 滑坡预测预报的现状和发展趋势［J］. 太原理工大学学报，2001，32（6）：636-639.
[4] 汪益敏，王兆阳，李奇，等. 粉砂岩路堑高边坡施工监测与动态设计［J］. 中南大学学报（自然科学版），2019，50（2）：400-408.
[5] 王宝军，施斌. 边坡变形的分布式光纤监测试验研究及实践［J］. 防灾减灾工程学报，2010，30（1）：28-34.
[6] 景俊豪. 基于光纤和电磁传感的边坡变形监测系统研发［D］. 大连：大连理工大学，2020：4-6.
[7] 李德仁. 摄影测量与遥感的现状及发展趋势［J］. 武汉测绘科技大学学报，2000，25（1）：1-6.
[8] 冯文灏. 近景摄影测量：物体外形与运动状态的摄影法测定［M］. 武汉：武汉大学出版社，2002：20-25.
[9] 何君毅，张社荣，王超，等. UAV航摄图像融合激光扫描边坡表面位移监测法［J］. 中国安全科学学报，2020，30（5）：156-162.
[10] 赵小平，闫丽丽，刘文龙. 三维激光扫描技术边坡监测研究［J］. 测绘科学，2010，35（4）：25-27.
[11] 董秀军，黄润秋. 三维激光扫描技术在高陡边坡地质调查中的应用［J］. 岩石力学与工程学报，2006，25（S2）：3629-3635.
[12] 董秀军. 三维激光扫描技术获取高精度DTM的应用研究［J］. 工程地质学报，2007，15（3）：428-432.
[13] 谢谟文，胡嫚，王立伟. 基于三维激光扫描仪的滑坡表面变形监测方法：以金坪子滑坡为例［J］. 中国地质灾害与防治学报，2013，24（4）：85-92.

对于边坡监测，学者们依据北斗技术设计研发了一系列监测系统并取得了很好的监测效果[①][②]。吴浩等（2015）研发了露天矿边坡变形监测系统并将其应用于陕西省露天矿高边坡监测，实现了实时快速监测[③]。李家春等（2020）对贵州都安高速边坡实时动态监测，结合北斗云监测系统实现了从数据采集到结果显示的全过程自动化[④]。

3.2.1.2 桥梁监测预警技术发展概况

桥梁安全关系人民生命和国家财产安全，影响到整个地区甚至国家政治经济状况及社会稳定，随着我国公路建设事业的高速发展，大跨度桥梁的数量在近年来持续增加，为保障该类桥梁的结构安全和服务寿命，有必要对其进行监测预警。

20世纪90年代，国内就开展桥梁监测系统的研究及实践工作。1997年，虎门大桥安装了GPS位移监测系统，用于交通运营管理，是国内较为早期的桥梁监测实践。GPS监测系统建成后，徐良博士用实测数据做过广州虎门悬索桥的模态分析[⑤]。1998年，清华大学在青马大桥开展动力特性"原始指纹"测试，实测了1377m主跨青马悬索桥多阶模态[⑥]。

21世纪以来，桥梁监测预警技术进入了快速发展阶段，主要从以下几个方面开展了深入研究。

在传感器布置优化方法及算法的研究方面，主要是对传感器布置的优化问题从算法、准则、模态参数等角度进行了研究。鹿伟（2016）通过研究优化布置准则和优化计算方法，选用改进的粒子群优化算法作为计算方法，对网架结构中加速度传感器的数目和位置进行优化研究[⑦]。杨振伟（2019）引入萤火虫算法，改进编码方式使其适用于离散型传感器优化布置问题，并通过Benchmark模型为算例布设传感器系统，适用于解决大规模测点的优化布置问题[⑧]。

在监测系统故障诊断及排除和异常数据自动化处理的研究方面，刘欣（2008）提出了DSMS处理方式及其原理模型，用于桥梁健康监测系统的海量异常数据的自动捕捉[⑨]。葛恒奇（2019）针对桥梁健康监测领域普遍存在的数据丰富而信息匮乏的特点，运用大量结构向量

---

① 王慧敏，罗忠行，肖映城，等. 基于GNSS技术的高速公路边坡自动化监测系统［J］. 中国地质灾害与防治学报，2020，31（6）：60-68.
② 邵沛涵，高成发，金俭俭. 北斗三号高边坡实时监测系统应用研究［J］. 测绘科学，2021，46（1）：7-14，23.
③ 吴浩，黄创，张建华，等. GNSS/GIS集成的露天矿高边坡变形监测系统研究与应用［J］. 武汉大学学报（信息科学版），2015，40（5）：706 710.
④ 李家春，宋宗昌，侯少梁，等. 北斗高精度定位技术在边坡变形监测中的应用［J］. 中国地质灾害与防治学报，2020，31（1）：70-74.
⑤ 徐良，江见鲸，过静珺. 广州虎门悬索桥的模态分析［J］. 土木工程学报，2002，35（1）：14.
⑥ 李惠彬，秦权，钱良忠. 青马悬索桥的时域模态识别［J］. 土木工程学报，2001，34（5）：5.
⑦ 鹿伟. 基于粒子群算法的网架结构健康监测传感器优化布置研究［D］. 西安：西安建筑科技大学，2016.
⑧ 杨振伟. 大跨空间结构健康监测系统传感器优化布置研究［D］. 大连：大连理工大学，2019.
⑨ 刘欣，李永刚. 海量数据流在桥梁健康监测中的处理方法［J］. 计算机工程与设计，2008（01）：223-224+238.

训练隐马尔可夫模型来诊断评估桥梁结构状态，形成了一套基于数据驱动的桥梁结构系统状态诊断评估的算法体系[①]。

在桥梁结构模态智能化识别方法的研究方面，徐健（2017）均针对环境激励下桥梁结构模态参数识别进行了研究，针对数据驱动随机子空间算法（DATA-SSI）存在的不足，提出了桥梁结构模态参数自动化识别算法（ADATA-SSI）[②]。单德山（2017）以某大跨度桥梁健康监测系统1年的实测数据为依托，分别运用频域和时域运营模态参数识别方法识别该桥主梁和斜拉索12个月的运营模态参数，发现基于自适应总体平均经验模态分解的数据驱动随机子空间法对运营状态下桥梁主梁的密集模态参数识别效果较好[③]。

在桥梁全寿命安全状态性能评估的研究方面，主要以神经网络算法、模糊理论、灰色系统理论、随机可靠度理论、马尔可夫理论和贝叶斯理论为基础进行研究。葛李强（2016）从倾角仪获得的转角数据出发，探讨其在桥梁挠度监测与承载力评估中的应用，同时研究基于转角响应的转角模态分析理论在结构模态参数识别、损伤识别和动挠度计算中的应用[④]。吴多（2017）以贝叶斯理论为基础，提出一种基于B-TBU模型的全寿命周期的桥梁状态评估方法，在一定程度上降低人为主观因素的影响，并将神经网络类算法引入该模型中[⑤]。

3.2.1.3 路面凝冰监测预警技术发展概况

我国冻雨地区的冬季在降雨后路面极易形成凝冰，水雪相容态凝聚路表面形成润湿的状态，其摩擦力远远低于积雪路面，凝冰上的水膜使得路面表面完全丧失摩擦力，导致路面抗滑能力大幅度降低，严重影响机动车辆的可操控性与行驶安全性，甚至可能导致恶性交通事故发生，危害人民生命和财产安全。另外，路面凝冰还经常导致路面被迫封闭，给人们的出行造成极大的不方便，也使国家经济利益受到较大损失。

从20世纪90年代开始，随着物联网技术的普及，路面凝冰监测预警技术也得到了进一步发展，基本理念为将路面早期凝冰的监测同物联网技术相结合，利用云平台的大数据分析处理，将凝冰预警同自动化处置系统融合在一起，逐步成为保证冬季交通稳定性的重要举措。

国外针对凝冰监测技术的研究早于国内。1984年，加拿大SPAR公司和美国奥兰多FMC公司提出了一种凝冰监测技术，结合图片处理、红外辐射等多种技术进行结冰监测，最后根据路面反射率来判断路面是否凝冰[⑥]。2005年，日本成田国际空港股份有限公司、三机工业

---

① 葛恒奇. 基于数据驱动的桥梁结构系统状态分析研究［D］. 重庆：重庆交通大学，2018.
② 徐健，周志祥，赵丽娜，等. 基于AEEMD和改进DATA-SSI算法的桥梁结构模态参数自动化识别［J］. 土木工程学报，2017，50（7）：87-98.
③ 单德山，黄珍，李乔. 桥梁结构运营模态参数识别方法对比［J］. 桥梁建设，2017，47（5）：24-29.
④ 葛李强. 基于转角的桥梁结构健康监测与状态评估［D］. 南京：东南大学，2016.
⑤ 吴多. 基于桥梁全寿命周期的损伤识别及状态评估研究［D］. 西安：长安大学，2017.
⑥ Korkan K D, Dadone L, Shaw R J. Helicopter Rotor Performance Degradation in Nat-ural Icing Encounter［J］. Engineering Notes,1984,21:84-85.

株式会社、日立电线株式会社①共同申请了路面结冰检测传感器及其设备方法和路面结冰检测方法专利，该发明涉及的路面结冰检测传感器，由感温部件、具有接触路面的感温部件和从该感温部件竖直设置的鳍部组成。此外，国外研究的凝冰监测方法还有热流式凝冰监测、振动式凝冰监测、电容式凝冰监测、红外式凝冰监测、超声式凝冰监测以及光纤式凝冰监测，但由于相关技术还不是很成熟，只有小部分被应用到实际监测中，大部分还仅处于技术研究阶段②。

国内针对凝冰监测技术方面的相关研究相对国外比较滞后。冯金龙（2011）设计了一种由光纤和热传导性高的金属感温部件组成的路面凝冰传感器，这种探测方式的优势在于其可以识别路面的反射光以及路面温度③。李凌雁（2011）进行了940nm波长下的动、静态试验，提出了红外非接触式结冰探测技术④，但是这些研究目前仍处于试验研究阶段，并没有投入实际路面凝冰探测。

在路面凝冰预警信息化建设方面，目前国外的研究较多，美国已经拥有了相对完整的高速公路交通气象预报系统，主要包括监控中心、信息采集、信息发布、专家判别以及决策服务⑤；德国也非常重视路面交通气象预报，通常气象部门会提供1~3d的公路交通气象预报，用来制定交通管理方案，并记录当天24h内时间和空间的气象变化，主要包括温度以及公路路况等信息，并将其作为详细气象预报的补充⑥；日本相关部门利用气象火箭、卫星等进行高空气象观测，其在加强灾害性天气监测方面非常重视，根据气象预报在可能发生气象灾害的时候及时发布预警⑦。

我国目前虽然逐渐开始重视公路信息化建设以及气象灾害的监测与预警，但是由于技术积累不充分，再加上相关硬件设施也无法满足要求，所以在路面凝冰预警方面的发展尚为缓慢。

3.2.1.4 供水管网监测预警技术发展概况

地下供水系统中的管网由于腐蚀、老化、第三方破坏等原因导致泄漏事故时常发生，不仅造成了水资源的极大浪费，同时也可能引起水资源污染、结构坍塌、有毒气体排放、可燃气体爆炸等事故的发生。2020年，国家提出全国公共供水管网漏损率要求控制在10%以内，

---

① Trudel M R. A Mathematical Model for Winter Maintenance Operations Management [J]. University of Waterloo, 2005.
② Dong Yiqun, Ai Jianliang.Research on Inflight Parameter Identification and Icing Location Detection of the Aircraft [J]. Aerospace Science and Technology, 2013, 29 (1): 305-312.
③ 冯金龙. 高速公路路面结冰检测系统的研究 [D]. 南京：南京信息工程大学，2011.
④ 李凌雁. 非接触式结冰探测系统设计与试验研究 [D]. 武汉：华中科技大学，2011.
⑤ Luo Yi, Shi Yunbo,Shang Chunxue, et al. Research of High Altitude Meteorological Detection System based on GPRS/GPS [J]. International Journal of Advancements in Computing Technology, 2012, 04 (22): 616-624.
⑥ Al-Harbi M,Yassin M F, Shams M B.Stochastic Modeling of the Impact of Meteorological Conditions on Road Traffic Accidents [J]. Stochastic Environ-mental Research and Risk Assessment, 2012, 26 (5): 739-750.
⑦ 张庆阳. 日本气象防灾减灾面面观 [J]. 防灾博览，2014（2）：54-58.

城市供水是城市发展的"血液",安全可靠的供水系统不仅是水资源合理配置的重要环节,也是城市赖以生存的生命线系统,不仅满足人们的饮用和日常使用,还须满足消防及各种危机处置的需要。近年来,随着越来越多的公共供水系统事故的发生,供水安全已引起社会及国家有关部门的重视,因此建立能及时反馈水系统状态的监测体系,成为保障供水安全及高效合理利用的重要途径。

在供水系统安全监测预警系统建设方面,吕谋等(2005)提出供水系统安全监测预警系统由一系列设立于管网中的监测站点组成,通过在线监测设备实时监测管网中的各项参数,进行实行分析、评价,预报不正常状况的时空范围和危害程度,按需要适时地给出警戒信息[1]。

在监测点的优化布置研究方面,理论上供水系统中所有节点(水源、水池、用户)都应当监控,但是费用太高,实际无法实现,应设法用最少的监测点来覆盖最大范围的管网。Lee和Deininger(1992)在稳态流的基础上,提出了一种解决方法,该方法的目标是分配监测点使其能够提供供水系统水质状态的详细信息[2]。Avner Kessler(1998)提出了"g体积服务水平"的概念,使用最短路径法断定污染范围,用最小覆盖集合算法选择监测站点[3]。Arun Kumar(1999)提出用"t小时服务水平"来代替"q体积服务水平",该方法能简化程序,不需要计算污染体积,拓宽探测污染节点的范围且易于理解和应用[4]。

3.2.1.5 排水管网监测预警技术发展概况

排水管网用于收集、运输和处理城市废水和雨水,城市排水管网系统是一个由检查井、地下输污管网以及大小泵站组成的局域系统,负责收集、输送各类用户排放的污废水和部分天然降水。随着城市化进程加快,人民生活水平的不断提高,生活污水的排放量也随之增加,排水系统普遍存在管网老化严重、设施不完善、控制方式落后等问题,经常因为排放能力不足而导致污水溢出事故,例如高地下水水位地区管道破损导致大量外水入渗,降低了雨污水管道的输送能力,加剧了城市内涝和污水厂雨天溢流;低地下水水位地区管道破损则造成污水外渗,污染地下水。

排水管网是城市生命线中排水系统的重要组成部分,建立一个高效的排水管网监测系统,不仅有助于保护居民的生活环境,而且还是城市基础设施生命线安全工程建设的重要目标之一。近年来,国内外学者开始对城市排水管网系统建模及智慧运维技术进行深入研究,以提升排水管网运行效率,减少城市环境污染。

---

[1] 吕谋,裴巧俊,李乃虎,等. 浅谈城市供水安全性. 青岛建筑工程学院学报,2005,26(1):1-4.
[2] Lee B H, Deininger R A. Optimal Locations of Monitoring Stations in Water Distribution System [J]. Journal of Environmental Engineering, 1992, 118 (1): 4-16.
[3] Kessler A, Ostfeld A, Sinia G. Detecting Accidental Contaminations in Municipal Water Networks [J]. Journal of Water Resources Planning and Management, 1998, 124 (4): 192-198.
[4] Kumar A, Kansal M L, Arora G. Detecting Accidental Contaminations in Municipal Water Networks [J]. Journal of Water Resources Planning and Management, 1999, 125 (5).

在排水管网水力学建模方面，国外较早地开始了对排水管网水力学机理模型的研究。1971年，美国环保署出资研发了SWMM模型，这是最早出现的功能较为全面的水文水力模型，随后陆续出现了许多优秀的管网模型[1]。例如沃林福特软件公司研发的Info Works CS模型；德国水文科学技术研究所研发的HYSTEM–EXTRAN模型；美国工程师协会研发的STORM模型；丹麦水力学研究所研发的MOUSE模型。而国内在这方面的起步较晚，岑国平等（1993）研发了国内第一个较完整的管网模型——城市雨水管道计算模型（SSCM），该模型主要用于雨水管网的规划与设计。周玉文等（2001）研发了雨水径流模型（CSYJM），可以用雨水管道的设计、模拟及分析。北京清华研究所（2008）开发了数字排水平台（Digital Water），该平台把GIS软件的在线分析功能与管网模型的模拟计算功能相结合，形成了我国的排水系统数字化管理平台。这些研究极大地推动了我国排水管网机理模型的发展，但是目前国内的管网模型功能不够全面，而且目前国内大部分地区排水管网数字化建设仍处于起步阶段[2]，与国外相比仍有差距，需要进行更加深入的研究。

在排水管网运行监测模型研究方面，郭效琛（2018）等提出了今后排水管网监测点优化布置的可行思路，包括使用模型模拟技术、强化自动识别技术、对监测方案进行定量化评估等，通过对城市排水管网系统中历史运行数据的相关性进行分析建立对应模型[3]。陈小龙（2022）等利用排水管网的各种历史数据进行建模分析，结合在线监测和水质检测技术，开展城镇排水管网分区诊断工作，全面掌握排水管网系统的排放规律和水质状况，具有建模时间短、输入参数少、结构简单等优点[4]。

3.2.1.6　燃气管网监测预警技术发展概况

地下燃气管网作为城市能源供应的重要载体，其安全运行对于保障能源供应、减少环境污染以及提高人民生活质量具有重要意义。然而，由于地下燃气管网布设复杂、运行环境恶劣等因素，管网事故时有发生，严重威胁着公众安全和社会稳定。我国城市燃气管网工程体量巨大，且逐年快速增加，燃气管网爆燃事故除造成重大人员伤亡和经济损失外，还导致城市运行瘫痪，城市燃气安全事故已成为我国继交通事故、工伤事故之后的第三大"杀手"，燃气管网安全监测刻不容缓。

早在1930年，日本科学家就研制出了世界上第一台燃气泄漏检测仪器，其原理是光通过气体介质，折射率会发生变化，这一现象与气体密度紧密相关。20世纪80年代，光纤吸收法

---

[1] 陈兆丰，万锦珍，颜作涛，等. 基于物联网技术的在线排水管网监测系统[J]. 物联网技术，2022，12（5）：34-36.
[2] 凌勇. 基于物联网的城市排水管网在线监测系统的设计与实现[D]. 济南：山东大学，2013.
[3] 郭效琛，李萌，赵冬泉，等. 城市排水管网监测点优化布置的研究与进展[J]. 中国供水排水，2018，34（4）：26-31.
[4] 陈小龙，李心梅，余黎，等. 城镇排水管网分区监测诊断方法与应用[J]. 中国供水排水，2022，38（10）：40-45.

甲烷检测仪是应用最普遍的检测仪器，其利用长距离光纤对甲烷进行在线检测。T.Nakaya等于2000年以波长为1.66×10^{-12}m的激光器为光源，对空气中甲烷体积分数进行了较为全面和精确的检测。

21世纪，随着科技的进步，智能化检测仪器逐渐在行业内占据重要位置，目前已出现多种流体管网泄漏检测定位方法，如流量平衡法[1]、瞬态模型估计法[2~4]、负压力波法[5,6]、光纤检漏法[7,8]等，每种方法均具有各自的优势和不足。其中，流量平衡法只能用于管道泄漏检测，无法确定泄漏点的位置；瞬态模型估计法需要对流体管网进行复杂的数学建模，运算量大、运行时间长，不适用于复杂管网的泄漏定位；负压力波法在长输石油管道泄漏定位中广泛应用，但是对微小泄漏量和缓慢泄漏的检测漏报率高，抗工况干扰能力不强，不适用于工况复杂的城市管网的泄漏定位，且由于气体具有可压缩性，泄漏引起的负压力波信号微弱，在输气管网泄漏定位中存在局限性；光纤检漏法具有定位准确、灵敏度高、可检测微小泄漏等优势，适合新建管道的泄漏定位，但对已建好的在役管网存在较大局限性[9]。

声发射技术作为一种实时在线的无损检测方法在流体管网泄漏定位中发挥着日益重要的作用，可用于气体、液体及气液两相管道，既适用于长输管道也适用于流体管网，尤其在复杂管网结构的微小泄漏定位中具有独特的优势。声发射技术在流体燃气管网泄漏检测定位中的应用也日益受到人们的关注[10~12]。杨进等（2013）提出了一种基于自相关分析和近似熵的供

---

[1] Leucci A C P. Time Domain Reflectometry, Ground Penetrating Radar and Electrical Resistivity Tomography: A Comparative Analysis of Alternative Approaches for Leak Detection in Underground Pipes [J]. NDT & E International: Independent Nondestructive Testing and Evaluation, 2014, 62: 14-28.

[2] Fan C, Sun F, Yang L. Investigation on Nondestructive Evaluation of Pipelines using Infrared Thermography [J]. IEEE, 2005.

[3] 陈东，刘文清，张玉钧，等. 可调谐半导体激光光谱火灾气体探测系统 [J]. 中国激光, 2006 (11): 1552-1556.

[4] 周琰，诸葛晶昌，封皓，等. 分布式光纤管道泄漏检测及预警技术研究 [J]. 仪器仪表学报, 2008 (8): 1588-1592.

[5] 陈悦，吕琛，王桂增. 基于SCADA的输油管网泄漏监测系统 [J]. 自动化仪表, 2003 (9): 7-10.

[6] Zhang L B, Qin X Y, Wang Z H, et al. Designing a Reliable Leak Detection System for West Products Pipeline [J]. Journal of Loss Prevention in the Process Industries, 2009, 22 (6): 981-989.

[7] 靳世久，王立宁，李健. 瞬态负压波结构模式识别法原油管道泄漏检测技术 [J]. 电子测量与仪器学报, 1998 (1): 59-64.

[8] Ni L, Jiang J, Pan Y. Leak Location of Pipelines based on Transient Model and PSO-SVM [J]. Journal of Loss Prevention in the Process Industries, 2013, 26 (6): 1085-1093.

[9] Fuchs H V, Riehle R. Ten Years of Experience with Leak Detection by Acoustic Signal Analysis [J]. Applied Acoustics, 1991, 33(1):1-19.

[10] Miller R K, Pollock A A, Watts D J, et al. A Reference Standard for the Development of Acoustic Emission Pipeline Leak Detection Techniques [J]. Ndt & E International, 1999, 32(1):1-8.

[11] 华科，叶昊，王桂增，等. 基于声波的输气管道泄漏检测与定位技术 [J]. 华中科技大学学报（自然科学版）, 2009, 37 (S1): 181-183.

[12] 刘翠伟，李玉星，王武昌，等. 输气管道声波法泄漏检测技术的理论与实验研究 [J]. 声学学报, 2013 (3): 372-381.

水管道泄漏辨识方法，该方法可以有效区分供水管道泄漏声发射信号和固定噪声干扰源[1]。叶昊等（2012）提出了一种基于Wigner-Ville分布的气体管道泄漏声信号辨识方法，该方法可用于长距离低信噪比的泄漏声信号检测[2]。徐晴晴等（2013）提出了一种小波包变换与模糊支持向量机相结合的气体管道泄漏声信号辨识方法，并利用现场测试证实了该方法的有效性[3]。

3.2.1.7 电力系统监测预警技术发展概况

电力系统作为国家的基础产业之一，如果任何环节出现问题，都会对整个国家的经济和社会发展产生巨大的影响。因此，电力系统安全监测与预警技术，是非常重要的一个研究方向。随着科技的进步和电力需求的增长，电力系统承载的负荷也越来越重，对于其安全性的要求也越来越高。电力设备在运行过程中存在各种潜在的故障隐患，如过载、短路、电弧等。这些故障不仅可能导致设备的损坏，还有可能引发火灾、停电等安全事故。如何利用现代的技术手段监测和预测电力系统存在的安全隐患，是一个非常重要的问题。

电力系统监控技术的研究和应用已经有70多年的历史。20世纪50年代，对电力系统的监控主要是模拟式监控，它将遥测装置与遥信、遥控分开，远动装置使用的元器件主要是电子管、电磁继电器和继续式步进选线器等，工作速度低、容量小、维护工作量大、可靠性差。20世纪70年代后期，工程人员在数字式综合远动装置的基础上研制出可编程的远动装置，具有适应性强、扩展方便等优点。进入21世纪以来，随着计算机技术、通信技术和人工智能技术的快速发展，智能电力监控系统在电力行业及其他相关行业得到了越来越广泛的应用。

美国PJM、加拿大BC输电公司在2003年美国、加拿大停电后，在在线安全稳定分析与控制决策技术方面取得可观成果[4]；薛禹胜（2006）从电网综合防御框架的构成、统一数据平台的整合方面介绍了相关研究成果[5,6]；李碧君等（2012）介绍了具有智能化特征的安全稳定分析和控制决策技术在电网运行管理中的应用[7]；2016年，肖盛设计了智能电网在线安全稳定预警系统[8]，从实时数据生成、安全稳定预警与辅助决策三个层面来研究在线安全稳定预

---

[1] Yang J, Wen Y M, Li P, et al. Study on an Improved Acoustic Leak Detection Method for Water Distribution Systems [J]. Urban Water J, 2013, 10 (2): 71-84.

[2] Zhai S C, Yang F, Yang H Y, et al. Leak Detection of Gas Pipelines based on Wigner Distribution [J]. Asia-Pac J Chem Eng, 2012, 7(5): 670-677.

[3] Xu Q Q, Zhang L B, Liang W. Acoustic Detection Technology for Gas Pipeline Leakage [J]. Process Safety and Environmental Protection, 2013, 91(4): 253-261.

[4] 国家电力调度控制中心. 大电网在线分析理论及应用 [M]. 北京：中国电力出版社，2014.

[5] 薛禹胜. 时空协调的大停电防御框架：（一）从孤立防线到综合防御 [J]. 电力系统自动化，2006，30（1）：8-16.

[6] 薛禹胜. 时空协调的大停电防御框架：（二）广域信息、在线量化分析和自适应优化控制 [J]. 电力系统自动化，2006，30（2）：1-10.

[7] 李碧君，徐泰山，鲍颜红，等. 具有智能化特征的安全稳定分析与控制决策技术 [J]. 电网与清洁能源，2012，28（6）：55-60.

[8] 肖盛，王斐，唐玮，等. 智能电网在线安全稳定预警系统研究及应用 [J]. 电网与清洁能源，2016，32（8）：23-28.

警系统的功能构建与应用模式。

在电力调度系统时空故障样本数据处理方面,赵嘉承(2017)通过采集电力内外部数据,通过智能信息融合等技术,实现数据跨界融合,挖掘电力大数据潜在价值[①]。王建树(2021)提出基于异常数据溢出的电力调度系统监测预警方法,并构建预警模型,完成电力调度系统监测预警[②]。

3.2.2　中铁国际生态城城市生命线工程现状

中铁国际生态城位于贵州省黔南州龙里县贵龙城市经济带和贵州双龙航空港经济区的核心区域,东侧为贵龙纵线,南侧为夏蓉高速,西侧为贵阳市环城高速公路,北侧为G210国道(建设大道)等城市主干道。占地面积约30000亩,其中经营性建设用地17397亩,总投资约505亿元,定位为一座集旅游、体育、休闲、康养、商业购物、教育培训、中高端住宅等"旅、居、业"一体化发展的综合生态新城,规划居住人口20万人。

目前中铁国际生态城已完成交通、通信、水电气综合管网等基础配套设施建设,安纳塔拉酒店、国家"AAAA"级景区巫山峡谷公园、民族风情小镇、生态体育公园、双龙外国语学校、摩都娱购公园等主要业态已建成并投入运营。白晶谷、太阳谷、云栖谷、悦龙国际新城和巫山峡谷旅游风景带"三谷一城一带"的总规划布局基本成型,居住和就业常住人口已超过4万人。中铁国际生态城实景图如图3.2-1所示。

图3.2-1　中铁国际生态城实景图

---

① 赵嘉承,林仁,王黎明. 基于大数据融合的电力安全智能监测与预警平台应用研究[J]. 电脑知识与技术,2017,13(33):258-261.
② 王建树,王亚强,孟荣,等. 基于异常数据溢出的电力调度系统监测预警的研究[J]. 电子设计工程,2021,29(10):105-110.

3.2.2.1 边坡安全现状

1. 边坡概况

中铁国际生态城区域位于华南褶皱带与扬子准地台的过渡带,其构造线方向受江南地轴控制,山脉走向与构造线基本一致,褶皱、断裂构造发育,断裂以北东—南西及近东西向断裂发育为主,下伏基岩为二叠、三叠系碳酸盐岩系;场区地层产状为:倾向90°~310°,倾角3°~26°。受断裂构造影响,岩体微裂隙发育,泥质、方解石脉、晶体充填,局部岩体较破碎。建设区内基岩受区域褶皱构造和断层构造影响,节理裂隙发育,大多无黏土充填;岩石被切割成不规则块体,岩石较破碎。建设区内地质构造复杂。区域内抗震设防烈度为6度,地震峰值加速度0.05g,反应谱特征周期0.35s。

边坡大部分布于道路两侧,其中以贵龙大道和中铁大道两侧边坡最多,小部分边坡分布于小区内部,靠近建筑物,或建筑物建于边坡顶部。经过踏勘,选取12座具有典型代表的边坡进行现场勘察,试点边坡基本情况如表3.2-1所示,试点边坡具体位置分布如图3.2-2所示。

试点边坡基本情况　　　　　表3.2-1

序号	边坡名称	边坡长度(m)	边坡类型	边坡高度(m)	是否作为监测实施试点
1	贵龙大道与白晶二路交叉口左侧挖方边坡	500	岩质	35	是
2	贵龙大道王关立交右侧挖方边坡	350	岩质	30	否
3	中铁大道与悦龙三路交叉口右侧挖方边坡	200	岩质	35~40	否
4	干沟大桥右侧挖方边坡	300	岩质	25	否
5	中铁大道与滨翠路交叉口右侧挖方边坡	300	岩质	30~35	是
6	中铁大道滨翠路与碧翠路中段右侧挖方边坡	100	岩质	15	否
7	碧翠路尽头小区填方边坡	350	填方	25~30	是
8	太阳谷山体公园挖方边坡	500	岩质	40~45	否
9	中铁大道维也纳酒店背后挖方边坡	75	岩质	40~45	是
10	白晶环线西段右侧挖方边坡1	50	岩质	35~40	是
11	白晶环线西段右侧挖方边坡2	150	岩质	20~25	否
12	凝翠路右侧挖方边坡	200	岩质	20~25	是

2. 边坡安全现状概况

1)边坡安全现状分析内容

对中铁国际生态城12处边坡具体安全现状分析内容包括:边坡项目和建设进展情况、边坡工程地质条件调查、边坡支护结构调查、边坡病害情况调查等。下面以贵龙大道与白晶二路交叉口左侧挖方边坡为例对边坡运行现状进行阐述。

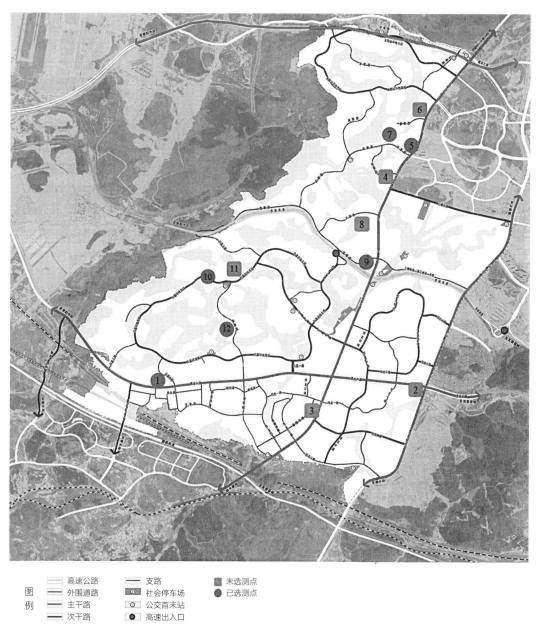

图3.2-2 试点边坡具体位置分布

2)贵龙大道与白晶二路交叉口左侧挖方边坡安全现状

该段边坡长约500m,最大坡高约35m,为4级边坡,边坡坡率1:0.75~1:0.5。边坡岩体主要为中风化—强风化灰岩,泥质填充,节理裂隙发育,岩体较破碎。边坡岩层近水平向,为顺层向坡,地下水不发育,局部有地下水渗出,局部有岩土体溜塌。边坡坡脚紧邻贵龙大道,边坡尾端接白晶二路和贵龙大道调转车道,坡体上部为中铁国际生态城建筑群。

图3.2-3 边坡全貌实景图

坡体支护结构共可划分为三段：第一段长约150m，坡面采用挂网喷播植草的方式加固坡面；第二段长约200m，一级边坡采用矮挡墙（1m）和浆砌片石护面墙（1.5m），二、三级采用边坡植草的方式加固坡面，植草采用在挡墙外侧设置悬空植草沟的方式种植爬藤；第三段长约150m，采用挂网喷播植草的方式加固坡面，坡脚设有排水沟，局部有淤堵。边坡全貌实景图如图3.2-3所示。

3）现状分析及改进措施

未发现该段边坡存在影响结构安全的病害（如坡体开裂、大面积滑塌或大面积渗水等），该段边坡目前处于基本稳定状态，但该段边坡为缓倾顺层边坡且坡顶有建筑群，坡体结构易受水影响。边坡坡脚紧邻贵龙大道，该道路车流量大，且旁边有加油站、边坡等重要构筑物分布，一旦发生滑塌，后果严重。

因此，将该段边坡列为城市生命线工程监测实施点，监测深部位移、拉线位移、地表位移、倾角仪等数据，并实现预警、信息可视化展示、定期巡检养护等功能。

3.2.2.2 桥梁安全现状

1. 桥梁概况

中铁国际生态城内目前共设有桥梁13座，其中大桥3座，中桥5座，无小桥，人行天桥5座。大部分桥梁都是为实现道路之间立体交叉而设置，除了滨翠路拱桥是位于连接太阳谷的支线上,其他所有桥梁都是位于贵龙大道和中铁大道两条主干道上。共有2座特殊结构桥梁,均为跨沟谷而设置,一座是干沟大桥(主桥为预应力混凝土单塔扇形双索面矮塔斜拉桥),另一座是滨翠路拱桥(3跨实腹式拱桥),其他跨线桥均为梁板式。5座人行天桥的设置是考虑到随着中铁国际生态城的开发建设,入住率的不断提升,两条主干道贵龙大道和中铁大道人行交通系统的矛盾日益突出,为满足人行过街需求,而在商圈或人流量大的位置增设的立体过街设施。

2. 桥梁安全现状概况

1)桥梁安全现状分析内容

对中铁国际生态城桥梁的具体安全现状分析内容包括:桥梁建设概况、桥梁当前现状及病害情况、桥梁运行过程中发生事故情况、桥梁设施维护、安全管理和运营情况等。以干沟大桥为例,对桥梁运行现状进行阐述。

2)干沟大桥安全现状

干沟大桥为设置于中铁大道上的一座桥梁,位于龙里县谷脚镇,是中铁大道上的关键控制性工程,是贵龙大道至建设大道的重要连接线,打通了贵龙大道与建设大道连接线的交通瓶颈,桥梁的建成使中铁国际生态城至贵阳龙洞堡机场距离从15km缩短为4.6km。

干沟大桥是目前国内最大的"芦笙"造型斜拉桥,因此又名"芦笙大桥",横跨了"AAAA"级国家景区巫山大峡谷,全桥长285m(97.5m+97.5m+3×30m),共计6个墩台,其中主桥为独塔矮塔式双面斜拉索桥,桥长195m;引桥为等高度预应力混凝土连续箱梁,桥长90m。桥面宽25m,设置有车行道和人行道。主桥主梁采用变高度预应力混凝土箱梁,整幅布置,桥面总宽25m,单箱三室斜腹板截面。干沟大桥设计技术指标如表3.2-2所示,干沟大桥全貌实景图如图3.2-4所示。

干沟大桥设计技术指标　　　　表3.2-2

设计速度	60km/h	汽车荷载等级	城-A级	设计基准期	100年
设计安全等级	一级	抗震设防烈度	6度	耐久性设计环境类别	I类
车行道数量	双向四车道	车道宽度	单车道3.5m	人行道宽度	单侧3m
支座形式	盆式支座		伸缩缝形式		梳齿型伸缩缝
桥面宽度	桥面宽25m,其横向布置为:3m(人行道)+0.5m(路缘带)+7m(车行道)+0.5m(路缘带)+0.5m(防撞护栏)+2m(分隔带)+0.5m(防撞护栏)+0.5m(路缘带)+7m(车行道)+0.5m(路缘带)+3m(人行道)				

桥梁各部位运行情况如下:

(1)桥面系:

桥面车行道采用沥青混凝土铺装,桥面平顺且没有坑洼、积水现象,人行道块件无网裂、塌陷和残缺。

桥头平顺,两侧均未发现沉降现象,伸缩缝处无异响、无堵塞。桥面排水系统采用泄水

图3.2-4 干沟大桥全貌实景图

孔和桥面纵坡排水,桥面无积水,排水孔和排水管无阻塞,排水功能正常。机动车道护栏整体情况良好,无露筋锈蚀和松动错位。人行道护栏笔直挺立,线形流畅,焊缝饱满,古铜色防锈油漆涂刷精细,防护栏杆横竖间距匀称,每隔2.95m焊接有铸铁花板。

(2)上部结构:

主塔斜拉索整体状况良好,无锈蚀和渗水等,拉索梁底锚固端整体良好,锚头无损坏,主梁整体状况良好,无结构裂缝和渗水,无混凝土剥落和露筋锈蚀、无混凝土裂缝和蜂窝麻面,无涂层缺陷和剥落掉角。支座整体状况良好,无老化变质和开裂,无窜动和脱空等。

(3)下部结构:

桥墩台帽处整体完好,无结构裂缝、混凝土剥离或成块脱落等,桥墩整体情况良好,无裂缝、漏筋锈蚀、混凝土剥落等。

3)现状分析及改进措施

干沟大桥局部存在的病害问题包括:1号桥墩墩帽西侧有轻微渗水痕迹;沥青混凝土路面与人行道路缘石相接部位局部稍粗糙。

桥梁在运行过程中仅开展日常养护,包括基本的小修和日常保养、清洁维护工作。

综上所述,干沟大桥通车时间不长,结构状态良好,但是干沟大桥位于主干道中铁大道上,是中铁国际生态城基础道路设施的重点控制性工程,也是中铁国际生态城唯一的特殊结构的大桥,其对于中铁国际生态城的战略地位影响很大,尤其是后续太阳谷片区的陆续开发完成,必将带动下一轮经济的发展,交通流量届时也会大量增长,干沟大桥承担的交通运输任务较重。

因此，将干沟大桥纳入城市生命线工程监测实施点，监测深部位移、GPS、拉线位移、地下水等数据，并实现预警、信息可视化展示、定期巡检养护、桥梁状态评估等功能。

3.2.2.3 路面凝冰安全现状

1. 交通路网结构概况

中铁国际生态城区域内共有道路40条，其道路基本情况如表3.2-3所示。路网总体布局结构为"一横二纵三环"。"一横"指东西向的城市主干道，即贵龙大道；"二纵"指南北向的城市主干道，即中铁大道和万豪大道；"三环"指白晶谷、太阳谷和悦龙国际新城内的环状城市次干道，即白晶环线、太阳谷环线和悦龙环线。道路等级分为三个等级：主干路、次干路和支路，主干路宽度26~60m；次干路宽度18~30m；24m和30m的景观道路宽度按实际情况而定；支路红线宽度8~20m。

中铁国际生态城道路基本情况　　　　表3.2-3

序号	道路名称	道路等级	起点	终点	长度（km）	道路走向
1	贵龙大道	主干路	规划范围	万豪大道	5.371	东西
2	中铁大道	主干路	规划范围	沐翠路	2.524	南北
		主干路	沐翠路	贵龙大道	4.216	南北
		主干路	贵龙大道	凝翠路	1.563	南北
3	万豪大道	主干路	云栖北路	规划范围	2.705	南北
4	白晶谷环线	次干路	—	—	7.413	—
5	太阳谷环线	次干路	—	—	4.589	—
6	白晶中路	次干路	白晶谷环线	中铁大道	1.819	东西
7	悦龙二路	次干路	中铁大道	规划范围	1.422	东西
8	云栖北路	次干路	中铁大道	万豪大道	1.856	东西
9	悦龙中路	次干路	中铁大道	悦龙三路	2.066	南北
10	夏容联络线	次干路	贵龙大道	规划范围	0.245	南北
11	白晶六路	次干路	逸翠路	白晶环线	0.575	南北
12	白晶一路	次干路	白净环线	贵龙大道	0.169	南北
13	悦龙环线	次干路	—	—	3.258	—
14	悦龙七路	次干路	悦龙环线	万豪大道	0.461	东西
15	悦龙六路	次干路	悦龙环线	万豪大道	0.226	东西
16	双龙南路	次干路	贵龙一号纵线	中铁大道南延线	1.924	东西
17	凝翠路	支路	白晶谷环线	中铁大道	2.910	南北
18	逸翠路	支路	规划范围	中铁大道	2.503	东西
19	云栖南路	支路	中铁大道	万豪大道	1.419	东西
20	滨翠路	支路	逸翠路	中铁大道	2.110	东西

续表

序号	道路名称	道路等级	起点	终点	长度（km）	道路走向
21	金翠路	支路	规划范围	太阳谷环线	1.556	东西
22	碧翠路	支路	—	中铁大道	0.435	东西
23	拾翠路	支路	滨翠路	中铁大道	0.805	东西
24	沐翠路	支路	逸翠路	中铁大道	0.992	东西
25	龙港路	支路	夏容联络线	凝萃路	1.712	东西
26	新苑路	支路	新苑西路	悦龙四路	0.755	东西
27	悦龙一路	支路	悦龙四路	中铁大道	0.828	东西
		支路	中铁大道	贵龙大道	1.346	东西
28	悦龙三路	支路	悦龙一路	规划范围	2.008	东西
29	白晶五路	支路	规划范围	白晶环线	1.020	东西
30	玉翠路	支路	规划范围	太阳谷环线	0.703	南北
31	滴翠路	支路	太阳谷环线	滨翠路	1.202	南北
32	白晶二路	支路	白晶环线	贵龙大道	0.552	南北
33	白晶三路	支路	白晶环线	贵龙大道	0.598	南北
34	白晶四路	支路	白晶环线	贵龙大道	0.998	南北
35	新苑西路	支路	贵龙大道	龙港路	0.355	南北
36	悦龙五路	支路	贵龙大道	悦龙一路	0.305	南北
37	悦龙四路	支路	贵龙大道	中铁大道	1.154	南北
38	贵龙路	支路	支路	支路	0.655	东西
39	溪园西路	支路	悦龙三路	溪园东路	0.717	南北
40	溪园东路	支路	凝翠路	悦龙一路	1.101	东西

2. 路面凝冰安全现状概况

1）路面凝冰安全现状分析内容

对中铁国际生态城路面凝冰的具体安全现状分析内容包括：路面凝冰易发时段、路面凝冰易发位置、路面凝冰导致的事故情况、路面凝冰的除冰及管控措施等。

2）路面凝冰安全现状

根据近几年的凝冰记录，可知凝冻、冻雨多发于每年的12月至次年2月，路面凝冰易发位置为道路的一些特殊路段，例如桥梁路段（桥梁桥面铺装温度通常低于常规路面2~3℃，这会加快桥面凝冰产生的速度，因此比常规道路更易产生凝冰危害）、长下坡、陡坡急弯路段（处于较为不利的地理条件，路线指标较低）。近年来，由于路面凝冰导致了一些较小的交通事故。

3）现状分析及改进措施

综上所述，生态城全区域均为冬季易凝冰凝冻区域，考虑到贵龙大道和中铁大道车流量较大，桥梁分布集中，且存在一些道路线形较差的区域路段，道路凝冰灾害可能诱发交通事故，带来严重后果。此外，白晶环线虽然为支线，但其周边分布组团较多，这些组团入住率较高，交通需求较高。

因此，将贵龙大道、中铁大道和白晶环线纳入城市生命线工程监测实施点，监测路面温度、路面状况、水膜、冰点的温度、化学剂浓度等数据，并实现预警、信息可视化展示等功能。

3.2.2.4 供水管网安全运行现状

1. 供水管网概况

中铁国际生态城供水管网分布较为密集，规划有三处水源，远期接西南处的贵阳水厂，东南处接笋子塘水厂，这两处水源连接有600mm的供水管道；北接中铁大道市政供水管，主要管道直径为400mm。生态城西南处设有高位水池进行储水，储水体积4200m^3。有两个已经建成的污水处理厂，分别是谷脚污水处理厂和谷远污水处理厂，已经规划而未建的是生态城南部污水处理厂。生态城中北部设有再生水池，储水体积为5000m^3，中水管道连接几大污水站，由北部贯穿到西南，中水管径于再生水池附近为300mm，依距离由250mm到200mm变化。日常用供水管管径普遍为200mm和250mm。一级主管网以中铁大道为主，片区管网及与中铁大道主管接驳的其他道路供水管、三级管网为各条道路给组团预留的供水接驳点。

2. 供水管网安全运行现状概况

1) 供水管网安全运行现状分析内容

对生态城全域供水管网具体安全运行现状分析内容包括：供水管网建设概况、供水管网的位置、中水管网的位置、供水管网的设施维护、安全管理和运营情况、实现远程抄表等智能功能具备的条件及相关措施。下面以白晶谷M、L、B区及太阳谷7组团为例，对供水管网运行现状进行阐述。

2) 白晶谷M、L、B区及太阳谷7组团安全运行现状

白晶谷M、L、B区及太阳谷7组团四个区域供水管网基本情况如表3.2-4所示。四个区域在中铁国际生态城内的具体位置分布及供水管网图见图3.2-5。

供水管网基本情况　　　　表3.2-4

序号	区域名称	供水管管径（mm）	中水管管径（mm）	水表类型	水表可测数据		是否实现远程抄表	是否具备远程抄表条件
					水量	水压		
1	白晶谷M区	250	200	老式水表	√		×	√
2	白晶谷L区	250	200	老式水表	√		×	√
3	白晶谷B区	250	200	老式水表	√		×	√
4	太阳谷7组团	200	无	新式水表	√	√	√	√

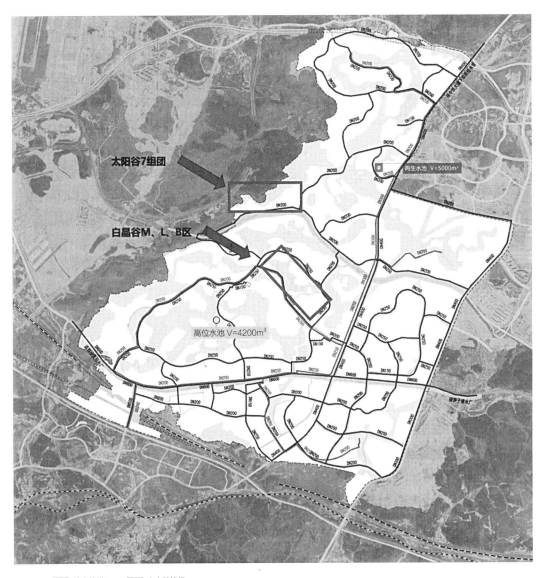

图3.2-5　四个区域在中铁国际生态城内的具体位置分布及供水管网图

(1) 白晶谷M、L、B区供水管网安全运行现状：

白晶谷M、L、B三区位于白晶环线东段与白晶中路所围成的封闭区域之中。两条道路上一级主管网以中铁大道为主，片区管网及与中铁大道主管接驳的其他道路供水管（这里为白晶环线东段与白晶中路）、三级管网为两条道路给组团预留的供水接驳点。

未发现供水管网整体存在影响结构安全的病害（如管道严重破裂、接口严重渗漏或水管坡度严重不足等），但是供水管网附属设施和外观存在潜在问题包括：部分管道少量泄漏、部分管道老化、部分管道堵塞、水表陈旧、水表表面积灰。区域水表情况如图3.2-6所示。

（2）太阳谷7组团供水管网安全运行现状：

太阳谷7组团幼儿园位于逸翠路和滨翠路相交处，两条道路上一级主管网以中铁大道为主，片区管网及与中铁大道主管接驳的其他道路供水管（这里为逸翠路和滨翠路）、三级管网为两条道路给组团预留的供水接驳点。

太阳谷7组团只有东侧逸翠路和滨翠路有供水管网（管径为200mm），且均不存在中水管道。

未发现供水管网整体存在影响结构安全的病害（如管道严重破裂、接口严重渗漏或水管坡度严重不足等），但是供水管网附属设施和外观存在问题如下：部分管道少量泄漏、部分管道老化、管道堵塞。区域水表情况如图3.2-7所示。

以太阳谷7组团为例的部分区域，均已采用了新式的NB-IoT水表，水表附件布设有集采器，负责将水表数据远程传输到总台进行实时计算与监测，且区域4G信号全覆盖，水表信号搜集能力较强。

3）现状分析及改进措施

（1）白晶谷M、L、B区供水管网安全运行现状及监测实施点位选择：

未发现供水管网整体存在影响结构安全的病害（如管道严重破裂、接口严重渗漏或水管坡度严重不足等）。管网运行过程中也未发生影响结构安全或使用性能的事故，说明本管网总体处于安全的状态。

管网当前病害情况主要为管网附属设施和外观的问题，例如轻微泄漏、管道老化、管道堵塞、水表陈旧等。

管网分布区域的无线信号类型，满足NB-IoT、4G或者5G信号的传输，且管道及水表无严重故障，可以依靠后期升级实现远程抄表等功能。

图3.2-6　区域水表情况

图3.2-7　区域水表情况

(2)太阳谷7组团供水管网安全运行现状及监测实施点位选择：

并未发现供水管网整体存在影响结构安全的病害（如管道严重破裂、接口严重渗漏或水管坡度严重不足等）。管网运行过程中也未发生影响结构安全或使用性能的事故，说明本管网总体处于安全的状态。

管网当前病害情况主要为管网附属设施和外观的问题，例如轻微泄漏、管道老化、管道堵塞等。

现场管网分布区域的无线信号类型，满足NB-IoT、4G或者5G信号的传输，且管道及水表无严重故障，区域内已配备有NB-IoT新式水表，较白晶谷M、L、B等区能更便捷地搭建供水管网监测预警系统，实现远程抄表、实时监测、及时维护等功能。

因此，将白晶谷M、L、B区域及太阳谷7组团纳入城市生命线工程监测实施点，监测液位、流量、水质、压力等数据，并实现预警、信息可视化展示、漏损计算等功能。

3.2.2.5 排水管网安全运行现状

1. 排水管网概况

中铁国际生态城排水管网分布较为密集，有两个已经建成的污水处理厂，分别是谷脚污水处理厂和谷远污水处理厂，已经规划而未建的是生态城南部污水处理厂，其中谷脚污水处理厂位于生态城的中北部，日污水处理量约为5000t，远期建造目标为日处理量约为10000t，谷远污水处理厂位于生态城的西南部，日污水处理能力与谷脚污水处理厂相同。未建的生态城南部污水处理厂位于南部，规划按照谷脚污水处理厂同等污水处理规模建造。

中铁国际生态城13座典型排水管网污水处理站基本情况如表3.2-5所示。污水管管径400mm，由各个污水提升站提升至对应的污水处理厂内处理。

排水管网污水处理站基本情况　　　　表3.2-5

序号	污水提升名称	污水提升能力（t/d）	对应污水处理厂	污水管管径（mm）
1	太阳谷东侧片区污水提升站	—	谷脚污水处理厂	DN300
2	太阳谷环线K2+480污水提升（12号站）	1680	谷脚污水处理厂	DN200
3	太阳谷环线K1+470污水提升（11号站）	1680	谷脚污水处理厂	DN200
4	碧翠路污水提升站（7号站）	3094	谷脚污水处理厂	DN160
5	白晶中路延长线污水提升（5号站）	1700	谷脚污水处理厂	DN200
6	双龙镇污水提升站（6号站）	—	谷脚污水处理厂	DN200
7	白晶环线K2+240污水提升站（4号站）	400	谷脚污水处理厂	DN160
8	白晶中路污水提升站（1号站）	1000	谷远污水处理厂	DN160
9	白晶一路污水提升站（3号站）	1000	谷远污水处理厂	DN160
10	中铁大道南端污水提升站（2号站）	1000	谷远污水处理厂	DN160
11	悦龙中路北端污水提升站（8号站）	650	贵龙纵线贵龙大道	DN100
12	悦龙三路污水提升站（10号站）	960	贵龙纵线贵龙大道	DN200
13	悦龙二路污冰提升站（9号站）	1200	贵龙纵线贵龙大道	DN160

2. 排水管网安全运行现状概况

1）排水管网安全运行现状分析内容

对中铁国际生态城典型的13座污水提升站和两座污水处理厂的具体安全运行现状分析内容包括：排水管网建设概况、排水管网的位置、污水处理能力情况、排水管网的设施维护、安全管理和运营情况、排水管网当前存在的情况。

2）典型排水管网安全运行现状

排水管网在中铁国际生态城内的位置示意图如图3.2-8所示。谷远污水处理厂、谷脚污水处理厂现状实景图如图3.2-9所示。

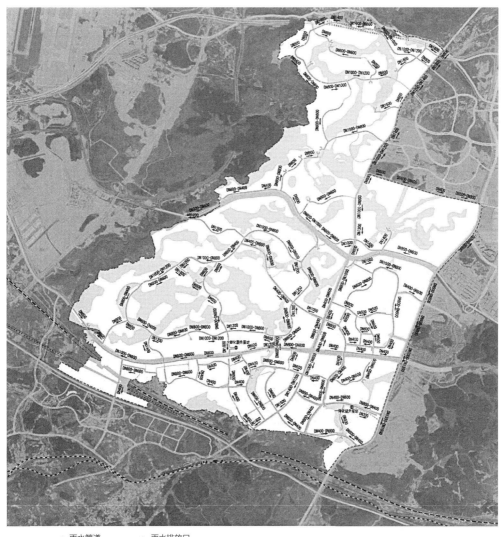

图3.2-8 排水管网在中铁国际生态城内的位置示意图

未发现排水管网整体存在影响结构安全的病害（如管道破裂、接口渗漏或排水管坡度不足等），但是排水管网附属设施和外观存在问题包括：垃圾和异物堵塞（图3.2-10）、地面积水、老化和腐蚀、沉淀物堆积、异味和细菌滋生。

3）现状分析及改进措施

未发现排水管网出现影响结构安全的病害情况，排水管网运行过程中也未发生影响结构安全或使用性能的事故，且考虑排水管网投入使用时间不长，整体运行稳定。说明本排水管网结构总体处于安全的状态。

排水管网当前病害情况主要为排水管网附属设施和外观的问题，例如沉淀物堆积、异味和细菌滋生、地面积水、排水管腐蚀、垃圾和异物堵塞等。

综上所述，中铁国际生态城排水管网结构完好，管网覆盖密集，排水管网巡检排查任务较重，如果排水管网病害影响排水管网整体安全性能，将需要耗费一定的人力、物力资源进行排查。

因此，将白晶谷M、L、B区纳入城市生命线工程监测实施点，可以通过加强信息化养护管理和专项养护消除或减轻这些病害，监测液位、流量、水质、毒害气体等数据，并实现远程控制加压泵站、预警、信息可视化展示等功能。

图3.2-9　谷远污水处理厂、谷脚污水处理厂现状实景图

图3.2-10　排水堵塞实景图

3.2.2.6　燃气管网安全运行现状

1. 燃气设施概况

中铁国际生态城共有三条燃气主干管网，分别埋布在贵龙大道、中铁大道、万豪大道，其负责整个中铁国际生态城的燃气供应。分支管网主要埋布在白晶谷组团区域、太阳谷组团区域、贵龙大道南侧悦龙路区域以及南龙大道南侧天麓一号区域。

2. 燃气管网安全运行现状概况

1)燃气管网安全运行现状分析内容

对中铁国际生态城燃气主干管网和分支管网的具体安全运行现状分析内容包括:燃气管网建设概况、燃气管网的位置、结构类型、燃气流量情况、燃气管网的设施维护、安全管理和运营情况、燃气管网当前病害情况。下面以贵龙大道燃气主干管网、白晶谷和天麓一号燃气分支管网为例,对燃气管网安全运行现状进行阐述。

2)典型燃气管网安全运行现状

燃气管网基本情况如表3.2-6所示。三条管网在中铁国际生态城内具体位置分布如图3.2-11所示。

燃气管网基本情况　　表3.2-6

序号	燃气管网名称	管道材质	外径（mm）	埋布方式	执行标准	是否作为监测实施试点
1	贵龙大道燃气主干管网	Pe	315	深埋	《燃气工程项目规范》GB 55009—2021	否
2	白晶谷燃气分支管网	Pe	200	深埋		是
3	天麓一号燃气分支管网	Pe	200及160	深埋		是

图3.2-11　三条管网在中铁国际生态城内具体位置分布

(1)贵龙大道燃气主干管网安全运行现状:

贵龙大道燃气主干管网是中铁国际生态城燃气供应生命线。贵龙大道燃气主干管网横跨生态城南部,西侧起点与龙里县配气站连接,东侧终点至贵龙大道与万豪大道交叉口,与龙里县燃气主管道连接,为中压燃气管道。贵龙大道燃气主干管网承担整个生态城输气供气任务，作为连接纽带，分别连接中铁大道主干管网、万豪大道主干管网，对生态城燃气供给起决定性作用。

贵龙大道燃气主干管网存在影响结构安全的病害（如管网埋藏位置地质结构变化、埋藏区域大面积积水等）。该管网目前燃气供给状况良好，可以很好地满足生态城燃气供给需求。该管网在当前运行过程中未发生影响结构安全或使用性能的事故。本管网自通气以来尚未做过定检，也未做过系统性的大型或专项养护，日常养护仅是开展基本的巡查维护工作。

（2）白晶谷和天麓一号燃气分支管网安全运行现状：

白晶谷燃气分支管网位于中铁大道以西，贵龙大道以北区域。管网沿白晶环线及白晶谷连接中铁大道和贵龙大道相关道路埋布，管网材料为Pe管，外径200mm。该管网通过白晶中路、白晶一路、白晶二路、白晶三路区域管道分别与中铁大道主干管网和贵龙大道主干管网连接，负责白晶谷各组团的燃气供应，管网布局相对简单，总长度较长。

天麓一号燃气分支管网位于万豪大道、中铁大道、贵龙大道和贵新高速所包围区域。管网沿悦龙环线以及连接万豪大道、中铁大道、贵龙大道相关道路埋布，管网材料为Pe管，外径有200mm和160mm两种。该管网通过悦龙中路、悦龙六路、悦龙七路区域管道分别与中铁大道主干管网、贵龙大道主干管网和万豪大道主干管网连接，负责天麓一号各期和悦龙城32、33组团的燃气供应，管网布局简单，总长度相对较短。

白晶谷燃气分支管网能够很好地满足白晶谷各组团燃气供给，但白晶谷燃气分支管网各分支间距较长，各分支间需要提升管道监控力度。

天麓一号燃气供给需求相对较高，现有管网能够满足天麓一号和悦龙城32、33组团燃气供给，随着入住率提升，燃气需求可能出现变化，需要根据真实数据对管网燃气资源进行调配。

未发现分支管网存在影响结构安全的病害（如管网埋藏位置地质结构变化、埋藏区域大面积积水等）。两条分支管网在运行过程中未发生影响结构安全或使用性能的事故。两条管网自通气以来尚未做过定检，也未做过系统性的大型或专项养护，日常养护仅是开展基本的巡查维护工作。

3）现状分析及改进措施

（1）贵龙大道燃气主干管网安全运行现状：

未发现管网出现影响结构安全的病害情况，管网运行过程中也未发生影响结构安全或使用性能的事故，且考虑管网通气时间、管网材质等因素，可以认为该管网结构总体处于安全的状态。

综上所述，贵龙大道燃气主干管网结构完好，管网当前运行情况良好，暂无影响管网整体安全性能的隐患，可以通过加强日常养护和专项养护防患于未然。

（2）白晶谷和天麓一号燃气分支管网安全运行现状及监测实施点位选择：

未发现分支管网出现影响结构安全的病害情况，分支管网运行过程中也未发生影响结构安全或使用性能的事故，分支管网结构总体处于安全的状态。但现有管网设计基于总体燃气需求进行设计，没有结合各分支区域人员居住密度、管网地质条件等因素，后期需要根据用户燃气使用数据进行区域优化和监测。

综上所述，这两条分支管网鉴于运行时间较短，无危害结构的病害，目前结构状态良好，但是这两条分支管网位于中铁国际生态城中心部位，居民居住相对集中，燃气供给压力相对较大，燃气供给是居民日常生活必不可少的要素，是居民生活重中之重，稳定且优质的燃气供给可以提高居民的生活质量，其对于中铁国际生态城的发展起着举足轻重的示范性作用。

因此，将白晶谷和天麓一号燃气分支管网纳入城市生命线工程监测实施点。在各管道间布设检测节点，监测压力、流量、浓度、温度等数据，并实现预警、信息可视化展示等功能。

3.2.2.7 电力系统安全运行现状

1. 10kV电力设施概况

中铁国际生态城内供电电源主要来源于继望变电站，从该变电站内分别引出10kV继白Ⅰ回线、10kV继白Ⅱ回线、10kV继洛线、10kV继摩线、10kV继港Ⅰ回线、10kV继悦Ⅰ回线、10kV继辉线、10kV继孟线等电力线路，经10/0.4kV变配电，满足区域内居民和商业用电负荷需求。其中10kV继白Ⅱ回线供电区域广，供电范围覆盖36组团、21组团、38组团、25组团、27组团、29组团、9组团、11组团、24组团、A组团、K组团、B组团、L组团、M组团等区域，供电半径长，中间环网柜多，线路上配电变压器数量多，配变容量总和大。

2. 电力系统安全运行现状概况

1）电力系统安全运行现状分析内容

对中铁国际生态城电力系统具体安全运行现状分析内容包括：10kV环网柜各支线回路保护测控装置配置情况、10kV回线供电范围内的箱式变内高低压保护测控装置配置情况。下面以10kV继白Ⅱ回线为例，对电力系统安全运行现状进行阐述。

2）10kV继白Ⅱ回线供电系统现状

10kV继白Ⅱ回线主要位于中铁国际生态城白晶谷，供电总平面图如3.2-12所示。

（1）10kV环网柜现状：

中铁国际生态城10kV继白Ⅱ回线上白晶谷B区1号环网柜、白晶中路9号环网柜，10kV继白Ⅱ回线2、4号环网柜的情况，如表3.2-7所示。

由图3.2-13可知，各进出线柜均配置了测控、继电保护综合一体装置。可通过综合保护测控装置（以下简称"综保装置"）实现各支线回路的电流、电压、断路器位置，以及保护装置动作信息等的监测。

10kV继白Ⅱ回线4号环网柜的综保装置为ST256F3型，可通过RS485通信方式与上层设备通信。

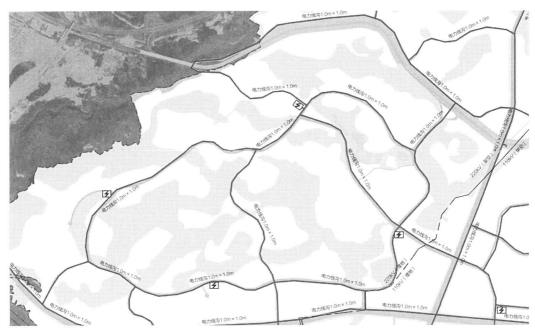

图3.2-12 10kV继白Ⅱ回线供电总平面图

环网柜信息表　　　　　　　　　　　　　　　　　　　表3.2-7

线路	设备名称	设备规格	综保装置型号	备注
10kV继白Ⅱ回线	白晶谷B区1号环网柜	一进二出	GDB100	出线无
	白金中路9号环网柜	一进五出	RDG系列	—
	2号环网柜	一进五出	ST330-E	—
	4号环网柜	一进五出	ST256F3	—

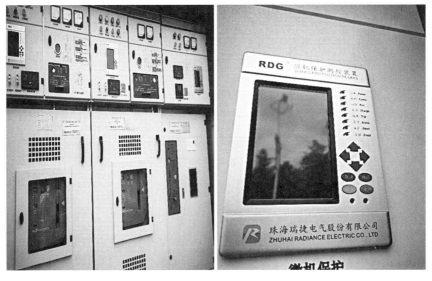

图3.2-13 白晶谷9号环网柜综保装置配置情况

10kV继白Ⅱ回线2号环网柜的综保装置为ST330-E型，装置提供以太网通信接口，方便与上层设备通信。

白晶谷B区1号环网柜为"一进二出"型，只有进线柜配置了GDB100型综保装置，该环网柜馈线少，即使停电影响范围相对较小，考虑建设的成本和经济性，该点也不进行监控。

（2）箱式变电站现状：

箱式变电站作为辖区内居民商业用电终端配电设备，直接为各负荷提供电源（图3.2-14）。如图3.2-14所示，白晶谷B区箱式变电站内配置设备少，白晶谷B区箱式变进出线环网柜综保装置为10kV高压进出线柜及380V低压出线柜，电容补偿柜均未配置相关保护装置；箱式变电站内配置有箱式变低压馈线配置指针式电流表，该类电流表不是智能仪表，现有设施不满足接入电力监控系统。

（a）白晶谷B区箱式变进出线环网柜综保装置　（b）箱式变低压馈线配置指针式电流表（一）　（c）箱式变低压馈线配置指针式电流表（二）

图3.2-14　白晶谷B区箱式变电站配置

3）现状分析及改进措施

由10kV继白Ⅱ回线供电总平面图并结合现场情况可知，目前线路上电力设备运行完好，较为可靠。但该线路上环网柜较多，分支回路也较多，电网结构较为复杂，除了正常设备电气试验，保护装置的定期检验外，对该回路上环网柜中进线柜、馈线柜进行电力监控尤为重要。10kV继白Ⅱ回线供电半径长，供电区域广，一旦停电影响范围大，社会影响也较大。

因此，将10kV继白Ⅱ回线纳入城市生命线工程监测实施点，监测电压、电流、有功功率、无功功率、功率因数等数据，并实现预警、信息可视化展示、故障诊断、智能电力调度与负荷预测等功能。

3.2.3 中铁国际生态城城市生命线工程监测试点前端设备布设方案

3.2.3.1 布设方案概述

结合中铁国际生态城的实际情况，统筹分析评估城市生命线工程复杂耦合风险，以构建城市生命线工程物联感知为一体的立体化监测网为目的，在中铁国际生态城城市生命线工程各子系统的设计施工图的基础上，根据工程监测试点的实际情况，研究测点具体布设数量及位置、设备型号、参数和功能等，分别编制桥梁、边坡、路面凝冰、燃气、供水、供电、排水、燃气、供电等的布设方案。

3.2.3.2 传感器选型原则

结合中铁国际生态城城市生命线工程现状，中铁国际生态城传感器设备布设涉及桥梁、边坡、路面凝冰、燃气、供水、供电、排水、燃气、供电各专业，同时各传感器的布设环境、监测信息需求、布设类型都有区别，所以需要严格按照以下原则进行传感器选型：

（1）可靠性：传感器必须能够真实地量测出项目中需要反映的效应量（或原因量），传感器的量程、精度、灵敏度、直线性和重复性、频率响应等技术指标必须符合国标及仪器系列型谱的有关要求。

（2）精确性：传感器必须具备必要的精度，能敏锐地反映出效应量（或原因量）的变化。选择传感器时，必须对结构部位的受力进行分析，选择量程高于设计最大值（或可能出现的最大值）、精度（该量程范围应是仪表的最佳工作范围）满足监测要求的传感测试仪器及配套仪表。传感器的精度选择还应该和采集与传输子系统相匹配。

（3）耐久性：传感器必须能在复杂的环境下长期稳定可靠运行，具备温漂小、时漂小和可靠性高等特点。尽可能选择已在大型工程中广泛使用并证明效果良好的设备。

（4）简便性：结构简单，牢固可靠，率定、埋设、测读、操作、维修方便，便于更换，使操作人员易于掌握，有利于提高量测速度和精度。

（5）经济实用性：传感测试仪器及配套仪表须有合理的性能/价格比，进而满足养护管理实用性的要求。

（6）自动化性：传感测试及采集设备选型时，应从技术先进、可靠实用、经济合理以及与自动化系统相适应等方面进行综合分析确定，以便系统集成和调试及自动控制。

（7）冗余度：考虑到传感测试元件成活率和施工中可能出现的问题，系统设计中各监测项目的监测点时应适当考虑冗余度。

（8）可更换性：在生命线系统整个生命周期内，几乎所有传感器都面临着更换的问题。所以在传感器选型时应尽可能考虑选择外装可更换性好的产品，并能满足更换时测试数据的连续性的要求。

3.2.3.3 测点布设原则

测点布设应遵循"从后期数据分析和状态评估的角度出发,同时兼顾有效性和经济性"的原则,使得测点能够最大化发挥监测效应,因此布设测点的几条准则如下:

(1)从后期数据分析目标出发确定监测内容,测得的数据应对实际生命线系统的参数和环境条件变化较为敏感,且测得的数据应能充分并准确地反映参数响应。

(2)应结合实际现状及实验分析结果,对安全隐患关键处或已发生损伤的位置重点布设,且应合理利用结构的对称性原则,减少传感器数量,提高经济性。

(3)应充分考虑专家的经验和建议,并吸收国内外尤其是世界一流其他类似监测点位布设的经验和教训。

(4)传感器的布设应充分考虑可施工性,便于现场安装和后期运维检修。

(5)在满足上述准则的基础上,尽可能减少模拟型号的传输距离,合理设置采集站。

3.2.3.4 边坡监测数据采集及测点布设方案

1. 边坡测点选择

测点包括:贵龙大道与白晶二路交叉口左侧挖方边坡、中铁大道与滨翠路交叉口右侧挖方边坡、碧翠路尽头小区填方边坡、中铁大道维也纳酒店背后挖方边坡、白晶环线西段右侧挖方边坡1、凝翠路右侧挖方边坡。边坡基本信息及测点位置如前文表3.2-1及图3.2-2所示。

2. 监测数据采集

监测数据采集设备如表3.2-8所示。

监测数据采集设备　　　　表3.2-8

序号	设备
1	固定式钻孔测斜仪
2	拉线式位移计
3	GNSS
4	地下水计
5	雨量计

1)固定式钻孔测斜仪

固定式钻孔测斜仪主要构件包括测斜传感器、导向轮、连接杆、孔口装置、电缆等。固定式钻孔测斜仪是一种定点测量倾斜角度的仪器,可以在同一测斜管内把多支测斜传感器串联起来分布在不同高程,用于测量测斜管内传感器所在位置的倾斜角的变化量,以此将坡体内部位移量计算出来。

2）拉线式位移计

拉线式位移计是在固定监测桩和监测点之间连接一条钢丝线绳，将一端固定在监测点上，另一端绕过滑轮与一重锤相连，滑轮处安装有角位移传感器，当测点发生移动时，所连的钢丝线也随之移动，这个变化反映固定点与监测点的相对位移。

3）GNSS

GNSS，又称全球导航卫星系统，是能在地球表面或近地空间的任何地点为用户提供全天候的三维坐标和速度以及时间信息的空基无线电导航定位系统。在边坡监测应用中，可测得边坡监测点与基站相对位置的变化，得到每一监测点的相对位移量。

4）地下水计

地下水计是根据压力与水深成正比关系的静水压力原理进行测量，它是运用水压敏感集成元器件制作的水位计。

5）雨量计

雨量计是一种水文、气象仪器，用以测量自然界降雨量，同时可以将降雨量转换为以开关量形式表示的数字信息量输出，以满足信息传输、处理、记录和显示等的需要。

3. 边坡测点布设方案

对中铁国际生态城6个边坡测点开展监测，主要包含深部位移数据采集、地表位移数据采集、地下水位数据采集、环境数据采集等内容，具体采集层设备布设方案如下：

1）固定式钻孔测斜仪

固定式钻孔测斜仪布设方法流程图如图3.2-15所示。

2）拉线式位移计

将固定监测桩设在潜在滑坡体外部稳定区域，将监测点布置于坡体上，采用拉线将采集终端与监测点连在一起，拉线必须保持绷紧。若用于非直线运动，需加装适当的滑轮运转。

3）GNSS

GNSS布设方法流程图如图3.2-16所示。

4）地下水计

钻孔时应严格控制深度和垂直度，如有倾斜，应测出其斜度，以便准确计算底部高程。

5）雨量计

相关注意事项如下：

（1）雨量计承雨器口在水平状态下至观测场地面的高度应为0.7m。

（2）固定于混凝土基座上，基座入土深度以确保雨量计安装牢固，遇暴风雨时不发生抖动或倾斜为宜。

（3）接线后，调整调平螺母，使圆水泡居中，即表示计量组件处于水平状态，然后用螺栓锁紧。

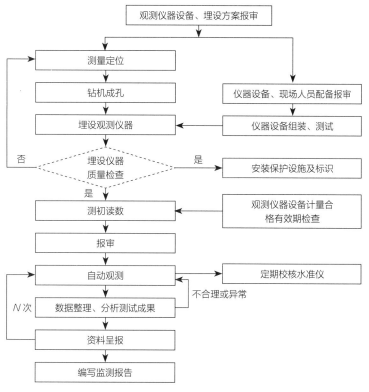

图3.2-15 固定式测斜仪布设方法流程图

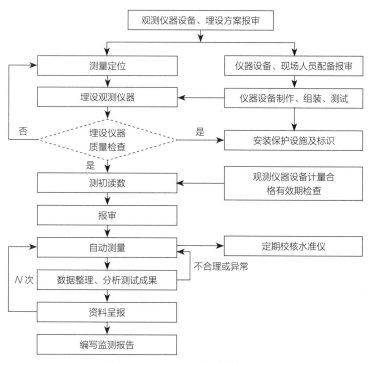

图3.2-16 GNSS布设方法流程图

3.2.3.5 桥梁监测数据采集及测点布设方案

1. 桥梁测点选择

结合中铁国际生态城现状分析结果,最终选择干沟大桥作为中铁国际生态城城市生命线工程桥梁监测实施测点。

2. 监测数据采集

一般根据不同的监测类别和监测项目选取相应的传感器类型,如表3.2-9所示。

不同的监测类别和监测项目对应的传感器类型　　　　表3.2-9

序号	监测类别	监测项目	传感器类型
1	环境	环境温湿度	温湿度传感器
2	环境	主梁内部温湿度	温湿度传感器
3	环境	索塔锚固区温湿度	温湿度传感器
4	作用	桥面风速风向	风速风向仪
5	作用	路面铺装温度	温度计
6	作用	地震	三向加速度计
7	结构响应	主梁竖向位移	压力变送器
8	结构响应	主梁纵向位移	位移传感器
9	结构响应	塔顶偏位(含基站)	GNSS
10	结构响应	梁端转角	倾角计
11	结构响应	斜拉索索力	索力传感器
12	结构响应	主梁关键截面应变	应变传感器
13	结构响应	主梁振动	竖向加速度计
14	结构响应	塔顶水平双向振动加速度	双向加速度计

1) 温湿度传感器

温湿度传感器主要监测桥址环境温湿度,反馈不同季节、不同时间桥址环境对桥梁结构的影响变化。

2) 应变传感器

应变传感器通过对测量数据进行定时自动采集,以获取应变、温度数据。

3) 挠度传感器

挠度传感器是用于测量挠度的仪器,其可以在任意角度测量上方物体垂直距离的变化量,主要用于桥梁静态、动态挠曲度的测量,桥梁竣工验收、鉴定,以及大跨度结构的梁、柱、现有桥梁动静载试验等的变形和振动的位移。

4）位移传感器

位移传感器又称线性传感器，属于金属感应的线性器件，传感器的作用是把各种被测物理量转换为电量，主要用于在设备之间进行对接。它们可以提供准确而快速的信息，以确定位移量，也可以用于测量机器的运动和改变的方向。

5）加速度传感器

加速度传感器是用于感应或测量振动水平的设备。在工业中用于测量桥梁的振动水平，然后对测量的振动进行分析，以检测桥梁内部的故障。

6）风速风向仪

风速风向仪通过旋转部件（如风叶或旋转杆）来感知风的速度。风速风向仪还具有测量风向的功能，它通常配备有指针或传感器来指示风的方向。

7）索力传感器

索力传感器是一种能够实时测量物体在振动状态下的索力参数的传感器。它通过测量物体在振动状态下产生的振动信号，计算出物体的振动和谐波中所具有的力学参数。

3. 桥梁测点布设方案

监测内容包括温湿度、风速风向、路面温度、地震、结构位移、应变和振动，干沟大桥测点及数量如表3.2-10所示，干沟大桥具体测点布设位置如图3.2-17所示，部分传感器现场安装实景图如图3.2-18所示。

干沟大桥测点及数量　　　　　　　　　　表3.2-10

序号	监测类别	监测项目	传感器类型	单位	数量	说明
1	环境	环境温湿度	温湿度传感器	台	1	规范要求监测项
2	环境	主梁温湿度	温湿度传感器	台	2	规范要求监测项
3	环境	路面铺装温度	温度计	台	1	规范要求监测项
4	作用	地震	三向加速度计	台	1	规范要求监测项
5	作用	桥面风速风向	风速风向仪	台	2	规范要求监测项
6	结构响应	主梁挠度	压力变送器	台	6	规范要求监测项
7	结构响应	主梁纵向位移	位移传感器	台	4	规范要求监测项
8	结构响应	主梁应力	应变传感器	台	24	规范要求监测项
9	结构响应	主梁振动	双向加速度计	台	1	规范要求监测项
10	结构响应	梁端转角	倾角计	台	4	规范要求监测项
11	结构响应	主梁振动	竖向加速度计	台	4	规范要求监测项
12	结构响应	斜拉索索力	索力传感器	台	6	规范要求监测项
13	结构响应	塔顶偏位（含基站）	GNSS	台	1	规范要求监测项

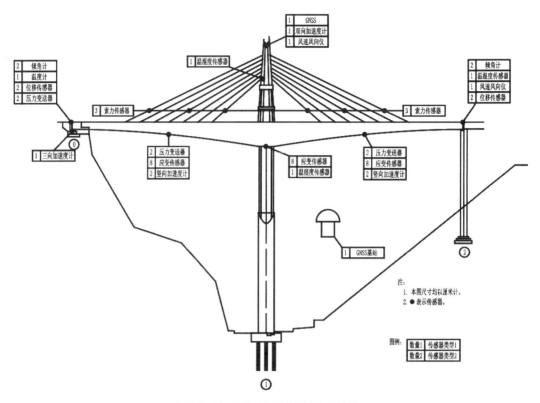

图3.2-17 干沟大桥具体测点布设位置

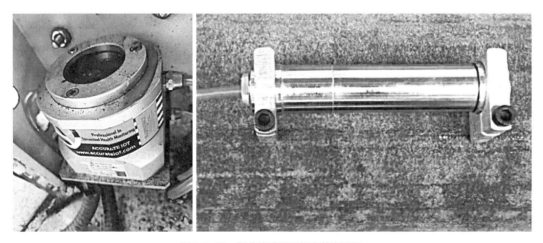

图3.2-18 部分传感器现场安装实景图

3.2.3.6 路面凝冰监测数据采集及测点布设方案

1. 路面凝冰测点选择

结合中铁国际生态城现状分析结果，优先选择等级较高的主干道或冬季结冰频繁的路段布设路面凝冰测点，总计16个测点，测点布设情况如表3.2-11所示。

测点布设情况　　　　　　　　　　　　　表3.2-11

序号	道路名称	测点总数	布设位置
1	贵龙大道	6	测点1：贵龙大道跨白晶二路桥左幅 测点2：贵龙大道跨白晶二路桥右幅 测点3：1号人行天桥下道路左幅 测点4：1号人行天桥下道路右幅 测点5：贵龙大道跨悦龙中路桥左幅 测点6：贵龙大道跨悦龙中路桥右幅
2	中铁大道	6	测点1：中铁大道跨贵龙大道桥左幅 测点2：中铁大道跨贵龙大道桥右幅 测点3：中铁大道跨贵新高速桥左幅 测点4：中铁大道跨贵新高速桥右幅 测点5：干沟大桥左幅 测点6：干沟大桥右幅
3	白晶环线	4	测点1：白晶环线东段与白晶中路交叉口 测点2：白晶环线南段与凝翠路交叉口 测点3：白晶环线西段与凝翠路交叉口 测点4：白晶环线西段与南段交叉口

2. 监测数据采集

路面凝冰监测数据采集使用的硬件设备为凝冰探测传感器。凝冰探测传感器主要由液固感知材料、液固相变探测器和信号调理三个部分组成，主要是利用液固相变发生器实时探测路面过冷水滴液的实际凝冰温度，凝冰探测传感器结构示意图如图3.2-19所示。

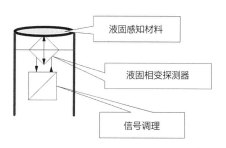

图3.2-19　凝冰探测传感器结构示意图

3. 路面凝冰测点布设方案

路面凝冰测点布设在可能结冰影响安全的场所，在中铁国际生态城内所选的16个测点布设凝冰探测传感器，布设方案如下：

（1）凝冰探测传感器探头部分需要将探头的探测薄膜与需要探测的物质接触，使所需探测的物质结冰的同时，探头也可以同步结冰，才能使设备探测有效。

（2）安装时先于道路安装点钻开大于传感器直径的孔，然后放入传感器；再把传感器信号线从侧边走线管引出；最后把开孔稍大部分填实即可完成安装。

3.2.3.7　供水管网监测数据采集及测点布设方案

1. 供水管网测点选择

结合中铁国际生态城现状分析结果，所选测点包含四个区域，分别为生态城的白晶谷M、L、B区及太阳谷7组团，具体位置分布如前文图3.2-11所示。

2. 监测数据采集

主要包括供水管网压力、流量、水质、泵站运行状态等信息监测，具体监测指标根据供水管网现状分析针对性选择。监测指标及常用设备如表3.2-12所示,监测设备布设位置如图3.2-20所示。

监测指标及常用设备　　　　　　　　　　　表3.2-12

监测指标	常用仪器设备	精度
液位	超声波液位计	0.1%~0.5%FS
流量	流量计	0.5级
水质	在线水质监测仪	±10%
压力	压力变送器	0.5级

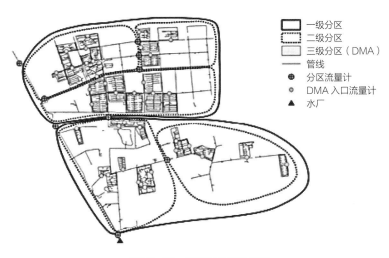

图3.2-20　监测设备布设位置

1)超声波液位计

超声波液位计利用超声波在气体、液体或固体中的衰减、穿透能力和声阻抗不同的性质来测量两种介质的界面。在测量中,超声波脉冲由传感器(换能器)发出,声波经液体表面反射后被同一传感器接收,通过压电晶体转换成电信号,并由声波的发射和接收之间的时间来计算传感器到被测液体表面的距离。

2)流量计

公共供水管网监测体系在流量方面的监测时间间隔以秒计算,需使用的设备可在极短时间内对系统用水变化情况做出准确响应,并实时记录流量数据。

3)压力变送器

压力变送器所用的压敏元件可在较小压力变化情况下产生细微的电压变化或电流,依靠识别压敏元件发出的电压和电流感知压力变化,再通过放大电路将微弱的电压和电流转化为数据采集设备可识别的电子信号。主要用于各类供水管网的压力检测,可测量非黏稠液体压力值。

4）在线水质监测仪

这是一种以水质在线分析仪器为主体，利用自动测量技术、自动分析技术、自动控制技术、计算机应用技术、通信网络技术等当代多学科技术，并且能够综合配置pH值、电导率、COD等指标的综合性在线自动监测设备。

3. 供水管网测点布设方案

1）白晶谷M、L、B区供水管网测点布设方案

白晶谷M、L、B区内水表均为老式水表，单靠现有条件无法直接搭建智能水务系统，完成远程抄表、实时监测等功能。目前针对上述三个区域的水表，有两种解决方案供参考。

（1）装备有采光功能的摄像头，拍摄到水表记录的用水量和管内水压等实时数据，通过摄像头将采集到的水量水压图像识别转化成数据，远程传输到总台，完成实时监测记录管道运行情况，并能够实现远程抄表功能。

（2）更换为新式的水表，能读取到更多的管道信息，同时能完成上述方案的所有功能，当系统监测到管道出现问题时，能远程控制关闭问题管道，实现及时止损和实时维护等功能。

2）太阳谷7组团供水管网测点布设方案

太阳谷7组团区域的无线信号类型，满足NB-IoT、4G或者5G信号的传输，且管道及水表无严重故障，区域内已配备有NB-IoT新式水表，通过已安装的集采器可将水表数据远程传输到总台进行实时计算与监测，实现远程抄表、实时监测、及时维护等功能。

3.2.3.8 排水管网监测数据采集及测点布设方案

1. 排水管网测点选择

结合中铁国际生态城现状分析结果，所选测点为白晶谷M、L、B三个区域，包含中铁贵州公司办公区、文旅餐厅、居民住宅等排水量较大的建筑，且包含白晶谷环线东段右侧的一个污水提升泵站，在生态城内的具体位置分布如前文图3.2-11所示。

2. 监测数据采集

主要监测排水管网液位、流量、水质、毒害气体、泵站运行状态等信息，具体监测指标根据排水管网现状分析针对性选择，具体监测指标及常用设备如表3.2-13所示。

具体监测指标及常用设备　　　　表3.2-13

监测指标	常用仪器设备	精度
液位	嵌入式液位计、超声波液位计	0.1%~0.5%FS
流量	多普勒流量计	0.5级
水质	水质监测仪	±10%
毒害气体	多组分气体监测仪	5~10ppm

1）多普勒流量计

多普勒流量计是运用超声波多普勒原理来测量的，能够监测全流程液位、流速和流量，掌握全网运行情况，为管网分析和运行调度提供数据基础。

2）水质监测仪

监测项目包括pH值、温度、电导率、悬浮物、溶解氧、悬浮物等水质指标。

3）多组分气体监测仪

监测管道内硫化氢和甲烷等气体，超限报警，便于及早发现处理，避免管道爆炸事故发生。

3. 排水管网测点布设方案

选择在白晶谷M、L、B区域的重要管网接入口前后、污水取水口和排水片区末端等关键位置设置监测点位。污水和雨水同步开展监测，但在经济成本有限、监测点数量设置不够的情况下，无法完全满足监测点布置的需求，考虑不同监测点的重要性，需对重要节点优先进行监测，重要节点选取优先程度如下：

1）排口>管网>源头

排口作为排水管网系统的终端，对城市水环境有显著影响，应优先监测；管网节点是排水管网的过程部分，起着承上启下的连通作用；源头是排水管网的源头端，个别排水户对整体排水管网的影响相对有限。

2）污水>雨水

污水持续存在而雨水径流仅在降雨期间产生，从监管的角度来看，污水的排放更需要进行合理有效的组织与管理。

3.2.3.9 燃气管网监测数据采集及测点布设方案

1. 燃气管网测点选择

结合中铁国际生态城现状分析结果，选择将白晶谷和天麓一号燃气分支管网纳入本次城市生命线工程监测实施试点，具体测点位置如前文图3.2-17所示。

2. 监测数据采集

燃气管道监测内容主要包括燃气管网流量、压力、可燃气体、泵站运行状态等信息，具体监测指标根据燃气管网现状分析针对性选择，监测指标及常用设备如表3.2-14所示。

监测指标及常用设备　　表3.2-14

监测指标	常用仪器设备	精度
压力	压力变送器	0.5%FS
流量	燃气流量计	±1.5%FS
可燃气体	甲烷浓度监测仪	5~10ppm
温度	燃气温度变送器	±0.5℃

1）甲烷浓度监测仪

可燃气体传感器对各种可燃气体的灵敏度不同，通过比较在分别含有甲烷、丙烷、乙醇空气及纯净的空气中，传感器的电阻比，来判断其在不同可燃气体中的导电性能的强弱，从而得出甲烷浓度数值。

2）燃气流量计

涡轮的转动通过蜗杆、磁性连接器、减速系统驱动机械计数器显示被测气体的流量。

3）压力变送器

目前应用最为广泛的是压阻式压力变送器，主要组成部分之一为电阻应变片，是一种将被测件上的应变变化转换成为电信号的敏感器件。

4）燃气温度变送器

燃气温度变送器是将温度变量转换为可传送的标准化输出信号的仪表，主要用于温度参数的测量和控制。

3. 燃气管网测点布设方案

对白晶谷和天麓一号燃气分支管网开展燃气管网监测，具体包括燃气泄漏监测、燃气压力监测、燃气流量监测及燃气温度监测，具体布设方案如下。

1）燃气泄漏监测

在管道连接处的近地面不同位置设置传感器，将各个传感器位置固定，通过传感器可获知燃气管道泄漏时扩散到近地面的燃气（甲烷）浓度值，实现燃气泄漏的检测及泄漏区域锁定。

2）燃气压力监测

针对被测燃气的实际流量范围（工况条件下最大流量与最小流量的区间），合理选择相应的燃气流量计型号及规格，尤其重点考虑燃气流量的下限。传感器安装时，应将电缆穿过防水接头或绕组管，并拧紧密封帽，以防止雨水渗入变送器外壳。在测量气体压力时，将压力出口打开并安装在工艺管道的顶部，同时将变送器安装在工艺管道的上部，以便积累的液体能够轻易地注入工艺管道中。

3）燃气流量监测

燃气流量计最好垂直安装，使介质自下而上流经仪表，如现场情况不允许垂直安装时，也可以水平安装，但应保证测量管中充满气体；安装时应确保使被测气体不会分离泄漏，流量计应安装在阀前；流量计安装时，变送器外壳、屏蔽线、测量管及变送器两端管道都要接地，并设置单独的接地点。

4）燃气温度监测

选择合适的安装位置，应该在测量温度位置之前的1/3处，并避免太过靠近热源或冷源；将接口和管道进行连接；疏水、润滑和固定变送器，确认无渗漏或双向漏损。

3.2.3.10 电力系统监测数据采集及测点布设方案

1. 电力系统测点选择

结合中铁国际生态城现状分析结果,对10kV继白Ⅱ回线上"一进五出"等枢纽环网柜的电力设施进行监测,具体测点位置如前文图3.2-18所示。

2. 监测数据采集

1)智能电表

智能电表除了具备传统电能表基本用电量的计量功能以外,为了适应智能电网和新能源的使用,它还具有双向多种费率计量、用户端控制、多种数据传输模式的双向数据通信、防窃电等更加智能化的功能。

2)电气安全在线监测装置

可对由于电气线路或设备绝缘层老化破损、电气连接松动、空气潮湿、电流电压急剧升高等原因而引起的漏电,以及温度超限和过载等电气故障,实现精准的电流、电压、温度、漏电等在线监测。可按实际需要设置预警、报警、动作数值并发出报警。

3. 电力系统测点布设方案

利用物联网技术在10kV继白Ⅱ回线输电线路、变电站、配电网等安装部署传感器、监测设备等,实时采集电力系统的关键参数。同时,收集环境数据,如气象信息、地质条件等,为风险评估提供全面信息。

根据现场的实际情况,以就近原则将智能电表、电气安全在线监测装置等设备接入现场采集设备,对于物理位置较远的设备或仪表,通过串口服务器转换成以太网后,再通过现场数据采集网关接入;数据采集网关对现场所有数据整理分类后,统一以标准的电力协议对上层网络进行数据转发。

对于现场的重要生产工艺设备或大耗能设备的数据接入,可以直接从现场的数据采集与监视控制系统或分散控制系统进行数据采集,现场数据采集网关提供多个互不干扰的以太网口,对不同网段的系统进行数据采集的同时,保证各数据采集与监视控制系统或分散控制系统局部网络的独立性。

3.2.4 多源异构数据治理

3.2.4.1 来源与基础概念

多源异构数据是依托于大数据时代对来源广泛、结构各异的数据的调用需求而产生的概念,其主要具备两个特点:①数据来源多方面、多场景的显著差异;②数据结构多维度、多类型的不均匀分布。以城市生命线工程中的监测数据为例,在数据来源方面,供水表的监测传感器收集到的是高时序性的感知数据,而桥梁健康监测的数据是具备强空间性的数据。具体来说，不同设备采集到的数据，不同数据库或操作、管理系统中存储的数据，不同使用场景下遵照的各类通信协议造成了数据的强差异性时空分布。在数据结构方面，与运维日记文件不同，停车及视频监控系统中的数据多为视频或图片形式，不具备结构性，这就给数据的"归一化"集成甚至分析造成了极大困难。

3.2.4.2 城市生命线工程数据的多源性

在城市生命线工程中，数据的主要来源有各城市生命线工程监测子系统（边坡监测预警系统、桥梁监测预警系统、路面凝冰监测预警系统、供水管网监测预警系统、排水管网监测预警系统、燃气管网监测预警系统、电力监测预警系统）前端监测数据、系统分析数据、业务报表数据、维护工单数据、人员安排及管理数据等。

（1）边坡监测预警系统：深部位移、GPS、拉线位移、地下水。
（2）桥梁监测预警系统：环境温湿度、挠度、位移、振动加速度、应变、压力。
（3）路面凝冰监测预警系统：路面温度、路面状况、水膜、冰点的温度、化学剂浓度。
（4）供水管网监测预警系统：液位、流量、水质、压力。
（5）排水管网监测预警系统：液位、流量、水质、毒害气体。
（6）燃气管网监测预警系统：压力、流量、浓度、温度。
（7）电力监测预警系统：电压、电流、有功功率、无功功率、功率因数。
（8）其他数据：系统分析数据、业务报表数据、维护工单数据、人员安排及管理数据。

3.2.4.3 城市生命线工程数据的异构性

异构数据通常是指某一特定体系当中所存储的数据具有明显结构、存取方式和呈现形式上的差异化的特点。在城市生命线工程管理过程当中会产生大量异构数据，这些数据包括时序数据（Time Series Data）、空间数据（Space Data）、业务数据（Transaction Data）和非结构化数据（Unstructured Data）。

时序数据通常具有采样频次高、数据体量大和数据源头多样的特点。具体来说，在城市生命线工程管理过程当中，温湿度、水质、流量、电压这些传感数据都具备极强的时序属性。

空间数据主要来自业主固定资产的空间位置收集模板以及监测到的位移、倾斜等空间数据。这些数据的时效性较弱，但具有单一化空间关联性特征，数据体量相较于时序性数据较小。

视频图像数据主要来自老旧水表的水量、水压信息采集，装备有采光功能的摄像头，拍摄水表信息。由于这些数据并不具备被统计系统（如数据表格）或文本型数据库存储的条件，因此这些数据被定义为非结构化数据。除此之外，维护工单调度记录、人员安排及管理日志等数据也因不具备特定的数据表示模型而同样被划分为非结构化数据。

3.2.4.4 数据处理技术

在数据治理方面，采用融合ETL方式、元数据和混合自适应BP神经网络的数据仓库集成技术从来源端对数据进行抽取（Extract）和转换（Transform）并最终将其加载（Load）到目的端。针对已经过采集、存储和整合的符合管理标准的多源异构数据，城市生命线工程智慧平台使用了关联分析和异常检测的算法流程，从而提供对前端设备监测数据、业主使用行为数据、员工作业数据、设施设备状态数据的分析服务。

1. 元数据和本体在数据集成中的应用

要实现数据的标准化集成，首先就需要细化ETL系统的抽取、转换和装载机制。具体来说，就是将元数据和本体的概念引入ETL方式中进行多源异构数据的规范化采集、映射和存储。

2. 混合自适应BP神经网络映射体系的建立

为优化ETL系统的映射转化效率，提出结合混合自适应神经网络的ETL元数据及本体的集成方法。

本研究拟综合模型集成、混合自适应BP神经网络对多源异构数据中的结构化、半结构化和非结构化数据进行先分类后集成的处理。构建多子分类器，在子模型内针对数据特征设计算法及推理模型，利用单子分类器推算得到任务目标的推理函数，再基于整体训练数据集对多子分类器的推理函数进行集成，从而得到最终的推理模型。

3. 全局与本体数据的映射融合

采用BP神经网络建立了数据模式间的映射关系之后，可以根据异构数据的特性总结出异构本体的特性，根据异构本体的异同点建立与局部异构本体间相匹配的关联机制，再通过局部本体间的关联映射完成从局部匹配到全局融合的过程。

综上所述，通过结合元数据、本体和混合自适应BP神经网络技术来分析数据属性和特征，形成数据间的映射关系，从而可以在一定程度上解决多源异构数据的治理问题。

3.2.5 城市生命线工程预警

3.2.5.1 边坡监测预警

1. 预警监测预警阈值

由于地质条件的复杂性，岩土体的多元化性质及空间分布差异很大，现在对于边坡阈值确定的情况，是给一个统一的阈值进行判断，这样做明显的好处就是应用简单，但是在很多情况下会造成误判，给边坡处理中带来麻烦。在实际应用中，对于一个边坡，根据边坡的几何形态和地质条件给出一个阈值相对合理。但是对于有些规模比较大和地质条件非常复杂的边坡，一坡一个阈值并不能起到相应的效果，在边坡监测中，根据监测点的位置、地质条件和形态特征一个点确定一个阈值，可以相对准确地判断边坡的稳定性。

对于深部位移监测，由于监测的是不同深度的位移变化量，一个监测孔内有多个监测点，而一个监测孔对于整个边坡来说就是边坡的一个监测点，对于选择孔内哪个监测点作为阈值的判断点是一个重要问题。一般将监测孔斜率变化最大的位置作为阈值的判断点，因为在斜率变化最大位置处极有可能是边坡的滑面或者是潜在滑面。

边坡的稳定性通过位移变形来体现。根据工程时间和相关研究结果，边坡的稳定性与边坡累计位移和变形速率高度相关，通过边坡的累计位移和变形速率的变化，可以体现边坡的稳定性状态。表3.2-15是《公路边坡监测技术规程》DB42/T 1496—2019中的边坡变形阈值的参考值。

边坡变形阈值　　　　　表3.2-15

序号	监测类型	预警项目		监测等级				
				一级		二级		三级
				累计值（mm）	变化速率（mm/d）	累计值（mm）	变化速率（mm/d）	累计值（mm）	变化速率（mm/d）
一	变形监测	无支挡	地表水平位移	30~40	2~3	40~60	3~4	50~70	4~6
			地表垂直位移	20~40	2~3	30~50	3~4	40~60	4~6
			深部水平位移	35~55	2~3	50~70	3~4	60~80	4~6
			深部垂直位移	20~40	2~3	30~50	3~4	40~60	4~6
			地表隆起量	20~30	2~3	25~35	3~4	30~40	4~6
			地表裂缝宽度	10~30	3~4	10~30	3~4	10~30	4~5
		有支挡	墙（桩）顶水平位移	15~25	2~3	20~30	3~4	25~40	3~4
			墙（桩）顶垂直位移	15~25	2~3	20~30	3~4	25~35	4~5
			墙（桩）身水平位移	30~50	2~3	40~60	3~4	45~65	4~5
二	压力监测	土压力		$(60\%\sim70\%)f_1$	—	$(70\%\sim80\%)f_1$	—	$(70\%\sim80\%)f_1$	—
		孔隙水压力		$(60\%\sim70\%)f_1$	—	$(70\%\sim80\%)f_1$	—	$(70\%\sim80\%)f_1$	—
		支挡结构应力		$(60\%\sim70\%)f_2$	—	$(70\%\sim80\%)f_2$	—	$(70\%\sim80\%)f_2$	—
		锚杆（索）内力		$(80\%\sim70\%)f_2$	—	$(70\%\sim80\%)f_2$	—	$(70\%\sim80\%)f_2$	—
三	地下水监测	地下水位		1000	300	1000	300	1000	300

注：表中 f_1 指荷载设计值，f_2 指构件承载力设计值。

2. 预警等级与采取措施

边坡监测报警分为四个等级：蓝色预警Ⅰ级、橙色预警Ⅱ级、黄色预警Ⅲ级和红色预警Ⅳ级。其根据累计位移变形值和变形速率来进行预警。不同等级的预警采取不同措施。预警等级的规则和处理措施如表3.2-16所示。

预警等级的规则和处理措施　　　　　　　　　　　表3.2-16

预警等级	累计位移（mm）	变形速率（mm/d）	采取措施
蓝色预警Ⅰ级	≤10	1	注意边坡监测数据变化情况
橙色预警Ⅱ级	10～30	1～2.5	注意边坡监测数据变化情况，提高数据查看频率
黄色预警Ⅲ级	30～50	2.5～4	通知管理单位加强注意，进行现场巡视排查，注意数据边坡监测数据变化情况
红色预警Ⅳ级	≥50	4	立即通知管理单位，现场加强巡视排查频率，密切注意边坡变形发展，管理单位高度戒备，组织现场相关人员准备工作

3.2.5.2 桥梁监测预警

根据相关规范的要求，将桥梁超限预警阈值分为三级，当监测数据超过各级超限阈值时，宜同步报警。报警类别分环境报警、作用报警、结构响应报警、结构变化报警和监测数据分析结果报警。

监测数据超限预警阈值设定应符合表3.2-17的规定。

监测数据超限预警阈值设定　　　　　　　　　　　表3.2-17

预警类别	预警内容	超限阈值	超限级别
环境	最高温度、最低温度、最大温差	达到1.0倍设计值	一级
		达到1.2倍设计值	二级
	封闭主梁内相对湿度	达到50%	一级
作用	混凝土构件温度	达到设计值	一级
	桥岸地表场地的地震动加速度	达到设计E1地震作用加速度峰值	二级
		达到设计E2地震作用加速度峰值	三级
结构响应	主梁竖向位移	达到0.8倍设计值	二级
		达到设计值或一个月内出现10次以上二级超限	三级
	梁端纵向位移	绝对值达到0.8倍设计值	二级
		绝对值达到设计值	三级
	主梁关键截面静应变	超过历史最大值	一级
		超过设计最不利工况计算值	二级
	主梁振动加速度	10min加速度均方根达到31.5cm/s^{2}且持续时间超过30min	一级
		10min加速度均方根达到50cm/s^2	二级
		幅值持续增大、呈现发散特征	三级

综合预警体系的主要作用是在结构实时监测过程中对发生的可能威胁到桥梁结构运营安全的可变荷载以及结构对其的响应指标进行报警，提供桥梁在特殊气候、交通条件下或桥梁运营状况异常时所触发的预警信号，提醒桥梁管理养护人员关注结构的运营与安全状况。

可实现根据监测数据进行在线预警工作，具体技术要求为对环境温度、结构变形等监测参数建立多级预警体系，预警流程如图3.2-21所示。

3.2.5.3 路面凝冰预警

1. 路面凝冰预警算法

（1）当路面温度连续两次低于预警温度时，启动凝冰探测，凝冰探测传感器的状态为空闲、工作、预警。设计凝冰预警流程的状态，分别用A0～A5表示，即初始状态、空闲状态、临时1状态、探测状态、临时2状态和保护状态。

每个状态的具体描述如下：

①A0（初始状态），即未知状态，是凝冰预警流程的起点；

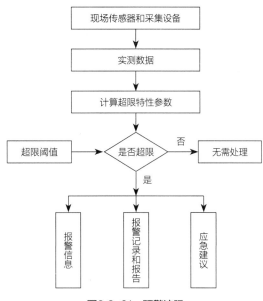

图3.2-21 预警流程

②A1（空闲状态），当凝冰探测传感器处于空闲时，转入此状态。

③A2表示临时1状态，是空闲状态的子状态，当前路表温度第一次低于预警温度时，转入此状态；

④A3表示探测状态，当凝冰探测传感器的状态为探测状态或者当前路表温度连续第二次低于预警温度时，转入此状态；

⑤A4表示临时2状态，是探测状态的子状态，当前路表温度第一次高于预警温度时，转入此状态；

⑥A5表示保护状态，当凝冰探测传感器的状态为预警状态时，转入此状态。

（2）同时设计了14个状态迁移规则，即Z0～Z13。

凝冰状态转移函数为：

$$\begin{aligned}&\delta(A0, Z0)=A5 \quad \delta(A0, Z1)=A1\\&\delta(A1, Z2)=A1 \quad \delta(A1, Z3)=A2\\&\delta(A2, Z4)=A1 \quad \delta(A2, Z5)=A3\\&\delta(A3, Z6)=A3 \quad \delta(A3, Z7)=A4 \quad \delta(A3, Z11)=A5\\&\delta(A4, Z8)=A3 \quad \delta(A4, Z9)=A1 \quad \delta(A4, Z10)=A5\\&\delta(A5, Z12)=A5 \quad \delta(A5, Z13)=A1\end{aligned}$$

（3.2-1）

当启动凝冰预警时，间隔一定时间向凝冰探测传感器以及气象站获取状态及气象数据。设定凝冰预警有限状态机的初始状态为A0，根据凝冰预警有限状态数学模型中的输入集合中相对应的输入条件和状态转移函数来切换不同的状态。例如若输入条件为Z0，根据状态转移函数δ（A0，Z0）=A5，状态将切换到A5；若输入条件为Z1，根据状态转移函数

δ（A0，Z1）=A1，状态将切换到A1。

2．路面凝冰预警时间预测算法

凝冰探测传感器探测结束后，需要预测短时凝冰时间，采用一元线性预测模型来实现凝冰预警时间预测算法，建立的凝冰预警时间的一元线性预测模型——路面凝冰预警传感器的输出特性曲线如图3.2-22所示。

由图3.2-22可得：

$$(t_c-t_b) \times (T_a-T_c) = (t_b-t_a) \times (T_c-T_d) \quad (3.2-2)$$

因此，可计算得到预测凝冰点的时间t_c为：

$$t_c = \frac{t_a-t_b}{T_a-T_c}(T_c-T_d) + t_b \quad (3.2-3)$$

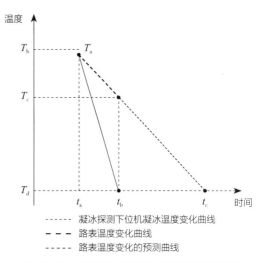

图3.2-22 路面凝冰预警传感器的输出特性曲线

t_a—凝冰探测开始时间；t_b—凝冰探测结束时间；t_c—凝冰预警时间；T_a—凝冰探测开始时的当前路面温度；T_b—设置的临界预警温度；T_c—凝冰探测结束时的当前路面温度；T_d—凝冰探测传感器探测到的路面实际凝冰点温度

3.2.5.4 供水管网预警

1．流体管道泄漏多模态声发射时频检测与定位方法

构建声发射管道泄漏时频定位模型，采用短时傅里叶变换对泄漏点两端的泄漏声发射信号的互相关函数进行时频分析，可以有效抑制频散从而准确定位泄漏点。为了更准确地进行时频分析，将平滑伪Wigner-Ville分布应用到泄漏声发射时频定位中。

2．基于模态特性的气体管道泄漏声发射检测定位方法

采用导波分析理论分析管道低频导波（500Hz）模态的位移分布。根据模态的位移分布特点提出了基于拾振方向选取的单一模态泄漏定位方法，同时提出了基于不同振动方向的泄漏信号的互相关辨识方法。

3.2.5.5 排水管网预警

采用一种基于水动力模型和机器学习算法构建城市排水管网运行监测模型的方法。首先，构建研究区域排水管网一、二维水力学模型并完成参数标定与模型验证，实现城市排水管网的高精度模拟，并设计排水方案驱动水力学模型；其次，获取网格排水管网空间特征数据，与网格模拟结果共同构成数据集，基于LSTM等机器学习算法建立排水管网液位和流量预测模型；最后，利用网格排水管液位和流量的模拟结果生成排水管网运行时序数据集，基于LSTM神经网络实现排水管网液位和流量的时序预测。

1．基于水力学模型的排水管网运行监测机理建模方法

采用SWMM模拟软件对局部区域排水管段进行机理建模，将较容易获得的上下级泵站运行数据作为估算依据，对所研究管段的节点流量日变化模式进行估算。

2. 基于机器学习的排水管网运行监测数据驱动建模方法研究

在海量实际运行数据的基础上,建立基于神经网络的城市排水管网预测模型,再建立整条污水线的模型。通过建立的模型对各个泵站进行监控预测,并运用模糊算法给出最优控制策略,改变原有的泵站简单液位控制方式,使污水溢出最小化。

3. 基于机器学习与水力学模型的排水管网协同融合建模方法

构建自适应数据驱动与机理模型多参数辨识协同融合的排水管网建模方法,基于自适应模型参数更新策略的排水管网模型的在线协同与互馈更新方法,实现多模态多维信息精准映射与融合能力,自适应自演进地全面反映排水管网的运行状态和性能。

3.2.5.6 燃气管网预警

声发射技术作为一种实时在线的无损检测方法,在流体复杂管网泄漏检测定位中具有潜在的技术优势和应用价值。由于管网泄漏声发射信号具有多模态、频散及衰减特性,导致泄漏检测定位误差较大,针对泄漏声发射信号自身特性研究适合于管网泄漏声发射检测定位的信息处理技术来减少泄漏检测定位误差,并开发相应的仪器系统。

1. 管网泄漏辨识

针对某种类型的噪声干扰源(如突发性噪声、固定噪声源等)设计管道泄漏检测算法,主要采用信号处理方法从被噪声淹没的泄漏声发射信号中辨识流体管道泄漏,以减少噪声干扰,提高泄漏声发射信号的信噪比,这从某种程度上降低了声发射管道泄漏检测的误报率。

2. 管网泄漏时频定位

管道泄漏引起的声发射信号携带了有关泄漏的丰富信息,不仅可用于判断泄漏的发生,而且可用于确定泄漏点的位置。声发射管道泄漏定位是通过估计泄漏声发射信号沿管道传输的时间延迟并结合泄漏声发射信号的声速和两传感器之间的距离来确定泄漏点的位置,称为基于时延估计的声发射管道泄漏定位方法,其关键在于准确估计两泄漏声发射信号的时间延迟,且假定泄漏声发射信号在流体管道中的传输速度已知。在实际实施过程中,基于时延估计的声发射管道泄漏定位方法是在管道泄漏点两端安装声/振动传感器,然后对两个声/振动传感器拾取的泄漏声发射信号进行互相关处理,利用两个泄漏信号的互相关函数来估计两个传感器拾取的声发射信号的时间延迟,结合已知的声速和两个传感器之间的距离来进行泄漏定位。

3.2.5.7 电力系统预警

1. 风险评估方法

本书中的风险评估方法主要采用确定性评估方法,其是最早应用于电力系统安全预警评估的方法。首先通过对时间范围、负荷结构、网络结构、事故清单进行分析,其次在此基础上对系统潮流进行分析,最后再根据应急操作,对于不符合系统运行的情况进行分析并提出解决方案。

2. 基于末端数据融合的安全风险计算

在电力调度运行、安全风险计算过程中，主要是对各个电力调度系统运行状态进行分析，查看运行系统有无异常，但是由于电力系统板块之间的协调性较差，导致运行系统异常具有相对属性，需对电力调度运行变化情况详细分析。考虑到电力调度系统内，用户侧负荷和供给输出之间呈现线性关系，技术人员在安全风险指标计算过程中，采用电力系统供给侧及用产侧的终端数据进行安全风险值计算，其具体的计算方式如公式（3.2-4）所示。

$$risk(t) = \sum_n^i p_{ng}(t) - \sum_m^j p_{my}(t) \qquad (3.2\text{-}4)$$

其中，$risk(t)$代表电力调度运行过程中，产生的安全风险数值；$p_{ng}(t)$代表电力系统供给侧输出的功率；$p_{my}(t)$代表电力系统中用户侧负荷；n代表电力系统中，整体供电装置的总量；m代表用户参与调度的整体电量。需要注意，电力系统整体输出功率受电压影响，电力调度设备存在一定缺陷，为改变这一问题，技术人员对该参数进行调整，具体的参数计算方式如公式（3.2-5）所示。

$$p_{ng}(t) = u(t)I(t) \times (1-\varepsilon) \qquad (3.2\text{-}5)$$

其中，$u(t)$以及$I(t)$分别代表实时电力系统供给和终端电压、电流；ε代表电力调度设备缺陷参数，通过参数计算方法，技术人员明确电力调度运行安全数值，有助于在电力调度运行过程中为安全预警系统提供数据参考。

3. 安全风险预警

电网出现负荷问题，也是电力调度运行安全风险的一种，电力系统出现异常，如果管控不到位，将造成负荷问题。明确具体原因后，技术人员再次利用逻辑子板对电力调度安全运行风险进行验证，安全风险预警标准设计，主要是从等风险数值入手，对应的预警结果如公式（3.2-6）所示。

$$pr \sim mun\left[e(pr) \cdot s_p(t) \cdot u(p) \cdot s_0 \right] \qquad (3.2\text{-}6)$$

其中，mun代表等风险预警算法；pr代表电力调度运行中，各个风险阶段的数值；$e(pr)$代表电力调度运行节点期望的数值；$s_p(t)$代表电力调度风险数值分布情况；$u(p)$代表电力系统中调度电压以及功率；s_0代表电力系统想要达到的风险数值。

3.2.6 监测预警系统构建

构建城市生命线工程监测预警平台，汇聚融合生命线各子系统安全运行相关各类数据（基础数据、实时监测监控数据等），分类展示各类监测设备状态和监测数据，包括城市生命线工程所在区域、设备所在位置、设备编号、设备状态、监测时间、实时值、周期时间段监测曲线等信息。通过利用大数据挖掘技术对海量集成数据进行处理与计算，挖掘数据内在规律和变化趋势，与提出的监测大数据融合分析结构安全状态评价理论结合，实现城市生命线工程监测预警。

3.2.6.1 山区城市生命线运行基础数据库建立

基于残缺历史档案资料，结合现代三维地理信息技术，提出各型城市生命线工程结构基本数据溯源恢复方法，形成非完备数据条件下城市生命线工程结构数字模型重构方法；对山区城市安全应用场景涉及的基础信息进行收集、整理，整合山区城市生命线工程数字模型库、建设数据库、维护数据库、监测设备数据库、监测系统采集数据库、安全状态数据库，形成山区城市生命线工程数据资产。

3.2.6.2 山区城市生命线工程监测预警网络构建

构建基于物联网技术条件下的SOA监测网络驱动框架，通过统一接口组件，实现各子系统监测模块间的通信和多源数据接入，设计面向山区城市生命线工程多元监测系统的5G组网方案，制定统一的数据接入标准，通过5G智慧网关和5G通信链路将数据快速传输至云端聚合服务器，实现各子系统人工采集信息、传感器监测信息、基础设施周边视频监控、图像信息、设备状态信息、环境气象、水文地质、地理空间等信息的快速集成。

3.2.6.3 山区城市生命线工程监测预警模块研发

构建山区城市生命线工程监测预警平台，汇聚融合山区城市生命线安全运行相关各类数据（基础数据、实时监测监控数据等），分类展示各类监测设备状态和监测数据，包括城市生命线工程所在区域、设备所在位置、设备编号、设备状态、监测时间、实时值等信息，并可查看24h监测曲线、7d监测曲线、30d监测曲线等。通过利用大数据挖掘技术对海量集成数据进行处理与计算，挖掘数据内在规律和变化趋势，与提出的监测大数据融合分析结构安全状态评价理论结合，实现山区城市生命线监测预警。

3.3 城市生命线工程智慧平台建设

3.3.1 平台概述

在城市生命线工程运行过程中，如何科学察觉到城市生命线工程运行中的异常和安全隐患，需要通过对城市生命线工程进行安全监测来实现，随着各类远程无线智能监控设备的逐步完善，将大大促进监测效率的提升，为科学评估城市生命线工程的运行情况提供大量的数据支撑，更好地契合大数据时代的发展理念。开发城市生命线工程智慧平台能更好地契合大数据时代的发展理念,有利于打破"信息孤岛"的瓶颈。因此,建立以监测数据库为基础的城市生命线工程智慧平台,可在提高管理效率的同时,形成城市生命线工程运行安全管理的信息化渠道,实现可感知、可预警和风险快速处置。

综上所述,在前期相关科研成果,以及进行深度的需求调研且开展大量的基础性分析工作的基础上,开发了城市生命线工程智慧平台,在实际运用过程中,结合用户在管理工作中积累的经验,经过不断探讨和改进,分步骤地建设和完善城市生命线工程智慧平台。平台可实现对城市生命线工程安全运行的宏观管理和精细化管理,在科学监测与客观分析城市生命线工程运行情况、预警安全风险、实现信息的快速传递和快速反应等方面具有重要工程意义。

从中铁国际生态城城市生命线工程的监测预警、灾害防控、信息共享服务三方面打造山区智慧社区城市生命线工程安全运行共享服务云平台,平台覆盖边坡、桥梁、路面凝冰、排水系统、供水管网、燃气管道系统、电力系统七个领域的城市生命线工程系统,是一套完备的集先进技术、先进装备于一体的综合性服务系统(图3.3-1)。山区智慧社区城市生命线工程安全运行共享服务云平台以一张图形式呈现城市整体运行和风险态势,按行业、专题维度分级分类展示重点行业风险的基础信息、地理分布信息、实时风险态势信息等,构建全方位、多层级、立体化的城市风险监测预警以及多主体、大联动应急管理协同处置体系。

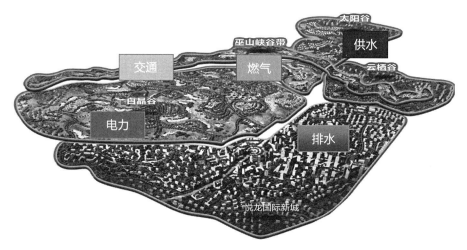

图3.3-1 中铁国际生态城城市生命线工程系统示意图

3.3.2 平台需求分析

根据城市生命线工程硬件设备分别对平台进行非功能性和功能性需求分析,平台的功能性需求是影响平台优劣的重要衡量标准,决定着平台的运行效率,通过需求分析对平台进行总体设计,从平台整体的角度出发建立各个功能模块之间必要的内在联系,从而更好地指导平台的开发。

3.3.2.1 非功能性需求

1. 科学性原则

平台的开发依据为相关标准规范以及前期的研究成果，是在具有一定的理论基础和实际需要的情况下开发的，能够正确地反映事物的本质。

2. 实用性原则

为了满足城市生命线工程安全运行管理的需要，平台应以用户为中心，以方便实用为目的，要求界面友好直观、简洁清晰，界面各元素的排版样式和颜色搭配方案等风格统一，界面内容具有整体感和协调性，有多种布局可供选择等。

3. 高效性原则

平台各功能模块具体功能的应用应有准确、流程化的操作步骤，且有较快的响应速度，减轻应用人员的工作负担，提高使用效率，并为加快信息的流通和反馈速度提供保障。平台在系统表现和数据组织方面，应采用一键到达的工作模式实现系统的应用，使应用人员无须反复寻找，就可以快速使用各项功能。

4. 先进性原则

平台的建设应采用先进的技术、方法、硬件、软件和网络平台，在满足全局性和整体性要求的同时，能够适应未来技术发展和需求的变化，使平台的建设能够可持续发展。

5. 安全性原则

在通信安全方面，平台需要下位机之间进行指令和数据的传输，需要保障通信安全，平台的数据传输应采用统一形式的、独立于通信技术的通信数据格式。

在数据安全方面，平台是在数据采集的基础上实现的，下位机采集的数据是整个平台功能的基础，数据安全的重要性显而易见，因此为了避免数据库突然崩溃、断电等突发事件导致数据丢失，平台数据库应能够对下位机采集的数据进行及时备份。

在网络安全方面，平台应记录系统的日常行为，例如对数据库的操作、页面跳转等，此外当系统崩溃时日志也会记录，供用户分析其崩溃原因。

6. 可靠性原则

平台应采用全面的权限管理机制，对用户的登录权、操作权等方面有高度的控制能力，杜绝对数据的非法操作，且平台在发生故障或用户使用不合理的情况下有较高的抗干扰性和控制故障的能力。在数据管理方面，建立有效的数据备份、恢复机制，采用高稳定性的软硬件产品，保证平台稳定运行，确保信息资源数据的安全。平台应具备超时机制，即用户登录系统以后，如果在限定时间内没有任何操作，系统将会自动退出用户登录状态，用户再次操作时必须重新登录。

7. 可维护性和可扩展性原则

平台应具有统一的结构框架和数据关联特性，并科学划分各模块，保证良好的可维护性。平台应具有良好的接口，可适应由于管理过程或需求变化造成的业务应用的变化，以及信息化建设中考虑其他相关信息化应用形成关联，以便于系统能在实践中不断地扩展和完善。

3.3.2.2 功能性需求

（1）系统的首页应能展示整个系统的简介、监测结构物基本信息的介绍、关键监测信息的滚动显示、系统各个子模块的入口。

（2）在数据管理方面，平台应在统一规划下进行数据管理，在统一目标的指引下，对各个不同的子系统采用统一的管理模式，做到管理的规范性。平台可执行数据的添加、删除、修改、查看、筛选、调用等操作，在数据库设计时考虑对数据操作权限管理的约束信息，防止对数据的非法使用和对数据进行有意无意的破坏，并能对造成的破坏进行恢复。

（3）在文档管理方面，平台允许上传的资料的格式不限，可以是Word文档、Excel电子表格、图片、扫描件、PDF格式文件等。

（4）在一些重要内容的设置上，不固定设置数值，可供用户根据实际情况自行设置，如需要设置安全阈值，用户可根据工程实际情况以及需要达到的目标自行确定，避免"一刀切"模式带来的弊端，也可以提供相应的内容供用户选择。

（5）设置专门的系统管理模块，用于用户认证、角色和权限管理等为系统的基础应用支撑模块，可以集中保存用户的身份信息，统一分级管理用户人员的身份信息，统一分级管理系统的权限（模块）信息，采用多种方式统一分级给用户人员授权。日志管理提供日志数据存储和日志接口，统一管理系统访问和使用日志，提供日志查询和报表服务。系统设置模块可对系统运行所需的参数进行设置，如系统级参数、界面参数、数据采集参数等。

（6）系统各功能模块应构成一个有机的整体，逻辑清晰、层次分明，用户使用起来能够很容易地掌握其功能组织和逻辑关系。

3.3.3 平台建设目标

山区智慧社区城市生命线工程安全运行共享服务云平台的建设能解决山区城市生命线工程安全运维过程中面临的实际问题，实现城市生命线工程的及时风险感知、早期预测预警和事故高效协同应对，系统建设目标包括以下几个方面。

3.3.3.1 山区城市生命线工程监测预警及灾害防治技术

平台将对现有山区城市生命线工程安全运行监测感知网进行补充和完善，构建从气象、地质、环境到地下、地上城市生命线工程物联感知为一体的立体化监测网，特别突出对山区城市量大面广的地下管网供应中断、燃气泄漏、电网故障、路面凝冰、边坡滑坡、桥梁病害等指标参数的实时监测。

通过对不同监测指标设置报警阈值，运用大数据耦合、数据波动特征识别、关联对比等相关技术，实时报警突发安全风险，通过专家会商和模型推演，对报警信息进行研判分析，明确事故灾害发生的可能性和损失程度；在长期监测方面，利用生命线子工程的建设数据、维护数据、监测数据、人工巡检数据，结合结构物的基本情况和数值模型，预测结构物受环境和荷载影响的结构退化长期趋势和区域。

分析山区城市生命线工程面临风险的内在规律，建立偶然灾害作用与各子系统承受作用效应的概率模型，提出特定风险对山区生命线子系统的风险量化评价指标，形成子系统风险因素在不同条件下的监测预警及灾害防治技术。

3.3.3.2 山区城市生命线工程安全预警技术

通过分布在山区城市的环境监测设备，获取区域级环境分布场，建立区域环境对山区城市生命线工程作用的量化关系。针对偶然突发灾害，构建基础设施灾后形态演化模型，建立偶然灾害与结构灾后形态的量化关系；依据获取的环境、气候、专项监测数据及图像、视频等非专项监测数据，形成城市生命线工程结构化大数据，研究基础设施区域级多元异构大数据协同融合方法，获取结构动静响应输出结果，结合基础设施基础数据和结构先验认知，建立多元监测数据特征与子系统内部状态之间的量化关系；基于上述内容中监测大数据获取的结构动静响应输出特性，开展山区城市生命线工程数字模型修正，建立基于正向结构性能演化预测与反向结构状态推断的综合诊断功能。

3.3.3.3 山区城市生命线工程子系统运行基础数据库及监测预警模块

结合现代三维地理信息技术，提出各型城市生命线工程结构基本数据溯源恢复方法，形成非完备数据条件下城市生命线工程结构数字模型重构方法；对山区城市安全应用场景涉及的基础信息进行收集、整理，整合山区城市生命线工程数字模型库、建设数据库、维护数据库、监测设备数据库、监测系统采集数据库、安全状态数据库，形成山区城市生命线工程数据资产。

构建山区城市生命线工程监测预警模块，汇聚融合山区城市生命线安全运行相关各类数据（基础数据、实时监测监控数据等），分类展示各类监测设备状态和监测数据，包括城市生命线工程所在区域、设备所在位置、设备编号、设备状态、监测时间、实时监测数据等信息，并可查看24h监测曲线、7d监测曲线、30d监测曲线等。通过利用大数据挖掘技术对海量集成数据进行处理与计算，挖掘数据内在规律和变化趋势，与提出的监测大数据融合分析结构安全状态评价理论结合，实现山区城市生命线监测预警。

3.3.3.4 山区城市生命线工程信息共享与智慧决策

从山区城市生命线工程的监测预警、灾害防控、信息共享服务三方面展开研究，建立服务机制，利用该平台为管理部门应急处置决策提供支撑。为管理部门及时准确掌握"城市生命线"整体运行情况提供高效服务，并为相关管理单位提供"城市生命线"突发事件的预警信息。

3.3.4 平台总体架构

3.3.4.1 系统架构

中铁国际生态城基于物联网、云计算、数字孪生、人工智能等关键技术，建设城市生命线工程监测预警平台，旨在为管理人员、物业、业主提供便捷、高端、全面和领先的数字化生命线监测、预警服务，同时提高安全管理效率，优化可用资源、均等公共服务，最终形成集监测预警、灾害防控、信息共享服务于一体的城市生命线工程安全管理体系。城市生命线工程监测预警平台架构整体分为：基础设施层（数据采集层、网络传输层、服务器硬件）、数据中台层、应用服务层和用户层，系统架构图如图3.3-2所示。

图3.3-2 系统架构图

（1）基础设施层：通过端、网、云智能信息基础设施体系聚能，融合感知、传输、存储、计算于一体，共同形成支撑中铁国际生态城城市生命线工程建设的智能信息基础设施，该层是城市生命线工程服务和管理的依托和载体。

前端设备负责数据的采集以及信息的发布，设备覆盖社区、小区、建筑和家庭层面，例如位移计、流量器、有害气体监测仪、视频监控设备等。

网络传输负责实现数据信息的传输和共享，使得各个前端设备、服务器、计算机等可以互相连接、通信和交换数据。服务器硬件是实现数据处理、分析、存储、调用等功能的依托硬件资源，并能完成平台的部署。

（2）数据中台层：在实现社区数据的汇聚共享的基础上，融合关联业务数据、互联网数据以及其他社会信息，满足用户数据按需汇聚、统一存储、统一管理、统一维护的需求，有效解决用户各类数据逻辑孤岛难题。参考国家标准、行业标准，建立数据质量管控体系，对采集的数据等进行数据治理，提高数据的质量，保证数据的安全性（保密性、完整性及可用性）。数据中台层是整个平台的基础组件，包含接入服务、数据采集服务、数据治理服务、数据分析服务等。

接入服务用于接入前端系统中包含的设备数据、平台系统级联数据、转发数据。

数据采集服务用于融合关联业务系统数据、互联网数据以及其他社会信息，满足用户数据按需汇聚要求。

数据治理服务根据用户的业务场景和业务痛点，进行数据挖掘及模型开发服务，对数据进行清洗、转换、挖掘、分析，不断地从多源、分散、碎片化海量数据中提取出新的价值数据，构建以人、地、物、事、组织等为要素的主题数据库，提炼汇总规律分析、关联分析、异常检测等算法模型。

数据分析服务主要是提供业主使用行为数据、员工作业数据、设施设备状态数据、商户运营数据等分析服务，赋能物业管理增效减负，辅助科学决策数据的二次结构化分析，通过数据分析可以将非结构化数据转换为结构化数据存储在结构化信息存储硬件中。

（3）应用服务层：包含业务服务和业务功能。业务功能主要呈现在界面，用于业务展示，其需要的数据由业务服务提供，业务服务为业务功能提供接口。业务服务是公共服务，其不单单只服务于某个业务功能。例如业务服务里面的地图服务，它不仅可以给设备维护功能提供对应的地图数据，还可以给设备预警、自动巡检、应急指挥等功能提供数据。业务系统应用整体分为：桥梁监测预警系统、边坡监测预警系统、供水管网监测预警系统、排水管网监测预警系统、电力监测预警系统、燃气管网监测预警系统。

（4）用户层：平台的服务对象，主要包括业主、物业管理人员、物业员工、检修人员等。

3.3.4.2 网络传输架构

本次中铁国际生态城城市生命线工程监测预警平台的网络将利用现有互联网网络,将云服务器与中心机房交换机连接,实现设备采集数据资源与平台分析数据的存储和调阅,数据传输采用SDK或者WebService协议对接平台,网络传输架构如图3.3-3所示。

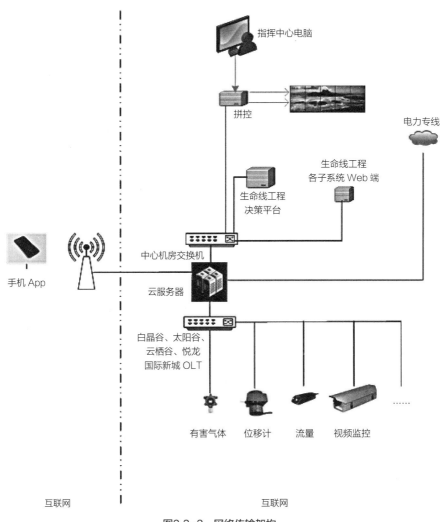

图3.3-3　网络传输架构

3.3.4.3 硬件部署

中铁国际生态城智慧社区业务系统的支撑服务器硬件配置如表3.3-1所示,共5台服务器,这5台服务器实现系统部署、系统测试、数据存储、数据分析、应用系统服务等功能,具体包括:

3台数字化平台服务器，用于部署山区智慧社区城市生命线工程安全运行共享服务云平台及测试环境；

1台数据库/文件服务器用于部署数据库，并用于存储数据文件；

1台分布式服务器，重点用于部署中铁资产认证管理系统的前端和后端服务。

中铁国际生态城智慧社区业务系统的支撑服务器硬件配置　　　　表3.3-1

服务器名称	服务器用途	硬件配置	备注
数字化平台服务器1	部署前端+后端服务	8核32G	—
数字化平台服务器2	部署后端服务	8核32G	—
数字化平台服务器3	部署测试环境	4核32G	测试环境服务器
数据库/文件服务器	部署数据库和文件存储	8核16G	—
分布式服务器	部署前端+后端服务	8核16G	—

5台系统服务器使用企业云的虚拟机部署，以支撑系统服务的正常运行。如果后期信息采集来源增多，业务系统的升级完善，也需要增加相应的服务器硬件资源，做好后续准备。

3.3.4.4 数据架构

1. 主要数据来源

主要包括：城市生命线工程监测子系统（边坡监测预警系统、桥梁监测预警系统、路面凝冰监测预警系统、供水管网监测预警系统、排水管网监测预警系统、燃气管网监测预警系统、电力监测预警系统）前端监测数据，以及系统分析数据、业务报表数据、维护工单数据、人员安排及管理数据等。

2. 系统产生数据

（1）边坡监测预警系统：深部位移、GPS、拉线位移、地下水。

（2）桥梁监测预警系统：环境温湿度、挠度、位移、振动加速度、应变、压力。

（3）路面凝冰监测预警系统：路面温度、路面状况、水膜、冰点的温度、化学剂浓度。

（4）供水管网监测预警系统：液位、流量、水质、压力。

（5）排水管网监测预警系统：液位、流量、水质、毒害气体。

（6）燃气管网监测预警系统：压力、流量、浓度、温度。

（7）电力监测预警系统：电压、电流、有功功率、无功功率、功率因数。

（8）其他数据：系统分析数据、业务报表数据、维护工单数据、人员安排及管理数据。

3. 数据处理支撑技术

数据采集：HTTPS接口协议，实时调用对接方式；

数据存储：MySQL数据库，行存储方式；

数据治理：使用融合ETL方式、元数据和混合自适应BP神经网络的数据仓库集成技术进行数据治理；

数据挖掘分析：使用关联分析、异常检测的算法；分析数据包括业主使用行为数据、员工作业数据、设施设备状态数据、商户运营数据等。

3.3.4.5 逻辑架构

系统的体系结构采用B/S结构，使用前、后端分离的方式进行开发，如图3.3-4所示。

后端采用微服务架构，使用Spring Cloud框架进行开发，保证开发的效率、系统的可扩展性和维护成本。

前端展示采用App+Web+H5三种展现方式，以满足不同用户的需求，其中Web端采用使

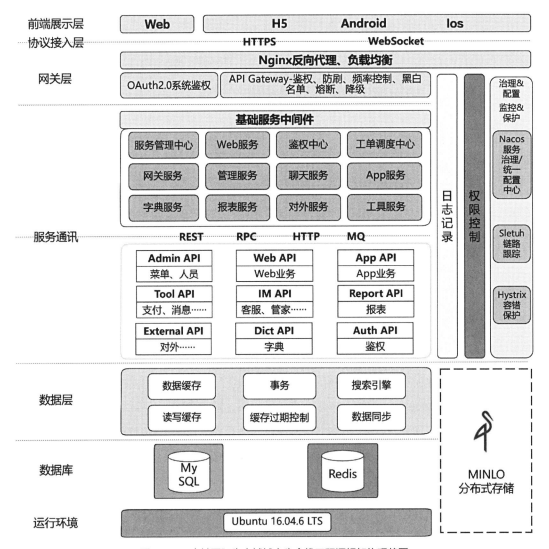

图3.3-4 中铁国际生态城城市生命线工程逻辑架构现状图

用Vue2.0+Element-UI框架进行开发，以提高用户的体验和开发效率。

3.3.4.6 外部接口

中铁国际生态城城市生命线软件系统与外界的所有接口包括软件与硬件之间的接口，以及本系统与其他支持系统和软件之间的接口。接口编码格式如下：

（1）所有的请求和响应消息编码皆为UTF-8格式。

（2）未进行特殊说明的API都使用Post方式，参数内容为Json标准格式的字符串。Content-Type为Application/Json，Charset为UTF-8。

3.3.5 子系统功能模块

3.3.5.1 边坡监测预警子系统

系统可提供对环境温湿度、挠度、位移、振动加速度、应变、压力等监测数据的采集、处理及分析。

1. 交通地理信息管理服务

包括边坡监测信息服务基础数据库及边坡监测专题地理数据图层。

（1）边坡监测信息服务基础数据库包含：边坡监测点位位置数据、监测设备数据。

（2）边坡监测专题地理数据图层包含：边坡监管设施专题应用基础数据加工、整理、制作及创建图层；城市生命线工程边坡专题应用基础数据加工、整理、制作及创建图层。

2. 边坡监测服务

边坡监测服务包括可视化控制台、边坡地图、项目信息总览、边坡布置、项目控制标准、数据采集分析、设备管理和消息管理等内容。

3. 可视化控制台

可视化控制台用于展示当前项目中的统计数据，点击数据可以跳转到相应模块。

（1）边坡及设备信息总览：包括边坡总数、边坡监测点位总数、设备总数、设备在线情况、各类型监测点占比图、各类型仪器占比图。

（2）边坡设备监测最新数据：具体点位信息、监测类型、监测时间、监测数值、预警等级、预警等级占比图。

（3）边坡地图：边坡地图以地图方式显示项目中所有的边坡点位及预警信息，点击边坡预警等级可以显示预警详情。

（4）项目信息总览：项目信息用于展示当前项目的基本信息、项目概况、现场图片、检测结论及附件等。

（5）边坡布置：边坡列表用于显示项目中的边坡信息，可以对边坡信息进行添加、删除和详细信息编辑。

（6）项目控制标准：详细展示整个项目边坡预警标准设置情况，并可启用和暂停各项目级标准。

（7）数据采集分析：实现对各监测边坡的数据进行分析，主要包括边坡总览、工点级控制标准、边坡监测仪器数据。

（8）设备管理和消息管理：通过设备列表展示项目范围内的全部监测设备的概况信息，包括边坡名、监测点名、监测类型、数据更新时间、在线情况等。通过顶部菜单栏的筛选功能，可按边坡名称、监测点名称、设备标识、监测类型进行点位筛选。

（9）消息管理：详细记录项目范围内监测信息的每一次变化记录，并可对监测信息进行详情查看、删除、预警审核等操作。

4. 公路工程地质勘察信息采集App

该App可为在野外展开边坡调研的专业人员进行地质勘察信息采集工作提供便利，其主要功能有日常调绘，地质勘探与测试，调绘复核、检查与验收等。

（1）通用功能：该功能包括用户登录与注册、首页等功能。

（2）日常调绘：该功能中包含日常调绘设置、调绘点初次调绘、调绘点修改与删除和地质界线绘制等功能。

（3）地质勘探与测试：其采集方法与流程是通用的，其采集内容与版本有关。根据与钻孔是否相关，可将其分为与钻孔相关的勘探和测试、与钻孔无关的勘探和测试。

（4）调绘复核、检查与验收：包括复核设置、调绘复核两个步骤。该功能主要是对前期的现场调绘结果在App中进行复核、检查和验收。

3.3.5.2 桥梁监测预警子系统

桥梁结构健康监测系统将桥梁运营安全监测和结构安全评估等功能集中于同一平台进行管理，服务于运营期内两座大桥的养护管理等决策的制定，以保证运营期内桥梁较好的服务水平。功能内容如下：

1. 实时监测数据查看功能

提供数据的采集和实时展示的功能，通过对数据进行采集，实时解算并进行初步分析，对处理结果进行展示。实时数据展示以监测项为分类标准，包括温湿度监测、主梁应力、主梁竖向挠度、地震等。在某一类监测项中，通过图形展示传感器位置分布，同时在页面下方显示传感器实时数据列表、时程曲线、相关性分析等，通过友好的界面清晰直观地展示监测数据，反映桥梁结构和周围环境的实时状态。实时监测模块如图3.3-5所示。

2. 超限预警功能

当某个监测点实时数据值大于设定的超限阈值时，系统将弹出相应的预警信息提示用户，预警信息包括传感器编号、超限等级、超限时间、恢复时间等，同时该预警信息自动写入数据库的预警信息表中，提供用户对历史预警信息的查询功能。同时，系统根据预先设置的分级预警策略对超限数据进行分析，超限预警模块如图3.3–6所示。

3. 数据查询功能

提供各个监测项任意一个传感器历史数据的查询、初步分析功能，可以按照年、月、日和自定义时间段查询某传感器的历史数据，通过数据曲线和数据列表直观展示历史数据查询结果，数据查询模块如图3.3–7所示。

4. 生成监测报告报表功能

向用户提供基于监测数据的统计分析报告，可根据用户事先编辑好的模板格式自动组装、导出、打印相应的报告报表，报表导出格式支持Word、Excel、PDF等常用文档格式。

图3.3–5 实时监测模块

监测点名： 监测点名搜索 筛选

监测点位置	预警等级	预警值	预警结束值	预警时间	预警结束时间	预警持续时间
6号桥塔中跨侧27号拉索处-索力传感器-002	红色预警	6907.7kN		2022-10-25 18:44:41		
6号桥塔边跨侧27号拉索处-索力传感器-002	红色预警	7472.7kN	5779.2kN	2022-10-25 18:44:00	2022-10-25 18:44:41	40秒
5号桥塔中跨侧27号拉索处-索力传感器-001	红色预警	6756.4kN		2022-10-25 18:43:19		
5号桥塔边跨侧1号拉索处-索力传感器-002	红色预警	4009.8kN		2022-10-25 18:43:19		
6号桥塔中跨侧27号拉索处-索力传感器-001	红色预警	6940.8kN	5265kN	2022-10-25 18:43:19	2022-10-25 18:44:41	1分钟21秒
6号桥塔边跨侧1号拉索处-索力传感器-002	黄色预警	3853.6kN		2022-10-25 18:43:19		
5号桥塔边跨侧27号拉索处-索力传感器-001	红色预警	7701.8kN		2022-10-25 18:42:38		
6号桥塔边跨侧1号拉索处-索力传感器-001	红色预警	4006.6kN	3738.6kN	2022-10-25 18:42:38	2022-10-25 18:44:41	2分钟2秒
6号桥塔边跨侧27号拉索处-索力传感器-001	红色预警	7305kN	5425.2kN	2022-10-25 18:42:38	2022-10-25 18:43:19	40秒
5号桥塔边跨侧27号拉索处-索力传感器-002	红色预警	7654.9kN	5703.5kN	2022-10-25 18:41:57	2022-10-25 18:42:38	40秒
5号桥塔边跨侧1号拉索处-索力传感器-002	黄色预警	3925.9kN	3389.5kN	2022-10-25 18:41:57	2022-10-25 18:42:38	40秒

图3.3–6 超限预警模块

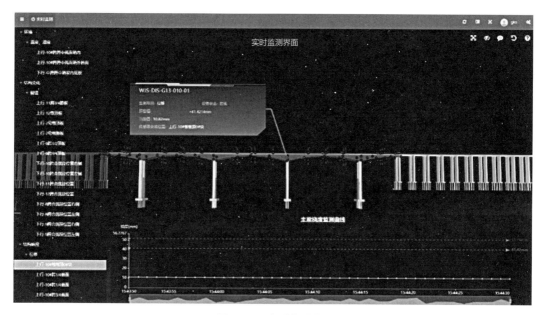

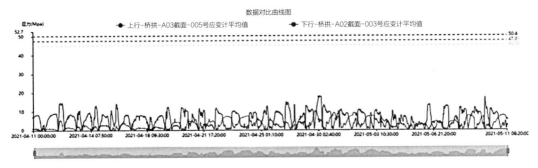

图3.3-7 数据查询模块

5. 信息、文档管理功能

信息管理模块提供桥梁静态信息管理功能，主要包括针对桥梁基础信息，如设计资料、施工资料、竣工资料、荷载试验资料等信息的录入、存储、查询和展示。文档管理模块主要用于管理非结构化数据，例如各种文件类型的文档资料，如设计CAD图纸、桥梁和病害照片、检测和试验报告、人工录入数据表格等。该模块还包含文档资料的可靠存储、访问权限管理和安全管理、文档资料查询、导入导出、打印等基础功能。

6. 桥梁状态评估功能

该模块实现桥梁综合评估报告管理，包括：评估报告录入，一座桥梁可进行多次（如按年度、季度等）综合评估，评估报告分为评估报告基本信息、评估报告概要和评估报告文档；评估报告查询，从桥梁列表进入该桥梁综合评估报告列表页面，在列表页面可以根据评估报告基本信息、评估报告概要等查询综合评估报告。

3.3.5.3 路面凝冰监测预警子系统

1. 传感器管理功能

登录平台，进入路面凝冰子系统主界面，可对路面凝冰探测传感器进行管理，包括浏览、查询、添加、修改、删除等操作。单击"设备信息浏览"菜单，可编辑筛选条件；单击"查找"按钮，以列表方式显示查找结果；在查询浏览页面，点击"浏览""修改""删除"等按钮，将触发对应设备的浏览、修改、删除动作；单击"添加新设备"菜单，在网页右侧输入对应的设备信息，单击"确认"，即可完成操作。

2. 查询与统计功能

查询与统计功能为数据统计和图像统计，数据统计可统计温度、湿度以及液位在某段时间内的变化情况，结果以折线图的形式展现；图像统计可统计某一段时间内摄像头采集回来的图片。

点击单栏的"查询统计"会出现下拉菜单"数据统计""图像查询"，单击"数据统计"出现如图3.3-8所示的界面。可选择需要统计的类型（如温度、湿度），然后选择起始时间和结束时间，点击"确定"按钮会出现统计结果的折线图。

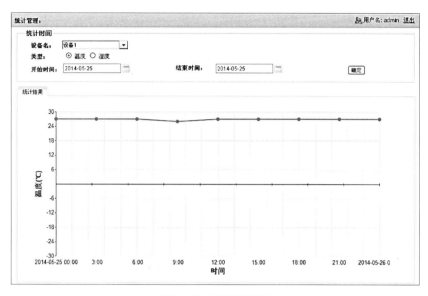

图3.3-8 数据统计界面

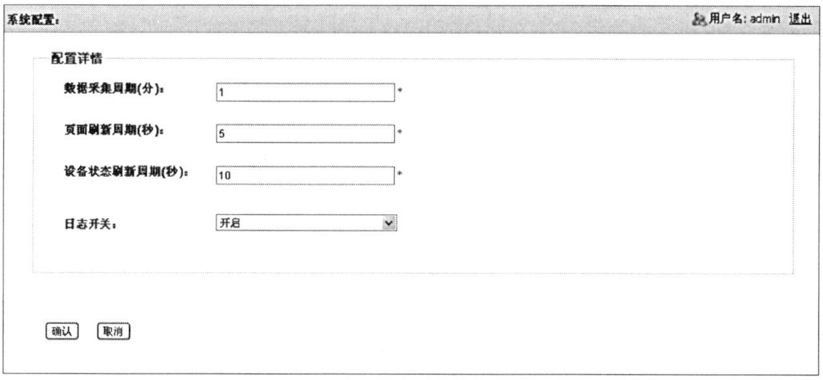

图3.3-9 系统配置界面

3. 凝冰预警功能

根据预先设定的凝冰算法实现凝冰预警功能,凝冰预警有限状态机模型进行预警算法运行时,采用State模式来进行状态的切换。

4. 系统配置功能

系统配置主要提供采样周期、日志开关以及数据库的配置,点击菜单栏的"系统设置"出现如图3.3-9所示的界面。

3.3.5.4 供水管网监测预警子系统

供水管网监测预警系统配套的系统包括Web系统和移动端系统(微信小程序),包括以下主要功能:

图3.3-10 供水管网漏损统计分析

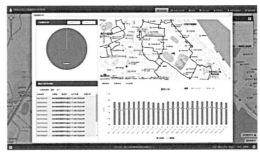
图3.3-11 供水管网监测GIS地图显示

图3.3-12 供水管网设备实时监测

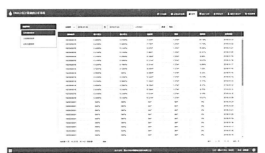
图3.3-13 供水管网监测系统报表

1. 漏损计算（图3.3-10）

系统应用夜间最小流量原理，根据ALR理论，利用物联网技术，高端的智能感知设备，对供水管网的流量以及压力进行实时监控和分析，使计算出来的漏损率更加贴近实际。

2. 在线监测（图3.3-11和图3.3-12）

系统设有设备在线监测模块，能够展示出设备具体的漏损程度分布图，使供水企业对整个管网内漏损情况一目了然。

3. 统计分析（图3.3-13）

系统包含设备漏损分析、全区整体分析、设备数据分析、方案漏损分析、设备历史数据分析、GIS功能等。

4. 移动App

系统配备了DMA设备安装App和DMA监测App，使用者可以直接通过手机端监测设备漏损情况，也可以在手机端随时查看GIS信息、设备压力、瞬时流量、漏损量等信息，实现随时随地实时监测。

3.3.5.5 排水管网监测预警子系统

包括Web系统和移动端系统（微信小程序）具有以下主要功能：

1. 在线监测各指标

（1）液位、流量监测：全流程液位、流速和流量监测，掌握全网运行情况，为管网分析和运行调度提供数据基础。

（2）水质监测：在线监测pH值、温度、电导率、悬浮物、溶解氧、悬浮物等水质指标。

（3）井盖移位监测：井盖移位时自动报警，可及时发现并处理，保障居民出行安全。

（4）有害气体浓度监测：监测管道内硫化氢和甲烷等气体，越限报警，便于及早发现处理，避免管道爆炸事故发生。

（5）视频监控：在易涝点布设视频监控，掌握路面积水实况，以便及时采取防洪排涝措施；在重点排水户、排水口布设红外视频监控，夜间偷排时自动报警并触发拍照，及时发现偷排事件。

2. 智能预警报警

（1）管理者可根据监测预警目标，动态修改和配置监测设备中各种测量的预警值和报警值。

（2）数据越限、电量不足、网络异常、设备故障时，系统自动报警。

（3）便于及时发现管网淤堵、污水溢流等异常现象，快速采取措施避免事故发生，减少人民生命财产损失。

3. 多角度统计分析

（1）自动统计小时均值、日均值、月均值、工作日均值、周末均值等多种形式的数据，按需生成图表，提高管理效率。

（2）生成液位、流速、流量等各类专题图，展示各种测量变化趋势，实现排水管网在线分析、淤堵分析、内涝分析，为管网改造、淤堵处理、应急防汛提供决策依据。

4. 排水管网大数据智能监测

（1）一张图总览整个管网的健康状况，基于管网GIS，显示所有测点位置、数据、报警状态、设备状态。

（2）智能统计分析，辅助管理，智能分析数据变化趋势，图表形式展现，按客户需求生成日、月、年度报表，提高管理效率。

（3）历史数据查询，便于追溯，系统自动生成历史记录，可查询任意时段任意数据。

（4）预警预报，自动提醒，数据越限时自动弹窗报警信息；预警和报警限值可设。

（5）设备及用户管理，可添加、删除、修改设备信息，便于改进和修正监测方案，用户权限可设，以满足多级用户管理需求。

（6）手机App，方便巡检，同步监测、查询数据、接收报警，提高巡检效率，便于及时发现报警信息并处理管网故障。

3.3.5.6 燃气管网监测预警子系统

燃气管网监测功能架构如图3.3-14所示。

燃气管网监测预警系统将所有燃气行业数据与GIS进行结合，不断地扩大空间信息量，为燃气智慧化管理提供充分的基础数据支撑（图3.3-15）。

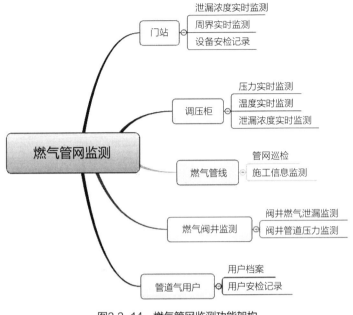

图3.3-14　燃气管网监测功能架构

图3.3-15　燃气管网监测预警平台

1. 燃气管网调压箱柜监测（图3.3-16）

采集和处理管网环境气体监测数据、燃气管网末端压力监测数据、重点用户流量监测数据，相关监测设备能够在一张图上显示及快速定位。

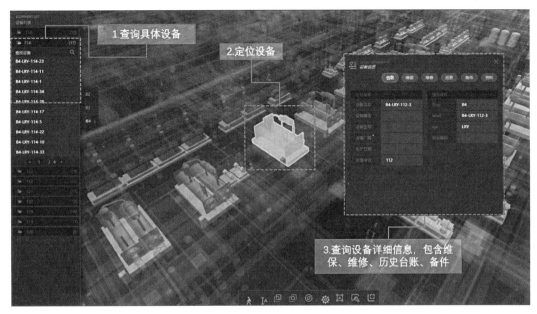

图3.3-16　燃气管网调压柜监测

2. 燃气管网施工监测

施工管理包含施工上报、施工处置及施工档案三部分，可进行应急预案和现场处置等操作。对施工地点在地图上进行定位以及图片显示，方便管理人员及时跟踪处理。

3. 燃气管网移动巡检平台

通过移动终端对燃气场站、供应站等进行检查记录，及时发现隐患、下发整改通知，支持企业整改上报，处置跟踪、审批及结案，实现巡查工作环节的可追溯、管理闭环。提供全面的移动App端支持，实现移动执法、现场取证、执法有据。

4. 燃气管网监测预警大数据平台（图3.3-17）

燃气管网监测预警大数据平台具有以下功能：

（1）该平台可实现GIS一张图总览，关联GIS地图，以分类图标、文字标签、搜索导航等快速准确定位各类型监管对象、监管参数、监管视频等，让燃气安全可视化。

（2）该平台具有SCADA三维仿真建模的功能，模型精细，可以动态仿真模拟现场仪表运行数据，并可旋转各种角度查看。

（3）该平台具有大数据挖掘的功能，支持报表、饼图、曲线图、柱状图等多种图表数据展现方式，让海量数据趋向管理简单化、价值化。

（4）该平台采用光纤、VPN专线等多种方式接入重点区域监控视频，实现重点场所全天候、全区域、全过程可视化监管，消除监管盲区盲时。

（5）该平台可实现轨迹可循，依托智能终端精准GPS导航和定位，实现人员、车辆的精准路线管理，实现车辆越界、超时停滞等异常自动报警。同时，该平台能够实现全生命周期

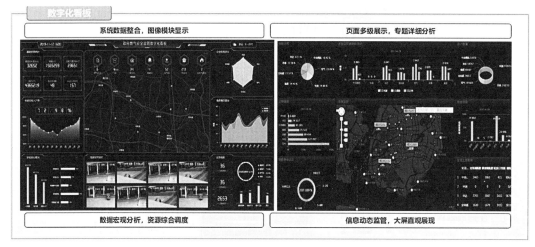

图3.3-17 燃气管网监测预警大数据平台

可追溯,支持燃气钢瓶从购置→充装→复检→配送→置换→回收等全过程的信息可追溯管理,实现底数清、情况明,消除黑作坊、黑气、超期服役等隐患。

(6)实时数据显示,采用物联网智能终端及标准中间库设计,让跨企业信息化管理标准化、统一化、实时化,从而实现信息共享,打破信息孤岛效应。

(7)信息化投诉平台,传统电话呼叫系统+GIS地图+微信投诉反馈等,集多种信息反馈渠道于一体,让燃气应急处理更便捷、高效。

(8)定制化报表,各类量身定做的报表,让信息可读化、可视化、共享化、价值化。

(9)事件处置,通过监管平台,可对安检时提出的隐患整改进行处置跟踪,可对应急情况进行事件处理,对事件的类型、区域、原因等进行记录归档。

(10)统计分析,监管平台对事件各种数据进行统计分析,包括瓶装气企业突发事件占比、管道气突发事件次数统计和管道气事件区域占比等。

(11)企业评价,监管平台各企业进行信用排名、不良行为统计、良好行为统计等,综合各项参数对企业进行评价。

(12)数据共享,实现各级管理部门系统的互联互通、数据共享,建立监管部门与企业的互动沟通桥梁。

3.3.5.7 电力监测预警子系统

电力监控自动化系统可以划为三个基本单元,即监控单元、运算单元、辅助性单元。监控单元主要负责对智能电网的运行状态进行实时监控,主要监控对象包括变电站、输电线路、用户等;运算单元主要负责对采集到的海量电力数据进行云计算,并将计算的结果发送给监控单元和辅助性单元,由监控单元和辅助性单元完成相关逻辑动作;辅助性单元主要负责完成电网运行的相关辅助性工作,即电力调度、故障诊断、运行趋势分析、电力数据库维护等。

1. 实时状态监控

电力自动化监控系统需要采用浏览器／服务器的方式进行信息发布，并在用户终端进行显示，现场实时采集到的数据经过后台的应用程序运算、处理之后，直接在用户终端上显示，对相关设备的运行参数以及运行状态进行实时显示与监控，同时还可以以曲线、参数表等形式进行多元化显示，反映出该项参数的历史变化趋势，由此便能够实现人力资源成本的节约。

2. 智能电力调度与负荷预测

基于先前记录的负荷数据，对当前时间之后的某个时间点或某个时间段的负荷情况进行预测。有很多因素都会对负荷预测产生影响，例如系统的运行特性、线路的拓扑结构、负荷的变化分布情况等，负荷预测需要满足一定程度的精度要求，负荷预测的精准度越高，对电能的合理调度产生的影响就越小，负荷预测是电力系统能量管理的重要组成部分，对电网运行的经济性产生很大影响。

3. 电网故障诊断

电网故障诊断功能能够以采集到的数据为基础，再结合故障诊断策略，判断出故障类型，并实现故障的准确定位，自动采取有效的措施对故障进行处理，最大限度降低故障的影响范围，避免故障的扩大化，同时将故障信息告知工作人员，工作人员对相关故障及故障位置提高关注度，能够有效降低故障发生的概率。电网故障诊断还具备故障预警功能，提前对可能发生故障进行预警，告知电力作业人员可能存在的问题。

3.3.6 系统特点与优势

3.3.6.1 系统特点

1. 适用性

城市生命线工程安全监测预警技术在中铁国际生态城这样一个山区智慧社区内的应用在国内尚属首次，该课题研究成果为城市生命线工程的安全预警技术在山区智慧社区内的应用开创了先河，创新性地构建了桥梁监测预警系统、边坡监测预警系统、路面凝冰监测预警系统三个典型的山区城市交通基础设施监测系统。

全面构建基于交通基础设施、电力系统、供水管网、排水系统、燃气管道监测系统等多模块多元化数据集成的城市生命线工程智慧平台，实现实时监控并感知智慧社区运行状态。根据监测数据通过定位风险的位置、等级和发展态势，对智慧社区城市生命线工程的各子系统风险进行分级监管。

2. 先进性

平台充分考虑各项支撑技术的发展现状，以及数字化、信息化建设管理水平和需求的飞速发展和提高，例如4G/5G技术、物联网技术、大数据技术的引入，以及与监测系统的整合等需求。

3. 灵活使用性

平台配备了DMA设备安装App和DMA监测App，使用者可以直接通过手机端登录使用。平台支持IE、谷歌浏览器、火狐浏览器和360浏览器等多种浏览器，使用者只要在有网络的情况下均可进行操作。

4. 数据处理专业性

建设城市生命线工程数据资源平台，基于城市生命线工程各子系统风险感知技术，通过多元异构数据融合技术集成各子系统数据共享模式，形成适用于山区智慧社区城市生命线工程的监控运行体征指标体系。

通过数据中心设置相关规则对分散在各业务局的资源进行集成、处理、转换，形成标准的数据，存储到信息资源库中。各类信息资源按照统一标准进行分类抽取、整合、存储，保证数据的准确性、完整性、一致性。同时，通过标准化交换接口，规范交换接口服务方式，实现城市生命线工程系统与各业务系统之间信息资源的共享。

5. 实用性

系统综合利用信息化技术建立有效获取、分类存储、自动处理和智能识别的生命线基础数据库，建立高度智能化的直接用于生命线运行管理、应急支撑和领导决策的信息共享平台，经数据整合分析，为管理者及时准确掌握"生命线"整体运行情况提供有效服务，并为相关单位提供"生命线"突发事件的预警信息。

6. 经济性

从经济效益来看，系统可全面监管智慧社区生命线各项体征，预防燃气爆炸、桥梁垮塌、桥梁路面坍塌、大面积停水积水、停气影响群众安全生活的相关问题，保证智慧社区安全运行，提高应急突发事件的预警、处理能力和水平。城市生命线工程监测预警平台的建成在提高物业管理效率的同时，可减少社区在运行管理过程中不必要的人力资源投入，从一定程度上减少了城市生命线工程运营维护过程的资金成本。

3.3.6.2 系统优势

城市生命线工程智慧平台突出实时性、动态化、精准性和智能化，支撑全过程预报、预警、预演、预案的"四预"业务实践，平台具备的主要优势如下：

1. 具有统一的软件架构

针对不同的城市生命线工程子系统的监测项，现场应用了不同的传感器和设备，统一的软件架构一方面使得上位机能通过一致的接口与采集终端交互命令、状态和数据，方便用户使用，另一方面可以极大地提高代码的重用性，使所有终端使用同一套代码，方便开发人员维护代码，降低出错的概率。

2. 具备模块化、可扩展的数据采集功能

由于各采集终端的硬件配置不同，考虑到将来增加、改变测点，调整系统的可能性，数据采集终端的软件为高度模块化，便于开发人员增加新的测点、硬件。

3. 具备强大的分析功能

平台利用物联网技术以及高端的智能感知设备，满足实时监测数据的采集、处理、分析、显示、查询等功能，且将安全监测和安全评估等功能集中于同一平台进行管理，根据监测数据及时对异常响应实施报警，并对健康度和正常使用状况进行评估，服务于管理决策的制定。

3.4 展望

3.4.1 国家、地方政策层面对城市未来发展要求

为强化城市运行安全保障，有效防范事故发生，党中央、国务院各部委以及地方人民政府等相继出台一些政策或指导意见。

3.4.1.1 党中央、国务院关于加强城市风险防控的重要决策部署

2018年，中共中央办公厅、国务院办公厅印发的《关于推进城市安全发展的意见》中提出通过完善安全法规和标准、加强基础设施安全管理，来达到健全公共安全体系的总体要求，加强城市规划、设计、建设、运行等各个环节的安全管理，充分运用科技和信息化手段，加快推进安全风险管控、隐患排查治理体系和机制建设，强化系统性安全防范制度措施落实，严密防范各类事故发生。对城市安全风险进行全面辨识评估，建立城市安全风险信息管理平台，绘制"红、橙、黄、蓝"四色等级安全风险空间分布图。编制城市安全风险白皮书，及时更新发布。

2021年1月，住房和城乡建设部印发的《关于加强城市地下市政基础设施建设的指导意见》要求因地制宜开展以地下设施为主、包括相关地面设施的城市市政基础设施普查，在此基础上建立和完善城市市政基础设施综合管理信息平台，排查治理安全隐患，健全完善风险防控机制。严格依照法律法规及有关规定落实城市地下市政基础设施相关各方责任，加强协同、形成合力，推动工作落实不断完善长效管理机制。运用信息化、智能化等技术推动城市地下市政基础设施管理手段、模式、理念创新，提升运行管理效率和事故监测预警能力。

2021年4月，国家发展改革委印发的《2021年新型城镇化和城乡融合发展重点任务》提出建设新型智慧城市。推进市政公用设施智能化升级，改造交通、公安和水电气热等重点领域终端系统。建设"城市数据大脑"等数字化智慧化管理平台，推动数据整合共享，提升城

市运行管理和应急处置能力。

2021年5月，国家发展改革委、中央网信办、工业和信息化部、国家能源局联合印发的《全国一体化大数据中心协同创新体系算力枢纽实施方案》提出深化数据智能应用。开展一体化城市数据大脑建设，为城市产业结构调整、经济运行监测、社会服务与治理、交通出行、生态环境等领域提供大数据支持。选择公共卫生、自然灾害、市场监管等突发应急场景，试验开展"数据靶场"建设，探索不同应急状态下的数据利用规则和协同机制。

2021年9月26日，国务院安委会办公室、应急管理部下发通知，部署加强城市安全风险防范工作，推广城市生命线安全工程经验做法，要求切实提高城市防控重大风险与突发事件的能力，从本质上提升城市安全治理现代化水平。通知确定合肥、沈阳、南京、青岛、深圳、成都、西安、东营、洛阳、宜昌、常德、佛山、南宁、遵义、北京通州、上海浦东新区、上海黄浦、上海松江共18个城市（区）作为国家城市安全风险综合监测预警工作体系建设试点。

为进一步提升城市安全风险辨识、防范、化解水平，推进安全发展示范城市创建工作，2021年10月9日，国务院安委会办公室印发了《城市安全风险综合监测预警平台建设指南（试行）》。指南在梳理总结各城市安全现状和共性问题基础上，吸收了上海、南京、深圳、合肥、佛山、成都、杭州、烟台、东营等城市安全风险监测预警实践的成果经验，着眼可推广、可复制、可持续，力求突出前瞻性、实用性、操作性，明确城市安全风险综合监测预警平台建设内容以及配套机制保障要求，突出平台建设中的政府统一领导和部门分工协作，确保不断提升城市安全风险监测预警和应急处置能力和水平。主要从风险监测、分析报警、联动处置、技术保障四个方面，分两个阶段在城市生命线工程、公共安全、生产安全、自然灾害防治四个板块建设城市安全风险综合监测预警平台。

3.4.1.2 地方政府关于推进城市生命线安全工程建设的重要意见

2021年，安徽省委办公厅、省政府办公厅印发《关于推广城市生命线安全工程"合肥模式"的意见》，安徽省城市生命线安全工程建设推进工作小组办公室印发《安徽省推广城市生命线安全工程"合肥模式"施工方案》，要求到2022年，基本构建以燃气、桥梁、供水为重点，覆盖16个市建成区及部分县（市）的城市生命线安全工程主框架，到2025年，实现城市生命线安全工程全面覆盖，城市安全风险管控能力显著增强，力争16个市全部建成国家安全发展示范城市，形成城市安全发展的"安徽样板"。

2018年贵州省人民政府在《关于促进大数据云计算人工智能创新发展加快建设数字贵州的意见》中指出"推进北斗导航、物联网基础设施建设。开展物联网试点示范，结合智慧城市建设，以水、电、气表智能计量、公共停车管理、环保监测等为切入点，逐步拓展应用行业和领域范围"。这项工作的开展可以为以后贵州省城市生命线工程安全防控工作的开展奠定基础。2021年国务院安委会办公室、应急管理部下发通知，确定将遵义市作为国家城市安全风险综合监测预警工作体系的18个建设试点之一，目前，遵义市已完成综合监测预警基础平台建设，各专项子系统正在有序推进。

3.4.1.3 住房和城乡建设部关于推进城市生命线安全工程建设的建议

在深入推进试点和总结推广可复制经验的基础上，我国将全面启动城市基础设施生命线安全工程。该工程旨在通过数字化手段，及早发现和管控风险隐患，切实提高城市安全保障能力、维护人民生命财产安全，让城市更健康、更安全、更宜居，不断增强人民群众获得感、幸福感和安全感。

1. "一网统管"生命线

即将全面启动的城市基础设施生命线安全工程，是城市更新和新型城市基础设施建设的重要内容。在推进该工程的过程中，我国将开展城市基础设施普查，建立覆盖地上地下的城市基础设施数据库，找准城市基础设施风险源和风险点，编制城市安全风险清单；推进配套建设物联智能感知设备，逐步实现对城市基础设施生命线运行数据的全面感知、自动采集、监测分析、预警上报；加快城市基础设施监管信息系统整合，在城市运行管理服务平台上搭建综合性的城市基础设施安全运行监管平台，推动城市基础设施生命线运行"一网统管"；完善风险隐患应急处置流程和办法，落实工作责任，建立健全工作机制，切实防范化解风险。

2. 夯实数字化底座

城市基础设施生命线安全工程以物联网、云计算、大数据等信息技术为支撑，搭建监测物联网，建立监测运营体系，形成常态化监测、动态化预警、精准化溯源、协同化处置等核心能力，实现科学预防燃气爆炸、桥梁坍塌、城市内涝、管网泄漏及路面塌陷、城市火灾等城市基础设施生命线重大安全风险。

在城市基础设施生命线安全工程建设中，搭建数字底图是重要前提。未来要着力强化城市基础设施运行数据的采集和应用，持续推进城市管理主题数据库建设，不断夯实基础设施运行安全监管数字底座。依托城市信息模型，将建筑信息模型、地理信息系统和物联网等多项技术统一集成，推进城市基础设施要素信息的"一图汇聚"，形成城市管理精细化工作信息平台的三维底图，实现基础设施生命线数字底图的整体搭建。

3. 打造安全产业集群

城市基础设施生命线安全工程不仅关乎保护人民生命财产安全，也能够带动相关产业的发展。推动城市安全产业成为重点产业，在确保城市安全运行的同时也将产生良好的经济效益。

未来将以城市安全产业作为重点产业链，推进产业发展和示范推广。充分调研，并制定城市安全产业发展行动方案，设立专项产业基金，构建"基金+产业"城市生命线推进模式。组建城市生命线产业集团公司，围绕城市生命线安全工程的数据云平台、监测服务、生态培育等核心业务，构建面向政府、企业及家庭的产业互联网平台，输出城市生命线技术、产品、方案和服务，加快推进城市生命线产业化之路。

成立产业集团公司也是推进城市生命线安全工程中的有益探索，此举有助于城市生命线安全工程的可持续推进，为其他城市推进基础设施生命线安全工程提供了可借鉴的经验。

3.4.2 山区城市生命线安全管控发展需求

山区型城市在地形条件、气候水文、城市建筑、生产环境、交通运输、经济科技、人力资源等方面都不同于平原和沿海城市，影响城市生命线安全的因素与其他地区存在一定的差别，城市生命线系统后续将面临更严峻的挑战以及诸多的薄弱环节和不足之处，如在交通基础设施方面，山区城市的桥梁、边坡和隧道的数量较多，引起的各类潜在危险源也较多。而且山区城市极端天气发生频率高，道路边坡滑坡、道路凝冰问题频发，由于山区地形高差较大，各区供水排水、燃气管网地面标高相差悬殊，加之地质条件复杂，管道的安全稳定性较低，这一系列的不利因素易导致山区城市各类事故隐患和安全风险交织叠加，最终形成灾害链，呈现出事故类型的多样性、连锁性、耦合性等特点，致灾因子的多样性和相互耦合对预测预警和抗灾应变提出更高要求。

山区城市的快速发展与人口聚集，城市生命线工程安全运行风险陡增，具有隐蔽性、复杂性、脆弱性、信息封闭性等特点，未来山区城市生命线工程的管控难度主要体现在安全事故隐患排查难、安全事故构成状况复杂、安全事故预测预警和快速处置难等方面。

目前，在城市生命线安全管控方面，山区城市的相关研究比较滞后，具体开展的工作也落后于平原城市，因此山区城市在国家总体城市生命线安全策略下，立足于山区城市当前经济社会发展和公共安全与应急管理现状，也亟须因地制宜开展城市生命线工程监测预警及灾害防治技术的相关研究工作。

3.4.3 城市生命线工程技术发展趋势

目前，城市生命线工程处于"以建设为主"向"建养并重"转型时期，随着对城市生命线工程的结构要求、服役要求提高，结构健康监测及其相关的病害诊断与分析技术的发展将呈现出新的趋势，主要表现在以下几个方面。

3.4.3.1 监测技术的智能化

1. 传感技术智能化

目前城市生命线工程运行情况的结构健康监测传感器普遍存在精度低、寿命短、集成性差、稳定性差等缺点，随着纳米传感器等新型材料传感器的研制，传感器在精度、耐久性、抗干扰能力、集成化程度方面都有很大的提升。此外，由于传统的传感器只能借助于有线传输,这不仅给传感器布设工作带来了麻烦,还大大降低了使用的灵活度。所以新型传感器多采用无线传输手段进行传输。为了减小信号传输、采集和处理的难度,保证信号传输过程中不失真,新型传感器直接将原始信息转换为标准电信号或标准数字信号。

2. 监测信息分析及状态评估智能化

计算机相关技术的推进也带动了各个领域的发展。在结构损伤识别技术的基础上结合大数据、人工智能等信息学分析技术对城市生命线基础设施结构进行分析评估,这些信息手段的运用也大大地促进了城市生命线基础设施健康监测信息处理的智能化发展。

3. 监测信息展示智能化

传统的城市生命线基础设施结构健康监测信息主要以相关监测数据和文字描述分析为主,缺乏直观性和多样性。随着BIM、VR等智能技术在城市生命线基础设施结构健康监测领域的研究和应用,结构监测信息可以借助这些新型的信息展示手段进行直观、可视化展示,推动了城市生命线基础设施结构健康监测的信息化、多元化发展。

3.4.3.2 数据处理与评估结果的精确化

城市生命线工程运行状态监测旨在实现全生命周期的结构状态监测,随着监测时间的增加必然导致监测数据的递增。运行状态监测数据具有海量、多样的特点,如何从种类繁多、数据量庞大的数据中提取出有效监测信息,从而对整体结构性能和状态参数进行精确分析是现阶段相关领域的一个研究重点。以往的模态识别、相关分析、参数预测、神经网络等相关分析理论具有一定的成效,随着近期大数据分析、人工智能等相关热门理论技术的发展,也为监测信息处理分析提供了新思路,促进了监测信息分析的精确化发展。

3.4.3.3 系统功能的多样化和适用性

由于监测技术不足和监测信息展现手段的单一性,早期的结构健康监测主要以日常监测信息展示为主,并未涉及过多的辅助决策。随着BIM、VR等新型信息展示手段在城市基础设施结构健康监测领域的研究及应用,城市生命线基础设施结构健康监测朝着多样化的方向发展。将健康监测与日常巡检、定期检查等日常养护信息相融合,对结构进行损伤识别、耐久性分析,实现城市生命线基础设施全生命周期、全要素的管养理念。

3.4.3.4 监测系统集群化发展

当前的城市生命线基础设施结构健康监测系统的建立一般是针对特殊的单个结构,相关的监测数据信息也都只存在于孤立的信息平台中,不同监测系统之间的数据不易共享。集群化发展即是通过建立一个通用的监测信息管理平台,将区域范围内的结构健康监测系统都纳入到该公共平台中。建立监测系统之间的信息连接网络,并能实现区域内相同结构类型、不同结构类型城市生命线基础设施损伤规律的对比分析。

在城市生命线基础设施检测中，目前大量采用近距离人工观测或接触式仪器检测，风险高且需投入大量的人员与资金，而且部分关键部位由于位置隐蔽往往难以得到有效的检查，从而导致城市生命线基础设施检测合格但实际承载能力严重受损的情况出现。因此，应大力发展非接触性的表观病害检测，提升隐蔽部位、难检部位的检测能力和检测效率，提升现场记录的自动化和信息化水平。

此外，在数据处理与状态评估方面，充分利用云计算、人工智能技术推进数据处理自动化与智能化，并研发时空数据融合计算，推进检测监测一体化大数据分析，建立城市生命线基础设施健康状态时空演化模型。综合发展传感设备与监测系统管理制度，并面向自动化、智能化发展城市生命线基础设施数据分析技术，从而实现现有城市生命线基础设施健康监测技术瓶颈的突破。

第4章

大型社区智慧应用场景和创新技术应用

4.1 智慧物业

4.2 智慧康养

4.3 智慧运营

4.4 文化教育

4.5 社区政务服务

4.1 智慧物业

随着科技的快速发展，智慧物业已经成为大型智慧社区管理的重要组成部分。通过运用先进的智能化技术，结合创新的应用场景，智慧物业能够提供高效、智能化的社区管理，全面改善居民的生活质量。

本节将介绍智慧物业概述、智慧物业的典型应用场景、新技术在智慧物业中的应用、智慧物业的实施与挑战，并结合智慧物业案例分析，探讨智慧物业的价值和意义。

4.1.1 智慧物业概述

随着城市化进程的快速推进，人民生活水平不断提高，大型社区的数量与规模迅速增加，对物业管理提出了更高的要求。传统的物业管理方式已经无法满足社区需求，在此背景下，智慧物业应运而生。智慧物业综合运用物联网、云计算、大数据、人工智能等技术，实现了对社区设施设备的全面监控，推进了物业管理体系数字化升级，拓展了社区运营服务，提升了居住体验，为社区居民提供更便捷、安全、舒适的居住环境。

智慧物业的主要内容包括智能安防、能源管理、智慧门禁、智慧停车、智能设施维护等方面。同时，随着物联网、人工智能、大数据等新技术的飞速发展，智慧物业领域出现了越来越多的创新应用。通过智能化技术的应用，能够显著提高社区的物业管理水平，提高社区设备的效益和寿命，有效减少能源浪费，提升物业服务质量，全面改善社区环境。

4.1.2 智慧物业的典型应用场景

4.1.2.1 安防和监控

大型智慧社区的物业管理中，社区安全管理至关重要。视频监控和周界报警系统是安防体系的核心组成部分（图4.1-1），对全面提升社区安全管理水平、有效解决安全隐患、保障社区安全具有重要意义。

1. 视频监控

视频监控系统通过使用高清摄像头、监控设备和相关技术，能够对大型智慧社区内外环境进行全面监控，通过实时监控和录像存储，为社区管理提供确凿的证据和实时管控服务，从而为社区安全提供有效的保障。

系统通过摄像头的安装和布局，覆盖社区入口、停车场、公共区域、楼道、游乐场等重要区域和关键位置，通过摄像头记录和存储社区内的实时视频数据，社区管理人员可以随时查看和回放历史视频，以了解社区内发生的事件并收集证据。

视频监控系统具备实时监控功能，可以通过网络和移动设备远程访问社区的视频图像，

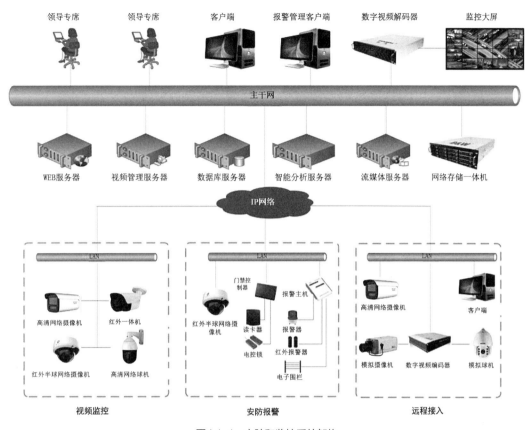

图4.1-1 安防和监控系统架构

随时监视社区的各项活动,并在发现异常行为时立即采取行动。管理者可以通过手机、平板电脑或电脑远程查看实时视频,即使不在现场也能及时响应。

视频监控系统的应用对社区的安全管理产生了显著的积极影响,可以起到预防犯罪、减少盗窃和破坏行为的作用。同时,如果发生违规事件,管理人员可以根据视频监控的录像快速获取证据,加快解决问题的速度。

2. 周界报警

周界报警系统是一种用于保护建筑物、场地或区域周边边界的安全系统。运用红外传感技术,系统通过安装在周界的传感器、探测器和报警设备,实时监测和检测潜在的入侵行为,并及时发出警报通知,防止不法行为的发生。

周界报警系统通常由周界传感器、控制中心、报警设备、远程监控系统组成,通过各功能板块的联动,使物业人员能够在任何时间和地点对系统进行监控和管理,并对报警内容进行迅速处理。

周界报警系统的主要优点包括防止入侵、快速响应、减少安全风险、数据记录和分析等,其特点是通过技术应用,降低人工巡视工作量,提高社区安全防护的效率。

通过视频监控、周界报警等系统的应用,智慧物业能够实现对社区安全的全面管理和监控，有效解决安全隐患，提供强有力的安全保障。

4.1.2.2 能源管理

智慧物业能源管理在物业管理中扮演着重要的角色，对于提高能源利用效率、降低能源消耗、节约成本和保护环境非常重要。通过智能计量、用电监测、用水监测等技术，能够监控和管理物业的能源消耗，提供实时的能源数据和报告，降本增效，推动管理优化。

在居住型物业中，能耗管理系统通过智能电表和智能家居设备，实现对居民的能源消耗进行实时监测和管理。居民可以通过手机应用或在线平台查看和控制自己的能源消耗，自主采取节能措施。同时，物业管理人员也可以利用能耗管理系统实时监控和控制公共区域的能源消耗，提高社区的能源利用效率。

在办公型物业中，能耗管理系统可以帮助监控和管理办公室、公共空间的能源消耗。通过智能计量和用电监测设备，物业管理人员可以实时了解不同办公区域的能耗情况，识别能源消耗高峰和浪费现象，及时采取相应的节能措施。此外，能耗管理系统还可以与其他智能设备整合，自动控制照明、空调等设备，提高能源利用效率和员工的舒适度。

在园区型物业中，能耗管理系统可以监测和管理整个园区的能源消耗。通过集中控制和实时监测，园区管理人员可以对各个建筑、设施和设备的能源消耗进行管理和优化。能耗管理系统可以提供数据分析和报告，帮助园区管理人员识别能耗问题，及时采取措施节约能源和降低运营成本。

在学校型物业中，能耗管理系统可以监控和管理学校的能源消耗，包括教室、实验室、宿舍等区域的能源使用情况。通过实时监测和控制，学校管理人员可以发现能耗浪费并采取相应措施，提高学校的能源利用效率。能耗管理系统还可以为学生和教职员工提供能源教育和意识培训，促进节能意识的培养和实践。

综上所述，智慧物业能源管理在不同类型的物业中都具有重要的应用价值，对实现可持续发展目标、节约能源资源和保护环境都具有积极的影响。

4.1.2.3 出入口门禁管理

智慧物业出入口门禁管理通过智能门禁系统实现对居住社区、商业等场所的出入口进行高效管理和控制，从而提升安全性和便利性。

通过智能门禁系统，可以实现对小区出入口的严格控制和监测，确保只有授权人员或车辆可以进出，有效防止非法入侵、盗窃和其他安全威胁。门禁系统可以记录和存储出入记录，方便日后调查和追溯，为社区安全提供有力支持。

智能门禁管理可以将传统的固定门岗转变为巡逻式门岗，提升人员效率。传统的门岗需要人工操作，容易出现疏漏，或因疲劳导致的安全隐患。智能门禁系统可以自动识别和验证身份，减少人工干预，实现无人值守或少人值守的状态，从而节省人力资源，使物业管理人员能够专注于其他重要的工作和任务。

智慧物业出入口门禁管理的价值还体现在门禁系统与社区管理、政府基层治理的紧密配合中。门禁系统可以与其他智能设备和管理系统集成，如视频监控、停车管理等，形成整体化的安全管理体系。通过数据与信息的共享和交互，门禁系统可以提供及时准确的出入口数据，为社区管理和基层治理提供重要依据，助力社区规划、资源配置和安全决策。

综上所述，通过智能门禁系统，能够实现社区的出入口的高效管理和控制，提升了安全性和便利性，智慧物业出入口门禁管理已经成为现代物业管理中重要的一环。

4.1.2.4 工程设备维保和管理

智慧物业工程设备维保和管理利用物联网和传感技术，对物业设备进行监测、维护和管理，以提高设备的使用寿命和效能。系统通过自动化和智能化的方式，实现对各种设备的全面监控和精确维护，促进了降本增效，为物业管理提供了可靠的支持。

系统通过物联网和传感技术，实时监测工程设备的运行状态和性能指标。通过连接各种传感器和监测装置，系统可以获取设备的实时数据，如电流、电压、温度、湿度、压力、振动等，以及设备的工作参数和运行状况。这些数据可以帮助运维人员及时发现设备异常和故障，进行预测性维护，避免设备故障引发的损失和停工时间。

系统提供维保提醒和计划功能，确保设备的维护和保养定期进行。系统可以根据设备的使用寿命和维护需求，自动生成维保计划，并提醒运维人员进行相应的维护工作，有效地解决了传统维保管理中容易忽略维护周期和工作内容的问题，确保设备始终处于最佳的工作状态。

系统配备巡检功能，能够对设备进行定期巡查和检测，并提供巡检报告和异常处理流程。运维人员可以通过移动终端设备进行巡检，节省时间和提高工作效率。同时，系统可以自动生成巡检报告和异常警报，为运维人员提供决策支持，确保设备的安全和稳定运行。

4.1.2.5 停车场管理

智慧物业停车场管理采用车辆识别和智能导航等技术，通过停车场管理系统的实施应用，能够提高物业管理效率，优化停车场资源的利用。

车辆识别技术是智慧停车场管理的核心。使用摄像头、车牌识别系统或无线传感器等设备，可以准确地识别和记录进出停车场的车辆信息。管理者可以实时监控停车场内车辆流量，并精准统计停车位的使用情况，从而提供可靠的数据支持，以优化停车位分配和空间管理。

智能导航技术对停车管理非常重要，通过使用屏幕、室外指示牌、室内定位和移动应用等提供实时导航指引，帮助车主快速找到可用停车位。智能导航不但能够减少车辆在停车场内的搜索时间，还能提高停车场的入场和出场效率，缓解停车场拥堵问题。同时，智能导航系统可以根据车辆识别数据和空位情况，提供预测性的停车位推荐和导航，进一步提升停车体验。

停车管理平台的建设和运营对于社区商业和增值服务的拓展具有重要价值和意义。通过建设统一的停车管理平台，整合多个停车场的管理，实现停车位的共享和资源优化，方便了车主的停车体验，提高了停车场的使用效率。同时，平台化的停车场管理能够消除信息孤岛，统一业务操作流程，提升管理精细度，有效杜绝"跑冒滴漏"等问题。另外，停车管理平台还可以与其他业态进行融合，例如商业中心、购物中心和酒店等，通过提供便捷的停车服务，吸引更多用户到访，并提供增值服务，如优惠券、电子支付和会员积分等，促进消费增长。

综上所述，通过停车场管理系统的使用，统一建设停车平台，能够有效提升停车场管理效率。平台化停车管理不仅为社区商业和增值服务的拓展提供了价值，同时也提供了便利的停车体验，提升客户满意度。

4.1.2.6 数据分析和决策支持

通过数据采集和分析，能够为物业管理提供了强有力的决策支持，帮助物业公司不断优化物业运营和改善居民服务。数据分析在物业管理的资源优化、人员优化和服务体验提升等方面发挥着重要的作用。

数据分析可以帮助物业管理者进行资源优化。通过收集和分析各项物业运营数据，如能源消耗、设备利用率和空置率等，管理者可以深入了解物业资源的使用情况，并根据数据结果制定相应的优化策略。例如，根据能源消耗数据，可以调整设备的使用时段或更换能效更高的设备，从而实现能源的节约；根据空置率数据，可以合理调配停车位或商业空间的使用，最大限度地提高资源利用效率。

数据分析可以支持人员优化。通过对员工工作数据的分析，如工作时长、工作效率和绩效指标等，管理者可以评估员工的表现和工作负荷，并提供有针对性的培训和指导。此外，数据分析还可以帮助确定最佳人员配置，确保在不同业务高峰期有足够的人力资源，提高服务效率并满足居民需求。

数据分析能够改善居民服务体验。通过对居民反馈、投诉和满意度等数据进行分析，管理者可以了解居民的需求、关注点和痛点，并据此优化物业服务。例如，通过分析投诉数据，可以识别出常见问题，并及时采取措施解决问题，提高居民满意度；通过分析满意度调查数据，可以洞察居民对物业服务的评价，以便及时调整和改进服务标准和流程，提升整体服务体验。

综上所述，智慧物业数据分析和决策支持通过数据采集和分析，为物业管理提供了重要的决策支持；另外还能够帮助物业公司系统化提升管理水平，并以数据为依据优化决策，持续提升物业运营效率和居民满意度。

4.1.3 新技术在智慧物业中的应用

4.1.3.1 物联网在智慧物业中的应用

物联网（Internet of Things，IoT）技术是一门新兴的技术，它将各种设备连接至互联网，实现互联互通，提高设备智能化，促进信息交流和实时监控。

物联网在智慧物业领域有广泛的应用，已经成为提升物业管理效率和响应速度的重要工具。通过连接各种设备，物业管理者可以实时监控和控制多个设备，实现设备的互动协作、功能组合，从而整体优化物业管理体系，推动运营提升。

物联网技术在物业管理中有以下几方面的典型应用：

1. 远程水电抄表技术，促进低碳节能效应

利用物联网技术，物业管理可以采用远程水电抄表技术，以替代传统的人工抄表方式（图4.1-2）。通过安装智能水表和电表，数据可以自动采集，实时传输到物业管理系统，实现远程抄表和电费计量。远程抄表不仅避免了居民和物业人员的额外工作量，还减少了纸质统计和数据处理的环节，提高了数据准确性和工作效率。同时，远程抄表技术还可以帮助物业管理者监测能源消耗情况，及时发现异常，调整设备使用策略，逐步实现低碳节能的目标。

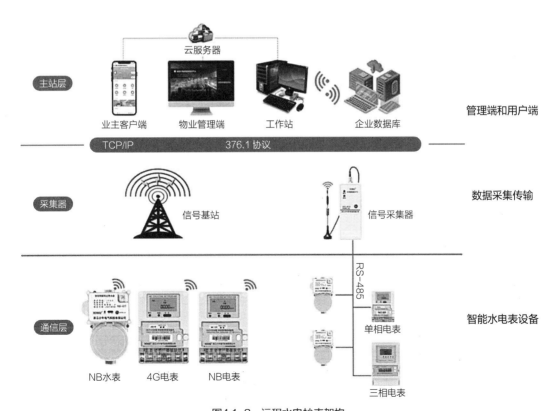

图4.1-2 远程水电抄表架构

通过安装智能水表和电表，居民的用水和用电数据可以实时上传到物业管理系统中。通过对水电消耗的实时监测和分析，物业管理者还可以识别异常用量情况，及时发现漏水或能源浪费问题，并采取相应措施，提高节能效率。

2. 智能家居与物业管理系统联动

物联网技术可以实现智能家居设备与物业管理系统的联动，从而提供更便捷的服务和安全保障。

例如，智能家居中的燃气监测器和烟雾探测器可以与物业管理系统进行连接，当检测到燃气泄漏或烟雾时，智能家居设备会立即发送警报信息到物业管理系统，管理人员可以及时接收到警报，并采取相应措施。除物业公司外，系统还可以与政府基层治理组织、相关服务提供商或应急机构进行联动，实现自动报警和紧急处理，提升社区的安全感。

另外，智能家居中的门禁系统也可以与物业管理系统进行联动。物业管理系统可以实时接收门禁系统的开关记录和访客信息，管理人员可以通过系统对小区出入人员进行监测和管理。例如，当有访客到访时，门禁系统将自动通知物业管理系统，并进行身份验证，管理人员可以远程授权或拒绝访客进入，并记录访客信息，提高安全性和方便性。

3. 社区公共设施的联动应用

物联网技术还可以应用于社区公共设施的联动管理。例如，社区活动中心、球场和泳池等场所可以配备智能预约系统，通过物联网技术与物业管理系统连接。居民可以通过手机应用或网络平台预约使用这些设施，而物业管理系统可以实时显示设施的占用情况，并自动确认预约，居民可以更加方便地预约社区公共设施，避免冲突和浪费。

另外，通过物联网技术联动物业服务和社区活动空间的设备，可以应用于社区公共设施的管理。在公共设施上加装控制开关，只有经过授权的居民或预约的用户，才能使用这些设施，设施的开关记录也会被反馈给物业管理系统，提高设施的安全性和管理效率。

综上所述，物联网技术在智慧物业中的应用可以实现各种设备的互联互通，提高物业管理的效率和响应速度。通过远程水电抄表技术、智能家居与物业管理系统联动以及社区公共设施的联动，物业管理者可以更好地掌握资源使用情况、提供便捷的居民服务，提升整体的物业管理水平。

4.1.3.2 人工智能在智慧物业中的应用

人工智能（Artificial Intelligence，AI）技术是一种模拟人类智能的技术，利用计算机算法和数据分析来实现智能化的决策和任务执行，可以解决复杂问题，处理大规模数据，并自动学习和改进自身的性能。人工智能技术包括机器学习、深度学习、自然语言处理等，被广泛应用于语音识别、图像处理、智能推荐、自动驾驶等领域。

人工智能在智慧物业中的应用广泛而多样，以下是几个典型场景的案例介绍：

1. 视频识别垃圾桶满溢和清扫提醒

运用摄像头和视频图像识别技术，可以实时监测垃圾桶的状态，并使用人工智能算法进行垃圾桶满溢的识别。当垃圾桶达到预设的满溢程度时，系统会自动发出提醒给物业管理人员以进行及时清扫，这种技术可以大大提高垃圾管理的效率和响应速度，同时降低了资源浪费和环境污染的风险。

例如，社区物业引入了视频识别技术来监控垃圾桶的状态，摄像头会不断拍摄垃圾桶的图像，并通过人工智能算法识别出是否满溢。一旦垃圾桶被检测到满溢，系统会自动发送通知给物业人员，并提供垃圾桶所在位置的提示，物业人员可以迅速定位并清理满溢的垃圾桶，提高了垃圾管理的效率和质量。

2. 基于视频监控的自动巡检技术

基于人工智能的视频监控技术能够对监控视频进行实时分析和处理，用于自动检测异常情况并发出警报。该技术通过使用深度学习和图像识别算法，能够自动识别出例如烟雾、火灾、闯入等安全问题。一旦异常情况被检测到，系统会立即发送通知给物业管理人员，迅速采取适当的措施。

通过在重要区域安装高清摄像头，系统会对监控视频进行实时分析，识别出异常活动，如未经授权的人员闯入、疑似火灾等。在发现异常情况后，系统会立即发送警报通知物业人员，以便他们能够采取紧急措施，保证人身和财产安全。

3. 智能机器人客服

在物业管理中，物业公司可以利用基于人工智能技术的机器人客服系统。智能机器人通过吸收大量的物业服务和社区信息，有针对性地进行模型训练，可以与租户进行智能化的问答交互，提供信息咨询、处理报修等服务。此外，机器人客服还可以与其他智能化设备进行联动，以实现更高效的物业服务。

例如，某办公区写字楼使用机器人客服系统来提升服务质量。租户可以通过与机器人进行语音或文字交互，咨询有关楼内设施、服务事项等。机器人客服可以根据预设的知识库和算法智能回答问题，提供及时的帮助。此外，机器人客服系统还与电梯系统、机器人巡检系统、客服前台系统等其他设备进行联动，以实现自动协调和处理各类需求，提升写字楼物业管理的智能化水平和服务体验。

人工智能在智慧物业中的潜力巨大，通过数据分析、预测和优化管理，能够有效提高物业管理的智能化水平。

4.1.3.3 大数据分析在智慧物业中的应用

大数据技术是一种处理和分析大规模、高维度、复杂和实时数据的技术，它包括数据收集、存储、处理、分析和可视化等，通过提取有价值的信息和洞察，进而支持决策制定和业务优化。

在智慧物业中,大数据分析发挥着重要作用,通过挖掘数据之间的关联,能够为物业管理提供决策指导,提升管理效率。

以下是几个场景的实际案例说明:

1. 物业工程设备健康度预测

在工程设备健康度预测方面,使用大数据技术可以通过传感信息、数据模型等,预测物业工程设备的健康状况,及时维修并提升可靠性,处理过程如下:

(1)数据采集:工程设备安装各种传感器,例如电压传感器、温湿度传感器、压力传感器、振动传感器等,用于实时监测设备的运行状态。这些传感器会收集大量的数据,包括设备温湿度、供水管壁压力、供电电压、供电电流、时间等。

(2)数据存储与处理:采集到的传感器数据被存储在数据库或数据仓库中。使用大数据技术,如分布式存储和处理技术,对数据进行处理和分析。

(3)数据建模:在数据处理过程中,使用机器学习算法和统计模型来构建设备健康度预测模型。这些模型利用历史数据和特征提取技术,分析传感器数据与设备健康状况之间的关联。

(4)健康状态预测:通过将实时传感器数据输入到预测模型中,可以预测设备的健康状况,例如判断设备是否正常运行、是否存在故障迹象等。

(5)维修和可靠性提升:基于设备健康状况的预测结果,物业管理者可以及时采取维修措施,修复或更换有故障风险的设备,从而减少停机时间、提升设备的可靠性和运行效率。

通过工程设备健康度预测,物业管理者能够实时监测工程设备的状态,并通过预测来提前维护设备,从而降低损坏风险和维修成本,提高工作效率。

2. 智能停车分析

在智能停车分析方面,通过分析停车场数据,提供实时的停车位信息,引导车辆快速找到空闲停车位,减少拥堵和寻找停车位所需的时间。一般来说,处理过程大致分为以下几个方面:

(1)数据收集:停车场通常配备了传感器和摄像头,用以监测停车场的实时状态。传感器和摄像头自动采集相关数据,如车辆进出时间、停车位占用情况以及车流量等。

(2)数据处理与分析:收集到的停车场数据经过数据处理和清洗,然后使用大数据技术进行分析。利用数据处理工具和算法,可以提取有关停车位占用和车流量的有用信息。

(3)提供停车位信息:通过分析数据,可以实时提供停车场的停车位信息。这些信息可以通过智能手机应用程序、网站或电子显示屏等形式进行展示。车主可以查看停车位的实时可用性,选择最近的空闲停车位,减少寻找停车位所需的时间。

(4)车辆导航与指引:根据分析结果,停车场管理系统可以提供车辆导航和指引。车主可以使用智能手机导航应用程序或路标指示,以最快的方式到达可用的停车位。

通过智能停车分析，停车场管理者能够优化停车资源的利用，减少拥堵和排队等待的情况，提高停车场的效率和用户体验。

通过运用大数据技术，物业管理者可以实时监测和预测设备健康状况，提供更智能的停车服务，进一步改善物业管理和用户体验。

4.1.3.4 边缘计算技术在智慧物业中的应用

边缘计算技术是一项新兴的计算模型技术，它将计算和存储资源靠近数据源和终端设备，以提供更快速、实时的数据处理和决策能力。边缘计算将计算任务和数据处理推向物理接近数据源的边缘设备，减少数据传输延迟和网络带宽需求，同时增加了系统的可靠性和安全性。

云计算是一种基于网络的计算模型，它通过网络提供计算和存储资源，用户可以根据需要使用这些资源。云计算将计算和存储任务集中在云端的数据中心，通过网络提供服务，向用户提供弹性、可扩展和灵活的计算能力，无须用户采购和维护昂贵的硬件设备。

在智慧物业中，边缘计算与云计算相结合，可以为智慧物业系统提供强大的计算和存储能力，实现实时数据处理和决策，提高系统的稳定性和响应速度。以下是典型的技术应用场景：

1. 视频监控中心集成应用

在智慧物业中，视频监控是至关重要的安全保障措施之一，除了基本的安全防护和监控管理外，还有大量的拓展空间。

物业管理的一级和二级调度指挥中心是物业运营管理的两级服务机构。一级调度指挥中心是物业管理的核心机构，负责制定和执行物业管理策略、规划和监督日常运营活动，统筹解决物业管理中的问题和紧急情况。二级调度指挥中心作为一级调度指挥中心的支持机构，主要负责日常的维护和运行管理，并根据一级指挥中心的安排，调度维护人员前往相应地点进行维修、保养和服务工作。

通过边缘计算技术可以与云计算相结合，可以实现一、二级物业调度指挥中心的联动，提供更丰富和智能的视频监控系统。

（1）视频数据采集：智慧物业中的监控摄像头将实时采集视频数据，包括物业区域的实时画面、人员活动等。

（2）边缘计算设备：在各个物业区域的边缘设备部署边缘计算单元，如边缘服务器或边缘网关。这些边缘设备具备计算和存储能力，可以进行实时的数据处理和决策。

（3）边缘计算处理：边缘设备负责对视频数据进行初步处理，包括实时的视频流分析、人脸识别、异常检测等。边缘设备可利用预先建立的模型和算法对视频数据进行本地处理，减少数据传输和延迟。

（4）云计算集成：经过边缘计算处理后，关键的视频数据和分析结果可以发送到云端进行进一步的存储和分析。云计算平台提供更大规模的计算和存储能力，并与边缘计算设备实现联动。

（5）一、二级物业调度指挥中心联动：通过云计算平台，一级物业调度指挥中心可以实时获取边缘设备的数据和分析结果，同时将指令和决策信息传输回边缘设备，从而实现整体监控和指挥的联动。

例如，大型智慧住宅小区的智慧物业系统中，部署了边缘服务器和摄像头设备。摄像头设备实时采集小区各个区域的视频数据，并通过边缘服务器进行实时处理，例如人脸识别和车牌识别。边缘服务器将关键的识别结果发送到云端进行存储，并提供给一级物业调度指挥中心。一级物业调度指挥中心可以实时监控小区的安全状况，同时指令和决策信息也可以传输回边缘服务器，使其完成相应的操作。通过云计算和边缘计算的联动，实现了安全监控的一体化管理和高效运作。

2. 智能停车场盒子

智能停车场盒子是在物业内部部署的边缘设备（图4.1-3），如监控摄像头和传感器等。它能实现实时数据处理和决策，提供离线应用，提高系统的稳定性和响应速度。其功能特点如下：

（1）数据采集：智能停车场盒子安装在停车场内部，通过摄像头和传感器等设备采集停车场实时数据，如车辆进出时间、停车位占用情况等。

（2）实时数据处理与决策：智能停车场盒子具备边缘计算能力，能够实时分析和处理停车场的实时数据。它可以进行车辆计数、流量分析、空闲停车位检测等实时监测工作，并做出相应的决策，例如引导车辆前往空闲停车位、发送警报等。

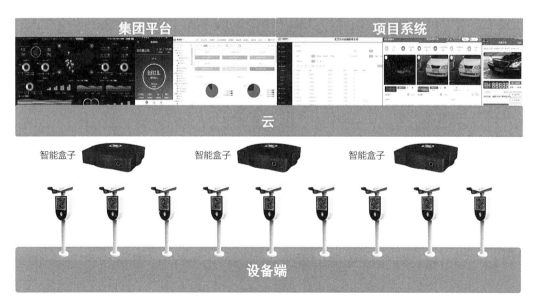

图4.1-3　智能停车场盒子应用架构

（3）离线应用：智能停车场盒子还可以实现离线应用功能，即在无互联网连接的情况下，仍能进行数据处理和决策。这种能力使得停车场系统更加稳定，即使在网络故障或云端不可靠的情况下，仍能正常工作。

（4）信息集成：智能停车场盒子可以跟停车库场系统、停车云平台、移动终端等多种设备和系统集成，实现服务的快速响应。随着技术的快速更新，具备集成能力的智能停车场盒子，在整体降低停车场的建设改造成本、提高稳定性等方面发挥着越发重要的作用。

停车场盒子通过安装在停车场入口的摄像头，实时采集车辆进出信息，并使用边缘计算能力实时计算停车场剩余空位数量。盒子还可检测每个停车位是否被占用，以及车辆进出的有效性。通过分析实时数据，系统可以提供准确的可用停车位信息，并将其展示在停车场入口的电子显示屏上，帮助用户快速找到空闲停车位。同时，智能停车场盒子不依赖云计算，可以独立运行，保证了系统在网络连接中断或不稳定的情况下仍能正常工作。

综上所述，边缘计算技术在智慧物业中的应用可以与云计算相结合，提供强大的计算和存储能力，支持智慧物业系统的运行和数据处理。边缘计算和云计算技术结合运营，能够提高系统的效率、稳定性和响应速度，为智慧物业带来更好的用户体验和运营效果。

4.1.3.5 移动互联网技术在智慧物业的应用

移动互联网技术是将互联网与移动通信技术相结合，以满足人们在移动设备上获取信息、进行交流和使用在线服务的需求。它使得人们可以通过智能手机、平板电脑和其他移动设备实时连接到互联网，并享受各种在线服务和应用程序的便利。

移动互联网技术的关键组成部分包括移动设备、移动应用程序、移动操作系统、移动网络等。

移动互联网技术的应用十分广泛，其发展为智慧物业带来了许多便利和创新的方案，居民能够随时随地通过手机或平板电脑来管理和享受物业服务。

一种典型的应用场景是通过移动App/小程序实现物业服务的移动线上化。这种应用将多个核心板块整合在一个综合性的场景中，包括缴费、报事报修以及社区活动等。例如，某物业项目推出一款移动应用，配套搭建了微信小程序，提供物业管理线上化功能，主要的功能板块包括：

1. 线上缴费

居民可以轻松查看电费、水费、物业费、车位管理费等费用的账单，并在线完成缴费。用户可以选择不同的支付方式，如银行卡支付、支付宝或微信支付等，实现无现金化的缴费体验。居民还可以查看缴费记录和历史账单，方便进行财务管理。

2. 报事报修

通过移动应用，用户可以随时报告物业问题和需要维修的项目，拍照上传问题照片，并提供详细描述。物业管理团队收到报事报修需求后,可以及时处理,并通过应用向居民反馈处理进度,居民可以实时追踪报修状态,并对服务进行评价,提高沟通效率和问题解决的速度。

3. 社区活动

社区活动信息的发布和报名功能,居民可以浏览最新的社区活动、社团组织和邻里聚会等信息,并在线报名参加感兴趣的活动,可以促进居民之间的互动和社交,增强社区凝聚力。

通过移动应用,居民可以方便地使用物业服务,避免了传统繁琐的线下操作和排队等待。同时,物业管理团队也能更高效地处理各类需求和问题,提高工作效率。这种移动线上化的物业服务应用实例,提供了更便捷、快速的服务体验,推动了智慧物业的发展,提升居民的生活品质。

4.1.4 智慧物业的实施与挑战

4.1.4.1 智慧物业实施方法

1. 智慧物业项目的建设方案

智慧物业实施的建设方案与传统的数字化项目建设相似,主要包括需求分析、系统设计、技术选型等环节。在实施过程中,需要全面考虑物业管理需求和技术可行性,编制科学、合理的实施方案,需要注意以下要点:

1)需求分析

进行全面的需求调研和分析,了解物业管理的具体需求和问题。与物业管理团队密切合作,收集他们的意见和建议,明确实施目标和关键业务流程。

2)系统设计

根据需求分析结果,进行系统设计,确定系统的核心功能和模块。设计阶段要考虑用户友好性、可扩展性、安全性和灵活性等因素,确保系统能够满足不断变化的需求。

3)技术选型

根据需求和系统设计,评估和选择合适的技术方案和平台,考虑技术的稳定性、可靠性、安全性和适应性,确保选择的技术能够支持物业管理的各项需求。

4)充分试点

智慧物业方案需要选取合适的项目,先在小范围充分进行试点,可以是一栋楼宇、一个小区或者园区。通过试点实施,可以评估系统的可行性、可靠性和用户体验,并及时调整和改进。同时,要建立问题反馈和改进机制,做好试点总结。

5)实施推广

基于试点成果,经评估可行后,进行大范围的实施推广。在实施过程中,要进行详细的计划和执行，确保项目按时、按质、按量完成。同时，在实施推广阶段，要加强培训，提升物业管理团队的技能和操作水平，确保他们能够充分利用智慧物业系统。

2. 智慧物业项目的实施要点

在智慧物业实施过程中，由于物业管理行业的特点，还需要特别注意以下要点：

1）强化操作培训

考虑到物业管理人员的高流动性，操作培训是关键。应提供全面的培训计划和培训材料，确保物业管理团队熟悉系统操作和功能，提高他们的技能水平。

2）产品移动化

物业服务人员大多不具备使用桌面电脑的条件，智慧物业系统应配套移动端应用，支持移动设备的访问和操作。系统界面要简洁、直观、易用，以便用户能够快速上手和操作。

3）与绩效考核结合

系统应用要与物业管理结合，与现有的管理流程和考核体系相结合。需要对使用情况进行量化记录，既要重视结果指标，也要关注过程指标，将系统应用情况和物业管理团队考核相结合，保障系统的实用化水平。

通过以上措施，可以有效地推动智慧物业的实施，提高物业管理的效率、质量和服务水平。

4.1.4.2 智慧物业项目管理

智慧物业项目管理和团队建设方面，需要重点关注如下方面：

1. 建设专业团队

在智慧物业项目中，建立一个专业的项目团队是基础。团队成员应拥有广泛的专业知识和技能，包括项目管理、技术专长、业务分析等。通过内部遴选和招聘高素质的团队成员，并为其提供持续的培训和发展机会，确保团队具备应对各种复杂挑战的能力。

2. 跨部门协作与协调

智慧物业项目需要跨越多个部门和利益相关方进行协作与协调。为了确保项目实施成功，建立有效的沟通渠道和合作机制至关重要。定期召开跨部门会议，设立项目联络人，建立共享平台和工作流程，以促进信息的流通和决策的迅速执行。

3. 沟通机制与信息共享

在智慧物业项目管理中，清晰明确的沟通机制是确保团队协作和项目顺利推进的关键。建立定期的沟通渠道，包括项目会议、例会和报告，以确保团队成员及时了解项目的进展和问题。同时，通过建立信息共享平台和知识库，促进团队间的知识共享和经验积累。

4. 持续改进与优化

智慧物业项目是一个持续改进的过程。团队应建立适当的监测和评估机制，定期收集用户反馈和项目绩效数据，发现问题和改进机会。借助敏捷项目管理原则和持续集成方法，团队可以快速响应变化，并持续优化项目交付和运营流程。

5. 激励机制与团队动力

激励机制是激发团队成员积极性和创造力的重要手段。通过建立合理的奖励制度、晋升机会和培训发展计划，可以提高团队成员的工作动力和满意度。此外，建立积极的团队文化和肯定成就的氛围，也对团队的凝聚力和持续发展至关重要。

上述措施有助于建立一个高效的智慧物业项目管理团队，推动项目成功实施和可持续运营，推动实现智慧物业项目的成功。

4.1.4.3 隐私和安全问题

智慧物业的建设会涉及大量的个人信息，需要非常注重隐私信息保护，可以参考以下原则和措施：

1. 数据收集与使用原则

明确规定个人信息的收集范围，并仅收集必要的信息。同时，项目团队应遵循合法、正当、必要的原则使用个人信息，禁止未经授权的信息共享和滥用。

2. 数据安全存储与访问

个人信息应安全存储，并采取适当的加密、权限控制和监测等措施，以防止未经授权的访问和数据泄露。团队成员需接受隐私保护培训，并签署保密协议。

3. 透明度与用户权利

用户应清楚了解个人信息的收集和使用目的，具有访问、更正、删除个人信息的权利。项目团队应提供明确的隐私政策和用户协议，并建立便捷的用户申诉和处理机制。

4. 安全意识与培训

项目团队成员应具备良好的安全意识，了解安全风险，并接受定期的安全培训和教育。安全意识包括密码安全、网络防护、恶意软件防范等方面的知识。

5. 加强网络安全管理

智慧物业系统应建立安全的网络架构，包括防火墙、入侵检测系统、数据加密等，以防止恶意攻击和未授权访问。同时，定期进行漏洞评估和安全检查，及时修补系统漏洞。

6. 建立应急响应与恢复

建立应急响应机制，及时发现和处置安全事件。制定详细的恢复计划，确保在遭受安全漏洞或攻击后能够迅速恢复系统正常运行，并尽量减少对用户的影响。

7. 加强安全审计和监控

建立安全审计机制，记录、监控和审计系统的安全操作，包括对数据访问日志的监控和分析，以及对重要系统和设备的漏洞扫描和检测。

通过以上措施，提升智慧物业项目的信息安全管理意识，强化隐私保护，有效保障用户信息和系统安全。

4.1.4.4 监管和合规性问题

1. 行业监管政策

智慧物业管理和运营受到政府相关监管机构的监督和管理。中央和地方政府颁布了相关政策，需确保智慧物业项目符合法规要求。

智慧物业涉及大量个人信息的收集和使用，因此，个人信息保护法规也是必须遵守的监管要求。例如，我国近年来颁布了《中华人民共和国个人信息保护法》《电信和互联网用户个人信息保护规定》等法律法规，都对个人信息的合法、合规处理提出了明确要求。同时，相关的技术标准将陆续推出，如《信息安全技术 个人信息处理中告知和同意的实施指南》GB/T 42574—2023和《信息安全技术 移动互联网应用程序（App）个人信息安全测评规范》GB/T 42582—2023等。

智慧物业系统的安全和网络安全也必须受到相关法规的监管。例如，《中华人民共和国网络安全法》和《信息安全技术 网络安全等级保护基本要求》GB/T 22239—2019等都要求智慧物业项目具备必要的安全防护措施，防止数据泄露和网络攻击。

2. 合规性问题

智慧物业需要遵守个人信息保护法规，确保个人信息的合法获取、使用和保护。智慧物业项目应制定隐私政策，并采取相应的技术和管理措施，保护居民的隐私权益。

智慧物业系统涉及安全管理和防护，需要符合相关法规的要求。团队应建立安全运维机制，包括安全意识培训、安全漏洞修复、应急响应等，确保系统的安全合规性。

智慧物业团队需要了解并遵守相关法规和政策，包括建筑规范、环境保护、消防安全等。同时，协调与政府监管机构的合作，配合政府的检查和审批程序，确保项目运营合规。

3. 风险与挑战

随着法规和政策的不断调整和更新，智慧物业项目需要及时了解相关法律法规的变化，并进行相应的调整和合规性检查，以降低风险。

智慧物业涉及大量个人信息和数据流通，存在数据泄露和非法获取的风险。团队需要建立完善的数据安全机制，加强网络安全防护，以保护居民的隐私和数据安全。

智慧物业项目可能需要与第三方合作，如物业管理公司、技术供应商等。在选择合作伙伴时，要考虑其合规性和隐私保护能力，以确保整个项目符合要求。

通过以上对智慧物业管理和运营涉及的行业监管政策以及合规性问题的分析，团队可以更好地了解和应对监管要求；其应制定相应的内部规章制度和流程，确保项目合规，并建立风险管理机制，以应对潜在的风险和挑战。

4.1.5 智慧物业案例分析

中铁慧生活科技服务有限公司（以下简称"中铁慧生活"）是世界500强企业中国中铁股份有限公司下属的中铁置业集团有限公司的全资子公司，致力于打造高品质物业服务，在管项目遍及全国多个城市，业态涵盖住宅、商业、写字楼等多个领域，在管面积近2000万m^2，实现了全国化布局。

近年来，中铁慧生活对物业服务体系也进行了系统升级和智能转型，结合市场需求和行业规范对于高端项目和日常项目进行了体系全覆盖、服务标准全覆盖，以及具有中铁特色文化的服务产品线。

中铁慧生活积极拥抱变化，高度重视科技智能化建设，积极开展了基于人工智能、云平台、大数据、智慧社区等一系列技术的科技化、智能化转型。建立了高效、信息互通共享的业主和管控系统，自主研发智能化物业平台，以"简e服务系统"为中心，通过深入开展社区的文化活动，为业主提供了现代化、标准化、规范化的享受级物业管理服务。

在智慧物业建设方面，中铁慧生活开展了AIoT（Artificial Intelligence，Internet of Things，即人工智能物联网）智能网联平台系统、互联网智慧节能控制系统、物业综合管理系统软件、中铁慧移动应用小程序等智慧化建设，在智能化升级、物业管理体系和社区服务等方面开展了创新应用，取得良好成效。

1. AIoT智能网联平台系统

中铁慧生活运用AIoT和5G技术，实现社区的人、物、网互联互通，建立现代化、信息化的全新智慧社区，推进社区物业智能化升级。

系统主要包括以下功能：

1）综合布线

按照园区实际图纸由设计院结合智慧社区建设要求整体规划，建设有线网络、无线网络和监控网络，对接儿童乐园、公共区域监控设备，实现远程监控社区情况。

2）智慧通行

（1）智能门禁（图4.1-4）：人脸识别，人脸抓拍，快速识别业主身份，快捷打开入口大门，同时支持指纹识别、NFC识别；支持访客信息、租客信息公安系统联网实时核对非业主人员身份信息；支持摄像头智能测温，通过红外测温实时监测通过人员体温。

（2）可视对讲：提供访客与住户之间双向可视通话，实现图像、语音双重识别从而增加安全可靠性，同时节省大量的时间，提高工作效率。

（3）通行访客管理：管理园区外以及内部人员进出园区大门所需要填写的进出记录等相关信息。

（4）智能梯控：智能化电梯控制系统，实现远程呼梯、刷脸呼梯、访客呼梯等边界操作，提高电安全性，提高电梯运行效率，降低电梯运行成本。

图4.1-4　基于人脸识别技术的智慧门禁系统　　图4.1-5　运用智能视频监控加强社区安防管理

3）智能安防

（1）智能视频监控（图4.1-5）：系统实现视频监控与安防的整合联动，能够灵活有效地对远程设备进行管理。通过对远程监控对象的录制、回放、联动报警、监控策略制定、应急指挥等应用，实现监控与通信的双重功能。

（2）高空抛物监测系统：通过全景监控及高清图像捕捉，追溯抛物全程。

（3）周界热成像防越报警系统：通过摄像头捕捉画面联合热成像技术，实时监控园区周界，实现异常告警。

（4）轨迹追踪：通过摄像头捕捉画面并对比人员信息库实现人员轨迹追踪与危险情况告警。

（5）智能巡更：园区点位动线结合巡视巡检，提高园区安全性、员工作业规范性，以及工作效率。

（6）智能分析系统：生成小区安防报表，小区安防态势，提供小区安全优化建议。

4）智慧消防

（1）智能烟感、水浸传感器、智能消火栓、防火门监测子系统、消防水监测子系统：通过AIoT智能传感设备以及智能整装组件的补充安装，实现对特定区域的烟感、跑水漏水、消防水压、防火门异位等情况进行定时监测，提高安防级别，提高应急效率。

（2）消防通道检测子系统：通过感应器联动摄像头，实现消防通道异常情况监测。

（3）安全用电监测子系统：通过智能用电监测设备，实时监控用电情况，对异常情况实现实时告警。

（4）智能充电桩：实现全程实时电表级精度的充电终端电流、电压、功率配电设备、温度、火灾自动报警、设备异常等各种状态信息监控。

（5）电瓶车进楼监测子系统：电梯AI摄像头识别到电动车，自动抓拍图片并将高清图片通过传输协议发送至管理后台，同时联动梯控系统，有效阻止电动车进入电梯，也能帮助对电动车造成的后续损坏进行责任追溯。

5）智能园区

（1）新风系统：与运营管理平台进行数据集成，在完成空气质量控制与空气净化的前提下，通过多维度数据分析，制定个性化更强、节能系数更高、用户体验更好的控制管理逻辑。

（2）空调设备：实现环境温度检测，自动调节温度。

（3）环境系统：设置绿化灌溉设备，可以通过湿度来控制设备开关。

（4）垃圾检测子系统：自动进行垃圾管理工作，及时发现垃圾桶是否已满并进行通知。

（5）智慧跑道：通过人工智能、物联网、移动互联网等高新应用技术，实现无感采集，居民可在不穿戴任何电子设备下进行运动，同时融入积分制运动生态闭环理念，实现区域内（社区、小区）居民用户促活。

（6）智慧巴士：把居民区与周边商业中心、菜场、学校、医院、公园等城市功能区相串联，同时兼顾与城市轨道交通、快速公交线网的无缝换乘，满足沿线市民通勤、通学、购物、就医等日常生活出行需求。

6）智能环境

（1）信息发布子系统：信息展示大屏以及区域信息展示小屏。

（2）背景音乐子系统：局域网/互联网IP数字传输架构，集"背景音乐、发布通知、物业管理、招领启事、社区活动、转播新闻"等多种功能于一体，传播范围广、传播速度快、穿透能力强，其可以作为社区进行信息传播的有力载体。

（3）园区、客区环境监测子系统：通过加装AIoT环境监测传感器，对客区和公区环境进行实时监测并传输数据到运营平台。

7）智能机器

打造"慧转转"机器人、快递外卖机器人，替代（助力）员工实现废品回收，物品配送。

8）智慧照明

通过应用无线通信技术，实现对园区灯光的远程集中控制与管理。加装物联模块，连通中铁慧生活AIoT智能网联平台系统，实现智能管理。

通过5G与AIoT技术深度融合，能够向下打通智慧家庭，向上对接智慧城市，提高社区的智慧化水平，全面赋能社区数智化升级，实现高效的物业管理。

2. 互联网智慧节能控制系统

为提升中铁物业在管物业项目的能耗管理水平，推进碳中和、碳达峰工作目标，探索适合中铁物业的绿色运行模式，中铁慧生活融合运用"互联网+人工智能+大数据"技术，建设了针对办公物业的互联网智慧节能控制系统，并在中铁置业办公大楼项目进行了试点建设，取得了良好的节能减排效果。

智慧节能控制系统运用物联网技术，自动采集室外温度、风速、日照、雨雪等气象数据及室内温度数据及锅炉房运行的数据，上传到云端服务器专属数据库，后台大数据分析引擎依托采暖算法模型，利用实时数据库和关系数据库中的数学模型对数据进行展示、加工、汇总、分析，实时预测出未来24h的供热负荷，项目运行人员可根据预测结果及时调整锅炉或换热站的热负荷，实现按需供热、精确供热、安全节能。

同时，通过对燃气锅炉房及换热站的自动控制的系统化改造，实现依据能耗预测数据自动运行，基于人工智能自动进行调控，在实现节能减排的同时，也能大大节省人力成本。

系统主要分为供热管理、移动终端和数据展示和分析三大板块。

1）供热管理

在供热外网上运用物联网和人工智能技术，实现互联网智慧外网的人工智能动态水力平衡自动控制。系统根据实时的室外气象变化、用户实时室温需求，建立人工智能模型，实时计算出用户的供热负荷数据；通过互联网远程控制技术，实时调整管网系统相关调节阀门的开度，实现供热管网依据各个用户实时室温需求进行动态控制等功能，解决因水力失调造成的热量分配不均，进而实现按需输配的目的。

2）移动终端

中枢平台能够对所有住户的室温进行智能控制，在保障供暖的同时，避免能源浪费，提升用户的舒适感。除了系统默认的控制策略外，各个用户还可根据自身需要，通过移动终端自行设定室内温度。

3）数据展示和分析

运用大数据和可视化技术，系统实现了数据的融合分析和展示。系统展示管理、运营、生产、用户投诉等企业管理人员关心的数据，实现可监测、可报警、可准确预测能耗和锅炉系统安全节能的运行管理。此外，系统能够向客户展示锅炉房的各种信息、外网实时状态、用户室温等信息。通过与外部联动和数据授权，还能够支持环保部门远程对锅炉排放指标进行监控。

2022年，中铁慧生活以互联网智慧节能控制系统为核心，在示范项目中铁大厦建设室外气象站、室内温度采集系统等配套设施，通过融合运用，与上一采暖期相比，节约能源费约75000元，采暖期节能率为6.8%。在办公物业供热管理的探索和尝试方面取得了良好的效益。

"互联网+人工智能+大数据"技术在物业管理和供热领域的研究，是"双碳"新形势下面临的新机遇与挑战，为"物业+供热"行业融合带来新的发展时机及空间。

3. 物业综合管理系统软件

为全面提升物业管理效率，实现降本增效，中铁慧生活启动了物业综合管理系统的建设，并在部分项目试点应用，效果良好。

系统支持集团化物业全周期平台式管理，实现了物业基础管理、业主信息、装修管理、品质检查、收费管理、巡检管理、工程管理等全流程的信息化部署能力。

系统采用B/S（浏览器/服务端）技术架构，实现了平台SaaS（软件即服务）化；针对物业项目可以实现开通即用，无须进行客户端软件的安装和部署；实现数据的云存储，能够有效节省系统的部署和运维成本。通过SaaS化，一方面，能够有效隔离各项目数据，保障项目的独立性；另一方面，也能够快速复用优秀项目的业务流程模板，实现优秀管理模式的快速推广。

如图4.1-6所示，物业综合管理系统以智慧物业为核心，通过智能应用、智能设备、智能管理、智能平台的应用，推进社区活动、智慧停车、智慧门禁、生活服务、健康管理、在线缴费等多个方面的延展应用。系统分为物业综合管理系统后台、App和管理驾驶舱大屏三个板块，全方位支持物业数字化升级。

如图4.1-7所示，在技术架构上，系统分为基础层、平台层、应用层和终端层，使用基于容器的虚拟化技术，支持电脑、移动、大屏等多种终端。围绕物业管理核心业务，系统主

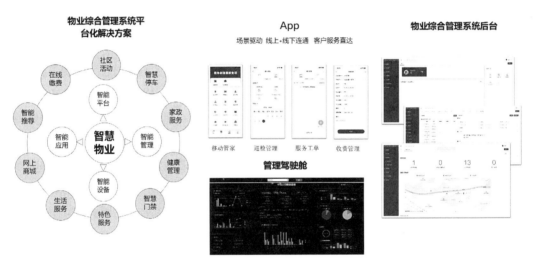

图4.1-6　物业综合管理系统方案总览

图4.1-7　物业综合管理系统软件架构

要功能为品质管理、收费管理、服务工单、巡检管理、管家排班等。

1）品质管理

针对物业品质管理开发一系列功能，主要包括：

（1）入伙验房：对入伙验房报告、入伙验收项实行电子化管理，物业管家、工程人员在线协同，使用手机App完成接待、验房、整改、收房等一系列工作。

（2）装修管理：包括装修申请、保证金管理、装修巡检、进度跟踪、验收和整改管理，实现全流程闭环管理。

（3）工程遗留：联动地产开发商和维修单位，针对工程遗留问题进行专项管理，维护工程遗留问题台账，跟踪管控整改过程。

（4）空房巡检：管理空置房屋的巡检记录、巡检事项，实现统计分析。

（5）业主拜访：工作人员上门拜访业主，使用手机App进行业主信息维护、提供服务等。

（6）品质检查：物业品质定期检查、专项检查和评分，整改信息维护和跟踪管理。

2）收费管理

全面覆盖物业管理的自动计费、收银、App/小程序自动收款、结账、凭证处理、自动对账、凭据管理、电子发票开具、统计分析等工作。支持收费项目、收费标准自定义，支持周期性费用智能生成、核销，支持缴欠、预存、押金收退、欠费转移及拆分等多收费场景，实现业财一体化管理。

（1）收费基础信息：配置收费项目、收费标准、结算账户、收支科目、业务数据字典和系统参数等信息。

（2）仪表管理：对水电燃气仪表进行管理和收费。

（3）优惠管理：灵活配置优惠方案，发布优惠活动发布，查看优惠记录等。

（4）收银台：对应收、已收、现金收款单、预收单、保证金单据等进行收费操作。

（5）财务核对：提供收款、退款单据等数据一览表，支持自动对账。

（6）结账管理：进行结账管理，支持与财务管理系统对接，支持单据特殊标记。

（7）统计报表：收费数据的统计分析，包括月收入报表、收费率报表、物业管理费统计分析等。

（8）费用生成：生成常规费用、仪表费用、批量收款、批量预收等，支持导入外部费用单。

（9）变动记录：提供应收调整、房间变动、客户资料变更、单据变更、仪表变更等记录留痕，以便稽核检查。

3）服务工单

基于工作流引擎技术，支持自定义工单，灵活配置。提供定向工单、工单池抢单、巡检工单、自由工单等多种模式。通过工单数据统计分析，能够了解显示项目的工单接单和处理情况，覆盖工单数量、处理率、满意度、预警率等多项数据指标，与物业值班室、呼叫中心服务相结合，不断督促服务质量的提升。

4）巡检管理

采用扫描二维码+手机拍照的巡检方式，支持离线巡检模式，提供人员账号、位置信息、图片水印相结合的验证方式，有效防止巡检作弊。巡检功能不依赖巡更棒、电子标签等外部设备，仅需打印巡检点二维码，实施成本低。配套丰富的后台分析功能，有助于相关部门的督查和管理。

5）管家排班

对物业管家的工作进行排班，为工单流转、服务跟踪、成本管理、业绩考核等提供基础的数据支撑；支持排班、待办、调休、待办转移等机制，保障物业服务连续不中断。

6）管理驾驶舱

管理驾驶舱是集团化核心决策支持管理系统，覆盖了物业管理的各个方面，包括品质管理、收费、服务工单、工程管理和服务满意度等。其可以助力管理者实时掌握物业的运营情况，监控各项服务指标，提高物业管理的标准化水平，及时解决问题，提升服务水平。

2022年，物业综合管理系统在中铁置业集团的三个物业项目试点应用，在提升物业管理水平方面取得了显著成效。例如，推进电子化管理节省了办公费用，通过移动巡检有效提升了物业巡检效率，运用在线收费系统实现了物业前台客服与收费岗的合并等。通过试点应用评估，整体提升管理效率10%～20%，实现了降本增效的预期目标。并且，随着物业管理规模扩大，系统实施产生的效益将显著增加。

4. 中铁慧移动应用小程序

中铁慧生活为全面提升服务水平，盘活中铁置业社区资源，促进社区多元化经营，建设中铁慧移动应用小程序，实现互联网+物业的O2O（线上到线下）服务模式升级，引入智能化服务方式，推动物业管理水平和服务品质的提升。

中铁慧移动应用小程序支持集团化管理，全集团不同地区的物业项目均可应用，实现了信息的统一管理和维护。系统主要包括以下功能：

1）物业服务

包括物业服务相关基础功能。

（1）物业缴费：线上查询和缴纳用户物业相关费用，包括物业管理费、车位管理费等，支持快速查询、房产绑定、批量缴费等功能。

（2）电子发票：用户可以在交费后自主填写发票信息，开具和管理电子发票。

（3）通知公告：物业服务中心发布通知公告的信息，如社区公告、停水通知等，快速送达用户。

（4）报事报修：用户在线提交和查询用户的报事报修信息，实时查看服务工单的处理进度，处理完成后进行回访和评价。

（5）投诉建议：用户在线提交对物业管理的投诉或建议，查看处理情况，并对服务进行评价。

（6）调查问卷：支持对外发布调查问卷，并对调查结果进行统计分析，助力物业服务满意度调查和服务质量提升。

（7）社区活动：发布社区活动，用户可以查看和报名参与。

（8）随手拍：用户可以拍照反馈遇到的问题情况，以更快更轻便的消息模式，推送到物业服务人员进行快速响应处理。

2）个人中心

用户的个人信息管理中心，包括登录、注销等操作，对个人在平台的积分进行管理，查看缴费单据、房屋、车位等信息，提供常见问题的指引。

3）内容管理

支持对小程序首页的图标、广告宣传页等信息的灵活配置和管理；支持对不同的物业社区配置不同的特色内容。

4）统计分析

通过数据分析，提供对线上运营的支撑功能。

（1）平台运营分析：分析和展示运营分析数据，如移动应用的访问人数、访问次数、每日用户、用户来源等。

（2）缴费分析：展示相关费用收取的数据情况，如物业缴费总金额、笔数、欠费金、预存金额等。

（3）服务分析：展示报事报修、投诉建议等服务类数据分析，如工单总数、满意度、工单分类汇总、完工率、评价情况等。

5）系统管理

系统的基础支撑功能。

（1）用户权限：对系统用户、角色和权限进行维护。

（2）积分管理：设定积分体系和规则，激励用户参与线上平台活动，提升平台活跃度和价值。

（3）接口管理：系统支持与物业内部信息系统、第三方系统对接，提供标准化的数据接口，对接口进行安全管理和维护。

（4）日志管理：通过埋点技术，详细记录用户在移动应用的操作，为后期大数据分析打好基础。

通过中铁慧移动应用小程序（图4.1-8），实现了物业服务线上化，对集团化物业企业统一品牌形象、降低管理成本、提升服务效率、提升社区居住体验有着积极的促进作用，有助于企业提升核心竞争力。

图4.1-8　中铁慧移动应用小程序界面图（部分）

4.1.6　智慧物业展望

随着新城镇建设进程的不断推进、新技术的飞速发展，智慧物业将成为未来城市发展和可持续发展的重要支柱，通过智能化、数字化和自动化的技术创新，打造更加智能、高效、绿色和舒适的城市生活环境。

在智慧建筑方面，建筑物将配备各种智能化的传感器和设备，实现智能环境感知和自动控制。能源管理系统将优化能源消耗，通过智能照明、智能空调和智能供水等技术，实现能源的高效利用。智慧建筑还将具备自愈性能，并能根据居民需求进行智能布局和空间优化。

智慧社区将成为居民生活的核心，通过智能化的社区管理系统，提供一站式的生活服务。从安防、环境监测、公共设施管理到物业维护和社区活动，智慧社区将为居民提供高水平的生活品质和便利性。居民可以通过智能终端设备，随时随地与社区管理进行交互和沟通，并享受个性化的服务和智能家居控制。

智慧物业与城市交通系统紧密结合，推进实现智慧出行和交通管理。智能停车系统将提供实时停车位导航和预订服务，减少城市拥堵和停车难问题。智能交通信号灯和交通监控系统将优化交通流量和减少交通事故。智能公共交通将提供实时公交信息和智能票务系统，提升公共交通的便捷性和出行体验。

在智慧安全方面，智能安防系统将通过视频监控、人脸识别、入侵检测等技术，实现全面的安全监控和预防机制。智慧消防系统将实现火灾预警、自动灭火和疏散指挥，最大限度保障人员生命安全。智能安全管理将整合社区、企业和城市的安全资源，实现全方位的安全防护。

此外，智慧物业还会囊括更多大数据和人工智能的内容。大数据将推动更智能的决策分析，使物业管理更加智能化；人工智能将推动智慧物业实现自动化和智能化，智能助理和虚拟助手将为居民提供个性化的服务和支持。

综上所述，智慧物业的发展将实现城市可持续发展、智能化生活和绿色环保的目标。通过多个领域的创新应用，智慧物业将带来更加智能、高效、绿色和舒适的城市生活体验，推动城市进入一个全新的智慧时代。

4.2 智慧康养

随着以信息技术为核心的新一轮科技革命正在孕育兴起，现代信息技术在养老服务领域所起到的积极影响正在逐步突显，智慧康养也越来越受到业内的追捧[1,2]。

本节将介绍智慧康养概述、智慧康养的典型应用场景、新技术在智慧康养中的应用、智慧康养的实施和挑战，并结合智慧康养案例分析，探讨智慧康养的价值和意义。

4.2.1 智慧康养概述

智慧康养最早由英国生命信托基金提出，也被称为"全智能化老年系统""智能居家养老""智能养老系统"等，或统称为"全智能化老年系统"。在概念内涵的演进上，国内很多学者也将其称为"智慧养老""智能养老""科技养老"等。左美云认为智慧养老是利用信息技术，在生活起居、安全保障、保健康复、休闲娱乐等方面为老年人提供生活服务和管理，实现老年人过得幸福、有尊严和生活价值的目的[3]。郑世宝提出智慧养老是将移动互联网、物联网、云技术等信息科技与养老服务结合，实现综合性、全面的养老服务[4]。

综合以上观点，智慧康养是以满足长者的生理和心理需求为目标，以物联网、移动互联、大数据、云计算等信息技术为媒介，创建"系统+服务+长者+终端"的智慧康养服务模式，并且涵盖了居家养老、机构养老、上门照护等多种养老形式，通过跨终端的数据互联及同步，连通各部门及角色，形成一个完整的智慧管理闭环，实现长者与子女、服务机构、医护人员的信息交互，对长者的身体状态，安全情况和日常活动进行有效监控，及时满足长者生活、健康、安全、娱乐等各方面的需求（图4.2-1）。

智慧康养产品根据应用对象的不同，可分为长者终端、环境终端、子女终端、管家终

---

[1] 齐爱琴. 国内智慧养老文献综述 [J]. 科技视界, 2017 (7): 272-273.
[2] 刘伟祎. 国外智慧养老的发展现状及对我国的启示 [J]. 中国集体经济, 2019 (7): 166-168.
[3] 左美云. 智慧养老的内涵, 模式与机遇 [J]. 中国公共安全, 2014 (10): 48-50.
[4] 郑世宝. 物联网与智慧养老 [J]. 电视技术, 2014, 38 (22): 24-27.

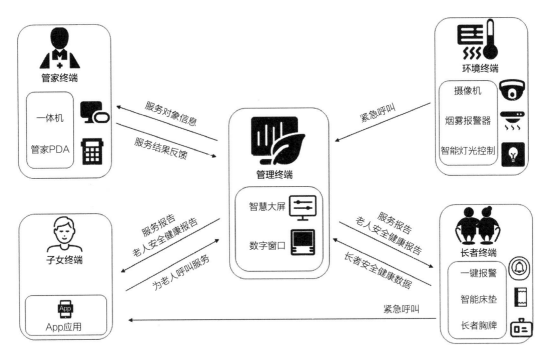

图4.2-1 智慧康养组成示意图

端、管理终端五大类。长者终端包括医护对讲、长者胸牌、一键报警、智能床垫等；环境终端包括人体活动探测器、摄像头、烟雾报警器、燃气报警器、智能灯光控制、智能电器控制等；子女终端包括App应用；管家终端包括护士腕表、管家PDA、管家工作站、一体机等；管理终端包括智慧大屏、数字窗口、信息交互屏、健康小屋、点餐机、POS机等。

4.2.2 智慧康养的典型应用场景

4.2.2.1 生活场景中的主动和被动预警

主动预警是通过生活场景中的感知设备24h实时感知长者状态，当监测到长者发生风险时，系统主动触发报警，如离床报警、心率骤变报警、长时间未活动报警、走失报警等。被动预警是长者在生活场景中感知自身人身安全可能受到威胁时，通过触发相关装置达到预警目的（图4.2-2）。

主动预警和被动预警主要解决长者独自在家或外出时身体出现异常情况，在有意识的情况下，无法行动或者来不及拨打电话，能快速、便捷地发出呼叫信息，及时与监护人或者专业的机构取得紧急联系；在失去意识的情况下，如发生中风、心梗等情况，智慧康养产品也能主动监测意外情况，及时向监护人或其他指定人员发出报警信息，便于第一时间发现并实施救助，很大程度上降低了长者意外伤亡的风险，保证了长者人身安全。此类智慧康养产品一般应用于卫生间、浴室、卧室等场所（图4.2-3）。

图4.2-2 生活场景中主动和被动预警示意图

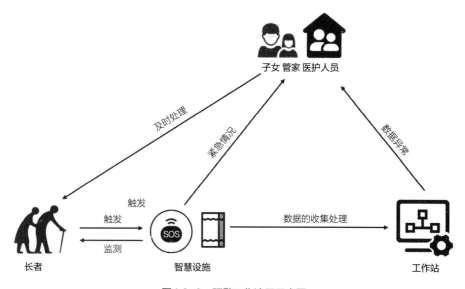

图4.2-3 预警工作流程示意图

4.2.2.2 智慧系统在健康管理中的应用

健康管理指通过智能设备采集长者身体数据，数据自动上传至云端，形成长者电子化动态健康档案，管理人员及子女可实时了解长者身体变化情况，与HIS系统进行数据互通，方便医护人员随时关注，辅助紧急救援（图4.2-4）。

通过对长者进行全方位、全生命周期的健康状况分析提出针对性的措施，有利于形成疾病预防、治疗、康复护理、健康促进为一体的健康管理服务模式[1]。帮助长者建立有序健康

---

[1] 朱乐得孜·多尔贡，胡艳丽. 构建"互联网+健康管理"模式的意义与方式探讨[J]. 中国农村卫生事业管理，2022，42（3）：5.

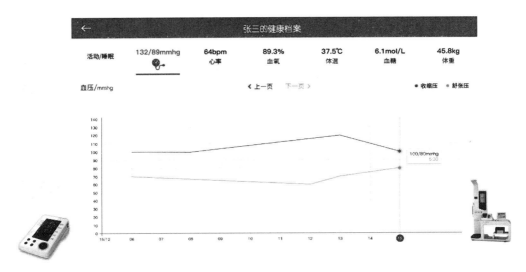

图4.2-4　电子健康档案

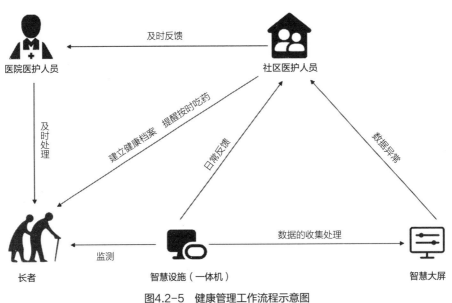

图4.2-5　健康管理工作流程示意图

的生活方式，降低风险状态，远离疾病（图4.2-5）。

4.2.2.3　长者慢性病用药场景

应用"互联网+"技术，提供老人每日开药、取药和服药的一站式解决方案。例如可在老人家庭、养老机构或家门口服务点配备智能药箱，采用人脸识别等技术供多个老人取药、用药，具备界面友好、简单易用的自动分药、用药提醒功能。此外，在具备条件的场所（如养老机构），缺少药物时能够报警并远程对接内设医疗机构或社区医疗机构，实现远程开药、远程刷医保卡买药、对接医药企业送药上门。

4.2.2.4 生活照护

生活照护指根据评估-照护-反馈机制,通过AI照护计划算法,合理制定照护方案及科学膳食,根据智能健康数据跟踪,动态调整照护方案及慢病管理方案形成健康照护动态闭环(图4.2-6)。

通过跟踪长者的健康状态和服务效果,结合长者的需求,不断优化改进服务内容和方式,制定可靠的、合适的服务方案,有利于长者身体康复,节约护理资源。

图4.2-6 生活照护示意图

4.2.2.5 长者智能相伴场景

在长者日常生活的房间、社区、机构等各种场所和养老服务场景中,应用各类智能化、信息化手段,为老年人提供触手可及、便捷易用的养老信息资源服务和智能陪伴,提高老年人的生活质量,丰富老年人的社会参与。例如在养老服务中心、日间照护机构等社区养老场所,利用电视机、音频设备、触摸屏、机器人等智能化、信息化设备,为老年人提供视频、图像、音频等智能互动服务,让老年人便捷获取养老服务信息和智能陪伴服务。

4.2.2.6 失智长者防走失场景

有轻度认知障碍的长者,出门后可能会出现忘记家庭地址的情况。为此,可以为其佩戴智能定位手环,对其行走轨迹和滞留时间进行全程监控,并与安装在门口的监控设备联动,当长者接近出入口或限制区域时,手环将会发出告警短信通知相关管理人员,在康养社区、康养机构等3~5km的范围内,通过GPS定位,从而找到走失的长者,保障长者的安全(图4.2-7)。

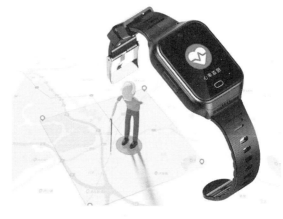

图4.2-7 防走失设备

4.2.3 新技术在智慧康养中的应用

4.2.3.1 红外热成像技术在智慧康养中的应用

红外热成像是根据温度高于绝对零度（-273.15℃）以上的物体，都有辐射红外线的原理，运用光电技术检测物体热辐射的红外线特定波段信号，将该信号转换成可供人类视觉分辨的红外热像图的技术，并可计算出温度值。红外热成像技术依据人体不同组织的红外热辐射差，可准确测量人体温度分布的变化，判断病灶的位置及范围，是一种能够反映机体代谢的功能影像，被称为"热CT"（图4.2-8）。

相比现有的CT、核磁、B超、X光等，红外热成像技术最大意义在于重大疾病的预警与筛查，同时还具有全面系统、绿色无创、价格优廉等特点。红外热成像技术能够通过捕捉体表异常温度分布的热图信息，对功能异常区域进行定位和定性分析，为疾病的早期发现与防治赢得宝贵时间[①]，能辅助中医进行未病管理，达到预防与保健的效果，提高智慧康养在健康管理方面的准确性和高效性。目前，该技术主要用于中医诊断客观化、中医体质辨识、辅助辨证治疗、临床疗效评价及中医科研等方面（图4.2-9）。

图4.2-8 辅助中医诊治（来源：AI全球鹰）

4.2.3.2 康复设备在智慧康养中的应用

高压氧舱是一种医疗设备，基本原理是利用高压氧气的生理效应，促进人体的新陈代谢和免疫功能，增强免疫力，加速伤口愈合，缓解疼痛。一般应用在养老公寓、养老机构的健康管理中心，主要用于改善患有中风、脑卒中、高血压性脑出血、肺部等疾病的长者的身体状况（图4.2-10）。

---

① 张冀东，何清湖，孙涛. 红外热成像技术在中医学研究中的问题探讨[J]. 中华中医药杂志，2016，31（7）：2669-2671.

检-诊-疗-评-管一站式解决方案 + 模块化功能配置
符合"治未病"、治疗及康复于一体整体建设目标需求

智能检测设备
具有独立知识产权的中医红外智能探测设备，是中医诊疗数据采集设备研发应用，建立自动化、智能化中医健康信息服务体系的创新典范

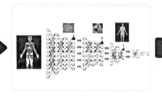
智慧中医CIA分析系统
移动互联网管理终端平台可以让大众更便捷地体验中医健康管理服务，是中医历史、文化的有效传播窗口。依托医生集团专家团队及互联网化服务平台，可以提供更专业的中医"全科+特色"融合服务，为名中医身边工程等项目的开展提供了有效的人才与平台支持

鹰眼自动健康报告

信息化数据平台
信息化数据平台，通过中医健康档案+中医大数据分析统计系统，可有效支持政府构建更加完善的中医全民健康数据管理体系

可视化疗效评估
数字中医CIA分析系统+可视化疗效评估标准体系，简单易学易操作；可有效降低人才技术门槛，有助于引导中医临床专业人才到基层就业/创业；同时，也是中医智能化、标准化的关键体现

定制解决方案
围绕中医九种体质、86种中医证候、数十种常见疾病及慢病管理问题构建起的定制化解决方案与标准化技术应用体系，为大力推广中医非药物疗法和适宜技术奠定了方法基础

图4.2-9 红外热成像技术模块化解决方案流程（来源：鹰眼智慧中心官网）

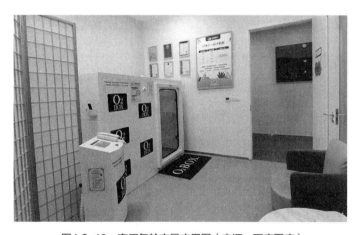

图4.2-10 高压氧舱实景应用图（来源：百度图库）

水疗设备能够辅助性治疗中老年人的原发性高血压症状，能够活畅气血、疏通经络、缓解疲惫、平衡阴阳，给人一种精神愉快、身心放松的感觉。其对中老年人的各器官系统产生了重要的作用，它可以引起自身体温调节和新陈代谢。在中医学的临床应用中，水疗可辅助性地治疗中老年人的不完全性脊髓损伤、骨折后遗症、烧伤康复期、脑血管意外后偏瘫、骨性关节炎以及类风湿性关节炎等症状。

4.2.3.3 物联网在智慧康养中的应用

物联网指将各种信息传感设备与互联网结合起来而形成一个巨大网络[1]，其关键性应用技术包括识别事物的射频识别技术、感知事物的传感器技术、分析事物的智能技术、微缩事物的纳米技术[2]。互联网在智慧康养中的应用主要在远程监控、健康管理、支付交易三个方面。将监控设施与互联网结合起来，让家人或管理人员实时掌握老年人的位置和健康状况，提高安全保障；通过康养设备，如便携式健康一体机、健康小屋等，收集长者的生理数据，进行健康管理，实现健康状况的实时监测和预警；同时支持长者线上支付和交易，为生活带来便利。

4.2.3.4 大数据分析在智慧康养中的应用

大数据分析是对挖掘的数据进行处理的过程，大数据分析方法直接决定最终信息是否有价值[3]，大数据分析的应用主要涉及"治未病"的健康管理方面。

通过穿戴式医疗设备、智能检测设备等，采集用户的健康指标数据，并对此数据进行实时的或阶段性的分析，并以"治未病"的思想指导进行健康管理，发现早期疾病趋势、阻止病变方向等，合理地进行健康管理，尽量在疾病到来之前，进行科学的引导，保证身体健康的发展趋势，提高人们适应自然与社会环境的能力。

4.2.4 智慧康养的实施与挑战

4.2.4.1 智慧康养服务体系构架

智慧康养服务体系的构架大致可分为应用层、数据层、决策层（图4.2–11）。

1. 应用层

应用层主要指为三大类用户提供智慧康养服务的设施设备[4]。第一类用户是业主（长者）及家属；第二类用户是康养公寓（康养机构）中的服务人员和管理人员，以及签约提供康养服务的第三方机构；第三类用户是为平台提供维修服务的IT管理人员。

其应用大致可分为长者终端、环境终端、子女终端、管家终端、管理终端等大的板块。长者终端板块是为长者提供主动紧急求助、健康监测与分析等功能的智能化设施设备，如长

---

[1] 王保云. 物联网技术研究综述 [J]. 电子测量与仪器学报, 2009, 23（12）: 1-7.
[2] 孙其博, 刘杰, 黎羴, 等. 物联网：概念、架构与关键技术研究综述 [J]. 北京邮电大学学报, 2010, 33（3）: 1-9.
[3] 熊先青, 张美, 岳心怡, 等. 大数据技术在家居智能制造中的应用研究进展 [J]. 世界林业研究, 2023, 36（3）: 75-81.
[4] 钱小聪, 康望星, 郑玉玲, 等. 智慧康养社区系统顶层设计研究 [J]. 智能城市, 2020, 6（1）: 3.

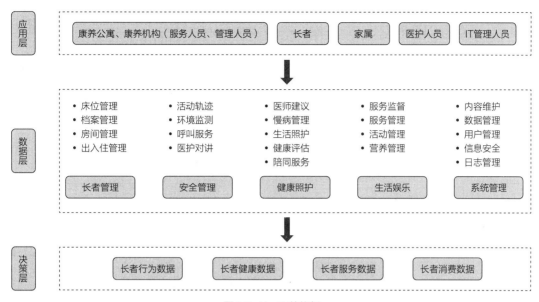

图4.2-11 系统构架

者胸牌、无线报警器、智能床垫等；环境终端板块是为长者提供被动预警功能的智能化设施设备，如人体活动探测器、烟雾报警器、燃气报警器等；子女终端是为长者与子女之间建立沟通机制的软硬件设施设备，如微信子女端；管家终端是为长者提供身体监测、管理功能的智能化设施设备，如健康一体机、管家工作站等；管理终端是为长者家政服务预约、餐饮预订、送餐、送快递、软硬件维修功能的设施设备。

2. 数据层

数据层用于存储数据。这些数据主要来源于智能化设施设备，包括长者行为数据、长者健康数据、长者服务数据、长者消费数据等，为后期相关管理人员做出决策提供支撑。

3. 决策层

对数据层收集的数据进行分析，给出科学性的建议和措施，供决策层的人员及时做出科学合理的决策。

4.2.4.2 智慧康养项目管理和团队建设

现阶段，我国的智慧康养产业刚刚起步，目前正处于摸索、学习的阶段，在开展智慧养老服务上的设计、建设、运营和宣传推广等各个环节都缺乏足够经验，更缺乏专业化的管理队伍对智慧养老平台进行科学管理。对于老人服务需求的了解，养老服务的合理分配，服务人员的有效管理，都需要有专业人员的帮助[1]。

---

[1] 刘宜铭，李娟，叶林. 智慧养老发展现状及对策[J]. 合作经济与科技，2020（12）：3.

4.2.4.3 隐私和安全问题

长者对互联网存在不太熟悉和操作困难等问题，但智慧康养是建立在互联网基础上的一项技术，需要收集长者的健康数据、行为数据、消费数据等，对网络安全问题也存在一定的挑战。政府不仅要加强宣传力度，推广智慧养老服务，同时也要注重监管网络安全，保护老年群体在使用智慧养老服务时候的个人隐私。政府可以以社区为单位，在社区中开设关于智慧养老服务的培训课程，帮助老年人学习并且安全使用智慧养老服务，防范网络陷阱问题。

4.2.4.4 智慧康养局限性问题

目前，智慧康养通过智能化设施设备在"监、查、管"等方面为长者的身体健康保驾护航，但主要集中在长者生理方面；在今后的发展中，智能化设施设备可以聚焦在长者的心理方面，如与一些文娱等设施设备联动，补齐当前智能化设备的短板，实现长者身心健康全方位发展。

4.2.5 智慧康养案例分析

4.2.5.1 中铁春台文化旅游度假中心

项目位于成都市的郫都区，处于大成都半小时生活圈内，是全国首个田园主题康养项目，是中国中铁首个田园康养示范基地。项目总投资约12.6亿元，总占地面积约1100亩，其中可供开发经营性集体建设用地145.45亩，农村流转用地约960亩，是全国首个以农村集体建设用地打造康养大健康项目的典范，被地方政府誉为康养产业与乡村振兴融合发展的标杆。

项目定位以田园环境为依托，以康养社区、机构养老、健康管理为主线，以农耕体验、旅居休闲为支撑，以田园康养为品牌，形成集养老、度假、避暑、休闲、运动、娱乐、养生、会议、会展、培训等于一体的田园康养休闲度假胜地，力求打造国家级养老标准示范区、世界康养休闲目的地（图4.2-12）。

近年来，中铁置业文旅健康产业公司对中铁春台文化旅游度假中心康养服务体系进行系统升级和智能转型，结合市场需求和行业规范对于高端项目和日常项目进行了体系全覆盖、服务标准全覆盖，以及具有中铁特色文化的服务产品线。

连接中铁春台文化旅游度假中心现有软硬件设施设备，依托智慧康养运营服务平台（图4.2-13和4.2-14），通过一个App向长者及家属提供各项康养服务，将长者、家属和中铁管理等各方连接起来。该App集社区康养、机构康养、健康管理等应用于一体，让用户能够用一部智能手机在项目中享受各种服务。

图4.2-12　中铁春台文化旅游度假中心项目实景图

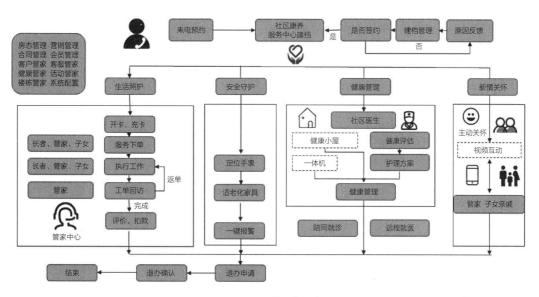

图4.2-13　系统工作示意图

1. 社区康养

依托智慧康养运营服务平台,进行活动组织管理、菜单组织管理、家政服务管理、安全防护管理,实现丰富业余生活的同时保证生命安全(图4.2-15)。

在满足长者基本生活需求的基础上,更注重长者的精神服务关怀,服务平台支持为长者提供日程安排、活动报名、活动记录,活动兴趣分析等功能,丰富长者的精神生活(图4.2-16)。

图4.2-14 智慧康养运营服务平台系统界面

图4.2-15 管理人员处理信息实景图

图4.2-16 长者参加园区活动实景图

春台悦 10.09-10.15 活动计划表

时间	早上 8:30	上午 (9:30-11:30)		下午 (15:00-16:30)	晚上 18:30
周一 (10.9)	养生八段锦 易太极拳	老年大学 走秀课堂 (大功能厅)	网球俱乐部 (网球场)	垂钓俱乐部 (室外垂钓场)	交谊舞俱乐部 (大功能厅)
周二 (10.10)	养生八段锦 易太极拳	老年大学 声乐课堂 (悦学堂4)	桌球俱乐部 (負一楼会所)	春台乐队 (悦学堂5)	广场舞 (大功能厅)
周三 (10.11)	养生八段锦 易太极拳	老年大学 舞蹈课堂 (大功能厅)	台球俱乐部 (悦龄荟)	春台悦书法随心练 (悦学堂1)	交谊舞俱乐部 (大功能厅)
周四 (10.12)	养生八段锦 易太极拳	老年大学 太极课堂 (大功能厅外)	门球俱乐部 (户外门球场)	教您玩转智能手机 (悦学堂3)	广场舞 (大功能厅)
周五 (10.13)	养生八段锦 易太极拳	老年大学 书法课堂 (悦学堂1)	网球俱乐部 (网球场)	健身器械教学 (负一楼健身房)	交谊舞俱乐部 (大功能厅)
周六 (10.14)	养生八段锦 易太极拳	老年大学 编织课堂 (编织教室)	名医进春台 蒋方金主任	春台阅览室 (图书馆)	广场舞 (大功能厅)
周天 (10.15)	养生八段锦 易太极拳	老年大学 太极课堂 (大功能厅外)	台球俱乐部 (悦龄荟)	乒乓球俱乐部 (悦龄荟)	田园漫步

如您对本周活动有任何意见、建议或者鼓励，敬请联系前台当班管家，感谢您的信任与支持！

2023年10月9日-10月15日

周一	周二	周三	周四	周五	周六	周日
高血压精选	高血糖精选	高尿酸精选	[illegible]			

午餐

周一	周二	周三	周四	周五	周六	周日
白芨羊肉汤15	莲子乌鸡10	手工圆子汤12	酸萝卜老鸭汤10	白豆烧蹄花10	山药炖鸡10	无花果排骨汤8
青菜钵3	酱烧带鱼15	椒盐小河虾20	白菜青菜钵3	甜椒肉丝6	青菜钵3	蒜蓉蒸虾仁12
锅巴肉片8	避风塘排骨12	蒜苗回锅肉8	清蒸鲈鱼10	豆瓣瓦块鱼10	清蒸苏眉鱼12	青菜钵3
香酥小黄鱼10	熊掌豆腐6	酸菜巴沙鱼10	辣椒小炒肉8	红腰豆椒盐虾仁12	胡萝卜烧肉8	酱烧排鱼10
甜烧白8	肉味巴骨肉8	豆泡烧酥肉8	土豆烧肉8	老妈兔丁8	肉沫芹菜6	小酥肉8
萝卜烧肘子8	乐山甜皮鸭12	粉蒸牛肉12	青笋鸡蛋干4	家常白菜4	泡椒丸子8	豇豆茄子6
家常拌鸡8	冬瓜烧圆子8	鸡油冬瓜4	甜椒牛柳12	绍子蒸蛋4	藤椒鸡片8	清炒土豆片4
青笋木耳4	蒸南瓜4	番茄炒蛋4	桂花炒粉6	鲮鱼生菜4	上汤西兰花4	小肉烧鹌鹑蛋8
绍子山药泥6	炒瓢儿白4	九斗碗扎面子4	清炒菜心4	咸烧白8	蒸南瓜4	清炒瓢儿白4
清炒菜心4	芋儿白菜4	小白菜4	红糖糍粑3	香蕉蛋糕3	清炒佛手瓜4	鱼香肘子12
蓝莓蛋挞4	叉烧酥4	蛋糕2	鱼香茄子4	清炒苦瓜4	清炒下锅耙4	酒酿桂花糕2
煎蛋汤1	冬瓜汤1	南瓜汤1	薏米红豆汤1	冬瓜汤1	紫菜蛋花汤1	青瓜皮蛋汤1
圆子汤锅28	片皮烤鸭28	粗粮排骨汤锅38	萝卜丝鲫鱼汤12	嫩松茸炖鸡汤锅48	砂锅豆汤饭12	牦牛肉汤锅58

晚餐

周一	周二	周三	周四	周五	周六	周日
三鲜蛋饺8	土豆烧排骨8	洋葱牛肉12	芦笋虾仁12	土豆回锅肉8	青椒鸡丁8	甜椒回锅肉8
猪肉白菜粉条6	青菜钵3	红烧鸡中翅12	卤鸡腿8	五彩时蔬4	青菜钵3	肉末豇豆6
卤鸡腿8	小炒牛柳12	酱肉丝10	蒜苗回锅肉8	豆干酱鸡丁6	木耳肉片6	干炒牛河8
宫保肉丁8	香菇肉片8	青豆丝瓜4	[illegible]	番茄烧牛肉12	芋儿烧排骨10	魔芋烧鸭8
芹菜豆干4	土豆丝4	上汤瓢儿白4	清烧山药6	清炒娃娃菜6	清炒瓢儿白4	清炒西兰花4
上海青4	清炒菜心4	干锅土豆片4	小白菜4	油麦菜4	糖醋莲白4	姜汁白菜4
下锅耙汤1	白菜汤1	豆腐汤1	耙耙菜汤1	丝瓜汤1	菜心汤1	酸菜粉丝汤1
稀饭1	稀饭1	稀饭1	稀饭1	稀饭1	稀饭1	稀饭1
馒头1	馒头1	馒头1	馒头1	馒头1	馒头1	馒头1
抄手7小9大	米线7小9大	面条7小9大	酸辣粉7小9大	抄手7小9大	刀削面7小9大	饺子7小9大

图4.2-17　每周生成计划课表

服务平台支持菜谱信息发布、点餐服务、菜谱推荐等功能，同时根据长者健康体检数据分析报表，结合健康管理数据，针对不同人群进行全方位的营养测算，提供科学健康的营养建议，智能推送健康配菜推荐信息（图4.2-17）。

平台配置组团-幢-单元-楼层-室（房号）信息，楼栋关联社区全局图片，基于楼层平面图绘制房屋轮廓，房屋关联楼层平面图中的房屋对象，通过可视化图片，精准显示需要提供服务需求的长者所在的楼栋信息，减少整改反馈时间，提高客户满意度。

依托智慧康养运营服务平台，实现中铁春台康养社区中呼叫报警器、长者手环、门磁感应器、红外线探测器、烟雾报警、水浸报警器等主被动报警智能化设施设备的统一接入和管理，进行实时监测，及时处理问题，保证长者生命安全。同时为提高长者的使用满意度，从适老化角度出发，中铁春台康养社区中首次采用一卡通系统，支持园区消费、门禁进出、一卡通电等功能，受到长者的好评（图4.2-18和4.2-19）。

2．机构康养

依托智慧康养运营服务平台，进行护理监控管理、风险管理、康复管理，提高长者生活质量，延长寿命。

对长者从入住建档、入住收费、亲人来访、请假外出到退住社区的过程进行流程化信息管理。与长者胸牌等设备进行位置联动，维护和记录长者外出信息；支持对社区外各类来访人员进行登记、授权管理、记录留存分析；支持退住流程办理、服务报告展示。

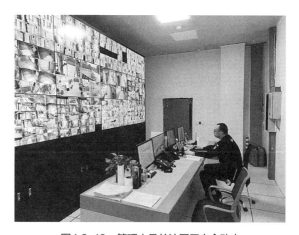

图4.2-18　管理人员关注园区安全动态

为保障长者安全生活需求,打造智能精准安防体系,针对长者房间、楼道走廊、社区出入口、活动室等关键区域,全面涵盖社区生活中潜在的安全风险因素,建立实时安全监测监控体系。建设位置服务系统、安全报警系统,为老人提供紧急援助服务,防止诈骗等事故发生(图4.2-20和4.2-21)。

系统连接第三方软件,实现长者跌倒风险、压疮风险评估报告的统一接入和管理,支持查看、编辑跌倒风险评估报告的完整信息,科学进行风险管控,有效避免争端发生。

根据录入的康复计划自动生成照护方案,利用指纹识别等生物体征识别技术,严格记录照护工作实施情况,与健康监测数据联动,形成服务报告。主要包括照护方案管理、医疗检查、服务执行、服务确认、呼叫服务、预警阈值设置、预警提示、应急处理等。

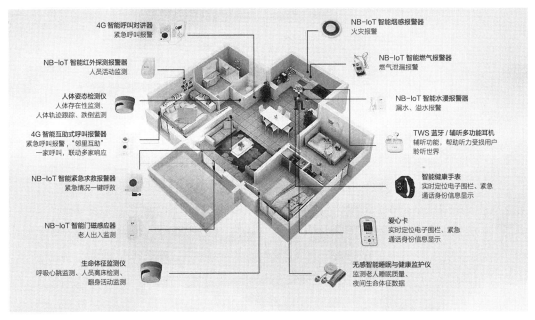

图4.2-19　智慧康养家居养老矩阵

图4.2-20　360°实时监控

图4.2-21　呼叫报警

3. 健康管理

依托智慧康养运营服务平台与第三方平台,进行体检报告管理、用药管理、生命体征管理,达到预防和控制疾病的发生与发展、提高生命质量的目的。

展示体检报告信息,支持多种组合的复杂查询条件,可编辑、查看体检报告完整信息;记录药物用量资料,对服药表现进行量化统计,支持服药错误告警,推送到后端平台,并告知提前设定好的紧急联络人(图4.2-22)。

采用一体机,检测长者身高、体重,血压、骨密度、肌肉率、基础代谢、水分率、内脏脂肪等基础指标,支持数据自动导入运营服务平台,建立动态数据,及时反馈长者的生理健康状况,展示长者生命体征监测信息(图4.2-23)。

图4.2-22 健康管理中心小程序界面图(部分)

图4.2-23 健康管理智慧设备实景图

4.2.5.2 中铁任之健康城

中铁任之健康城以"居家养老健康乐享"为主题，打破传统单一的养老模式，结合国内外先进的养老机构及社区养老服务理念、运营模式，开创划时代的新型居家养老模式。其旨在打造集医养康护、文体娱乐、休闲度假、适老化居住、乡村旅游和生态旅游和生态农业于一体的国际化高端居家养老生态活力社区。

项目配套现代化综合医院和康复中心，拥有自己的专业医疗团队，进而对入住老人进行疾病诊治、康复理疗、健康检查、体征监测和紧急救助，从而提供全方位的智慧养老服务（图4.2-24）。

健康城应用国内先进的HRA健康体检设备和PMR循环修复系统，形成健康筛查、效果评价、干预康复闭环健康管理模式，满足健康城内居住长者对健康管理和风险干预的需求，为长者拥有健康的身体、享受快乐的万年生活奠定基础。

图4.2-24　中铁任之健康城医疗设备图

4.2.6　智慧康养展望

随着科技的进步，康养产业也在加速融合，智慧康养由此而生，并为社区带来了变化，这也将推动智慧康养产业加速进入发展的快车道。通过智能化、数字化和自动化的技术创新，打造更加智能、高效、绿色和舒适的康养生活环境。

在居家养老方面，在积极发展智能化生理环境监测设施设备的同时，还应进行智能化的照护和陪伴产品的研发，通过护理机器人和虚拟助手等技术，可以为长者提供日常照料、陪伴和互动服务，缓解长者的孤独和抑郁情绪。例如，日本的"Robear"机器人可以为长者提供起床、梳洗、穿衣、进食等生活照料服务，有效提高长者的生活质量和幸福感。

在机构养老方面，将智能化系统与医疗系统紧密地结合。通过与医院、医生进行信息共享，智能化系统可以实时监测长者的健康状况，并将相关数据传输给医生进行分析和诊断。帮助长者解决健康问题，科学预防疾病。

在上门照护方面，上门照护系统要更加智能化，提供更加贴近长者需求的服务，上门照护系统要通过智能硬件和云计算技术的应用，提供更加精准、智能和自动化的康养服务；同时要打造一站式的康养服务平台，为长者提供更加全面和便捷的康养服务，要整合医疗、健康、护理、旅游、娱乐及社交等多元化的服务，后期随着软件和云技术的升级，未来的上门照护系统将更加高效和智能化。例如，网络远程就医、病例管理、药品配送等方面的创新，将使得上门照护系统的各个环节更加流畅和高效。

综上所述，智慧康养的发展将逐步向精准化、全面化、专业化的方向转变，通过多个领域的创新应用，智慧康养将带来更加智能、专业、舒适的康养生活体验，推动康养产业进入一个全新的智慧时代。

4.3 智慧运营

社区管理随着现代社会的发展和城市化进程的加速面临越来越多的挑战，传统的管理模式难以满足人们对于更高质量生活的需求。因此，各地普遍开始探索新的管理方式，通过引入智慧技术和运营模式，整合社区资源，提高社区的安全性、宜居性和可持续发展能力。

本节将介绍智慧运营概述、智慧运营的典型应用场景、新技术在智慧运营中的应用、智慧运营的实施与挑战等内容，探讨智慧运营的发展趋势。

4.3.1 智慧运营概述

智慧运营的概念起源于20世纪90年代，也被称为企业智能化运营，核心思想是利用先进的信息技术、大数据和人工智能技术，对企业的运营和管理进行智能化升级，以提高企业的生产效率、降低运营成本、提高产品质量和服务水平。随着物联网、大数据、云计算、人工智能等新一代信息技术的快速发展，为智慧运营提供了强大的支持，为构建智慧运营生态提供了新的解决方案。社区智慧运营的目的和意义在于深入探索如何利用技术手段和智能化管理方式，实现社区治理的科学化、精细化和高效化。

大型智慧社区智慧运营作为一种以数据驱动为核心的管理模式，旨在通过整合社区内部的资源和信息，提升社区居民的生活质量和社区的整体发展水平。社区智慧运营服务平台作为智慧运营的主要载体，建设内容主要包括社区公共服务平台、社区生活服务以及商业服务平台三类子平台，以上述平台作为开发的基础，构建面向不同对象的不同形式、不同内容的智慧应用体系，即根据使用对象的需求进行智能分析和功能开发，其功能系统将涵盖社区公共服务、社区生活服务、商业便民服务以及个性化应用等多个领域，进而实现社区公共服务、商业便民服务等综合服务的覆盖。

4.3.2 智慧运营的典型应用场景

4.3.2.1 社区公共服务

2022年的《政府工作报告》中提到"切实保障和改善民生，加强和创新社会治理，不断提升公共服务水平"，这表明基层公共服务建设成为未来我国社会治理的重要战略方向。城市智慧社区建设是加强和创新社会治理的关键所在，是当前基层公共服务建设的主战场，也是保障和改善民生的关键一环[1]。促进基层公共服务高质量发展，城市智慧社区公共服务的重要性不言而喻。目前我国城市智慧社区公共服务的内容包含就业指导、社会救助、社区维稳、居家养老和社区商圈等应用服务项目，以及低碳出行、智能家居、远程医疗、线上购物等文化项目，这些示范应用的建设进一步推动了现代信息技术与公共服务的深度融合[2]。

我国社区公共服务经历了政府全面包揽，政府主导、多元配合，多主体协同参与三个阶段，社区公共服务供给的内容、途径和方式都向着多元化的方向发展。在新一代智能化技术支撑下，社区公共服务向全域化服务转型。与传统社区公共服务供给相比，智慧社区公共服务供给具有以下特征：①以人为本。"以人为本"是智慧社区公共服务供给的关键特征，也就是以满足人民的需求为基本起点，其意味着更加注重居民参与和反馈，让居民在服务提供的过程中能够参与决策、提出意见和建议，从而更好地满足他们的需求。②高效管理。智慧社区公共服务供给是将智能科技与社区服务及管理流程相结合的产物。借由科学技术的运用，改变传统社区行政工作程序，大大提升行政效能，让居民享受到更为快捷、细致、个性、智能的服务。③智能感知。智慧社区公共服务供给利用物联网技术和新一代的通信技术，将人与物进行高层次的连接，构建一个智能社群的信息源，使所有重要的信息都能被感知与解析。④定向服务。社区每日所生成的大量信息，例如人口、安全、商业等，利用智能化技术，可以从大量信息中对居民的分布状况、心理特征和活动方式进行研究，从而实现对居民个性化需求的满足。

社区公共服务智慧化供给依托"一平台、三体系"，即智慧社区综合服务平台，以及智慧应用体系、信息基础体系和运营保障体系（图4.3-1）。以社区居民的现实需求作为驱使，以畅通、开放的体制促进政府公共服务资源以及社会资源的融合，为居民提供具有创新性的服务，打造社区内部"智慧的服务"。通过搭建数据化平台在线上开通了各种便民服务，提供涵盖科、教、文、体、卫等各方面与社区居民日常生活息息相关的信息和服务。居民可以

---

[1] 吴海琳. 找回"社会"赋能的智慧社区建设[J]. 社会科学战线，2020（8）：231-237.
[2] 何继新，李露露. 城市社区公共服务智慧化供给功能价值意蕴与建设模式设计[J]. 海南大学学报（人文社会科学版），2019（4）：56-64.

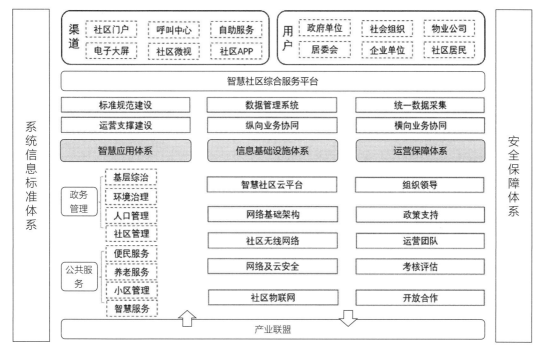

图4.3-1 社区公共服务"一平台、三体系"总体设计框架图

利用小区内的智能终端机或手机App以自助的形式完成各项社会公共费用（如水费、电费）的查看，并能够进行网上充值缴费，就居民所关心的政策法规、社区动态等提供咨询服务。同时，在社区通常的服务和管理过程中所形成的各类信息和数据，可以利用公共服务平台来进行记录并采取相应的处理措施。在提升社区办事效率的基础上，还可以为其他政府相关部门提供确切、真实有效的基础数据和信息，以当作各种有关决策的参考。

4.3.2.2 社区生活服务

当前，我国社区生活服务业已展开"互联网+生活服务"行动，着力推动"互联网+生活服务"的全面融合发展，加快推动居民生活服务业集聚式发展，融合早餐、洗染、美发、家政、修理等生活服务业的一站式社区便民服务综合体得到快速发展，成为我国社区服务发展的一种重要模式。但社区生活服务业在很大程度上仍掣肘于地域社区中，造成服务领域的封闭和分割，而服务半径有限，使得单个社区服务价值无法释放，阻碍了跨域性社区服务经营主体的发挥，导致社区服务内容单一、经营封闭、活力不足、多样性需求落空等问题。因此，通过社区生活服务系统能够促进社区生活服务业集聚化能力和水平，当把物联网、云计算、大数据等创新技术应用到社区生活服务体系中时，社区生活服务业就是一个市场价值潜力巨大的新兴行业。

同时，社区生活服务业与社区公共服务具有天然固有的行动契合性和目标一致性，都在加快构建社区生产生活服务集聚供应链和网络生态共同体中，积极建设信息管理平台系统，

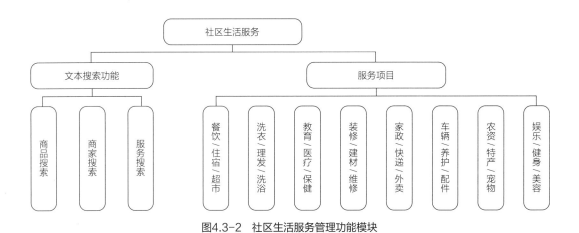

图4.3-2 社区生活服务管理功能模块

运用移动互联网、物联网等现代信息技术,提升服务集约化和组织化程度(图4.3-2)。可见,社区公共服务虚拟集聚模式紧密契合和共促融合社区圈内的生活服务业,在共同目标、平台、技术和运营基础上,促进社区生活服务业走向更紧密的集聚。

社区生活服务系统整合了社区的各类服务资源,如家政、娱乐、装修、教育等,为居民提供一站式的生活服务。智慧社区生活服务系统的接入规划应该允许便民商业的发展,其面向的对象是社区内的住户、商户以及所有能为社区提供产品与服务的商家。凭借智慧社区云平台综合服务系统,延展个人手持终端等设备的服务范畴;智慧商务利用互联网,将各个企业提供的服务融合在一起,建设集成智慧医疗、智慧商圈、智慧物业管理、智慧养老以及智慧家居的商务服务平台,为用户提供衣、食、住、行、游、购、娱等多元化、全方位的功能服务。通过App及智能终端机,社区居民可以享受上门家政、预订票务、快捷支付等多种服务。此外,商务服务还可以提供餐饮娱乐、房屋租赁、维修保养、商场打折、酒店住宿、教育培训等全方位的便民服务,以形成合理有效、惠及民生的服务系统,使居民生活更加方便、更有保障。

4.3.2.3 商业便民服务

社区商业是城市功能的基础产业,其以特定居住区居民为主要服务对象,以便民、利民和满足居民生活消费为目标,是一种提供日常生活需要的商品和服务的属地型商业,具有民生性、微利性、公益性、多业态特点。我国不同城市、不同地区由于区域经济、城市建设、居民消费等发展水平不同,对于社区商业有不同需求,社区发展呈现不同特征。但总体而言,我国社区商业发展大致分为满足社区基本生活需求、满足社区品质生活消费需求、满足社区生活便捷性需求、发展社区第三生活空间四个阶段。第四阶段即"智能化、有温度、共享式、新时尚"的社区第三生活空间。这一阶段,社区商业逐渐形成"智能化、有温度、共享式、新时尚"的社区生活第三空间(图4.3-3)。

(1)智能化。数字经济加速赋能社区商业转型升级,通过优化运营、智能决策、创造客

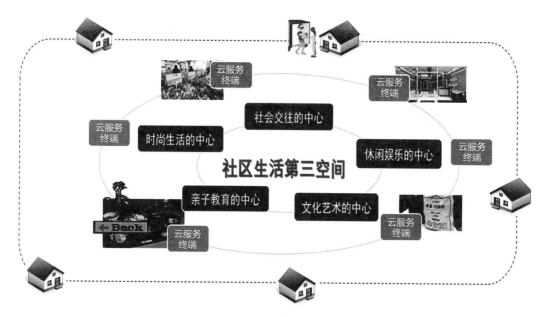

图4.3-3 社区消费圈构成模式（资料来源：北京京商流通战略研究院课题组）

户价值、优化组织，呈现线上线下一体化、社区团购、前置仓智慧物流、无接触配送等智能化发展趋势。如苏宁1h智慧生活圈、美团无接触配送、京东自助物流配送车等。

（2）有温度。社区商业不仅是智能化商业，也是有人性关怀、人文情怀、消费者互动、亲情式服务的商业。如超市发将社区温暖国企的标签、每家店结合商圈的特色消费标签、科技含量+有生活味道+有人情温度的企业三大要点作为发展方针。

（3）共享式。社区"共享经济"逐渐兴起，出现共享厨房、共享会客厅、共享自习室、共享健身房等新业态新模式，成为社区共享的生活空间，满足社区居民交流、体验等生活消费需求。如北京"社帮帮"智慧社区的共享厨房；南京苏尚小生活共享空间为居家创客提供家门口的共享办公室，为社区居民提供聚会场所。

（4）新时尚。社区商业通过店铺时尚化、产品时尚化、营销时尚化，从基本生活满足平台向展现时尚化生活场所转变：店铺时尚化，社区商业店铺设计由过去传统形式逐渐时尚化，如北京鼓励在社区开设小而精的特色店，点亮社区夜经济；产品时尚化，如超市发生活超市特设烘焙面包房，现场制作咖啡、比萨等西式餐饮；营销时尚化，通过直播电商和社区流量关系的碰撞，进行商业价值转换，搭建社区商业全新业态和模式，如复星旗下高地城市服务产业集团成功探索"星星夜市"社区敞口流量直播模式。

4.3.2.4 个性化应用

我国的社区智慧化运营已经取得了突破性的成绩。由于受到社区建设成本和地域消费水平等因素的影响，我国的社区运营智慧化建设发展，结合社区发展及居民需求，采用基础服务平台+个性化应用建设的模式。得益于政策完善及科技发展，借助科技化手段，各领域、全国各地社区纷纷推出智慧应用和服务，例如：万科地产与华为进行合作，以"局域网和多媒体互联技术"为基础建立高端慧社区，推出万科云、智能物业机器人、住这儿App等软件和硬件智能产品；龙湖地产在实现智能物业管理的同时开发龙湖商业App，利用移动互联网技术，打造智能商圈系统，将周边商户融入其中；中铁文旅创新产业研究院引入聚合支付自主研发的"中铁文旅一卡通"系统，有效串联起中铁文旅旗下各项产业及生活配套服务，具有身份识别、综合结算等诸多功能，通过整合中铁文旅旗下各项产业和生活配套服务，有效地提升了用户体验和运营效率。

4.3.3 新技术在智慧运营中的应用

4.3.3.1 新媒体技术在智慧运营的应用

2021年，住房和城乡建设部发布的《智慧社区建设运营指南》提出，智慧社区具备广阔的价值，并将开辟数字化价值产业的蓝海，未来智慧社区建设并不是孤立的点，与智慧城市建设相协调，通过加强基于物联网、大数据、区块链、人工智能等新技术手段实现社区服务供给新模式，最终实现可推广的精准化供给。新媒体技术在智慧运营中逐步发挥出重要作用，国内学者大多围绕电商平台、新媒体平台等数字化平台以具体的案例为研究对象展开价值社区智慧运营共创模式的研究。王玖河等结合以抖音为案例对象，将价值共创理念引入短视频平台，构建了基于价值共创的短视频平台商业模式[1]。何渊硕在分析网络直播平台价值共创的发展现状后，提出了组织裂变、版权金融、生态耦合三种平台价值共创发展策略[2]。以下是居民和社区在新媒体平台的一些常见参与行为及应用：

1. 社交媒体平台

在社区智慧运营中，利用社交媒体平台建立社区品牌是一种有效的策略。通过打造一个统一的社区品牌，可以增强社区凝聚力，提高社区居民的认同感和归属感。为社区建立一个官方的社交媒体账号，如微信公众号、微博账号、抖音账号等，定期发布社区新闻、活动、通知等，方便居民及时了解社区动态。例如：北京市朝阳区三里屯街道建立的"爱尚三里屯"定位为发布最权威的信息咨询，为三里屯提供最便捷的生活服务，三里屯街道通过微信公众号和微博发布辖区新闻、服务信息，并提供便捷的线上服务，如办事指南、问题反馈等；苏州工业园区澜溪社区在微信公众号和微博上拥有较高的知名度，定期发布社区新闻、活动、服务信息，方便居民了解社区动态。

---

[1] 王玖河，孙丹阳. 价值共创视角下短视频平台商业模式研究——基于抖音短视频的案例研究[J]. 出版发行研究，2018（10）：20-26.
[2] 何渊硕. 价值共创理论视阈下网络直播平台发展策略初探[J]. 新媒体研究，2019，5（22）：55-57.

大数据将民众与社区连接起来，使社区工作更加透明，不仅加强了民众与社区的互动，还提高了社区在民众心中的信任值，做到了民众和社区彼此沟通，相互了解。在大数据这张"大网"上，民众参与其中，可以更加了解社区；开放的各种渠道使社区各部门工作更加透明化，不仅保障了公民的基本权利，同时社区部门还可以在大数据的推动下紧跟时代发展，走在互联网的前沿，走在社会的前沿，走在民众的前沿。这就要求社区紧随大数据的脚步，充分利用各个平台，譬如时下流行的微博、微信、QQ等移动互联方式，积极透明地面向民众，积极正确地引导民众，积极及时解决社会矛盾，树立正确的社会价值观。

2. 视频分享平台

短视频平台不仅提供了展示社区活力和文化的窗口，还能拉近社区居民之间的距离，提升社区的凝聚力。如抖音、快手等短视频平台，可以通过发布社区活动视频、居民分享生活点滴等方式，展示社区的活力和文化。成都高新区合作街道在抖音平台上发布了许多关于社区活动的视频，包括节日庆典、文体活动、公益活动等，展示了社区的活力和凝聚力。杭州市余杭区仓前街道的抖音账号发布了许多关于辖区企业、人文历史、自然景观的信息，吸引了更多人了解仓前街道。

社区可以录制并发布社区活动的精彩瞬间，如庆祝活动、比赛活动、志愿者活动等。这些视频能够直观地展示社区的活力和凝聚力。社区也居民可以通过短视频展示自己的生活点滴，如美食制作、手工艺制作，增强自我宣传。此外，社区可以利用短视频平台开展各类安全宣传，如消防安全、防盗防骗等。通过生动形象的短视频，可以提高社区居民的安全意识，从而促进社区的安全建设。这些宣传视频可以直观地展示宣传内容，让居民更容易理解和接受，从而促进社区居民的共同进步。短视频平台在社区智慧运营中具有重要的应用价值，可以为社区居民提供展示自我、交流信息、宣传活动等多种功能，促进社区居民的参与和共建共享，提升社区的管理效能和居民的生活品质，推动社区的和谐发展。短视频平台在社区智慧运营中具有广泛的应用前景。社区和相关部门应充分利用短视频平台的特点和优势，发掘更多应用场景，为提升社区的管理效能和居民的生活品质提供有力支持。

3. 本地生活服务平台

如美团、大众点评等，可以提供社区周边的商家信息、优惠活动和预约服务，方便居民的生活和消费。社区合作伙伴可以在电商平台上提供社区服务的预约功能。居民可以通过电商平台预约社区服务，如家政服务、维修服务、美容美发等。

构建新媒体矩阵是指在社区智慧运营中，将多个新媒体平台进行整合和运营，形成一个全面覆盖的新媒体网络。通过构建新媒体矩阵，可以实现多渠道的信息传播和互动，提升社区居民的参与度和满意度。构建新媒体矩阵的关键内容包括：

1. 平台选择和整合

根据社区的特点和居民的偏好，选择适合的新媒体平台，根据目标用户群体和社区特点,选择适合的新媒体平台,如微信公众号、微博、小程序、App等。每个平台都有其特点和优势,可以根据需求进行选择,并将它们整合在一起,形成一个有机的网络。

2. 内容策划和发布

制定新媒体内容策略,包括社区资讯发布、活动宣传、居民互动等,确保内容的质量和吸引力。将社区的信息、活动、服务等内容整合到新媒体矩阵中,确保多个平台都能够及时传播和展示。根据社区的特点和居民需求,制定内容规划,确保内容质量和吸引力。将社区的信息、活动、服务等内容整合到新媒体矩阵中,确保多个平台都能够及时传播和展示。例如,可以将微信公众号、微博、抖音等平台的内容进行联动,扩大传播效果。

3. 社区互动和参与

通过新媒体平台,组织社区活动、开展问卷调查、征集意见等,增加居民的互动和参与度。鼓励居民积极参与社区活动和讨论。例如,通过新媒体平台发布在线调查问卷,收集居民的意见和建议,及时了解居民的需求和满意度。又如,可以使用微信小程序、微博问卷等形式,方便居民参与,提高问卷回复率。通过新媒体平台发布话题讨论,鼓励居民发表意见和建议,共同改善社区环境。再如,可以在微博、微信群等平台发布话题讨论,让居民畅所欲言,增进邻里之间的交流与合作。通过新媒体平台发布社区通知、公告等信息,方便居民及时了解社区动态。

4. 数据分析和优化

通过对新媒体平台数据的分析,了解居民的需求和反馈,及时调整和优化新媒体矩阵的运营策略。例如,通过分析新媒体平台数据的点击率、阅读量、点赞数、评论数等指标,了解用户对各类内容的喜好和需求,及时调整和优化内容策略,提高内容的吸引力和传播力。通过分析用户的阅读时间、点赞时间等数据,了解用户的阅读习惯和活跃时段,优化推送时间和频率,提高内容的曝光度和点击率。通过分析不同渠道的转化率、阅读量等数据,了解各个渠道的传播效果和影响力,调整和优化渠道策略,提高内容的传播效果。

5. 品牌推广和社区影响力

通过新媒体平台的跨平台宣传和推广,提升社区品牌的知名度和影响力,吸引更多的居民参与和关注。将不同新媒体平台进行整合,实现跨平台的互通和互动。例如,通过微信公众号引导用户下载社区App,通过微博宣传社区活动。

移动应用程序通过更加智能化的管理手段,提升了社区居民的参与度。通过人工智能和大数据技术的应用,移动应用程序可以根据社区居民的兴趣爱好和需求,个性化推送相关的社区活动信息和服务,增加了居民参与的动力。同时,移动应用程序还提供了社区志愿者招募和评选的功能,鼓励居民积极参与社区公益事业,提升了社区居民的社会责任感和参与意识。

4.3.3.2 大数据在智慧运营的应用

大数据分析在社区智慧运营中扮演着重要角色,可以通过收集、整理和分析大规模数据，提供对社区居民的深入洞察和预测，从而优化社区管理和提供个性化服务。以下是大数据分析在社区智慧运营中的应用：

1. 用户画像模型及应用

用户画像是通过大数据分析对用户数据进行建模，并形成用户的描述性特征。通过分析用户的基本信息、行为习惯、偏好等，可以为社区提供更加精准的服务和推荐，满足用户的个性化需求。①个性化服务：根据用户画像，为居民提供个性化的生活服务，如家政服务、快递收发、健康服务等。②精准推荐：根据用户画像，为居民提供精准的商业推荐，如餐饮、娱乐、购物等。③活动策划：根据用户画像，策划和组织符合居民需求的活动，提高居民的活跃度和满意度。④智能匹配：根据用户画像，为居民提供智能匹配服务，如停车位匹配、邻里社交等。⑤投诉建议：根据用户画像，预测居民的投诉和建议，提前采取措施解决问题。

2. AARRR模型及应用

AARRR模型是一种在互联网企业中常用的用户生命周期模型，包括获取（Acquisition）、激活（Activation）、留存（Retention）、推荐（Referral）和收入（Revenue）五个步骤。①获取（Acquisition）：社区可以通过大数据分析，了解潜在居民的需求，制定有针对性的宣传策略，提高潜在居民的转化率。同时，社区还可以通过数据分析，优化推广渠道，提高推广效果。②激活（Activation）：在居民入住社区后，社区可以通过组织各类活动、提供优惠措施等方式，激发居民的活跃度。同时，社区还可以通过大数据分析，了解居民的兴趣爱好，为居民提供个性化的活动建议。③留存（Retention）：社区可以通过大数据分析，了解居民的生活习惯、消费行为等特征，为居民提供个性化的生活服务。同时，社区还可以通过定期回访、收集居民反馈等方式，了解居民的需求，及时解决问题，提高居民满意度。④推荐（Referral）：社区可以通过设立推荐奖励制度，鼓励居民推荐新的居民入住。同时，社区还可以通过大数据分析，了解居民的社交圈子，为居民推荐可能感兴趣的新居民。⑤收入（Revenue）：社区可以通过提供各类增值服务、广告服务等方式，提高社区的收入。同时，社区还可以通过大数据分析，了解居民的消费行为，为居民提供精准的商业推荐。

3. 数据分析和挖掘应用

大数据分析和挖掘技术可以对社区居民的数据进行深入分析，从中发现隐藏的信息和模式。例如通过分析社区的安防数据，如门禁记录、监控视频等，发现潜在的安全隐患。可以通过对监控视频的分析，发现异常的人员活动，提前采取措施，提高社区的安全水平。通过分析社区居民对公共资源的使用情况，如健身设施、停车场等，优化公共资源配置。根据数据调整公共资源的开放时间、位置等，提高公共资源的利用率。

4. 智能预测和优化

利用大数据分析，社区可以进行智能预测和优化。通过分析历史数据和趋势，社区可以预测未来的需求和变化，提前进行准备和规划。同时，可以通过数据分析发现潜在问题并进行优化，提升社区运营效率和居民满意度。通过运用大数据分析和挖掘技术，社区可以更好地了解居民的需求和行为，提高社区运营效率，降低成本，提高居民满意度和忠诚度。同时，这些数据还能为社区的未来发展提供决策支持，促进社区的可持续发展。

综上，大数据分析在社区智慧运营中的应用包括用户画像模型、AARRR模型、数据分析和挖掘等方面。通过有效的数据分析和利用，社区可以更好地了解用户需求、优化用户体验、预测未来趋势，并提供个性化服务和精细化管理。

4.3.4 智慧运营的实施与挑战

社区智慧运营是近年来兴起的一种管理模式，旨在通过智能化应用程序和技术，提升社区的管理效率和服务质量。然而，尽管社区智慧运营具有相对的优势，但它也面临着一些挑战。

社区智慧运营的推广和落地存在一定的困难。社区是一个复杂的组织体系，涉及多个利益相关者，包括居民、物业公司、政府等。在推进社区智慧运营时，各方的利益诉求可能不尽相同，甚至存在矛盾。因此，如何平衡各方的需求，协调好各方的合作关系，成为社区智慧运营的一大挑战。

社区智慧运营的技术应用也面临一些难题。虽然智能化应用程序可以提供便捷的服务，但在推广和应用过程中，依然面临一些技术问题。例如，不同社区的信息系统和数据标准的差异，可能导致智慧应用程序的互联互通困难。此外，智能化系统的运营和维护也需要人力和技术的支持，对一些资源匮乏的社区来说，可能是一个挑战。

信息安全和隐私保护是社区智慧运营面临的另一个重要问题。随着社区智慧化程度的提高，居民的个人信息和隐私可能面临泄露和滥用的风险。这就需要社区智慧运营平台建立起严格的信息保护机制，确保居民信息的安全性和隐私的保密性。然而，由于技术的不断发展和演进，这方面的保护工作也需要不断更新和加强。

社区智慧运营的应用程序可以提供更加便利和高效的服务，但居民对于这些应用的接受程度和使用意愿是决定智慧运营成败的关键因素。因此，社区管理者需要积极开展宣传和教育工作，提升居民对于社区智慧运营的认知和理解，使他们积极参与进来，共同推动社区的智慧化发展。

社区智慧运营面临着推广和应用、技术、信息安全和隐私保护以及居民参与度等多个挑战，只有充分认识到这些问题，并采取相应的措施，才能够更好地推动社区智慧运营的发展，提升社区管理的水平和居民的生活质量。

4.3.4.1 智慧运营的实施步骤

首先，需要全面了解本社区的需求。这包括居民需求、政府政策要求、现有基础设施状况等方面，了解这些需求有助于确定系统的功能和目标。其次，根据需求分析结果，充分考虑成本、可靠性、安全性等因素并选择最适合的技术方案。最后，在确定技术方案后，需要对系统进行设计，包括系统架构、功能模块、数据模型、接口设计等方面。保障智慧运营服务平台足够的灵活性和可扩展性，以便能够适应未来的需求变化。社区智慧运营的实施步骤通常包括需求分析、系统设计、技术选型、实施开发等环节。以下是智慧运营实施的基本步骤：

1. 需求分析

首先需要对社区的需求进行全面分析和调研。了解社区的特点、居民的需求和痛点，明确智慧运营的目标和期望。可以通过调查问卷、用户访谈等方式收集居民的意见和建议，进一步明确需求。构建智慧社区利益相关者关系网络。识别出智慧社区在全生命周期下的利益相关者，梳理分析各利益相关者之间的关系，构建智慧社区利益相关者关系网络（图4.3-4）。

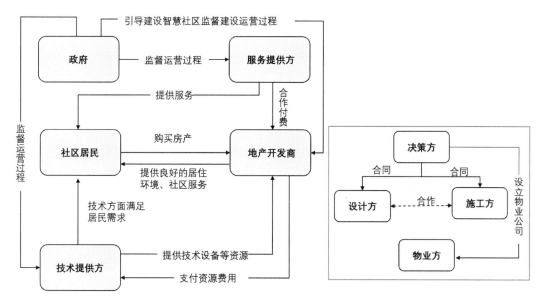

图4.3-4 智慧社区利益相关者网络关系

2. 系统设计

根据需求分析的结果进行系统设计，包括确定智慧运营的功能模块和系统架构，设计用户界面和交互流程，制定数据管理和安全策略等。系统设计需要综合考虑社区的特点和需求，确保系统能够满足居民的实际需求。

3. 技术选型

根据系统设计的要求进行技术选型。选择适合社区智慧运营的技术平台和工具，包括硬件设备、软件系统、数据库等。在技术选型过程中需要综合考虑技术可行性、成本效益、扩展性等因素，确保选用的技术能够支持系统的需求（图4.3-5）。

（1）设施层。基于云服务器主机，使用CentOS操作系统，结合Docker容器管理。CentOS

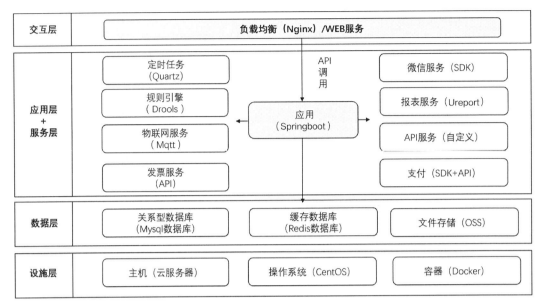

图4.3-5 部分技术方案说明

操作系统是一种稳定、可靠的Linux发行版，CentOS提供长期支持和安全更新，适用于云计算和服务器环境；Docker可以实现快速部署，具有可移植性和隔离性，简化了应用程序的打包和交付过程。

（2）数据层。使用关系型数据库MySQL作为主应用数据库，结合Redis作为缓存方案、OSS作为非结构化信息存储方案综合使用。MySQL是一种成熟、可靠的开源关系型数据库管理系统，具有良好的性能和可扩展性，适用于各种规模的应用程序和企业级解决方案。

Redis是一种高性能的内存数据库，具有快速读写能力和灵活的数据结构，适用于缓存、会话管理和实时数据处理等场景。

OSS是弹性、安全、可扩展的对象存储服务，适用于存储和管理海量数据，具有高可靠性、低成本和简化的数据管理特性。

（3）应用层和服务层。使用成熟的开发技术框架进行应用层和服务层的软件开发，基于Spring的J2EE解决方案，根据不同模块的功能需求特点，以Springboot为核心，融合使用Quartz、Drools、Mqtt、API、SDK、Ureport等各项技术框架进行搭建。

Springboot是一个使用简化Java应用程序开发的框架，提供自动配置和快速构建特性，使开发者能够更轻松地创建和部署应用程序。Quartz是一个强大的开源调度框架，用于在Java应用程序中实现任务调度和定时任务管理。

Drools是一个规则引擎和业务规则管理系统，允许开发者定义、评估和执行复杂的业务规则，用于决策管理和业务逻辑处理。

Mqtt是一种轻量级的通信协议，用于物联网设备之间的消息传递，具有低开销、高效率和可扩展性的特点。

API（Application Programming Interface）是一组定义了软件组件之间交互的规则和协议，用于实现不同系统之间的数据传递和功能调用。

SDK（Software Development Kit）是一组工具和库，用于帮助开发者构建特定平台或技术的应用程序，提供了开发所需的资源和接口。

Ureport是一个开源的报表组件，其特点有轻量级、灵活、易用。该组件基于表格式的设计方式，提供数据图表、报表的"所见即所得"在线设计，支持二次开发，能够为丰富的报表设计提供支持。

4. 实施开发

根据系统设计和技术选型的结果，进行系统的开发和实施，包括前端界面设计、后端系统开发、数据库搭建和配置等工作。在实施过程中需要与社区相关部门和居民进行沟通和协调，确保系统能够满足实际需求。

5. 测试和优化

在系统开发完成后进行测试和优化，包括功能测试、性能测试、安全测试等，确保系统的稳定性和安全性。同时，根据用户反馈和实际使用情况，进行系统的优化和改进，提高用户体验和满意度。

6. 推广和宣传

在系统测试和优化完成后进行系统的推广和宣传。通过各种途径，包括社区内部宣传、社交媒体推广、线下活动等，向居民宣传和推广智慧运营系统的功能和优势，鼓励居民参与和使用。

7. 运营和维护

系统推广后，需要进行系统的运营和维护。包括数据的收集和分析、系统的维护和更新、用户支持和反馈等。通过持续的运营和维护，不断改进和优化系统，提高社区智慧运营的效果和价值。

社区智慧运营的实施步骤包括需求分析、系统设计、技术选型、实施推广等环节。在实施过程中需要全面考虑社区的需求和技术可行性，确保系统能够满足居民的实际需求，并提供良好的用户体验。

4.3.4.2 智慧运营盈利回报挑战

社区智慧运营面临的盈利回报挑战主要包括以下几个方面：

1. 增值利用服务

社区智慧运营可以通过提供增值服务来获得收益。例如，提供便利的在线购物平台、社区服务预约、家政服务等，吸引用户使用并收取一定的服务费用。然而，要实现增值利用服务的盈利回报，需要确保服务的质量和用户体验，同时也需要与供应商建立合作关系，确保供应链的稳定和可靠性。

2. 广告收益

社区智慧运营平台可以通过向商家提供广告展示和推广服务来获取广告收益。通过分析用户的消费行为和偏好，将广告精准投放给目标用户，提高广告的转化率和效果。然而要获得广告收益，需要有足够的用户基础和流量，同时也需要与广告主建立合作关系，提供有吸引力的广告展示和推广方案。

3. 可行性缺口补助

在社区智慧运营初期，可能面临一定的可行性缺口，即收入无法覆盖成本。在这种情况下，可以考虑向政府或相关机构申请可行性缺口补助，以支持社区智慧运营的发展。这需要通过充分的市场调研和商业计划，向相关机构展示社区智慧运营的潜在价值和社会效益，争取获得资金支持。

4. 使用者付费

社区智慧运营可以提供一些高级或特殊的功能和服务，向用户收取一定的费用。例如，提供高级社区活动报名、定制化的服务等。然而，要实现使用者付费的盈利回报，需要确保提供的服务具有独特性和价值，能够满足用户的特殊需求。

5. 场地租赁

社区智慧运营可以利用社区内的场地进行商业活动，如举办展览、培训课程、社区活动等，并向商家或个人收取场地租赁费用。这需要充分了解社区的资源和需求，找到适合的商业合作伙伴，提供有吸引力的场地和服务。

6. 渠道收入

社区智慧运营可以通过与其他企业或机构建立合作关系，提供渠道销售和推广服务，从中获取一定的渠道收入。例如，与电商平台合作，将社区内的特色产品推荐给用户，获取销售佣金。这需要建立合作伙伴关系，提供有吸引力的销售和推广方案，确保渠道的稳定和可持续性。

社区智慧运营面临的盈利回报挑战可以通过增值利用服务、广告收益、可行性缺口补助、使用者付费、场地租赁和渠道收入等方式来解决。在实施过程中，需要充分了解社区的需求和资源，与相关合作伙伴建立良好的合作关系，提供有吸引力的服务和方案，以实现盈利回报。

4.3.4.3 智慧运营实施规范合规

社区智慧运营的实施应遵守相关规范和合规要求，包括社区公共服务与政府行政监管、社区治理与民事侵权、网络安全、数据安全和个人信息保护等方面。以下是对每个方面的描述：

1. 社区公共服务与政府行政监管

社区智慧运营应与政府相关部门进行合作，建立有效的沟通机制，确保社区公共服务的顺畅运行。同时，社区智慧运营应遵守政府的相关法规和政策，如公共安全、环境保护、消防安全等，确保社区的安全和良好秩序。

2. 社区治理与民事侵权

社区智慧运营应建立健全的社区治理机制，明确社区规则和管理责任，维护社区的秩序和权益。同时，社区智慧运营应遵守相关法律法规，防止民事侵权行为的发生，保护居民的合法权益。

3. 网络安全

社区智慧运营涉及信息技术和网络通信，需要重视网络安全问题。社区智慧运营应建立安全的网络基础设施，采取必要的安全措施，防止网络攻击、数据泄露等安全风险。同时，社区智慧运营应加强员工的网络安全意识教育，提高安全意识和应对能力。

4. 数据安全

社区智慧运营涉及大量的数据收集、存储和处理，需要保护数据的安全性和隐私性。社区智慧运营应采取必要的技术和管理措施，确保数据的机密性、完整性和可用性。同时，社区智慧运营应遵守相关的数据保护法律法规，明确数据使用和共享的权限和限制。

5. 个人信息保护

社区智慧运营在收集和使用居民个人信息时，应遵守相关的个人信息保护法律法规，保护居民的个人隐私权。社区智慧运营应明确个人信息的收集目的和使用范围，获得居民的明示同意，并采取必要的安全措施，防止个人信息的泄露和滥用。

社区智慧运营的实施需要遵守相关规范和合规要求，包括社区公共服务与政府行政监管、社区治理与民事侵权、网络安全、数据安全和个人信息保护等方面。通过与政府合作、建立安全措施、遵守法律法规等方式，确保社区智慧运营的合法性、安全性和可信度。

4.3.5 智慧运营展望

智慧社区的不同阶段都会存在多个利益相关者，对智慧社区的利益相关者进行梳理，进而为建设运营提供帮助。在对智慧社区利益相关者进行梳理之前需要确定智慧社区的开发模式，不同的开发模式所对应的利益相关者不同。

4.3.5.1 智慧运营模式

社区运营模式方面，起初多为居民主导型运营模式，居民根据自身意愿寻找设计师建造共享社区，项目耗时长，居民在建设过程中的社区情感浓烈；之后在传播发展中，许多非营利机构担任了项目的开发者，成为主要的利益主体，但非营利机构常常面临的问题是项目开发过程中的资金来源，为此如何建立有效的资金机制是该运营模式需要重点解决的问题；后期在社区模式发展相对成熟稳定后，开发商与开发咨询机构介入联合居住社区的开发，盈利的同时，有效加快了项目的推动效率。无论是哪一种运营模式，在社区的建设和管理中，居民自身的意愿及其社区意识和社区责任感都是不可或缺的重要因素。

目前我国建设智慧社区主要采用政府主导模式，政府以推动社区发展为目标，对社区建设进行规划和管理，统筹智慧社区的运行机制并对社区建设发展管理的模式进行创新，同时利用信息技术构建社区信息系统平台，并通过政府购买服务的方式使得社区周边商户、非政府部门等为居民提供公共服务，从而将三者进行整合。本节通过运营主体的类型组成不同将智慧运营模式分为：社区运营商模式、业主自治模式、公私合营模式、智能物业管理模式及社区服务平台模式。

1. 社区运营商模式

社区运营商模式由一家专业的运营商负责整个智慧社区的建设和运营，包括物业管理、智能设备维护、社区活动组织等。这种模式可以确保资源的统一管理和高效利用。这种模式由专业的社区运营公司负责管理，提供全面的智慧社区服务。这种模式的优势在于可以通过规模化的运营降低成本，提高服务质量。通常在大型房地产项目、城市综合体和产业园区中应用较多。

2. 业主自治模式

业主自治模式由社区居民自主管理，通过选举产生业主委员会，负责社区的日常运营和维护。这种模式可以增强居民的参与感和归属感，但需要居民具备一定的自我管理能力和资源。这种模式由业主自己组织起来，共同管理社区。这种模式的优势在于能够充分体现业主的意愿，提高社区的个性化和满意度。通常在小型社区、老旧社区和特色主题社区中应用较多。

3. 公私合营模式

公私合营模式由政府或公共机构与私人企业合作，这种模式可以充分利用政府或公共机构的资源和技术优势，同时引入市场机制提高效率。这种模式由政府、社区开发商和运营公司共同参与，各方发挥各自的优势，共同提供智慧社区服务。这种模式的优势在于能够整合各方资源，提高服务水平和效率。通常在新建社区、保障性住房社区和城市更新项目中应用较多。

4. 智能物业管理模式

利用物联网、大数据等技术手段，实现物业管理的智能化和自动化。例如，通过智能设备监控社区设施的运行状态，自动报修和调度维修，提高物业管理效率。这种模式由物业管理公司负责管理社区，利用智能技术提高服务效率和质量。这种模式的优势在于能够降低物业管理成本，提高业主满意度。通常在各种类型的物业项目中应用较多。

5. 社区服务平台模式

构建一个综合服务平台，整合社区内的各种服务资源，包括物业服务、商业服务、文化娱乐等，为居民提供一站式的便利服务。这种模式通过建立一个线上社区服务平台，整合各类社区服务资源，为业主提供一站式的服务。这种模式的优势在于能够方便业主获取服务，提高生活品质。通常在各种类型的社区中都可以应用。

需要注意的是，不同的投资与运作模式适用于不同的情况，选择适合自己社区的模式需要综合考虑社区规模、投资能力、运营能力等因素。同时，无论采用哪种模式，都需要注重平台的可持续发展和用户体验，确保平台的稳定运行和用户的满意度。

4.3.5.2 案例分析

1. 中铁文旅"一卡通"

中铁文旅依托中国中铁全产业链和大品牌优势，积极打造"投、融、建、管、运"一体化平台，已在贵阳、眉山投资建设了两个面积超3万亩的大型生态新型城镇，塑造了以"中铁国际生态城"为核心的企业品牌，培育了众多城市运营配套产业，包括五星级酒店、商业综合体、主题乐园、体育公园、特色小镇、高端教育、康养中心、新型农业等。近年来，智慧园区、智慧旅游、智慧城市的概念逐步深入人心，产业园区、景区、运营商乃至地方政府均纷纷提出自己的发展理念和未来规划。然而，这些解决方案更多地定位于单一场所，无法做到将一定区域内的整体消费服务和公共资源贯穿起来，这却恰恰是未来的一个重点发展方向。

中铁文旅基于大型生态城社区，可以在各运营合作商之间实现资源整合和资金调配。同时，中铁自身在全国各地有着上百个项目，单个项目落地成功后，容易复制、推广、合并，最终为业主、商家和政府提供一个覆盖广泛、产品丰富、服务便利的综合性智慧产业平台。

经过10年的发展，中铁文旅逐步在城市运营板块孵化了"中铁彩虹之家""中铁拾堂"和"彩虹+"三个城市服务运营品牌，分别在贵阳中铁国际生态城和四川眉山中铁生态城相继落地。随着产业项目和产业品牌的成功落地开展，数字化服务平台应运而生，创新产业研究院经过深入的市场调研和技术钻研，自主研发出一系列"一卡通"服务用户的数字化服务系统，包含"中铁文旅一卡通管理系统""中铁文旅一卡通小程序"及"中铁文旅一卡通POS系统"（图4.3-6）。

图4.3-6 中铁文旅"一卡通"应用著作权登记证书

"一卡通"有效串联起中铁文旅旗下各项产业及生活配套服务，可用于餐饮、交通、便利店、物业费、健身房、景区门票等消费服务，具有身份识别、出入门禁管理、综合结算等诸多功能，实现了"一卡在手·便捷无忧"，将中铁文旅旗下诸多产业服务串联在一张大数据网内，有利于数据的统一性管理，使服务更便捷。此外，融合中铁文旅强大的内部市场和房地产商优质客户资源，依托中铁文旅的产业布局，"一卡通"除了能创造一定经济效益之外，还能有效为企业在用户画像、大数据分析、销服一体化和业务拓展方面提升品牌的竞争力，助力中铁文旅"美好生活综合服务商"的品牌战略加速呈现。

平台上线了"一卡通"基础功能，包括2个管理后台（8个基础功能）和1个小程序（4大管理类别24项技术功能），线上商城也于2023年完成建设上线。同时，"一卡通"平台引入了有支付牌照的聚合支付，运用第三方支付平台规避发行多用途卡的支付风险，在保证资金安全的同时，也保障了信息安全。对于中铁业主和"一卡通"会员，所有消费都还能够获得积分，享受积分体系带来的更多优惠。对于商户而言，有更强的动力与"一卡通"和聚合支付平台合作，无须再额外支付成本去开发自己的会员管理和营销系统，节省其运营成本。在未来，通过平台进行跨项目、跨区域、跨业态的平台化经营，联动交通、餐饮、住宿、娱乐、健身、购物、公共资源服务，社区内的所有服务都可以融入进来，实现一点接入，无限连接。通过"一卡通"和聚合支付平台的综合应用，合理规避风险，突破了单用途储值卡的限制，帮助运营部门迅速拓展平台服务，扩展社区商家，盘活社区商业资源，促进多元化经营，创造运营收益（图4.3-7）。

智慧运营的推广需要一套完整的系统，除支付功能外，包括用户管理、商户管理、交易管理、营销管理等，能够实现线上线下平台分销、发券、验券、交叉营销信息下发等功能。依托聚合支付平台，由中铁文旅创新产业研究院主持，采用引入、自主研发等方式，逐步完

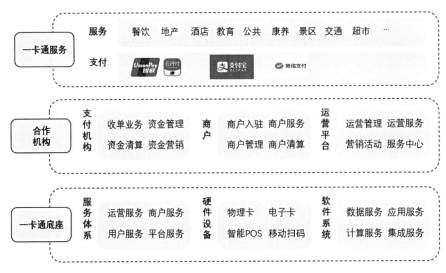

图4.3-7　用户线上预存消费场景示意图

善信息系统功能。除平台现有功能外，不断接入现有的业务服务系统，满足多个特殊场景的应用，形成与线下智慧硬件对接的场景基础，能够在片区内打造场景联动的特色服务。

2. "中铁拾堂"

"中铁拾堂"品牌于2020年始创，历经三年的探索实践，已开业运营了11个门店，覆盖贵州、四川和吉林三省。其中，贵州中悦公司运营管理"中铁拾堂"门店已达7个（自营项目3个，分别是白晶谷店、溪山里店和南山店；外拓项目4个，分别是云湾店、云著店、阅山湖店和望山水街店）；四川生态城腾宇公司运营管理拾堂门店4个（自营项目2个，分别为文化中心店、湖畔山居店；外拓项目2个，分别为春台悦店和长春博览城店）。凭借健康卫生、美味实惠的餐品，明厨亮灶的环境和细致贴心的服务，获得了广大业主、员工及游客的肯定，累计服务近200万人次，累计营收超过4000万元。中铁文旅公司充分利用自身资源优势探索建立了一套央企传统化与市场特色化融合发展的餐饮产业商业模型，"中铁拾堂"产业品牌体系雏形初步呈现，积累了一定的影响力并开始探索轻资产输出模式。

作为大型生态社区内主要的消费场景，除与自主研发的中铁文旅"一卡通"系列应用深度融合外，"中铁拾堂"还配备了智慧收银系统，实现食堂餐品芯片识别价格，实现快速结账。支持中铁文旅"一卡通"数据联通，同时支持刷卡消费、二维码、微信支付宝等多种支付方式，以满足各类食堂不同的管理需求；也具备充值退卡、档口结算管理等方面的功能。现"中铁拾堂"旗下各店自选分餐档口均正常投入使用，数据后台需要性能较好的台式电脑和宽带网络支撑（图4.3-8）。

目前"中铁拾堂"采取自主经营和轻资产输出两种经营模式。其中，贵州片区的白晶谷店、南山店、溪山里店和望山水街店，四川区域的文化中心店、湖畔山居店采用自主经营模式，分别由贵州中悦公司和四川腾宇公司负责运营管理。在与中铁置业西南公司合作的云湾店、云著店和阅山湖店以及与长春中铁合作的长春博览城店采取轻资产输出模式，中铁文旅公司派出经营管理团队负责日常运营，经营权归甲方，流水进甲方账户。其中，春台项目因其大健康产业和服务客群的特殊属性，采用品牌特许经营方式。

图4.3-8 "中铁拾堂"智慧餐台

"中铁拾堂"就餐满意度达90%以上。其中，在政府领导的多次调研过程中，均对"中铁拾堂"促进区域经济发展、解决当地民众就业、提升群众幸福感等方面给予了高度认可（图4.3-9）。

3. 贵阳中铁国际生态城

贵阳中铁国际生态城在建设和运营过程中，充分运用现代科技手段，通过差异化竞争打造集聚贵州精华的旅游、度假、避暑、休闲、运动、娱乐、养

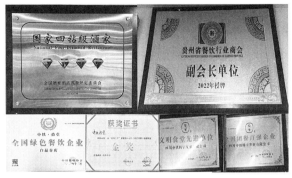

图4.3-9 "中铁拾堂"（贵州及四川片区）获奖情况（部分）

生、会议、会展、教育、培训等产业，打造全产业链智慧运营体系。依托智慧中铁文旅自主研发的"一卡通"系统实现全场景消费通。建立配套服务"一卡通"的消费运营服务，整合公司七大产业（体育、旅游、文化、商业、康养、服务、交通）形成系统化的平台运营服务管理功能，通过"一卡通"的有机串联，让客户真切体验产业服务。利用公司自持或参股配套，围绕生态城产业配套，参照公司正在使用的员工卡模式，建立生态城"一卡通"消费服务体系，将生态城内部服务配套项目纳入其中（表4.3-1）。

贵阳中铁国际生态城"彩虹卡"权益范围　　　　　　表4.3-1

序号	配套类别	范围
1	酒店	安纳塔拉酒店、维也纳酒店等
2	超市	中购超市、兴隆农贸市场
3	交通	彩虹巴士
4	度假	巫山峡谷景区、温水温泉
5	运动	体育训练营、木球训练基地、小球训练基地、南山五人制足球场
6	餐饮	业主食堂（白晶谷、悦龙南山）、问水温泉餐厅
7	娱乐	摩都ShowKTV
8	康养	南明社区医院、太阳谷安养中心、百龄潭康养品牌领衔发展健康管理中心、颐养中心、心灵美学中心等
9	教育	双龙外国语学校、华麟中学、史蒂芬森幼儿园
10	物业	中铁兴隆、中坤物业

注：此范围为营销部初步拟定，在此基础上，根据公司产业落地情况，需不断新增丰富配套

贵阳安纳塔拉酒店是贵州省第一家超五星级度假酒店，源自泰国，也是融汇了贵州民族特色和建筑精华标志，并融入健康、养生理念的度假精品酒店。酒店为中铁贵州旅游文化发展有限公司全资持有，以基础管理费+运营分润的方式委托美诺集团负责酒店进行经营管理，使用其旗下"安纳塔拉"酒店品牌。酒店本身配备完善的智慧化系统如客房管理系统OPERA、餐饮管理系统、安美IPTV电视互动点播系统、公共区域灯光控制系统、客评系统

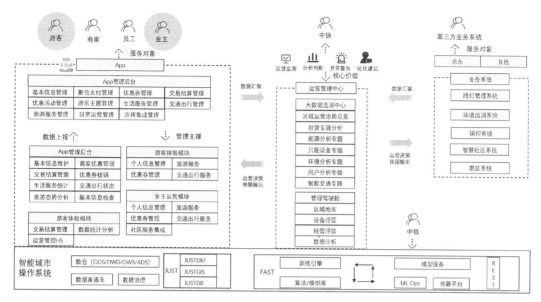

图4.3-10 总体技术架构图

ReviewPro等全方位内务部系统。安纳塔拉酒店提供高端客房、餐饮、宴会、会议、SPA、康乐等综合服务项目。不定期举办"中东美食节""彝族火把节"等美食运营活动，支持在线预定，提供专属"彩虹卡"会员优惠价格，酒店高端的服务及智慧化的运营带动整个大型生态社区的体验。

4. 四川眉山中铁生态城

根据中铁生态城发展定位，采用大数据、AI、物联网先进技术，围绕"新型智慧城市、智能社区、智能景区"三大应用场景，搭建数字化、智能化的各类应用系统，更好地服务辖区内的管理者、居民、商家、游客等各类主体，完成中铁生态城智慧城市建设。四川眉山中铁生态城智慧城市建设在各小镇各主体的数据汇聚融合、时空信息平台、各垂直业务系统的基础上，运用大数据分析手段，完整、深入地呈现生态城经济和运行状态，构建科学的指标体系和分析模型，准确、及时地进行预警和预判，为区域内运营、管理的精准施政提供决策分析，为城市管理的科学高效和协同治理实现联动指挥打下基础，全面实现生态城运行状态的综合展示及决策分析，打造全国领先、具有生态特色的新型"旅游城市"（图4.3-10）。

"1底座"是指智慧城市操作系统底座，其是一个开放的、组件化、标准化的集采集、存储、管理、挖掘、分析、可视化于一体的智能城市大数据AI使能平台，涵盖大数据基础平台、数据汇聚平台、数据治理与管控平台、空间数据管理（时空数据管理引擎）、空间数据AI算法模型（城市时空智能引擎）、跨域学习模型（联邦数字网关系统）、城市可视化平台、数据赋能平台、视频融合平台、数据安全管理平台和运维管理平台等不同平台，实现城市大数据"落得下、管得住、用得好"，提升大数据整合与利用效率、释放数据价值，为城市指挥中心、业务应用场景提供支撑。

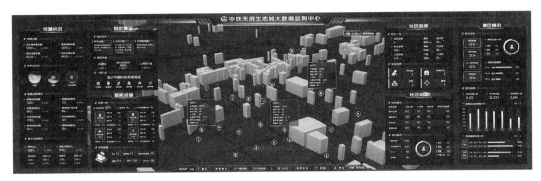

图4.3-11 中铁天府生态城大数据监测中心大屏设计图

"1中心"是指基于智慧城市操作系统底座搭建的智慧城市运营管理中心,以决策部门及其辅助部门为主要服务对象,围绕生态城发展战略和重要工作,根据领导职责和关注内容不同为决策者设计领域信息智能搜索和数据分析服务。以领导驾驶舱的形式对综合服务App、聚合支付、第三方业务系统等所有相关业务系统的汇聚数据进行实时展示和挖掘分析(图4.3-11)。

根据业务板块划分,智慧城市运营管理中心以"1张大屏+领导驾驶舱"的形式汇聚了中铁国际生态城主要业务系统的数据,并进行实时展示和挖掘分析,支持PC端、移动端、可视化大屏等各类终端,辅助决策部门掌控中铁国际生态城运行态势,为领导决策提供有力的数据支撑。

中铁国际生态城的运营管理覆盖多场景、多系统,为提升运营管理效率,将各个业务系统的汇总数据归类划分为了五大专题:经营分析、社区分析、景区分析、环境分析及智能设施,分别对应四个驾驶舱(经营总览、智慧社区、智慧景区、智慧设备),共200多项指标。

中铁国际生态城综合服务App作为综合服务载体,建设内容包括:1个中铁国际生态城综合服务系统后端管理平台,1个涵盖B端用户(中铁员工、商家用户、景区管理人员)及C端用户(居民、游客)的综合服务App。设置不同的功能入口,满足不同类用户在生态城内生活、旅游、交通、医疗、娱乐等多类型的功能服务。

2020年9月成立的"72岛",寓意黑龙滩72座原生岛屿,定位生活服务品牌,以公众号、小程序为载体,通过发布度假信息、旅游线路、品牌故事等方式,引导业主、游客在线上进行预约、消费,以期营造欢乐、好玩的良善社区。截至目前,业主、游客、员工通过"72岛"平台,已累计消费次数22万余次,计实现消费金额500万余元,依托周边及自持商业,线下线上一体化形成消费闭环,为社区居民、游客、员工及商家搭建了一个集生活、文旅、消费等于一体的全生态链平台。

4.3.5.3 发展趋势

社区智慧运营平台建设是一个不断发展和完善的过程。随着信息技术和物联网技术的不断进步,社区智慧运营平台的建设也在不断演进和创新。社区智慧运营是指通过运用先进的技术手段和智能化平台管理社区,提高居民生活质量的一种新型管理模式。随着人们对社区服务的需求不断提升,社区智慧运营的未来发展充满了无限的潜力。展望社区智慧运营的未来,我们可以看到,随着科技的不断发展和社区管理的需求不断提升,智能化、数字化的社区运营将成为现实。社区将由传统的人工管理转向基于数据和智能技术的运营模式。

1. 制定完善的政策支持

在未来的社区智慧运营发展中,制定完善的政策支持将起到关键的作用。首先,政策的出台将使社区智慧运营体制更加规范化和可持续发展。政策支持可以为社区智慧运营提供明确的指导和规范,从而避免了无序竞争和乱象的出现。其次,政策还可以引导社区智慧运营朝着可持续发展的方向发展,促进整个行业健康、有序地发展。再次,完善的政策支持可以激活社区智慧运营的潜能,推动技术创新和进步。在社区智慧运营的发展过程中,技术创新是关键的驱动力。社区智慧运营需要不断地引入新技术、新设备,为居民提供更加便捷、高效的服务。而政策支持可以提供各种形式的财政资金和税收优惠,鼓励企业和机构加大在技术创新方面的投入,推动社区智慧运营的技术水平不断提高。最后,政策支持还可以促进社区智慧运营与其他领域的深度融合。社区智慧运营涉及多个方面的内容,如物业管理、公共设施、社区服务等。政策支持可以鼓励不同部门和组织之间加强合作,通过信息共享、资源整合等方式,实现社区智慧运营与其他有机融合,提供更为全面、立体的社区服务。

制定完善的支持政策对社区智慧运营的未来发展至关重要。政策的出台将使社区智慧运营更加规范化和可持续发展,激活其技术创新的潜能,促进与其他领域的深度融合,引导其向更高水平发展。只有通过支持政策的力量,社区智慧运营才能真正实现全面发展,为社区居民提供更好的生活服务。

2. 加强技术研发与创新

随着科技的不断进步,社区智慧运营正面临着更多机遇和挑战。其中,技术研发和创新是关键驱动力。通过引入人工智能、大数据、云计算等先进技术,并结合社区的特点和需求,可以不断提高社区管理的效率和质量。首先,技术研发可以提供更多的工具和平台,使社区居民可以通过简单快捷的方式了解社区信息,参与社区事务。例如,社区智能手机应用程序,可以提供公告、活动、服务预约等功能,方便居民随时查询社区动态,并提供在线互动与反馈渠道。其次,技术创新也可以优化社区管理流程,例如通过自动化系统和无人机巡检等方式,提高保安和环境监控的效果。再次,技术研发和创新也有助于构建更加智能的社区服务体系。通过人工智能技术,社区可以自动识别居民需求,并根据个体特征和喜好进行推荐。居民可以通过智能语音助手进行咨询和预约服务,享受更加个性化和便利的社区生活。最后,大数据分析可以为社区提供决策支持,助力社区规划和发展。

社区智慧运营的未来发展还需要关注隐私和安全问题。随着数据的增加和共享的加强,如何保护居民个人信息的安全成为一项保障居民权益的重要话题,社区应确保数据的合法使用和隐私的保护，避免信息滥用和泄露。社区智慧运营的未来发展需要加强技术研发与创新。通过引入先进技术、优化社区服务体系、保障数据安全，社区智慧运营可以更好地满足居民的需求，提升社区管理的质量和效率。随着技术的不断发展，社区智慧运营将在智能化和便捷化的道路上不断前行。

3. 开放式和生态化

社区智慧运营是当今社会发展的一个重要趋势。随着科技的快速发展，社区在数字化转型中扮演着越来越重要的角色。未来，社区智慧运营将会在各个领域取得更大的发展。社区智慧运营平台将逐渐向开放式和生态化的方向发展，通过开放接口和标准，与其他平台和系统进行集成，实现资源的共享和互联互通。同时，平台也将鼓励和支持第三方开发者参与，推动平台生态的建设和创新。

加强社区居民的参与意识也是社区智慧运营未来发展的一个重要方面。社区居民的参与程度直接影响着社区的发展和运营效果。社区智慧运营将更加注重居民参与和民主决策。通过智能化的社区平台，居民将能够参与社区管理的各个环节，包括提出建议、分享资源等。社区活动和决策将更加透明和公正，居民将有更多话语权和决策权。这将有助于提高社区居民的参与感和归属感，促进社区的和谐稳定发展。

总之，展望社区智慧运营的未来，我们可以看到一个更加便利、智能和可持续发展的社区生态。通过大数据和物联网技术的应用，多方合作的良好生态系统的建立，居民参与和民主决策的增加，以及经济和环境效益的提高，智慧社区将成为现实。这将不仅提升社区居民的生活品质，也将推动社区的发展和进步。

4.4　文化教育

在当今日益多元化的社会环境中，大型智慧社区文化教育的重要性愈发凸显。大型智慧社区往往承载着不同文化和教育背景的居民，开展社区文化教育，有利于促进居民之间的相互了解、沟通和合作，弘扬和传承地方特有的文化遗产，共同建立一个更加包容和有活力的社区。

4.4.1　文化教育概述

大型智慧社区文化教育涵盖广泛的内容，包括幼儿教育、中小学教育、文化认知、文化交流、社区参与及合作等，具有多元性、互动性、个体化等特点。智能化技术日新月异的发展，有效地促进了社区文化教育数字化水平的快速提升。社区文化教育智慧化应用场景丰富，主要包括社区幼儿园、中小学教育、智慧图书馆、文化展览中心等，同时虚拟现实、人工智能、5G、移动互联网等技术的广泛应用,给社区文化教育带来了更多更丰富的创新应用。

智慧技术为社区文化教育带来了许多积极的价值和意义,促进了开放学习、丰富教学体验、拓展文化交流、保护文化遗产以及提升管理和参与效率,有助于提高社区居民文化教育水平,建设更加包容、多元和可持续发展的社区。

4.4.2 智慧社区文化教育的典型应用场景

4.4.2.1 社区幼儿园

大型智慧社区幼儿园智能化应用主要有智能化安全管理系统、幼儿教学辅助和家校互动平台等。

1. 智能化安全管理系统

在大型智慧社区幼儿园中,安全管理至关重要。利用安全监控摄像头、人脸识别、智能门禁系统等技术,实现对幼儿园内外环境的实时监控和安全防护,有助于提高幼儿园安全体系的可靠性和效率,保护幼儿人身安全,避免意外事件的发生并迅速响应。

2. 幼儿教学辅助

智能化技术可以提供丰富的教学辅助工具和资源,丰富幼儿园中的教学内容和手段。例如,虚拟现实和增强现实技术可呈现沉浸式的学习体验,将抽象的知识通过形象化、逼真的方式表达出现,更容易理解,让幼儿通过互动的方式探索和体验不同的学习主题,提升学习效率。此外,智能化教具、故事机器人和交互式电子白板等工具,能够激发幼儿的学习兴趣和创造力,提升教学效果及幼儿的参与度。

3. 家校互动平台

智能化技术为大型智慧社区幼儿园打造了家校互动平台和沟通工具,促进家长和教师之间的紧密合作,提供了及时沟通和信息共享的便利。通过智能手机应用程序、网站等渠道,家长可以方便地了解幼儿的学习、使用教育资源和参与学校活动等情况。这种沟通与互动的加强有助于建立家校共育的良好机制,提高教育质量和幼儿的学习效果。

4.4.2.2 中小学教育

作为大型智慧社区配套建设的中小学校园,通常具有地理位置优越、综合教育资源丰富、周边配套设施完善、与社区深度融合等优势,往往成为社区居民子女入学的首选。在智能化技术应用方面,中小学教育主要有个性化学习和教学支持、智能化评估和反馈系统、在线学习平台和资源等。

1. 个性化学习和教学支持

个性化学习和教学支持是智能化技术在中小学教育的典型应用。利用教育大数据、学习分析和人工智能技术,学校可以收集并分析学生的学习数据和行为,根据每个学生的个体差异和学习需求，提供定制化的学习资源和教学策略，以实现学生的个性化发展，提高教学效果。

2. 智能化评估和反馈系统

智能化技术可以支持学校建立智能化的评估和反馈系统，进而有效监测学生的学习进展和能力发展。通过自动化的评估工具和算法，学校可以收集和分析学生的学习表现，并提供及时的个性化反馈，帮助学生发现和改进学习中存在的问题，促进他们的学习成长和提高学习效果。

3. 在线学习平台和资源

智能化技术为大型智慧社区中小学教育提供了在线学习平台和资源，学生可以随时随地获取学习资料和参与学习活动。通过互联网和移动设备，学生可以使用在线课程、教学视频、电子书籍等资源进行自主学习，并与教师和同学进行在线交流和互动，促进学习的灵活性和社交性。

4.4.2.3 智慧图书馆

大型智慧社区图书馆作为面向居民的公共服务设施，具有多样性、个性化的特点，智能化技术在大型社区图书馆的应用场景主要包括自动借还系统、信息检索与推荐系统等。

1. 自动借还系统

自动借还系统是一项利用智能化技术简化借书和还书流程的解决方案（图4.4-1）。该系

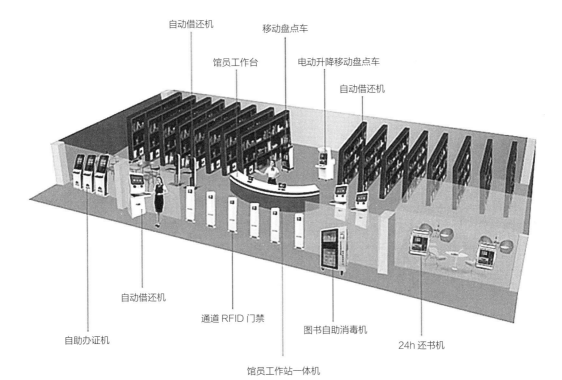

图4.4-1 图书馆自动借还系统整体结构示意图

统通过集成各种技术组件，使读者能够自助完成借书和还书的操作，极大地提高了图书馆服务的效率和便利性。其中，RFID技术被广泛应用于自动借还系统中，通过使用电子标签和读写器之间的射频通信，实现图书的识别和数据交换。另外，智能化柜体和自动还书架等设备也是自动借还系统中常见的组成部分，能够提供灵活而高效的借还体验。自动借还系统的引入不仅简化了图书借还的流程，还减少了人工介入和排队时间，提高了图书馆的服务质量。

2. 信息检索与推荐系统

信息检索与推荐系统利用智能化技术帮助读者查找和推荐图书资源。这类系统通过分析读者的兴趣、行为和偏好，能够提供个性化的图书推荐和精确的信息检索结果，以满足读者的需求，提升阅读体验。

智能化搜索引擎是信息检索与推荐系统中的关键技术之一，使用自然语言处理、机器学习和数据挖掘等技术，理解读者的搜索意图，提供准确的搜索结果。另外，通过用户行为分析和个性化推荐算法，系统能够分析读者的行为模式和兴趣偏好，为他们量身定制图书推荐，提高图书馆资源的利用率和读者的满意度。随着数字化时代的到来，多媒体内容智能检索技术也在发展中，为读者提供更全面和便捷的信息检索和推荐服务，满足他们对多种媒体资源的需求。信息检索与推荐系统的应用，使得读者可以更方便地找到所需的图书资源，提升了图书馆的服务质量和用户体验。

4.4.2.4 文化展览中心

大型智慧社区的文化展览中心的智慧化应用，主要有虚拟导览和增强现实展示、互动艺术体验以及数字化展览和远程参观等。

1. 虚拟导览和增强现实展示

虚拟导览和增强现实展示能够为观众提供沉浸式和互动式的展览体验，观众可以通过智能设备如智能手机、平板电脑或头戴式显示器，参与虚拟的导览和互动。其功能主要包括：

（1）虚拟导览：观众可以使用智能设备选择不同的展览内容，然后沉浸在虚拟的展览场景中。他们可以自由地浏览展览空间，观看展品的高清图片或视频，阅读展品信息的文字说明，以及通过定位技术了解自身位置和可用路径。

（2）增强现实展示：利用增强现实技术，观众可以将虚拟元素添加到真实的展览场景中。通过智能设备的摄像头和AR（增强现实）应用程序，观众可以观看展品的三维模型、虚拟角色或者其他图像、视频的叠加。例如，观众可以指向一幅艺术作品，然后通过AR技术查看该作品的创作过程或相关介绍视频。

2. 互动艺术体验

互动艺术体验为观众创造丰富的互动和参与感，观众可以与艺术作品进行互动，通过他们的行为和反应影响作品的行为和表现。主要包括：

（1）手势识别和动作捕捉：观众可以使用手势识别技术或者携带传感器设备来与艺术作品互动。观众的手势和动作可以触发声音效果、光影变化或其他艺术作品的反应。

（2）虚拟现实体验：通过头戴式显示器等虚拟现实技术，观众可以穿戴设备进入虚拟的艺术世界，与虚拟艺术品进行互动，在虚拟环境中自由移动、触摸或改变作品的元素。

（3）情感分析和互动反馈：智能化技术可以分析观众的情绪和反应，根据结果提供个性化的互动反馈。例如，当观众表达兴趣、惊讶或喜悦时，系统可以自动调整展示的效果，以增强观众的情感体验。

3. 数字化展览和远程参观

数字化展览和远程参观将展览内容数字化，使观众能够远程参观，并为他们提供更多的展品信息和背后的文化背景。主要包括：

（1）虚拟展览平台：通过建立虚拟展览平台，观众可以通过互联网浏览展品的高清图片、视频和文字介绍。他们可以在自己的设备上轻松访问并参观展览内容，不受地域限制。

（2）远程访谈和互动：智能化技术可以通过视频会议和远程交流工具，让观众与艺术家、策展人等进行远程访谈和互动。观众可以提出问题、了解展览背后的故事，以及与相关人员进行交流和分享。

（3）虚拟现实参观：通过使用虚拟现实技术，远程观众可以穿戴头戴式显示器等设备，仿佛身临其境地参观现场展览；观众可以通过头部追踪技术自由移动，观看展品并与其他远程观众进行互动。

4.4.3 新技术在大型智慧社区文化教育中的应用

4.4.3.1 虚拟现实技术应用

虚拟现实（Virtual Reality，VR）技术是一种通过模拟人类感官系统的交互式数字化体验技术。它通过头戴式显示设备、手柄等设备，让用户完全沉浸在虚拟的三维环境中，实现身临其境的感觉。增强现实（Augmented Reality，AR）技术是一种将虚拟内容叠加到真实世界的技术，使用户能够在现实环境中看到虚拟物体。

在社区文化教育领域，虚拟现实技术有着广泛的前沿应用前景。

虚拟现实技术能够为学习者提供更丰富、沉浸式的体验。通过虚拟现实技术，学习者可以实时参观博物馆、文化遗址、历史场景等文化资源，没有时空限制，尽享身临其境的感觉。这不仅丰富了学习体验，也激发了学习者的兴趣和好奇心，提升了知识的吸收和理解能力。

虚拟现实技术可以创造出虚拟的艺术创作环境，促进创造性表达和互动。学习者可以通过虚拟现实技术，参与到音乐、绘画、舞蹈等艺术形式的创作过程中，自由发挥想象力和创造力。而其他社区成员可以通过虚拟现实技术观看这些艺术作品并与其互动，实现参与式的文化交流和欣赏体验。

典型的应用案例是虚拟博物馆。虚拟博物馆运用虚拟现实技术，重现了传统博物馆的展览和文物陈列，为学习者提供了更丰富、互动性更强的学习体验。学习者可以自由在虚拟博物馆中浏览，观看展品并获取相关的解说和知识。他们还可以与其他学习者进行虚拟交流和合作，在虚拟空间中进行学术讨论和文化交流。

另一个例子是在社区举办的艺术展览中应用增强现实技术。通过AR技术，艺术品可以与现实环境相结合，创造出动态、富有交互性的艺术体验。观众可以通过使用手机或其他AR设备，便捷地获取有关艺术品的信息、背景故事和创作过程，与艺术家进行虚拟交流，同时还能在真实环境中观赏这些增强了现实感的艺术作品。

虚拟现实技术在社区文化教育中有丰富的应用场景，通过创造真实感和互动性的虚拟体验，它能够丰富学习者的文化教育体验，激发学习兴趣和创造力。通过虚拟博物馆、增强现实艺术展览等应用，社区成员可以享受到更开放、多元的文化教育资源，促进文化交流和共享。虚拟现实技术的发展为社区文化教育带来了许多创新的可能性，为我们展示了一个更为智慧、丰富多样的学习和创作环境。

4.4.3.2 人工智能技术应用

人工智能（Artificial Intelligence，AI）是研究、开发用于模拟、延伸和扩展人的智能的理论、方法、技术及应用系统的一门新的技术科学。它通过算法和大数据的分析，使机器能够模仿和执行人类智能活动，包括感知、理解、学习、推理和决策等过程。

在社区文化教育领域，人工智能技术具有广泛的前沿应用。

人工智能技术能够提供个性化的学习和教育服务。通过分析学习者的兴趣、学习风格和学习水平等数据，人工智能可以为学习者定制个性化的学习计划、内容推荐和智能辅导。这种个性化的学习方式能够更好地满足学习者的需求，提高学习效果和兴趣。

人工智能技术在社区文化教育中能够扮演辅助创作和创新的角色。通过人工智能算法的辅助，学习者可以在音乐、艺术、文学等创作领域得到更多的灵感和创意支持。人工智能系统可以分析和提供大量的创作素材和样本，辅助学习者进行创作实践和艺术实验，进而促进社区中的文化创新和艺术表达。

一个典型的应用案例是基于人工智能的语音识别和自然语言处理技术在社区文化讲解和导览中的应用。通过人工智能技术，可以将大量的文化遗产和历史背景信息整理成语音和文字形式，并通过语音识别和自然语言处理技术实现语音导览和文化讲述。在社区博物馆、历史场馆和文化遗址等地，访客可以通过手机或其他设备，使用人工智能导览系统获取相关的语音讲解和补充信息，帮助他们更好地理解和欣赏文化遗产。

另一个例子是基于人工智能的虚拟导师系统。通过人工智能算法分析学习者的学习行为、知识点的理解程度和应用能力等，虚拟导师系统可以为学习者提供实时的学习建议、自动纠错和智能评价。学习者可以通过与虚拟导师系统的互动，获得个性化的学习辅导和反馈，提高学习效果和自主学习能力。

综上所述，人工智能技术通过个性化学习服务和辅助创作的方式，能够提升学习者的学习体验和效果，推动社区文化的创新和发展。随着人工智能技术的不断发展，我们可以期待更多针对社区文化教育的创新应用，进一步丰富和拓展社区的文化教育资源和体验。

4.4.3.3　5G技术应用

5G技术是第五代移动通信技术的简称，在传输速度、延迟、网络容量、设备连接等方面具有显著的提升。相比之前的移动通信技术，5G技术能够实现更高的数据传输速率、更低的传输延迟和更多的设备连接性能，这使得5G成为推动社区文化教育创新的有力工具。

在社区文化教育领域，5G技术作为社区智能化的基础设施，有着广泛的前沿应用。

5G技术能够提供高速稳定的网络连接，支持多媒体内容的实时传输和共享。社区文化教育机构可以通过5G网络，将文化节日、艺术表演、教育讲座等活动直播或实时分享给社区居民，让更多人参与其中，促进社区文化的传承和交流。

5G技术有助于推动虚拟现实和增强现实在社区文化教育中的应用。通过5G网络的高速传输和低延迟特性，社区居民可以在社区文化中心、博物馆或其他教育场所体验沉浸式的虚拟现实和增强现实内容。

一个具体的前沿应用案例是基于5G技术的远程教育和远程文化交流。通过5G网络的高带宽和低延迟，社区文化教育机构可以实现高质量的远程教育服务，让专家学者在远程指导和讲座的过程中与学习者进行实时互动。此外，社区间的文化交流也可以通过5G技术实现。例如，社区艺术团体可以利用5G网络进行实时的跨地域音乐合作演出，让不同社区的艺术家和观众能够相互交流和欣赏。

综上所述，5G技术能够提供高速稳定的网络传输，支持多媒体内容的实时共享和互动，推动虚拟现实和增强现实技术的应用，实现远程教育和文化交流，以及构建智慧社区等。通过5G技术的应用，社区文化教育可以更好地满足居民的学习需求，促进社区文化的传承和发展。

4.4.3.4　移动互联网技术应用

移动互联网技术是指将移动通信技术和互联网技术相结合，利用移动设备（例如智能手机、平板电脑）和无线网络（例如4G、5G）来实现信息交流和资源共享的方式。它使得人们可以随时随地通过移动设备访问互联网，获取和共享各种信息、服务和应用。

在社区文化教育领域，移动互联网技术应用广泛。

移动互联网技术为社区居民提供了便捷的信息获取途径。通过移动设备连接互联网，社区居民可以随时浏览文化教育机构的官方网站、社交媒体平台、在线课程等，获取最新的文化活动信息、参与学习和交流。

移动互联网技术可以推动社区文化资源的数字化和在线共享。社区文化教育机构可以通过建立数字化的文化资源库或在线图书馆，将书籍、音乐、影视作品等文化资源进行数字化编目，并提供移动应用程序供社区居民在线浏览和阅读。通过移动互联网技术的支持，社区居民可以随时随地获取到丰富的文化资源，满足自身学习和娱乐的需求。

另外，移动互联网技术也促进了社区文化教育的在线学习和交流。社区居民可以通过移动设备参与在线文化教育平台、虚拟学习社区等，学习各类文化知识和技能。在线学习平台提供丰富的在线课程和教育资源，社区居民可以自主选择学习内容和学习时间，提高自身的文化素养。

例如，基于移动互联网技术进行社区文化艺术活动推广。通过移动应用程序和社交媒体平台，社区文化艺术活动可以被更广泛地推广和分享。例如，社区艺术团体可以通过移动应用程序发布艺术作品、演出信息和票务信息，吸引更多社区居民参与和支持。同时，社交媒体平台也提供了互动交流的渠道，社区居民可以在平台上分享自己的观赏体验、评论和交流，促进社区艺术活动的传播和互动。

综上所述，移动互联网技术通过提供便捷的信息获取、数字化的文化资源共享、在线学习和交流等功能，促进社区居民参与和享受文化教育的便利性和多样性。同时，在社区文化艺术活动推广和社区教育管理方面也有独到的应用。移动互联网技术的发展为社区文化教育注入了新的活力，带来了更广阔的发展空间。

4.4.4 大型智慧社区文化教育案例分析

4.4.4.1 贵阳中铁国际生态城社区

中铁国际生态城由中铁置业集团中铁贵州旅游文化有限公司开发，项目位于贵州省双龙航空港经济区，距离贵阳市中心约20km，总占地30000亩，社区资源丰富，集"文化、体育、教育、旅游、康养、商业"于一体，是典型的大型综合智慧社区（图4.4-2）。

（1）白晶谷：占地10000亩，0.48的超低容积率，主要以高端中、低密度住宅为主，配套齐全。

（2）太阳谷：占地面积约8000亩，以户外运动基地、温泉度假酒店、养生养老中心、高端住宅等组成康体养生区打造居家养老、医养结合特色板块。

（3）云栖谷：总占地2800亩。打造旅游度假、户外休闲、风情小镇旅游观光特色板块。双龙镇民族风情小镇是2016年贵州省新晋的六个"AAAA"级旅游景区之一。项目有酒吧一

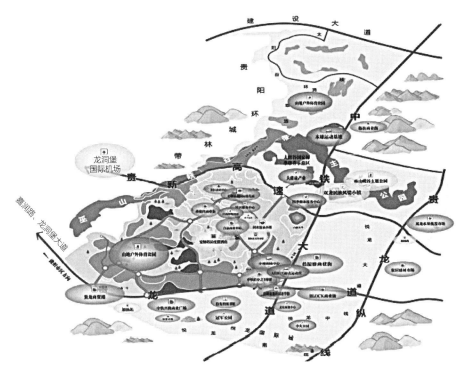

图4.4-2　中铁国际生态城项目示意图

条街、客栈一条街、美食一条街以及非物质文化遗产手工艺品一条街等，提供一体化的文化休闲体验。

（4）悦龙国际新城：占地8900亩，是中铁国际生态城的综合配套。社区内有商务会议中心、大型商场、医院、国际学校、文化艺术中心，创业中心、高端住宅群等。

在社区文化教育方面，中铁国际生态城开展了一系列的配套设施建设，打造了幼儿教育、中小学教育、图书馆、文化展览、风情小镇等文化设施和产品。

1. 史蒂芬森春山幼儿园（图4.4-3）

史蒂芬森春山幼儿园源自加拿大埃德蒙顿儿童之家，起步于我国香港，在幼儿教育领域20多年深耕细耘，形成了一套系统且极富特色的办园方案，为打造一所高标准、高品质、高效能的幼儿园提供有力保障。同时，史蒂芬森春山幼儿园是国内首家将"蒙台梭利教育理论"本土化为"GEM课程"，并将ISO国际质量标准体系引入教学管理的幼儿园，能够满足孩子的全方位培养。

2. 贵阳双龙外国语学校（图4.4-4）

贵阳双龙外国语学校是小初高12年一贯制寄宿式学校，于2017年建校，实行双语教学。学校占地面积116亩，建筑面积8万m^2，学校环境优美，设施一流，拥有标准田径运动场、室内体育馆、学术报告厅、三个学生餐厅、图书室等现代化学校设施设备，可容纳3300名学生。拥有SEECI（Social, Economic and Environmental Cost Indicator，社会、经济和环境成本指标）课程体系，全面实施探究式学习模式、PBL（Problem-based Learning，问题驱动学习）教学模式和项目式学习模式；提供涵盖艺术、体育、智力三大方面的近20门选修课程和小语种素质教学。

3. 中铁悦龙城学校（图4.4-5）

中铁悦龙城学校是一所由当地教育局办学的义务教育九年一贯制公立学校，于2023年8月21日正式开学，学校占地总面积87378.09m²，总建筑面积约58404.94m²，学校规划办学规模为96个班，可容纳在校生共4470人。

4. 拾光里图书馆（图4.4-6）

拾光里图书馆是贵州省最大的社区图书馆，面积达1700m²，现有藏书3万余册，涵盖了哲学、政治、法律、军事、经济、文学、教育、科学、历史、少儿读物等多类图书，可满足社区乃至周边居民的阅读需求。此外，图书馆还设置有咖啡休闲吧、儿童娱乐区、兴趣交流活动区，对社区居民免费开放。自2016年开馆以来，图书馆举办大小文化主题活动逾百次。

5. 中铁国际生态城文化展览中心（图4.4-7）

中铁国际生态城文化展览中心建筑面积约20000m²，是一个集演出、会议、展览、办公于一体的多功能场馆。长期以来，中心不定期举办讲座、画展等艺术活动，促进生态城社区

图4.4-3　史蒂芬森春山幼儿园内部实景图

图4.4-4　双龙外国语学校外景图

图4.4-5　中铁悦龙城学校外景图

图4.4-6　拾光里图书馆内部实景图

图4.4-7 文化展览中心组合实景图

文化事业的发展。

6. 双龙镇民族风情小镇（图4.4-8）

双龙镇民族风情小镇秉承对贵州古文化及传统建筑理念的尊重与发掘，以中式院落演绎传统民族文化和民族风情，其中11条复古街道、百座中式院落、300多间店铺，集合了苏杭、徽州、闽粤、川晋、苗侗等中国古典集镇的建筑艺术元素，亭台楼阁千姿百态，没有一栋楼阁式样重复。同时，双龙镇还拥有贵州省文艺人才孵化基地，贵州省音乐家、书法家、美术家协会创作实践基地，是贵州省对外文化艺术交流的窗口和特色文化艺术旅游小镇，更是文艺家的会客厅、文艺爱好者的打卡地。

1）双龙镇艺术游学文创基地

入驻有闲林合香陶瓷非遗体验中心、黔彩艺坊生活馆、双龙书院等机构，开设有陶艺、美术、国学、茶艺等非物质文化遗产和传统手工艺体验项目。

2）贵州省文艺人才孵化基地

举办各种艺术展览、演出、培训和学术研讨等艺术活动，拥有众多国内艺术门类和名家工作室，培养造就了更多的文艺人才。

图4.4-8 双龙镇民族风情小镇夜景

3）前景博物馆

拥有的大量珍贵矿物岩石、宝玉石、古生物化石藏品，是一座集自然天成、远古遗存、妙曼生命和快乐体验于一体的室内外参与式、互动式的博物馆。

4）泓银艺瓷博物馆

博物馆面积约500m^2，内设有三个展区，展示了400余件清朝时期到民国初年的各种彩瓷。

7. 中铁国际生态城幸福社

中铁国际生态城幸福社是龙里县谷脚镇新时代文明实践点，基于和睦邻里的情感信仰，秉持梦想共筑美好共生的核心价值观，组建38个社群，每年组织超100场活动，创建山谷生活节、消夏纳凉节、运动潮玩节和彩虹生活节四大IP，打造邻里文化，传达共享精神，共建美好家园。其幸福社乐邻学堂，有共享厨房、花与树亲子阅读馆、多功能教室、舞蹈室、影音厅、书画室等多个社群场馆。

2022年，幸福社开展了一系列的社区文化活动，新成立14个社群，举办业主晚会；联动业主及商家组成超过70个市集摊位；自发组织700场社群活动；增加3大授课学习类社群活动，举办40次业主公益课、30次业主大讲堂、50次亲子课堂。通过密集的社区文化活动，极大地丰富了社区居民的生活，提升了居住体验。

依托微信公众号，幸福社大力开展线上活动，通过线上服务连接会员、家属等社区群体，使用移动互联网技术，有效地拓宽了服务范围和社群影响力（图4.4-9）。

图4.4-9　幸福社举办"红人之夜"业主晚会

4.4.4.2　北京比邻为美社区文化交流平台

"比邻为美"是由北京修实公益基金会、中国孔子基金会德本教育基金、北京修德慈善基金会、北京春藤社会工作促进中心等机构联合打造的以社区或乡村学堂为载体,以中华优秀传统文化为主线,以践行社会主义核心价值观为目标,以工匠精神全面致力于社区或乡村居民综合素质提升的专业化平台(图4.4-10)。

图4.4-10　北京比邻为美平台官网首页

平台成立于2016年11月，围绕传统文化经典及技艺学习、自然教育、健康养生、公益传递、心新创客等内容，打造西木学堂、雪芳文社、颐和书院等社区文化品牌。

2021年，比邻为美平台在北京市已经孵化的5个社区文化中心，以社区文化建设为主线，采取政府主导、公益优先、公众参与、市场辅助的共建共享模式，提供社区文化服务。以西木学堂为例，学堂设置了15个深度内容空间，涵盖党建、国学经典、茶、舞、花、香、中医健康等内容。同时，平台还致力于弱势群体帮扶，社区治理的参事议事，青年创新创业培训、思想交流长，相关基金会、民非组织的公益活动，社工、志愿者活动培训等内容。

1. 平台运营模式

比邻为美平台通过和所在街道（镇）政府签订协议，免费使用在街道或社区中的文化活动场地，但需完成相关的义务，如进行社区文化活动的运营建设等。利用活动场地的位置优势，有效地解决了缺乏文化活动场所的问题，也打破了有场地无人气的尴尬局面。

除开展公益活动外，平台以提供闲置的场地的方式，有效吸引更多的教育、文化机构加盟到平台中。平台通过收取一定的租金来维持运营，通过对入驻机构的优胜劣汰，平台及入驻机构形成一定的共生性，在形成自我造血能力的同时，以优质机构形成长期合作关系，客观上也推进了社区文化的发展。

2. 文化活动内容

比邻为美平台在社区文化活动建设中，依托自身专业性，结合社区及居民的实际情况和特点，有效开展社区文化活动。

1）文化讲堂

文化讲堂是比邻为美平台的品牌活动，主要授课内容为国学或儒家经典，教师一般为平台内研究国学文化的讲师，或文化领域相关学者。讲堂的规模一般为40~60人，每周举办1次，参与课程的社区居民基本在40岁以上，以中老年为主。参与课堂的居民多数是兴趣性主导，自身对国学文化深感兴趣，对相关的知识也有一定的积累，对老师所讲授的内容有自己的观点和看法，对文化讲堂活动也非常认可和支持。

2）读书分享会

读书分享会一般以圆桌会议的形式进行，读书内容是国学经典名著，有专业讲师对其进行导读，以社区居民进行分篇章的诵读，诵读后互相交流感想。参与主体以社区的中、老年人为主，每次活动参与人数在20人以内。该活动的可参与性较强，内容既适合初学者，也适合有一定国学文化基础的社区居民，由于互动性较强，分享者会结合生活中的实际案例来说明，也会对初学者进行解释，活动效果较好。

3）周末亲子课堂

周末亲子课堂围绕社区儿童和家长开展相关互动课程，参与的孩子年龄结构以5~10岁为主。相关课程包括：根据不同节日或节气开展对传统文化的学习、种植盆景蔬菜的户外体验、食物制作、泥塑、水墨画等手工课。一方面，活动内容注重趣味性，用寓教于乐的方式，引导孩子主动参加，注重文化活动的体验感和参与感；另一方面，活动内容设计中会增加一定难度，需要孩子和家长共同完成，拉近家长与孩子之间的沟通互动，也能在社区环境中让孩子找到自己的朋辈群体，让家长们聚在一起分享育儿经验。

在社区文化建设中，儿童对与社区文化的记忆和认同是需要培养的，在童年就对社区建立认知，有利于在其成人之后对社区产生认同感。对于家长而言，平时忙于工作，对社区事务参与较少，在社区文化活动的参与中，能够让其逐步产生集体意识，形成集体观念，今后在社区的事务中也会主动参与，形成社会观念。

3. 智能化技术应用

1）直播与录播结合，运用互联网技术开展文化讲堂授课

为有效提升文化讲堂影响力，拓展听众，比邻为美平台依托互联网，使用线上直播技术开展文化授课。初期，由于很多老年人对线上直播软件操作的不会使用，并且网络直播的效果受网速等设施影响较大，直播的体验感不佳，文化讲堂课程的参与人数有所下降。因此，平台优化了传播模式，将直播与录播结合，把相关视频内容发送到活动的微信群中，方便了社区居民进行学习，同时，课程讲师也会在微信群中进行答疑解惑，对听众的问题进行回复。通过线上线下结合的方式，给文化讲堂的授课带来了很大的便捷性，让社区居民感受到了精准暖心的文化服务。

2）线上报名，为社区文化活动提供便捷

比邻为美平台依托微信公众号和小程序，提供便捷的线上报名方式。

相较于传统方式，线上报名方式有许多优势，例如：

（1）便捷性：居民可以随时通过手机或电脑完成报名，免去了前往报名点或填写纸质表格的麻烦，特别适合社区内忙碌的上班族家庭。

（2）实时更新：由于线上报名系统支持实时信息更新，活动主办方可以随时更新活动时间、地点和费用等信息，确保参与者能够及时获取最新信息，从而提高了活动的参与率。

（3）在线支付：线上支付方式的多样性是一大亮点，居民可以选择方便的在线支付方式，无须携带现金或支票，提高了支付的便捷性和安全性。

（4）管理方便：线上方式可以轻松记录和管理报名信息，包括参与者的个人信息和报名时间，提高了活动管理的效率，为平台节省了时间和人力资源。

通过优化线上报名方式，推动了社区文化活动的有效开展，并且能够提升社区文化活动的可及性，丰富了社区文化生活，增强了社区凝聚力。

4.4.5 文化教育展望

随着科技的迅猛发展，大型智慧社区文化教育正逐渐步入智慧化应用的全新时代。未来文化教育将以更广阔的视野和更深入的创新精神，引领着社会教育的发展。

未来的发展趋势将是建立全面智能化的学习环境。通过物联网、人工智能和大数据等技术的融合应用，社区文化教育将实现智能化的学习场景和工具。学习者可以在虚拟现实和增强现实的环境中身临其境地体验文化艺术，通过智能化的个性化推荐和智能导学系统获得定制化的学习资源。这将大大提升学习效果和参与度，推进学习效率高效提升。

大型智慧社区文化教育的智慧化应用将突破传统的时间和空间限制，强化数字化展示和社交互动。通过线上平台和社交媒体的综合应用，社区成员可以随时随地参与到文化教育的活动中，无论是参观展览、观看演出，还是社区配套学校教育，都能实现虚拟与实际的融合。数字化平台也将为社区成员提供更广泛的社交互动和合作机会，促进知识共享、创意碰撞和共同成长。

大型智慧社区文化教育的意义也将进一步拓展。通过数字化平台的连接和交流，社区成员能够进行跨城市、跨区域的交流，有助于推广本土文化，能够拓展视野，促进各地文化多样性的共融和交流。

综上所述，未来大型智慧社区文化教育的智慧化应用将引领社会教育的发展。建立全面智能化的学习环境、突破时间和空间的限制、加强数字化展示和社交互动，将成为大型社区文化教育发展的重点。社区文化教育的发展具有前瞻性和创新性，将对社区发展和社会进步带来新的启示和帮助。

4.5 社区政务服务

4.5.1 政务服务概述

随着城市化进程的加速和信息技术的快速发展，大型智慧社区作为城市治理创新应用的重要方向，已经成为城市发展的热点和趋势。政务服务是大型智慧社区的重要组成部分，包括政府与社区居民之间的信息交互、公共服务提供、政务处理等方面的活动，对推动提升社区治理水平、促进基层服务具有重要的意义。

大型智慧社区政务服务的主要内容涵盖了政府与社区居民之间的信息传递、业务办理、公共服务提供和问题解决等方面，包括电子政务网站、社区公共服务管理、在线投票和民意调查等内容。同时，诸如区块链、云计算、物联网等新技术的飞速发展，为政务服务提供了日益丰富的智能化应用体验。

大型智慧社区政务服务具有数字化、个性化、实时性、数据驱动等特点。其意义在于提升城市治理效能和居民幸福感，促进社区的可持续发展和居民的参与感，促进城市治理的智能化进程，有效推动城市可持续发展的实现。

4.5.2 社区政务服务的典型应用场景

4.5.2.1 电子政务网站

电子政务网站是政府机关建立的在线平台，旨在向公众提供政府信息和行政服务，是政府数字化转型的重要组成部分，通过信息技术的应用实现政府与公众之间的互动和服务提供。

在大型智慧社区中，电子政务网站扮演着重要的角色，为社区居民提供了便捷的政务服务和信息查询渠道。典型应用主要包括：

1. 政策法规信息

电子政务网站提供政府发布的各类政策文件、法律法规、规划文件等信息。居民可以方便地查询到与社区相关的政策和法规，了解政府部门的决策和规范。

2. 政务服务办理

电子政务网站提供在线办理政务服务的功能，例如居民证明申请、户籍变更、社会保障申领等。居民可以通过网站填写申请表格、上传必要的材料，在线提交和审批流程，实现政务服务的快捷办理。

3. 公众参与互动

电子政务网站提供公众参与的渠道，例如在线意见征集、投票调查、在线问答等。通过这些互动平台，居民可以表达自己的看法和建议，与政府部门进行沟通和交流，参与社区事务的决策和管理。

4. 社区资讯与公告

电子政务网站发布社区相关的资讯和公告，例如社区活动通知、工程建设信息、行政公告等。居民可以及时了解社区的最新动态和政府的通知，提高信息透明度和社区居民的参与感。

5. 在线服务导航

电子政务网站提供服务导航功能，帮助居民快速找到需要的政务服务和相关信息。通过分类整理和搜索功能，居民可以迅速定位到目标服务，节省时间和精力。

电子政务网站的内容和功能多样化，旨在提供全方位的政务服务和信息支持。不仅为居民提供了便利，也提升了政府的效能和透明度，促进了政府与居民之间的互动和合作。随着技术的发展和社区需求的变化，电子政务网站将继续扩展和丰富其内容和应用。

4.5.2.2 社区公共服务管理

社区公共服务管理是指针对社区居民的各类公共服务进行规划、组织、协调和监督的过程。在大型社区中，智慧政务服务可以为公共服务管理带来更高效、智能化的解决方案。以下是大型社区智慧政务服务中公共服务管理的主要内容以及典型的应用场景：

1. 社区基础设施管理

智慧政务服务可以帮助社区管理部门更有效地管理社区的基础设施，如道路、照明、供水、排水等。通过传感器、监控设备和数据分析技术，可以实现对基础设施的实时监测、故障预警和维护管理，提高设施运行的效率和可靠性。

2. 公共安全管理

智慧政务服务可以应用于社区的公共安全管理，例如视频监控系统、智能报警系统和紧急事件响应平台。这些技术可以实时监测社区的安全状况，发现异常情况并及时采取措施，提升社区居民的安全感和防范能力。

3. 社区环境管理

智慧政务服务可以协助社区管理部门进行环境监测和治理，如空气质量监测、垃圾分类管理等。通过传感器和数据分析技术，可以实时监测环境指标，并进行数据分析和预警，提供科学依据和决策支持，改善社区的生活环境。

4. 社区信息化管理

智慧政务服务可以帮助社区管理部门实现信息化管理和建立统一的数据平台。通过建立集中的信息管理系统，可以实现对社区居民、设施、资源、服务等各方面信息的集中管理和掌握，提供数据支持和决策分析，提高管理的便捷性和效率。

大型智慧社区智慧政务服务公共管理的应用场景丰富多样，通过整合信息技术和智能化设备，可以提供更高效、便捷、智能的公共服务管理方案，从而提升社区居民的生活质量和满意度。

4.5.2.3 在线投票和民意调查

社区投票和民意调查是大型社区政务服务的日常工作内容，通过在线投票系统和相关的信息化系统，可以实现便捷、高效、安全的投票和民意调查过程。

在线投票系统是一种基于互联网技术的投票平台，通过网络渠道进行投票活动。系统通常具备用户管理、选项定义、投票标准设定、票数统计等功能，以确保投票过程的公正性和准确性。

在大型智慧社区基层政务服务方面，在线投票和相关信息化系统的典型应用主要包括：

1. 社区居民选举

大型社区通常需进行居民委员会、业委会或村委会等组织的选举。在线投票系统可以代替传统的纸质选票，方便居民进行候选人的选择和投票，提高选举的公正性和高效性。

2. 社区议事决策

社区相关议事决策经常需要收集居民的意见和建议。通过在线民意调查系统，可以进行快速的调查问卷收集、意见征集等活动，以便社区管理部门更好地了解居民需求，做出符合民意的决策。

3. 社区规划和项目投票

在社区规划和重大项目决策中，相关部门可以利用在线投票系统，进行居民的意见征集和项目投票。这样可以提高居民参与度和决策的透明度，确保社区的规划和项目决策符合居民的利益和期望。

4. 重要事项征求意见

对于一些重要事项，社区管理部门可能需要广泛征求居民的意见，如公共设施改建、环境保护措施等。在线民意调查系统可以提供快速的意见收集和分析，帮助决策者更好地了解居民的意见和需求。

通过在线投票系统和相关信息化系统的智慧应用，大型社区的政务服务能够更加高效、便捷，居民可以通过互联网渠道参与决策，提出意见和建议，促进社区治理的透明，提高效率。同时，这些系统也为政务管理部门提供了更多的数据支持和决策参考，帮助他们更好地了解居民需求，提升政府的工作质量和效率。

4.5.3 新技术在大型智慧社区政务服务中的应用

4.5.3.1 区块链技术应用

区块链技术是一种分布式账本技术，通过去中心化的方式，将数据以区块的形式连接在一起，构建起一个不可篡改、公开透明的账本系统。区块链技术在社区政务服务中有许多前沿应用场景，可以提升政府服务的透明性、可信度和效率。以下是区块链技术在社区政务服务中的一些前沿应用案例：

1. 防篡改，提升电子投票系统中的可信度

区块链技术为电子投票系统带来了显著的改进，解决了传统选举中存在的不可信和篡改风险（图4.5-1）。

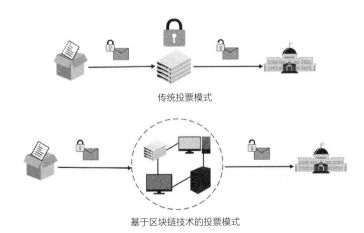

图4.5-1 传统投票与基于区块链技术的电子投票模式

传统选举系统中，选票的篡改、重复投票和计票错误等问题可能会影响选举的结果。区块链技术通过去中心化的方式，将选民的投票记录和结果记录在区块链上，确保其安全性、透明性和不可篡改性，消除了传统选举系统中的信任问题。

2. 提升公共资源管理中的可追溯性

区块链技术在公共资源管理领域具有重要的应用潜力，可以提高资源的登记、转移和使用的透明性和可追溯性。

公共资源（如土地、车辆等）的登记和管理通常面临着信息不对称和不透明的问题。区块链技术可以通过将相关信息记录在区块链上，确保公共资源的所有权和转移的可信度和透明度，减少不必要的纠纷和时间成本。

3. 提升社区物资捐赠和援助方面的透明性

区块链在社区物资捐赠和援助方面可以提供可追溯、透明和高效的解决方案。它可以确保捐赠者的捐款和物资被正确分配，并提供更大的信任度和透明度。

社区物资捐赠和援助的应用场景可以包括灾难救助、贫困地区的支持、医疗援助等。在这些情况下，捐助者和受捐者之间需要建立信任和透明度，确保捐赠资金和物资被正确使用，并防止潜在的欺诈和挪用。

上述案例说明了区块链技术在公共资源管理中的应用前景，通过区块链的不可篡改性和可追溯性，可以有效提升公共资源管理的效率和可信度，为社区政务服务带来了显著的改进。

4.5.3.2 云计算技术应用

云计算技术是一种基于互联网的计算模式，通过将计算资源、存储设备和应用程序集中管理和分配，提供按需的可扩展性和灵活性。它可以通过网络提供各种计算服务，包括基础设施、平台和软件。

在大型智慧社区政务服务中，云计算技术可以提供高效、安全、可靠的基础设施和服务，为政府机构和公民提供便捷的在线服务。以下是云计算技术在社区政务服务的前沿应用场景：

1. 电子政务服务云平台

云计算技术可以支持政府机构建立全面的电子政务服务平台，集中提供各种在线服务。这些服务可以包括在线申请、公共信息查询、政府数据共享等。通过云计算，政府机构可以实现服务的集中化管理和快速部署。

2. 智慧城市管理

云计算技术可以支持大型社区实现智慧城市管理，通过集中管理和分析城市中的各种数据，提供更高效的城市管理和公共服务。这包括交通管理、城市规划、环境监测等方面的服务。

3. 公共安全云监控

云计算技术可以支持社区实现公共安全监控系统，通过集中管理和处理监控数据，提供更快速和准确的安全响应和防范措施。这涵盖视频监控、媒体分析、预警系统等方面的服务。

通过云计算技术的应用，大型社区政务服务可以更加高效、安全和便捷，为政府和社区居民提供更先进的在线服务和数字化解决方案。

4.5.3.3 物联网技术应用

物联网技术（Internet of Things，IoT）是指将各种物理设备、传感器和物品连接到互联网，并通过数据交互和通信实现设备之间的互联互通。物联网技术可以实现设备智能化、数据的采集和分析，为社区政务服务提供了许多创新和便捷的应用。

物联网技术在大型智慧社区政务服务的前沿应用场景主要有：

1. 智慧公共设施管理

物联网技术可以实现对社区内公共设施的智能监测、管理和维护。通过在公共设施中部署传感器和智能设备，可以实时监测设施的运行状态、能耗情况等，并进行远程控制和管理。

例如，某大型智慧社区在市政街道上部署了智能LED街灯系统。每个街灯都配备了传感器和通信设备，可以实时监测街灯照明情况、环境亮度、能源使用等数据。通过物联网技术，城市管理部门可以对街灯进行远程监控和管理，实现能源节约和智能照明控制。

2. 智慧垃圾管理

物联网技术可以应用于社区垃圾桶和垃圾收集车辆的管理，实现智能垃圾收集和处理。通过在垃圾桶和收集车辆上安装传感器，可以实时监测垃圾桶的填充情况，优化垃圾收集路线和时间，提高垃圾管理效率。

例如，某社区引入了智慧垃圾管理系统，其中包括智能垃圾桶和垃圾收集车辆。垃圾桶配备了传感器，可以实时监测垃圾桶的填充情况，并将信息传输给垃圾收集车辆。垃圾收集车辆根据传感器数据优化路线，提高垃圾收集效率，减少路程和排放。

3. 智能交通管理

物联网技术可以应用于社区交通系统，实现智能交通管理和优化。通过在道路、汽车和交通信号灯上部署传感器和通信设备，可以实时监测交通流量、车辆道路状况等数据，并进行交通信号灯的智能控制和路线导航。

例如，某社区引入了智能交通管理系统，利用物联网技术对交通进行实时监测和管理。系统在道路上部署了传感器，可以收集交通流量、车速等数据，并调整交通信号灯的配时。此外，该系统还与车辆导航系统相连，为司机提供实时交通导航和优化路线。

综上所述，物联网技术可以提升社区治理的效率和智能化水平，为居民提供更优质的公共服务和城市生活体验。

4.5.4 社区政务服务案例分析

4.5.4.1 上海市青浦区赵巷镇社区智慧政务服务

赵巷镇位于上海市青浦区，东距虹桥机场12km，交通便捷，是上海市连接江浙两省的重要枢纽，下辖4个社区8个村，区域面积39.1km^2，常住人口约12万人，是长三角"崧泽文化"发祥地。

近年来，赵巷镇在打造社会治理创新服务模式上开展诸多有益探索，全面落实"一网通办""一网统管"要求优化基层行政管理服务业的体制机制，与大型社区建设相结合，实现政府治理和社会调节、居民自治良性互动，加快实现智慧治理的新跨越，开创了共建共治共享、联勤联动联处的基层治理新格局。

大型社区政务服务的智慧化是基层治理工作的重要内容，赵巷镇充分利用数字化技术，建设了一系列智慧政务工程，显著提升了政务管理和服务水平，切实提升了社区生活体验。

1. "in赵巷"微信公众号（图4.5-2）

"in赵巷"微信公众号成立于2016年，发展较为成熟，其运营和发展对新区基层政务智慧化管理、新媒体有较强的指导性。

1) 资讯视频

提供社区新闻资讯、视频宣传等信息，内容丰富多样，主要包括社区新闻、政务公告、政策解读、生活知识、园区介绍、社区活动等。

2) 活动管理

以图文的形式，提供线上线下活动报名、活动宣传、活动报道等内容，与线下活动紧密结合，实现了较好的活动效果。

图4.5-2 "in赵巷"微信公众号主要功能界面

3）人大代表

"in赵巷"公众号提供的基层政务管理特色功能，对区域内人大代表进行全面介绍，主要内容包括政务信息公开、人大代表履职信息、人大相关制度公布、意见征集和办理情况跟进等，促进了人大代表与社区居民的互动沟通，增进了解，对推进社区治理发挥了积极作用。

4）视频号

"in赵巷"公众号配套开通了同名视频号，运用短视频、直播等方式与社区居民互动，拓展新媒体运营。视频号内容丰富，每周发布1~2个短视频，更新频率较高，持续运营时间长，积累了大量用户资源（图4.5-3）。

2."平安工地"社区数字化管理

随着上海市青浦区的飞快发展，全区建筑工地与日俱增。由于建筑工地人员流动频繁、情况复杂，管理难度大，工地内部治安案件频发、安全隐患突出。赵巷镇积极试点网易"平安工地"建设，开创了共建共治共享、联勤联动联处的基层治理新格局，打造了具有区域特色的平安建设"青浦样板"。

为了实现社会治理"零"的目标，打好"安全牌"，由政府主导并与项目建设施工单位紧密协作，制定完善了一整套"平安工地"制度规范，以网易工地人口管理为切入点，不断强化工地治理水平，主要开展了以下措施：

图4.5-3 "in赵巷"视频号拓展新媒体运营

1）档案管理信息化

全面落实建筑工人实名制管理，落实"一人一档"，督促工地建立健全人员流动"每日台账"、工地出入"登记台账"、防护物资"管理台账"等"三本台账"，对每日工作任务生成责任书，实行电子化管理，做到台账清、数据明、可溯源、可响应。

2）安全管理精细化

严禁在工地超市售卖酒类产品，生活宿舍全面禁烟，在宿舍单一配备USB充电插口，严防生活区用电隐患，确保安全生产。

3）现场管理智能化

在园区内部署全景摄像机、球形摄像机和枪式摄像头，加装人脸识别设备，对园区进行封闭式管理，实现施工区域监控无盲区。同时，将现场视频数据接入App端，并将场内机械和吊篮的工作状况输入，为现场管理提供视频及技术支撑；针对不按规定佩戴安全设备、禁烟区吸烟等场景开展智能监测预警，及时预警和纠正处理。

4）施工管理可视化

利用GIS（地理信息系统）+BIM（建筑信息模型）技术，对噪声污染、塔式起重机钢筋老化、扬尘浓度超标、供电电压过载等场景开展智能检测预警，规范文明施工，保障施工过程安全，与社区管理融为一体。

通过网易"平安工地"建设，赵巷镇取得了人口信息"零差错"、重大案事件"零发案"、火灾事故"零发生"的显著成效，受到了各方的肯定，赢得了社区群众的赞许。

3. 停车诱导系统应用

2022年，赵巷镇针对大型商圈周边"停车难"问题，开展商业商务区停车诱导系统改造工程建设，进一步提高了城市道路通行率。

系统配备了一、二、三级共12块户外诱导屏、3个泊位采集设备，覆盖了赵巷商业商务区内外圈入口主干道，提供停车位置、车位使用情况、道路交通情况和线路等实时信息，同时支持发布节假日交通预案、温馨提示、交通管制、恶劣天气预警等辖区道路交通、气象等信息，可以帮助驾驶员尽可能高效地找到停车场，还可以向市民宣传普及交通常识，及时提供周边道路指引，改善交通拥堵状况，充分实现停车诱导（图4.5-4）。

商业商务区停车诱导系统有助于引导区域内的停车流高效地寻找到合适的停车位，减少"巡游"交通量，引导车流避开拥堵。诱导屏发布的综合性公共服务信

图4.5-4 赵巷百联奥特莱斯（青浦店）商业停车诱导系统实景图

息，可以满足驾驶员不同的出行交通信息需求，提升公众对交通信息服务的满意度，有助于构建"智慧高效、安全畅达、舒适宜人"的城市综合交通体系，进一步提高辖区内的交通服务水平，实现交通环境新提升。

4.5.4.2 苏州市枫桥街道"住枫桥"智慧社区平台

苏州市高新区枫桥街道位于苏州古城西侧，占地34km^2，现有户籍人口7.7万人，常住人口16.8万人，历史悠久，文化底蕴深厚，是高新区经济社会发展的重要板块和重要窗口。街道下辖有10个社区居委会、2个社区便民服务站，先后荣获"江苏省基层治理体系改革先行先试地区""法治苏州先进集体""苏州市'激励干事创业、奉献火红年代'先进集体""推进高质量发展先进地区单位"等称号。

为整合政务服务、公共服务、社区服务，打造区域内智慧社区服务新模式，为辖区居民提供线上线下一体化便捷服务，枫桥街道于2018年启动了"住枫桥"智慧社区平台的建设工作，2019年7月正式开放使用。平台发展迅速，截至2021年10月，注册用户已达26万人。

"住枫桥"平台聚焦枫桥本土，集政务服务、便民服务、生活服务、社区服务于一体，让枫桥百姓"一端在手，知枫桥事，办政务事，享一站式本地生活服务"，提升居民的获得感、幸福感和社区生活质量。从生态架构上看，平台构建了集政策宣传、社区治理、政务服务、社区居务、生活商务等功能于一体的智慧社区生态系统；在建设开发模式上，枫桥街道引入专业的政务信息化建设咨询公司，开创了政府主导的智慧社区建设开发的新模式；在运营模式上，"住枫桥"构建了党组织领导下的多元合作、专业化运营模式。总体来看，"住枫桥"智慧社区平台具有典型性，对其他地区的智慧社区建设有着借鉴意义。

"住枫桥"平台是枫桥街道"互联网+服务"的核心内容，其总体架构为"1+2+3+N"，依托于枫桥街道政务信息化的基础服务平台，建设"1个门户、2个中心、3个体系、N个服务"的体系架构（图4.5-5）。

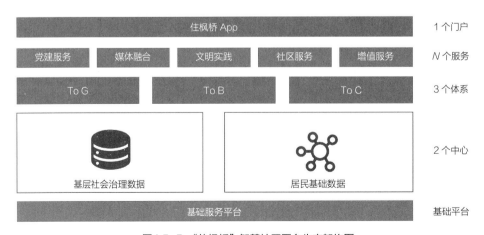

图4.5-5 "住枫桥"智慧社区平台生态架构图

1. 1个门户

1个门户即为"住枫桥"App，是枫桥街道智慧社区居民用户的移动客户端应用软件。系统包括用户注册和管理、内容和广告发布、生活服务社区服务、物业服务、党团建设、社会保障等功能。从社保保障、社会动员、社会创新三个方面，融合为老服务、助残服务、扶贫服务、健康管理社会组织、志愿者服务、智慧社工、社区经济、创业培育、激励机制等丰富的服务应用，以及对社区服务中心开展的计划生育、民政残联和社会保障业务定制开发微应用，为街道、社区居委会、物业、业主委员会、居民提供一体化服务。

2. 2个中心

"住枫桥"智慧社区平台依托两大数据中心：街道基础数据中心，街道社会治理集成指挥数据中心。

街道基础数据中心，包括街道人口、房屋、法人数据，以中国科学院GIS区域地理信息系统和枫桥街道人口信息库为基础，借助网格化管理机制对辖区内的人口、房屋、法人等基础数据进行采集和常态化更新而建立。该中心是"住枫桥"App开发和运营的基础数据，支撑平台各项政务功能实名化运行。

街道社会治理集成指挥数据中心，是以城市治理全要素管理平台、街道信用信息管理平台、"数字枫桥"精准服务专题数据库为基础，通过枫桥街道政务信息化API管理平台建立起来的数据中心。该数据中心将"住枫桥"的政务功能对接街道集成指挥中心系统，集成现有的各类"互联网+政务"系统，借助集成指挥中心和各类智慧政务平台的审批流程，形成多个客户端收集信息、一个信息处理中心集中协调、多主体依法处置的整体解决方案。

3. 3个体系

平台的3个体系包括面向居民的门户终端（ToC）、面向政府的智慧社区管理平台和政务处置平台（ToG）、面向企业等主体的社区商务服务平台（ToB）。

1）面向居民（ToC）的门户终端

以"住枫桥"App为门户，居民可通过手机绑定、身份证上传、活体检测、人脸识别，并与公安网进行实名校验。实名注册后即可使用平台的各项政务、居务、服务功能。

2）面向政府（ToG）的政务服务

对"住枫桥"门户中的各类党团活动、政务信息进行维护更新，对平台上发起的各类服务业务进行处置，对平台的各类基础信息、功能模块等进行系统化的处置。在一定意义上，面向政府的服务体系，可视作是"住枫桥"智慧社区平台的后端处置系统。

3）面向企业等组织的（ToB）的商务服务

包括社区物业管理、周边商业服务社会组织活动等。物业服务功能的开发，主要是服务于街道26个拆迁安置社区的物业服务，B端用户主要是苏州高新区万厦物业服务有限公司，同时向其他物业公司开放。社区周边商业服务面向街道各社区周边的商家，后续的进一步更新将直接对接高新区知名的本地企业"食行生鲜"平台。除此之外，智慧社区平台的志愿服务功能等平台，面向社会组织等组织，居民可参与社区公共生活，也可通过"民生地图"等功能查看周边的日间照料中心、体育场所、文化场馆、药店等。

4. N个服务

"住枫桥"智慧社区平台的服务功能在三年来的开发建设过程中，提供了五大类数十项服务，将提供的各类政务服务、社区服务、生活服务资源予以整合，形成丰富的服务内容（图4.5-6）。

1）党团服务

在党建模块，平台对接了无线苏州、苏州高新区新闻网和枫桥街道微信公众号的新闻信息，实现了街道党政信息的自动推送。在团建模块，平台将街道的各类青年志愿服务活动进行推送，同时还包括了团组织、青年志愿者、精彩活动、我要学习、信息发布等功能，推进街道各团组织、志愿者组织共青团员能够借此平台学习党建团建知识，举办和宣传各类志愿服务活动，树立并发挥先进典型的先锋带头作用。

2）政务服务

以建设街道版的"互联网+政务服务"为目标，围绕老百姓的切实需求和实时沟通需求，提供生育保险办理、生育登记办理、残疾人阳光卡办理、准生证预约办理、失业人员登记、临时搭建审批、居民体检登记就业创业申请等社区服务中心集中办理的68大类、209小项的政务服务咨询、预约、办理服务。

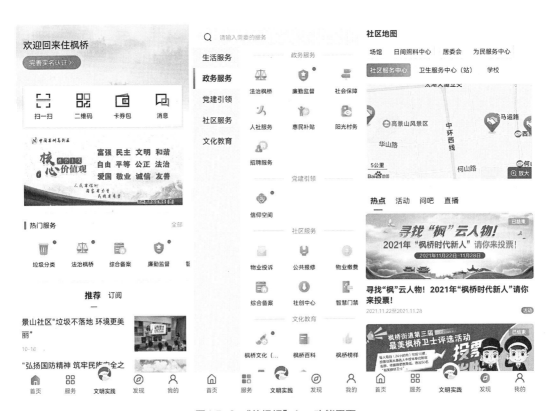

图4.5-6 "住枫桥"App功能界面

3）社区服务

包括社区门禁、车位续租、生活缴费、器材租赁等物业服务，垃圾分类、志愿服务等社区公共生活服务，与居民切身利益密切相关的入学报名、家校通、体检预约等生活服务。更进一步地，平台对接了第三方电商平台，为居民生活中的商务服务提供了丰富的选择，同时也减少了自身运营管理和经营的压力。

4）信息服务

枫桥街道打造线上"新时代文明实践站""人大代表之家""印象枫桥""枫桥资讯""社区新闻""枫桥百科"等信息平台和互动平台，站在社区居民立场上，解读各级政府与本社区居民相关的政策。

5）增值服务

平台通过引入积分、卡券、个人信用等服务功能增强用户黏性和活跃度，采取合理的方式，促使留存用户与平台建立一种高黏度的互动关系。设置相应的用户激励措施，提高部分增值服务的准入门槛，为用户提供个性化的服务内容。

枫桥街道以前瞻性的社区治理理念、开放的开发机制、专业的运营模式，构建了一个系统化、集成化的"住枫桥"智慧社区平台。平台贯彻了用户导向的智慧社区数字治理理念，依托系统化的基层社区政务信息化规划，形成专业化的智慧社区运营管理机制，提供了精准化的智慧社区服务，经过三年多的持续运营和完善，在苏州乃至全国范围内打造了一个具有典型意义的智慧社区平台样板。

4.5.5 社区政务服务展望

社区政务服务的智慧化发展是当前和未来的重要趋势。通过整合物联网技术、人工智能、大数据分析等先进技术，社区政务服务可以实现更高效、便捷和智能化的管理。在未来，社区政务服务智慧化预计将会有如下发展趋势：

1. 数据驱动的决策

随着大数据分析和人工智能技术的发展，社区政务服务将更多地依托数据驱动的决策。通过对各种社区数据进行收集、整合和分析，政府部门可以更准确地把握社区需求和问题，制定更科学有效的政策和措施。

2. 打造立体化的智慧社区

随着物联网技术的普及和发展，社区将逐渐成为更加智慧化的社区。通过连接和智能化管理社区内的设施、设备和资源，社区居民可以享受到更便捷的公共服务，如智能家居、智能停车、智能安防等，提升居住体验和生活质量。

3. 参与式治理的实现

智慧社区将推动更广泛的参与式治理。通过数字化平台和社交媒体的运用，政府和居民可以更加便捷地进行信息沟通、意见收集和问题反馈,促进公众参与和基层管理,实现政府与居民之间的紧密互动。

4. 跨部门协作的加强

智慧社区要实现有效管理和服务,需要不同部门之间的协同合作。政府部门、社区组织、企业和居民需共同参与,共享数据和资源,通过跨部门协作打破信息孤岛,优化社区治理和服务体系。

5. 创新技术的应用

社区政务服务的智慧化发展还将受益于不断涌现的创新技术。例如,区块链技术可以提高社区数据的安全性和透明度;虚拟现实和增强现实技术可以提供更丰富的社区体验和互动;5G网络的普及可以提供更快速、可靠的连接和通信。

总体而言,社区政务服务的智慧化发展将推动政府治理的现代化和民生服务的持续改进。通过充分利用科技创新,搭建数字化平台,加强数据应用和协同合作,社区政务服务将更加高效、可持续地满足居民需求,促进社区的可持续发展和居民的幸福感。同时,智慧社区也需要平衡隐私保护、数字鸿沟和社会包容等问题,确保科技的应用符合公众利益和价值导向。

第 5 章

大型智慧社区高品质生态住宅建筑技术

5.1　大型智慧社区高品质生态住宅建筑技术

5.2　大型智慧社区高品质生态建筑运维技术

5.3　未来展望

5.1 大型智慧社区高品质生态住宅建筑技术

5.1.1 概述

随着中国经济社会的不断发展，全国城镇居民住房已从1978年人均居住面积3.6m^2发展到2020年人均居住面积41.76m^2，并且户均超过了1.5套，每户平均住房间数为3.2，每户平均居住面积达到111.18m^2。随着人们居住面积、环境等条件的不断改善，从"有房住"到"住好房"的转变，人民群众对"住宅"的需求也赋予了更高的要求，绿色建筑、低碳建筑、第四代住宅、健康住宅、高品质住宅、零能耗建筑、生态建筑等概念和产品不断涌现，不断满足人民对美好生活的向往，在此情况下高品质生态住宅也应运而生。

高品质生态住宅，指以可持续发展的思想为指导，在"以人为本"的基础上，建立起人、建筑和自然和谐统一的拥有美观、绿色、舒适、健康、低碳、生态、智慧、便利的新一代住宅。它涵盖居住环境和可持续发展两个层面。首先，高品质生态住宅需要拥有良好居住环境外延，拥有质量可靠、安全耐久的建筑结构，功能合理、健康舒适的空间布置，环境优美、自然和谐的周边环境，设施完善、生活便利的配套服务，绿色低碳、环保节能的生活场景，服务精细、邻里和谐的人文环境；其次，高品质生态住宅需要可持续发展的内涵，具备人和自然、建筑三者之间的和谐统一，控制自然索取与回报之间的平衡，充分利用自然条件和人工手段来创造一个有利于舒适、健康、绿色、低碳的生活环境，具备建材绿色及施工环保的实施过程，绿化和功能及周边环境与居住建筑融为一体的自然环境，可再生能源充分利用的能源供应，物质和能源自给自足的循环模式，高效节能及低碳环保回归自然的健康环境，新技术充分应用的智能生活方式。

近年来，为了满足人民群众对美好生活的向往，解决"住得好"的问题，实现可持续发展的生态生活方式，国家各层面分别出台了多项相关政策制度来引导住宅向着高品质生态的方向发展。

为全面贯彻落实党的二十大精神，坚持以人民为中心的基本理念，结合我国社会主要矛盾变化，以构建新时代绿色建筑供给体系、提升绿色建筑质量层次为目标，充分结合工程建设标准体制改革要求，改变重技术轻感受、重设计轻运营的模式，扩充绿色建筑内涵，提升绿色建筑品质，形成高质量绿色建筑技术指标体系，并与强制性工程建设规范有效衔接。2019年8月1日，国家标准《绿色建筑评价标准》GB/T 50378—2019正式实施，此次修订具有以下特点：第一，重构评价指标体系，响应社会主要矛盾的变化。2006版和2014版的指标体系均以传统的"四节一环保"为基础，2019版以贯彻落实绿色发展理念、推动建筑高质量发展、节约资源保护环境为目标，创新重构了"安全耐久、健康舒适、生活便利、资源节约、环境宜居"五大指标体系。第二，重新设定评价阶段，引导绿色技术落地实施。2006版规定了绿色建筑的评价为运行评价，2014版规定了绿色建筑的评价分为设计评价和运行评价。设计评价应在建筑工程施工图设计文件审查通过后进行，运行评价应在建筑通过竣工验收并投入使用一年后进行。此次修订时研究确定了"绿色建筑的评价应在建设工程竣工验收后进行"，取消设计评价，但在设计阶段可以依据相关技术内容进行预评价。第三，增加绿色建筑基本级，全面推广绿色建筑。2006版和2014版均规定了绿色建筑等级为一星级、二星级、三星级。2019版在三个星级基础上，新增"基本级"，则绿色建筑的等级分为基本级、一星级、二星级、三星级四个等级。绿色建筑评价条文满足"控制项"的要求即为"基本级"，基本级所有控制项将全部纳入正在编制的39本全文强制性工程规范，预计2025年左右新建建筑将全面达到绿色建筑标准。第四，扩展内涵和技术要求，与建筑科技发展相适应。建筑科技发展迅速，修订研究增加了2006版和2014版考虑较少或未考虑的内容，如建筑工业化、海绵城市、垃圾资源化利用、健康宜居、建筑信息模型等相关技术要求，拓展绿色建筑的内涵。第五，提升建筑性能，推进绿色建筑高质量发展。2006版和2014版中均未涉及促进人在建筑中的身心健康方面的内容，2019版在多个章节中体现安全、健康、适老等性能要求，例如建筑阳台、楼梯、落地窗等设置防坠落措施，适老、适幼技术措施，无障碍设施，室外交流空间，健身条件，宜居的室外环境，室内空气品质提升，水质要求，舒适的室内环境。

2020年7月，住房和城乡建设部等六部门联合印发《绿色社区创建行动方案》。2022年，绿色社区创建行动取得显著成效，力争全国60%以上的城市社区参与创建行动并达到创建要求，基本实现社区人居环境整洁、舒适、安全、美丽的目标。

2021年3月住房和城乡建设部印发《绿色建造技术导则（试行）》，明确绿色建造应将绿色发展理念融入工程策划、设计、施工、交付的建造全过程，充分体现绿色化、工业化、信息化、集约化和产业化的总体特征。全面体现整体提升建造活动绿色化水平。

2021年9月22日《中共中央 国务院关于完整准确全面贯彻新发展理念做好碳达峰碳中和工作的意见》发布，提出推进城乡建设和管理模式低碳转型。

2021年10月，中共中央办公厅、国务院办公厅印发《关于推动城乡建设绿色发展的意见》，提出推动高质量绿色建筑规模化的发展。

2022年3月，《"十四五"建筑节能与绿色建筑发展规划》提出：加强高品质绿色建筑建设，鼓励建设高星级绿色建筑，实现高星级绿色建筑规模化发展，对高星级绿色建筑、超低能耗建筑、零碳建筑等给予政策扶持，到2025年，城镇新建建筑全面建成绿色建筑。

2022年6月，国家发展改革委等印发了《城乡建设领域碳达峰实施方案》，从优化城市结构和布局、开展绿色低碳社区建设、全面提高绿色低碳建筑水平等方面做出了相关要求。2030年地级及以上城市的完整居住社区覆盖率提高到60%以上，探索零碳社区建设。

北京市人民政府于2021年发布了《关于规范高品质商品住宅项目建设管理的通知》，提出高标准商品住宅建设要求，包括最低品质要求和极高品质住宅建设方案。其中最低品质要求为绿色建筑二星级标准、采用装配式建筑且装配率达到60%、设置太阳能光伏或光热系统；高品质住宅建设方案由绿色建筑、装配式建筑、超低能耗建筑、健康建筑、宜居技术应用和管理模式六个部分组成。

上海市住房和城乡建设管理委员会于2019年3月印发了《上海市超低能耗建筑技术导则（试行）》，在基本规定、设计措施、施工管理、运行管理以及凭据评估方法方面，为上海地区的超低能耗建筑制定了相关技术规范标准。2020年3月还制定并印发了《上海市建筑节能和绿色建筑示范项目专项扶持办法》，提出绿色建筑、装配式、超低能耗、既有建筑节能改造、可再生能源与建筑一体化示范、立体绿化示范等八种项目可得到专项扶持资金，单个示范项目最高奖励600万元。2020年10月印发的《关于推进本市超低能耗建筑发展的实施意见》提出，大力推进本市超低能耗建筑发展，对符合相关要求的超低能耗建筑示范项目，给予财政补贴；外墙面积可不计入容积率，外墙保温层面积可不计入容积率；鼓励尚未开工的项目采用超低能耗建筑，同等享受相关优惠政策。2021年2月颁布的《上海市超低能耗建筑项目管理规定（暂行）》，进一步规范了本市超低能耗建筑项目和外墙保温一体化建筑项目的管理，明确了建筑面积不得小于2000m^2；外墙平均传热系数小于等于0.4W/（$m^2·K$）；外墙保温一体化系统的热阻不小于组合保温系统热阻的60%；外墙、屋面、外窗热工性能比现行标准提高15%；外墙保温一体化系统中一体化保温部分比例不得低于80%；装配式建筑单体预制率应不低于40%或单体装配率应不低于60%。

苏州市住房和城乡建设局于2021年发布了《苏州市住宅品质提升设计指引（试行）》，要求新建住宅品质要体现以人为本、可持续发展和安全耐久、健康舒适、生活便利、绿色设计、环境宜居的人性化住宅设计理念，该文件涵盖了建筑、结构、给水排水、电气、暖通五个专业。主要包含：住宅层高不应小于3.0m；优先采用外墙保温一体化系统；汽车库内停放小型机动车车位尺寸垂直式停车时不应小于2.5m×5.3m（$W×D$）；土建应100%预留电动汽车充电设施建设安装条件；住宅剪力墙的厚度不应小于200mm；设置太阳能集中热水系统等。

合肥市自然资源和规划局于2021年发布《合肥市商品住宅高品质建设内容和评分标准》，标准共分规划设计、工程建设和开发企业三个方面。高品质商品住宅建设方案评审内容及评分标准如表5.1-1所示。

高品质商品住宅建设方案评审内容及评分标准　　表5.1-1

序号	评审项目	子项	标准	分值
1	规划设计（50分）	建筑层高	建筑层高2.90~3.00m之间，每增加0.05m，加4分；超过3m后，每增加0.05m，加1分	10
		建筑外立面	住宅建筑外立面美观大气，沿街、主次干道两侧外立面采用公建化处理	5
		建筑材质	住宅基座以上重要部位外立面采用石材、陶板、金属板、一体板等富有质感、高品质的建筑饰面材料	5
			公共服务配套的建筑（学校、邻里中心等）全部采用石材、陶板、金属板、一体板等富有质感、高品质的建筑饰面材料	5
		海绵城市建设	地块年径流总量控制率达到85%以上，加3分；达到90%以上加4分	4
		配套停车位配比	在规划设计条件规定的基础上，停车位配建指标每提高10%加2分	6
		景观绿化	绿地率超过规定标准的，每增加1%，加1分，最高分2分	2

续表

序号	评审项目	子项	标准	分值
1	规划设计（50分）	景观绿化	绿地布局、功能分区合理，以植物造景为主，乔、灌、花、草(地被)合理配置，集中绿地覆土深度>1.5m，乔木覆盖面积占绿地总面积比例>50%，每100m²的绿地上乔木>3株；乔木与建筑有窗朝阳面最小间距>5m，乔木常绿、落叶比<3:7，乔木胸径>12cm。最高分2分	2
			居住区内幼儿园等6层以下公共建筑设置屋顶绿化，覆土深度满足种植规范要求，种植设计合理。最高分2分	2
			居住区采用通透式围墙，设置垂直绿化，栽种藤本植物。最高分2分	2
			亭、廊和儿童游乐设施满足居民功能需要。最高分2分	2
		人车分流	住宅小区实现人车分流	5
2	工程建设（65分）	绿色建筑	全面实施绿色建筑，一星级加3分，二星级加6分，三星级加10分	10
		装配式建筑	装配率55%，得5分；装配率60%，得10分；装配率65%，得15分	15
		超低能耗建筑	实施超低能耗建筑面积达到2000m²，加2分，每增加2000m²，加1分	5
		可再生能源建筑应用	全面采用建设运营一体化方式应用地(水)源热泵可再生能源技术供暖制冷	10
		配建充电设施	安装充电设施占总车位比例达到15%（含增加相应的电力负荷）加3分，达到20%及以上加5分	5
		绿色建材	使用通过星级认证（评价）的绿色建材产品。每选用1类且100%应用二星级的，加1分，每选用1类且100%应用三星级的，加2分	8
		工程质量保险	购买工程质量保险（竣工备案之后2年开始计算保险期），受益人为住宅产权人（保险期内权益随产权转移）。地基基础、主体结构保险期不低于10年且安装、装修（含外保温、防水）工程保险期不低于5年；地基基础、主体结构保险期每增加1年加0.5分，最多加至3分。安装、装修工程保险期每增加1年加0.5分，最多加至3分	6
		分户验收	已销售房屋，分户验收邀请业主参加，参与率达50%的，加2分，每增加5%加0.5分	6
3	开发企业（5分）	资质等级	房地产开发一级资质	5
	总分值			120

南京市规划和自然资源局2021年发布了《关于提升南京市新建商品住宅规划品质要求的通知》和《关于进一步完善住宅用地出让工作的通知》，从公共空间、建筑设计、停车设施三个方面明确住宅品质新要求，助推品质提升。主要包含：配套设施宜尽量集中布设，地下车库顶板覆土深度不得小于1.5m；地下层入户门厅应与首层入户门厅采用同等设计及装修标准；地下车库地坪面层不得采用低品质水泥砂浆面层；新建的商品房小区统一封闭阳台；各单元电梯均应直达每层地下车库；建筑立面中应该使用耐脏、耐老化、易清洗的高品质板材；采用人车分流的交通组织形式等。

成都市住房和城乡建设局、规划和自然资源局于2021年联合出台《成都市新建商品住宅技术管理规定（第一版）》，对新建商品住宅共用部分、套内空间、室外环境三类区域中，体现商品住宅建设品质的关键性指标进行了细化与明确，包含材料选用、防水防涝、设施设备配置、智能化系统设置、植物选配、树木胸径等方面。

福州市2021年发布《关于推行"立体生态住宅"试点项目建设的实施方案》。要点：外挑两个自然层高（不封闭，无围护结构，覆土深度不小于0.5m）；平台外挑大于1.8m部分不计入容积率和产权面积；平台外挑尺寸大于2.4m且小于3.6m；连接一定数量住户的开敞公共阳台不计入容积率和产权面积；建筑密度和绿地率按首层建筑物的基底面积计算。

长沙市于2020年发布的《关于"城市森林花园建筑"（第四代建筑）有关问题的会议备忘》显示：外挑两层高且不小于5.6m；40%阳台面积的一半计入容积率和产权面积（无围护墙、无柱，覆土深度不小于0.5m）；连接一定数量住户的开敞公共阳台不计入容积率和产权面积；建筑密度和绿地率按首层建筑物的基底面积计算；面宽不受限。

山东省住房和城乡建设厅于2023年印发《山东省高品质住宅开发建设指导意见》，围绕"质量、功能、低碳、服务"四个重点，从政策标准、规划设计、施工建造、查验交付、物业运维等环节入手，提出12项具体要求。高品质住宅空间尺度应适度加大，住宅层高不小于3m；满足住宅的休憩、娱乐、办公等混合功能使用，合理设置健身、交流、消毒等多功能空间，推广增设门厅处消杀功能等创新做法；要配备非接触式门禁系统、带除霾和热量回收功能的新风系统、全屋水净化系统；提升车位配建标准、车位面积，车位配比不低于1:1.2，面积不小于2.5m×5.3m，100%预留电动车充电基础设施安装条件；高品质住宅突出全生命周期管理，覆盖高品质住宅开发建设、交付使用和指导监督全过程；同时，在建设的关键技术方面应采用装配式技术、低碳技术、BIM技术、智慧技术；按照二星级及以上绿色建筑标准建设，使用5种及以上绿色建材认证的材料和部品，且应用比例不应低于50%；鼓励在高品质住宅项目中率先执行超低能耗建筑标准。同时提出一系列支持政策措施，高品质住宅项目将纳入绿色金融支持范围，鼓励银行等金融机构对符合条件的企业、项目通过开辟绿色通道、加大信贷支持力度、降低信贷融资成本等方式给予支持；对使用住房公积金贷款购买高品质住宅的，贷款额度可按一定比例上浮；高品质住宅项目可适当放宽销售备案价格上限，对应的开发企业在参与招标投标和信用评价方面享受适度优惠政策。

2022年底，中央经济工作会强调加强各类政策协调配合，做出"要确保房地产市场平稳发展""支持刚性和改善性住房需求"等一系列部署。2023年初，住房和城乡建设部部长倪虹同志强调"我们将牢牢抓住让人民群众安居这个基点，以努力让人民群众住上更好的房子为目标，从好房子到好小区，从好小区到好社区，从好社区到好城区，进而把城市规划好、建设好、治理好，让城市更宜居、更韧性、更智慧。""当前，房地产市场已经从解决'有没有'转向解决'好不好'的发展阶段，提升住房品质、让老百姓住上更好的房子，是房地产市场高质量发展的必然要求。""努力提升品质、建设好房子。提高住房建设标准，打造'好房子'样板，为老房子'治病'，研究建立房屋体检、养老、保险三项制度，为房屋提供全生命周期安全保障。"

5.1.2 智慧社区高品质生态住宅建筑技术

5.1.2.1 高品质住宅

高品质住宅是指以合理的投入，获得较高的使用价值、文化价值和附加值。包括优良的质量、舒适的空间、合理的功能、便利的配套、和谐的文化、人性化的社区管理和服务等。

第一，高品质住宅要拥有优良的质量。在既有建筑中，不可避免地存在渗漏、裂缝、空鼓、管线不通、地漏和烟道返味串味、噪声干扰等质量问题，严重影响着居民的居住体验和舒适，因此在设计、施工过程中必须严把质量关，抓住关键工序、关键部位，实施精品工程，鼓励住宅精装修交付，提倡个性化、定制化、集成化装修，避免千房一面的同时减少资源浪费并利于质量控制。

第二，高品质住宅要拥有舒适的空间。目前，居民已经基本解决"住"的问题，需要住得更舒心，一是要有合理的空间尺度，如住宅层高不小于3m、空间更宽敞、居住体验好等；二是空间布局的多样性，满足休憩、娱乐、交流、办公等多功能空间布置。

第三，高品质住宅要有合理的功能。随着生活水平的不断提高，住宅小区除了休息之外，还被赋予了更多的功能，比如需要有供儿童嬉戏的游乐设施、供运动健身的场所、供邻里交流的公共空间、供小型聚会的自助共享空间等。

第四，高品质住宅要有便利的配套。良好的交通出行、教育、休闲、医疗卫生、商业设施、金融快递等配套，将极大地方便居民的生活所需，提高生活品质。

第五，高品质住宅要有和谐的文化。邻里关系的和谐与稳定对社区整体品质的提升至关重要，居民之间应加强沟通与互动、相互尊重与理解、对人友善与宽容、共同参与社区事务、积极解决纠纷与冲突、共同促进社区安全与环境，这样构建起来的社区才有温度、融洽、和谐。

第六，高品质住宅要有人性化的社区管理与服务。人性化的社区管理与服务是一种以满足居民需求为中心，提供高效、贴心服务管理的有效模式，不仅能够满足业主日常生活需求，还可以提供更加细致、周到、全面的服务，以此促进社区的和谐发展，提高居民生活的质量和幸福感。

高品质住宅兼顾舒适、节能、环保、实用四要素，满足居住者起居生活行为和身心健康的舒适度要求，必然会成为改善住房的首选；高品质住宅是住房需求发展的必然趋势，其能明显提高安全性能、耐久性能、适用性能、环境性能和经济性能，以较小投入获得较高的舒适度和性价比，满足新生活方式的需求；高品质住宅是节能减排的具体措施，高品质住宅能最大限度地节能、节水、节材等，保护环境、减少污染，是贯彻落实建设资源节约型、环境友好型社会的必然选择；高品质住宅是房地产企业发展的必然选择，品质是企业生存之本、效益之源，房地产企业只有抓住了市场需求变化，掌握产业技术发展动态，积极推广最新设计理念和最新科技成果，才能在市场经济竞争中不断取胜。

5.1.2.2 生态住宅

20世纪60年代,当时化学杀虫剂对生物界产生了巨大的破坏,"寂静的春天"带给人们极大的冲击,人们开始认识到工业发展对生态系统的破坏,引发全球生态运动兴起。美籍意大利建筑师保罗·索勒瑞把生态学和建筑学合并,首次提出了"生态建筑"的理念,以人的热舒适为需求,优先采用被动式设计手法,最大限度地利用可再生能源,从而降低建筑能耗。

生态住宅标准定义是:在建筑全生命周期的各环节充分体现节约资源与能源、减少环境负荷和创造健康舒适居住环境,与周围生态环境相协调的住宅(住区)[①]。

生态住宅不只是绿化,从规划上看,生态小区的总体布局、单体空间组合、房屋构造、自然能源的利用、节能措施、绿化系统以及生活服务配套的设计,都必须以改善和提高人的生态环境、生命质量为出发点和目标。具体设计上,注重绿化布局的层次,风格与建筑物要相互辉映;注重不同植物各方面的相互补充融合,例如,除普通草本植物外,注重观赏花木、阔叶乔木、食用果树、药用植物和芳香植物等的种植;同时注重发挥绿化在整个小区生态中其他更深层次的作用,如隔热、防风、防尘、防噪声、消除毒害物质、杀灭细菌病毒等,甚至要从视觉感官和心理上消除精神疲劳等。而在房屋的建造上,则要考虑自然生态和社会生态的需要,注重节省能源,注重居住者对自然空间和人际交往的需求。

生态住宅的特征概括起来有四点:舒适、健康、高效和美观。第一,生态住宅在材料方面总是选择无毒、无害、隔声降噪、无污染环境的绿色建筑材料,在户型设计上注重自然通风,并且小区建立废弃物管理与处理系统,使生活垃圾全部收集,密闭存放,收集率高达100%,这样,无论室内室外,都不会产生有害物质,有利于居住者的身体健康。第二,生态住宅里,其绿化系统同时具备生态环境功能、休闲活动功能、景观文化功能,且尽量利用自然地段,保护历史人文景观,这样能使居住者身心健康、精神愉快。第三,生态住宅采用的绿色材料可隔热采暖,因此可少用空调,并且还尽量将排水、雨水等处理后重复利用,并推行节水用具等,这一切实际上为居住者节约了不少水费电费等生活费用[②]。

有关专家分析认为现"生态住宅"有六种:一是生态住宅类,主要提倡以艺术为本源,最大限度地开发生态住宅的艺术功能,把这类与艺术衔接的生态住宅当成艺术品去创造、营造,使这类住宅无论从外部还是内部看起来都是一件艺术品;二是生态智能类,主要是以突

---

① 参考:由中国建筑学会等单位发布的《低碳生态建筑白皮书》(Low Carbon Ecological Building White Paper),探讨了低碳生态建筑的概念、原则和发展方向;由国际生态住宅联盟(International Ecological Housing Union)编写的《生态住宅指南》(Ecological Housing Guide),介绍了生态住宅的定义、设计原则和实施方法。

② 参考:《绿色建筑评估标准》(LEED),这是美国绿色建筑委员会(US Green Building Council)制定的一套绿色建筑评估标准,其中包括了对生态住宅的定义和评估指标。《生态住宅:设计原则与实践》(Ecological Houses: Design Principles and Practice),这是由Ken Yeang等编写的一本书,探讨了生态住宅设计的原则和实践案例。

出各种生态智能为特征，最大限度地发挥住宅的智能性，凡对人的居住能够提供智能服务的装置，都在适当的位置被植入，使主人可以凭借想象和简单的操作就达到一种特殊的享受；三是生态宗教类，主要是以氏族图腾为精神与宗教的宅式产物；四是原始部落类，造型均以原始人、土著人的部落形式为主要依据，它是一种提供人回味、体验部落和栖息方式的住宅；五是部分生态类，是在受限制的条件下的一种局部或部分尝试，是若干房间中的几间，或者是房间中一部分装饰成具有生态要求的生态住宅；六是生态荒庭类，就是在生态住宅中造就两极分化的可能，一方面从形式上最大限度地回归自然，进入一种原始自然状态中，另一方面又在利用现代科技文化的成果，人们可以在部落里一边快乐地品尝咖啡的美味，一边用计算机进行广泛的网上交流，为人们造就一种更有趣味的天地[①]。

5.1.2.3 未来融合发展（新型生态住宅）

随着生产力的不断发展，生活水平的不断提升，人们认知的不断刷新，经过多年的理念拓展与实践实施的结合，国际、国内针对住宅的外延和内涵不断丰富，其具体标准和目标评判值不断完善和细化。"生态建筑""绿色建筑""可持续建筑""低碳建筑""低能耗建筑""近零能耗建筑""零能耗建筑""第四代建筑""高品质住宅"等诸多建筑理念均有其提出背景和发展目的，各自相应体系往往围绕各自重点展开，但提出的技术策略和技术手段又均存在不少的重叠，例如在北京高品质商品住宅中融合了绿色建筑、装配式建筑、超低能耗建筑、健康建筑等相关内容。

随着技术的不断进步，住宅的外延和内涵将进一步丰富，探索所得的理论、经验等也将从各地方或行业层面进一步上升到国家甚至国际层面，各概念、理念、标准、评价也将会逐步系统化、统一化，指导实现高品质生态住宅，不断丰富、满足人民群众的美好生活。

同时，随着信息技术的不断完善和发展，智能化、智慧化、数字化也将不断地融入高品质生态住宅中，与高品质生态住宅相关的设计、施工、运维等各阶段，居住、生活、出行等各方面，运动、商业、医疗、教育等各行业都必将会出现智慧化的身影。

5.1.3 智慧社区高品质生态住宅的能源管理

5.1.3.1 智能化能源管理系统的基本原理

能源管理系统应用计算机技术、通信技术、自动化技术，首先对电、水等参数进行数据收集，后经系统的处理生成相关资源消耗的数据库，随时记录能耗情况。记录数据将为能源管理系统提供分析参数支持。系统可采用B/S与C/S架构，以及划分用户权限的信息平台，实

---

① 参考：《联合国人居署可持续城市规划与设计手册》（Sustainable Urban Housing: Design Standards for New Zealand），这是新西兰联合国人居署（UN-Habitat）发表的一份手册，介绍了可持续城市住宅的设计标准和原则。

现分区域的用电量、用水量、空调用量的数据统计、对比分析。系统需采用可远传的水表、电表，远程监测能耗量，表具自带临界值报警实现余量不足提示功能。同时可记录住宅楼能量使用参数，提供能量使用规律及采用节能管理措施的分析数据。

远传计量系统包含智能计量表、数据采集器、通信网络、主机数据处理，系统本身设置有计算机终端以图标方式显示各户计量情况并可按要求打印报告。

5.1.3.2 能源监测和分析技术

1. 能耗监测和分析技术的六大应用价值（图5.1-1）

自动抄表，降低工时
通过接入智能电表计，实现水电冷热气等能源的自动抄表，解决人工抄表不及时、不准确的问题
自动抄表

动态考核，精细管理
实现单位能耗的动态化管理考核，以及能源成本的精细化管理，降低能源管理成本
绩效考核

数字化管理，降本增效
针对能源使用及日常运维需求，帮助企业建立数字化的能源管理体系和流程，减少人员投入，降低成本
能源监视

安全生产，减少故障
能源数据与生产运营和工艺设备数据打通，为生产工艺质量提升及设备故障追溯提供数据支撑
能效分析

能源AI大脑，智能调整
通过多种优化算法和专家模型，实现能源设备和系统的全面感知、优化调整，提高能源利用效益
能效优化

能源双控，政企协同
能源管理数据与单位部门对接打通，为区域能源双控目标提供支撑，同时获得节能减排补贴
能源管理

图5.1-1 能耗监测和分析技术的六大应用价值

2. 能耗监测和分析技术的四大优势（图5.1-2）

支持多类型能源介质，全局系统监测
- 能源类型覆盖：水、电、冷、热、气等
- 接入设备覆盖：主流空压、暖通冰水、电表水表等

智能分析、智能诊断，实时节能优化
- 针对水电冷热气的能源利用率进行智能分析
- 针对空压、暖通等高能耗设备进行智能诊断分析

快速部署，实现厂区/跨地域的能源综合管控
- 快速接入能源数据，节省数据接入成本
- 标准化产品套餐，B/S架构降低部署门槛

按需选配，支持定制和平台对接
- 支持模块化销售、公有私有定制化
- 对接能源管控平台，获得节能补贴

图5.1-2 能耗监测和分析技术的四大优势

5.1.3.3 能源优化和节约措施

1. 能耗管控

能耗管控是指对住宅能源消耗的监测、分析和管理。通过对能源消耗的实时监测,可以了解能源使用情况,及时发现能源浪费和异常情况,制定和执行相应的节能措施,降低能源消耗。

2. 节能措施

住宅最大的用电量莫过于暖通空调和照明,暖通空调占总能耗的50%~60%,照明占总能耗的20%~35%,电梯等其他设备约占总能耗的15%。因此,降低暖通空调和照明的能耗是节能重点(图5.1-3)。

图5.1-3 能耗管理系统

1)照明子系统的节能措施

在照明子系统设计之初,应充分考虑相关光源的类型,以低能耗、高照明质量、高能源利用率的节能设备作为照明子系统的主体。至于灯具的选择,尽量选择直射光通量比高、控光性能优良的灯具。通过科学的设计和合理的配置,充分体现灯具的照明功能,为了大大降低照明设备带来的耗电量,在建筑的设计和建造中,应充分利用自然光源,将太阳光作为照明设备,直接照亮走廊,或者在装修后期,应充分考虑房屋的采光率,增加室内采光口,扩大采光面积,以增强房屋的自然光收集效果,并且在窗户玻璃的选择上尽量选择透光性强的玻璃,提高自然光的利用率。或者充分利用太阳能,购买太阳能照明设备,实现无污染、高环保的照明子系统设计,进一步降低功耗和环境污染。

通过智能化手段设置照明子系统,并根据物业对灯光开闭的管理措施,以及智能照明子系统根据环境、时间、事件灯制定的照明控制逻辑,更好地体现节能效果。

2）空调子系统的节能控制措施

空调子系统的耗电量是系统中最高的，尤其是在夏季和冬季。在空调子系统节能控制和温度设定方面，首先，需要选择合适的控制温度比如26℃，这是人体最舒适的温度，也是空调机组最经济的温度设定。其次，在建筑智能化过程中，应建立温度反馈系统。通过在空调风管上安装相应的温度传感器，将室内温度传输到现场智能控制设备，由智能控制器有效实时控制空调风机阀门的开度，达到最佳的空调工作模式。最后，在建筑设计方面，有效控制建筑与外界的温差，根据外界温度的变化，在人体可接受的范围内自动调节室内温度，实现空调节能。

通过智能化手段，设置楼宇自控系统，对建筑内的空调、新风、送排风机进行集中管理。通过软件平台实现对项目整个年度的空调负荷运行进行统计和分析，优化各种用能设备的运行时间和参数，并根据季节或其他条件的变化及时进行调整，根据物业要求制定并完善整个项目空调运行的节能策略。

5.1.4 智慧社区高品质生态住宅的安全管理

5.1.4.1 智能安全系统

智能安全系统包括：视频监控系统，可视对讲、访客对讲及户内报警系统，出入口（门禁）控制系统，停车场管理系统，周界报警系统，无线对讲系统，电子巡更系统，综合布线系统（网络、电话），有线电视系统，信息发布系统，电梯五方通话系统，公共广播系统等。

1. 视频监控系统

采用数字化视频监控系统，该系统采用二层架构，在各弱电井和安防箱内设置接入层交换机，消防控制室兼监控机房室作为本项目智能化系统的核心机房。摄像机采用200万像素1080P高清摄像机。

本系统由前端摄像机、传输线缆、网络交换机、网络存储服务器（NVR）、客户端、视频解码器、液晶监视器墙等组成；传输部分采用标准化TCP/IP协议进行传输，消防控制室兼安防机房采用网络存储服务器（NVR）等核心监控设备进行系统的视频管理及存储。

1）布点原则

小区出入口双向位置设置人脸识别摄像机（人脸识别摄像机数据与当地公安局系统联网对接）；小区内人行道路、车行路设置室外枪式摄像机，车道拐角、儿童活动区设置室外球形摄像机；地下车库在车库入口和机动车道设置枪式摄像机，重要交叉口设置球形摄像机，地下走道设置枪式摄像机或半球摄像机；非机动车存放区设置室外枪式摄像机；水、暖、电、气主要设备间设置室内枪式摄像机或室内球形摄像机；住宅入口、电梯厅设置半球摄像机，电梯轿厢设置电梯专用摄像机，屋顶设置室外摄像机；小区快递柜设置监控摄像机。

与周界报警系统相结合，针对社区围墙周界设置视频周界报警摄像机，实现周界的双重侦测。对以上人流量较大、风险等级较高的重要区域设置监控点，加强对上述区域的监看，提供实时的各监控部位的现场图像，实时在线显示项目各监控部位的动态情况等。

2）监控摄像机选型

摄像机均采用数字摄像机，摄像机的选型应尽可能减少对环境美观的影响，根据不同场合，合理选用枪式摄像机、半球摄像机。具体选型原则如下：室外摄像机选用网络红外枪式摄像机，适用于室外大范围监控的要求；室外活动区设置红外球形摄像机；在地下车库主干道、弯道路口选择网络红外枪式摄像机，以达到摄像机的照度环境要求；单元楼首层各出入口采用带宽动态功能半球摄像机，防止逆光现象对监控图像的影响；室外园区主要出入口设置人脸识别功能摄像机；电梯内选用专用半球摄像机；消防控制室兼监控机房室内采用红外半球摄像机（带拾声功能），其他重要机房设置枪式摄像机；住宅屋顶层上人屋面出入口设置枪式摄像机。

3）监控系统安装位置的选择（图5.1-4）

摄像机的安装方位要避免摄像机逆光现象；在满足监视目标视场范围要求的条件下，其安装高度：室内离地不宜低于2.5m，室外离地不宜低于3.5m；在强电磁干扰环境下，监控摄像头安装应与地绝缘隔离；信号线和电源线应分别引入，外露部分用软管保护，并不影响云台的转动。

4）监控系统的传输及交换

监控系统水平信号线采用超五类或六类非屏蔽双绞线，室内外接入交换机与核心交换机之间的主干采用单模光纤。

5）监控系统的供电

前端摄像机及各交换机等管理设备由UPS供电，经管理间（弱电井）摄像机开关电源变压，水平供电电缆敷设至摄像机。超长摄像机采用前端变压；电梯摄像机采用电梯轿厢内取电。

6）中心机房管理设备

安防系统机房设置于消防控制室，建设一套中心设备，负责前端设备的接入及管理，中心存储设备采用硬盘录像机。设计根据国际及地方规范，录像保存时间为30d，采用24h实时录像；人脸结构化数据存储时间为90d。

消防控制室兼安防机房配有核心交换机、NVR存储服务器、机房交换机、管理服务器、流媒体服务器、监控客户端（安装软件）以及监视墙。配置外接专业控制键盘，方便操作人员操控；监视器墙配置46寸DID拼接显示屏，实时显示清晰度不低于1080P标准；每一路视频图像的录像、回放分辨率均要求达到1080P标准；硬盘录像机需接入智能化专网的机房交换机内，以便进行网络查阅、调取录像，系统具有时间、日期的字符叠加、记录和调整功能。消防控制室兼监控机房室通过UPS配电系统集中供电；监控系统配置入侵报警联动

| 园区车行出入口
室外彩色枪式摄像机 | 重要交叉道口、儿童、老年人活动区室外球形摄像机或枪式摄像机 | 电动车充电区
室外彩色枪式摄像机 | 非机动车停放区
室外彩色枪式摄像机 |

地下车库出入口 室外彩色枪式摄像机 ｜ 地下车库车道 室内彩色枪式摄像机 ｜ 水、暖、电、气主要设备间 室内彩色枪式摄像机 ｜ 重要机房外走道 室内彩色枪式摄像机

园区内人行、车型道路、车道拐弯处室外彩色枪式摄像机（提升项） ｜ 电梯侯梯厅 室内彩色半球摄像机（提升项） ｜ 出屋面楼梯间 室内彩色枪式摄像机（提升项） ｜ 住宅首层入口 室内彩色半球摄像机（提升项）

电梯轿厢内 电梯专用摄像机（提升项） ｜ 园区周围墙界 室外枪式摄像机（提升项） ｜ 园区内单元楼周围 高空抛物摄像机（提升项） ｜ 园区人行出入口 人脸识别摄像机（提升项）

图5.1-4 智能监控布点

模块，以实现有入侵探测器监控部位与摄像机进行报警联动（图5.1-5）。

2. 访客对讲系统（图5.1-6）

1）布点原则

住宅楼各楼单元门口设置人脸识别+刷卡访客对讲单元门口机，人脸识别数据与当地公安部门系统联网对接。单元门口机和门禁相结合，以控制各住宅楼人员出入；每户户内设置一台彩色访客对讲室内机，配有开锁、呼叫等按键；门卫室设置管理副机，可与消防控制室兼安防机房管理主机进行紧急呼叫和对讲。

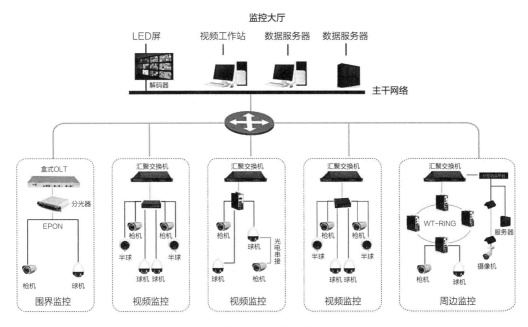

图5.1-5 安防系统

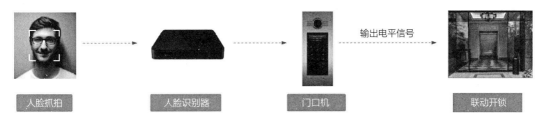

图5.1-6 访客对讲系统

户内紧急求助报警装置：户内访客对讲机作为户内报警系统的报警主机，户内的前端报警设备均接入户内对讲机；在住宅首层、二层、顶层、次顶层住户厅、门、窗处安装红外幕帘探测器，业主可对其进行布防与撤防，当业主外出时，如有不法人员企图通过门窗进入户内，即可向业主手机发出警报，通知业主及时报警处理；在主卧床头上方、次卧及卫生间位置设置紧急报警按钮，当住户在家遇到紧急情况时，可向消防安防控制室发出报警，得到及时的响应和救助。

2）系统传输

本系统并入智能化专网，前端设备网线接入智能化专网的交换机中。线缆选型：电源线为RVV2*1.0，通信线为UTP5e。

3）中控设备

系统管理主机（内含软件）设在消防控制室兼安防机房内，用于与保安中心、小区出入口、住户访客对讲。

3. 周界报警系统（图5.1-7）

电子围栏系统是一种"有形"的报警系统，实实在在地给人一种威慑的感觉，使入侵者增加一种心理压力，从而把报警系统和警戒系统有机地结合起来，达到以防为主、防报结合的目的。电子围栏系统主要由电子围栏主机、前端配件两大部分组成。通常，电子围栏主机在室外，沿着原有围墙（例如砖墙、水泥墙或铁栅栏）安装，脉冲主机也通常设在室外，通过信号传输设备将报警信号传至后端控制中心。

图5.1-7　周界报警系统

1）前端设备

机械组件设备：采用六线制电子围栏和四光束红外对射，包括终端杆、中间杆、承力杆、收紧器、合金线、避雷器、警示牌、声光报警器、高压线、红外对射探测器等。

电子设备：由脉冲探测器、防区模块等组成。

2）系统传输

电子围栏系统前端传感器、区域管理机是产生和接收高压脉冲信号的设备，在脉冲电子围栏前端处于触网、短路、断路状态时能产生报警信号，并把入侵信号发送到网络电子围栏控制层，其构成传感层。本系统报警控制总线为RVVP2*1.5。室外报警设备箱由就近安防箱UPS供电，线缆为YJV-3*2.5。

3）中心机房管理设备

由报警主机、控制键盘、报警控制软件、声光报警器、32路继电器、报警打印机等组成；电子围栏系统与周界摄像机联动，报警时监控屏自动弹出画面。

4. 出入口（门禁）控制系统（图5.1-8）

出入口（门禁）控制系统采用网络型相结合架构，主要由读卡器、电子门锁、出门按钮、速通门、门禁控制器等组成。

1）前端点位设置

主要针对各住宅楼核心筒封闭区次要进出口、重要设备机房、消防安防机房等重要部位设置门禁点，对出入人员进行有效的控制。

图5.1-8 出入口控制系统

出屋面门口处采用双面刷卡；主要人行出入口设置速通门，速通门具备人脸识别、二代身份证识别、IC卡识别开启功能。出入口人脸识别数据与当地公安部门系统联网对接。

2）系统传输

系统架构：采用一体式门禁，读卡器通过TCP/IP协议与管理中心联网；速通门接入到网络型门禁控制器，并通过TCP/IP协议与管理中心联网。

线缆选型：门禁系统出门按钮、门锁与读卡器间采用RVV2×1.0、RVV4×1.0的信号线缆进行连接，门禁读卡器、速通门与交换机间采用超五类数据线，门锁、读卡器电源线采用RVV2*1.0的线缆。

3）中心管理设备

管理中心设置于消防控制室兼安防机房，配置2台门禁管理计算机（物业管理办公室及消防控制室兼安防机房各1台）、软件、发卡器等设备。

5. 停车场管理系统

停车场管理系统是安全防范系统的一个子系统，可实现对重要区域车辆停放的记录、控制和管理功能；停车场管理系统采用免取卡、车牌识别系统，主机设置在消防控制室兼安防机房内，在出口设置停车场道闸管理系统，实现车辆进出；车辆识别数据与当地公安部门系统联网对接。

1）出入口通道闸

在室外车库主出入口设置车行通道闸管理系统。出入口设置情况如下：宽度大于7m设置双车道道闸；有人值守出口设置工作站电脑，无人值守出口设置控制机；出入口设置闸杆、一体式控制机（集成语音显示屏、高清摄像机、补光灯）；车行闸杆采用栅栏式。

2）系统传输配线

停车场管理系统通信线缆采用超五类非屏蔽双绞线，电源线采用RVV-3*2.5，控制线缆采用RVVP6×0.5。

3）管理中心

停车场管理系统管理中心配置1套停车场系统管理软件、2台管理电脑（物业管理办公室及消防控制室兼安防机房各1台）。

系统能实现以下功能：在各出入口分别配置停车场高速道闸系统、车牌自动识别系统，满足本项目内部固定车辆和临时车辆的快速进出；车牌识别系统需识别新能源车牌，系统具有升级空间；停车场道闸系统应与消防主机联动，火灾时消防联动控制器控制闸杆常开。

6. 无线对讲系统

无线对讲系统的信号有效覆盖区域为室外、地下及地上建筑，以确保无线对讲系统通信的清晰、流畅。保障项目内部管理、物业使用和维护，以及保安、消防、紧急通信的要求等，使其内部管理、维护以及保安、消防人员之间方便、快捷地保持联系、通信。

水平布线采用50-12（1/2）馈线，通过功分器、耦合器将信号传输给吸顶天线，垂直通过功分器将信号传输给各楼层功分器/耦合器；管理中心设置于消防控制室兼安防机房内，配置1台数字中继台、1台合路器、1台双工器，提供2个对讲频道；放机采用双向选频放大方式，内置上行放大器和下行放大器。上行放大器放大对讲机发射的信号，通过上行天线发送至转发台；下行放大器从转发台发出的信号，经放大通过下行天线发送至对讲机。各直放机有效及平均分布在小区商场、地下停车场等通信盲点处，以解决因墙体、楼层阻隔造成各空间之间的通信困难。

值班安全员应配备一部双通道双向无线对讲机，功率至少应达到4W。双向无线对讲机必须配备耳塞以免无线电噪声干扰业主；基站通信设备及中继器均应由UPS配电系统进行供电。

7. 综合布线系统（网络、电话）

综合布线系统是所有建立在广域网、局域网上的"大楼智能化系统"的信息通道，是网络系统的高速公路，是智能化系统的神经线；该系统主要包括：工作区子系统、水平工作区子系统、楼层管理子系统、垂直干线子系统、设备管理间子系统。该系统分为三类：通信接入系统布线、物业办公网络布线、智能化专网布线。

1）通信接入系统布线

通信接入箱（户内弱电箱）：物业用房、住宅楼每户一个通信接入箱，网络点位及电话点位采用超五类线缆；商业每户仅预留一个通信接入箱。

2）物业办公网络布线

工作区子系统：在值班室、消防控制室、水泵房等重要机房设置语音数据双口面板；水平工作区子系统：水平及工作区数据网络、语音系统系统采用超五类布线方案。

3）智能化专网布线

工作区子系统及水平工作区子系统布点和布线可参见前文各系统的布点原则及系统传输。在楼层管理间配置接入层交换机及光纤配线架，主干数据部分分别由各楼层管理间弱电井引单模光纤至消防控制室兼安防机房。

4）计算网络系统组成

智能化专网：单独组网，包含视频监控系统、出入口（门禁）控制系统、停车场管理系统、无线对讲系统等。物业办公网：单独组网，由物业后期自行规划建设。通信接入网：由三大运营商、有线电视运营商信号接入。

5）各套网络具体管理设备位置安排

智能化专网设置于消防控制室兼安防机房内；物业办公网所管理的设备机房与消防控制室合用；通信接入网由三大运营商、有线电视运营商所提供的入口设备、物理通信链路以及建筑物内相关系统的对外通信物理链路、接口等组成。提供满足本项目需求及当地城市联网需求的信息通信接入条件。

8. 电梯五方通话系统

电梯五方通话系统是用于电梯故障报警的紧急专用设备。在每部电梯轿厢和消控中心设置通信对讲主机，从而实现电梯轿厢、电梯机房、电梯顶部、电梯井道底部、消控中心之间的紧急通话。

电梯井道内的随行五方通话线缆及对讲设备由电梯厂家配套提供，具体传输结构需由电梯厂家深化确定。

9. 信息发布系统

信息发布系统基于网络平台，在社区内室外人行主出口处设置真彩屏（LED显示横屏），通过该系统，物业管理部门可以轻松地构建一个网络化、专业化、智能化、分众化的多媒体信息发布平台，提供功能强大的信息编辑、传输、发布和管理等专业媒体服务。多媒体信息发布系统以高质量的编码方式将视频、音频、图片信息和滚动字幕等通过网络传输到媒体播放器，然后由播放器将组合多媒体信息转换成显示终端的视频信号播出，对于媒体广告、水、电、气、新闻、天气预报、物业通知、社区配套服务信息、社区宣传、社区文化等即时信息可以做到立即发布，在第一时间将最新鲜的资讯传递给业主。

10. 公共广播系统（图5.1-9）

背景音乐及消防广播系统采用多音源多分区的广播系统，主机设备设在消防控制室兼安防机房内，由物业统一管理。有节日或活动时播放背景音乐，业务广播时可切断背景音乐；发生火灾时，与消防报警系统联动，构成紧急广播系统，实现火灾和紧急事故的广播。

图5.1-9　公共广播系统

5.1.4.2　配套工程

1. 机房工程（图5.1-10）

主要考虑消防控制室内装修、配电、照明、防雷接地、空调通风及UPS电源等方面内容，以确保电子计算机系统稳定可靠运行，保障机房工作人员有良好的工作环境。

2. 机房装修装饰工程

地面选用600mm×600mm×35mm全钢防静电架空活动地板；在机房建筑物的墙面、柱面上进行防尘、防潮、防水、保温处理，吊顶采用全铝喷塑微孔天花板，活动地板下为满足机房对含尘量的较高要求，除主材选用不起尘的材料外，地板下、吊顶内空间均做防尘刷漆处理；主材全部采用非燃性或难燃性材料，机房门口设有醒目的紧急出口标志，便于人员在紧急状态疏散。机房内电缆桥架及风管均选用钢板材料制作。

3. 机房电气工程

根据机房对供电可靠性的要求，各弱电机房电源要求一类负荷供电，由强电专业将二路电源互为备用并自动切换后提供给弱电机房供电。机房设备的供电分为UPS供电和一般市电。消防控制室兼安防机房内的弱电系统主机设备、弱电井管理间的计算机和网络设备为

图5.1-10　机房工程

UPS供电；其他动力设备，如空调及辅助用电为普通市电供电。采用进线电源为380V，三相四线制，机房电源进线由总配电室专线引入。机房照明应保证各房间的照度指标满足450～500lx，眩光限制等级要求达到Ⅰ级；工作区内一般照明的均匀度（最低照度与平均照度之比）不应小于0.7。机房内应设置应急照明，其照度不小于100lx。

4. 机房新风

机房中的设备在运行中散热量大而且集中，散湿量极小，即机房设备散热量的95%是湿热，热量大、湿量小，热湿比极大。在这种情况下，空气处理可近似作为一个等湿降温过程。根据机房的围护结构特点（主要是墙体、顶面、地面，包括楼层、朝向、外墙、内墙及墙体材料，以及门窗类型、单双层结构及缝隙、散热），以及人员的发热量、照明灯具的发热量、新风负荷等各种因素，计算出计算机房所需的制冷量，依此选定空调的容量。

5. 机房空调

机房设置柜式空调，需确保机房室温为20～26℃。

6. 防雷接地系统（图5.1-11）

信号防雷：根据当地的雷电等级，设计智能化系统的防雷，包括智能化设备防雷、电源防雷、信号防雷、浪涌保护，并对整个智能化系统及弱电机房进行接地设计，以保证智能化系统能安全运行。电源防雷：要求对各网络机房、弱电机房设备及计算机网络主干设备的电源进行防雷保护；中心防雷：采用全钢防静电地板，确保机房设备的安全，地板支架应用铜排连接。

7. 不间断电源系统

为确保智能化系统设备的供电可靠性，消防安防控制室智能化设备等均采取UPS供电，确保各子系统中心管理设备的运行。智能化系统UPS供电时间为1h。UPS应采用模块冗余，

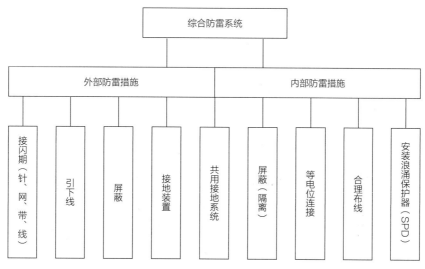

图5.1-11 防雷接地系统

系统包括控制器、静态开关、功率模块、蓄电池组、输入输出端口、输出隔离变压器等。系统主要设备包括控制器、静态开关、功率模块均具有个体冗余，且任何模块的故障不应影响系统的正常工作。功率模块的数量可根据系统容量要求进行配置，且功率模块可进行热插拔。

系统采用分散式集中供电架构，具体配置：在消防总控室内设置UPS主机，后备时间1h，主要对消防控制室兼安防机房内的设备，前端监控、周界报警进行集中供电。

5.1.5 智慧社区高品质生态住宅的环境控制

5.1.5.1 传感器技术在智能家居环境监测中的应用

智能家居环境监测系统主要包括室内温湿度探测、室内空气质量探测、室外气候探测，以及室外噪声探测。一个完整的家庭环境监测系统主要包括环境信息采集、环境信息分析，以及控制和执行机构三个部分，其系统组成包括温湿度传感器、空气质量传感器、光线环境光探测器、室外风速探测器，以及无线噪声传感器。

通过一体化温湿度传感器，采集室内温湿度，为空调地暖等设备提供控制依据；通过太阳辐射传感器、室外风速探测器、雨滴传感器采集室外气候信息，为电动窗帘提供控制的依据；通过无线噪声传感器采集噪声分贝率，为电动开窗器或背景音乐的控制提供依据；通过空气质量传感器、无线PM2.5传感器采集室内空气污染信息，为净化器和电控开窗器提供依据，实现自动换气或去污。

目前市面上的智能环境监测产品有：空气质量传感器、空气质量控制器传感器、空气质量检测仪、窗帘控制电机电动开窗器、太阳辐射传感器、室外风速探测器、雨滴传感器、无线噪声探测器、温湿度一体化传感器。

如何设计搭建家庭环境监测系统，首先要根据外部居住环境的好坏来设计室内的环境监测系统，如处于空气污染严重的地区，就要以室内空气质量检测为主；处于气温偏低又常年潮湿的地区，就应以室内温湿度监控为主；处于繁华的闹市，就要以噪声监测为主；处于气候多变的地区，就以室外气候监测为主。总而言之，搭建室内环境监测系统，要以实用性、适用性和稳定性为主。

5.1.5.2 空气质量、温度、湿度等环境指标的监测和分析

室内环境空气监测项目通常包括：温度、相对湿度、新风量、二氧化硫、二氧化氮、一氧化碳、二氧化碳、氨、臭氧、甲醛、苯、甲苯、二甲苯、总挥发性有机化合物、PM2.5、氡、菌落总数等。在实际操作中，上述项目一一监测既无必要，也不可能做到。因此，需要根据实际情况，选取必要的测试项目。例如：新装饰、装修过的室内环境，应监测甲醛、苯、甲苯、二甲苯、总挥发性有机化合物等；霾污染的地区或时段，应检测PM2.5；人群

比较密集的室内环境,应监测菌落总数、新风量及二氧化碳;住宅一层、地下室、其他地下设施,以及采用花岗石、彩釉地砖等天然放射性含量较高材料新装修的室内环境都应监测氢。

5.1.5.3 新型高品质生态住宅环境控制技术

新型高品质生态住宅通过采用高效外围护结构、温湿度独立控制的冷暖设备、置换式新风、智能控制等科技生态技术,在室内空气品质、温湿度、声、光等方面追求更高的舒适感受,达到绿色、健康、智慧的居住目的(图5.1-12)。

图5.1-12 生态系统标准

WHO标准下关于健康住宅的要求如表5.1-2所示。

WHO标准下关于健康住宅的要求 表5.1-2

维度	WHO关于健康住宅要求	科技生态系统标准
化学污染	会引起过敏症的化学物质的浓度很低	污染低 (芬兰S1标准全球最严苛:甲醛≤0.03mg/m³,TVOC≤0.2mg/m³)
装修材料	尽可能不使用容易挥发出化学物质的胶合板、墙体装饰材料等	
通风排气	安装性能良好的通风换气设备,能将室内污染物质排出室外 在厨房、卫生间或吸烟处,要设置局部排气设备	100%新风、室内微正压 厨房补风和厨、卫排风
温度调节	在起居室、卧室、厕所、走廊、浴室等温度要全年保持在17~27℃	冬季≥18℃ 夏季≤26℃
湿度调节	室内的湿度要全年保持在40%~70%	冬季≥30% 夏季≤70%
CO_2浓度	二氧化碳的浓度要低于1000ppm	≤1000ppm
空气品质	悬浮粉尘的浓度要低于0.15mg/m³	PM2.5过滤能力高,可达95%
噪声	噪声要小于50dB	白天不超过40dB 晚上不超过35dB
光	一天的日照确保在3h以上 设有足够亮度的照明设备	适光、健康照明

科技生态系统技术体系包括户式对流系统和户式智能控制系统,其用户价值如表5.1-3所示。

用户价值　　　　　　　　　　　　　　　　　表5.1-3

温湿分控	新风自由	智控自由	预约自由
温湿度独立控制，可自由调节	除霾率95%；换气次数0.5~1次/h	智慧屏集成控制自主调节	手机App控制远程预约

户式对流系统特有温湿分控技术；冷热源、末端、置换新风系统均采用分户式系统的综合解决方案。

系统构成（图5.1-13）：系统主要由GLC新风系统、可变温温控系统、室内传感器、室内智能控制系统组成。

在GLC新风系统中配置全效新风机，全效新风机具备功能如下：①集制冷、制热、除湿、加湿、除霾、新风、杀菌等功能于一身；②冷凝热回收技术，COP可达4.0以上，超级节能；③高度除霾、深度除湿，采用双通道系统，有效地避免了交叉污染。

夏季或除湿模式运行时，新风通过蒸发器进行深度除湿，除湿后的低温空气再通过再热盘管进行加热，最后由送风机送入室内；冬季模式运行时，新风通过蒸发器（此时功用为冷凝器）进行加热升温，接着掠过湿膜加湿模块，空气的湿度增加，最后由送风机送入室内。

户式智能控制系统（图5.1-14）：是针对户式化空调系统专门定制研发的一套智能化控制系统。该控制系统与新风系统紧密结合，是整个户式化空调系统的核心。系统构成：户式化暖通控制系统包含智能控制箱、信息屏、分控面板、热泵机组、新风机组、室内环境参数传感器以及电动阀、排风扇等设备与器件。

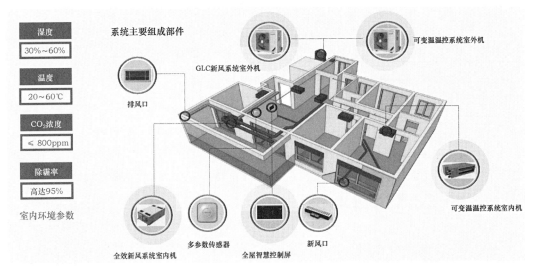

图5.1-13　系统构成

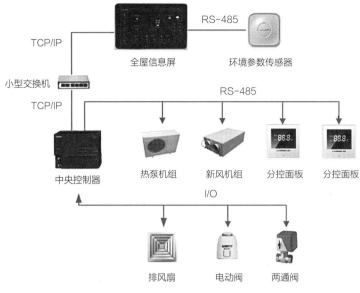

图5.1-14　户式智能控制系统

5.1.6 智慧社区高品质生态住宅基于物联网技术的设备管理

随着物联网技术的发展，越来越多的设备开始实现互联互通，这些设备不仅可以通过网络进行数据传输和交流，还可以进行智能化管理和控制，进而为个人带来更便捷、高效的生产和生活方式。而在实现这些功能的过程中，物联网技术发挥了越来越重要的作用。

5.1.6.1 物联网技术的应用

物联网是新一代信息技术的重要组成部分，其英文名称是"Internet of Things，IoT"。顾名思义，物联网就是物物相连的互联网。这里有两层意思：第一，物联网的核心和基础仍然是互联网，是在互联网基础上的延伸和扩展的网络；第二，其用户端延伸和扩展到了人和物品与物品之间，进行信息交换和通信。因此，物联网的定义是通过射频识别RFID、红外感应器、全球定位系统、激光扫描器等信息传感设备，按约定的协议，把任何物品和互联网相连接，进行信息交换和通信，以实现对物品的智能化识别、定位、跟踪、监控和管理的一种网络。

用于智慧社区的IoT平台通常有以下具体场景需求：

（1）实现设备接入的类型通常包括门禁、停车场、监控、可视对讲、无线对讲系统、消防报警、背景音乐系统、社区环境质量检测、EBA系统（包括给水排水系统、车库一氧化碳和送排风系统、电梯系统、变配电系统、柴油发电机、消防系统、机房温湿度、浸水情况、生活水池水质等）。

（2）需要实现场景联动及场景管理，如消防报警与监控联动，广播系统和监控、消防联动，如有人靠近游泳池时自动提醒、消防报警时广播自动提醒。

（3）需要支撑的典型业务功能通常有与各城市政府监管平台关键数据对接，面向业主端的移动客户端，智慧门禁和停车，以及业主移动端进行云对讲、查看社区活动区视频监控和社区空气质量，物业管理端设施设备智慧巡检等。

5.1.6.2 物联网技术在场景数据的采集和分析中的应用

物联网平台支持高效率、低成本、低门槛打通建筑场景的子系统设备集成接入，类型包括从传感器、智能硬件到子系统、视频等。其中，广泛应用于建筑场景最常见的子系统类型的快速打通接入，包括电梯、变配电、BA空调、给水排水、消防、能耗、门禁等。

内置包括Modbus、Opc-ua、Mqtt、Coap、Onvif等在内的多种主流协议，支持驱动模块化扩展。提供Rest风格Web API接口，具备与外部系统的数据交互能力。提供Python、Java、.Net、C++四种主流语言的SDK二次开发包，支持第三方开发者进行设备驱动的开发。支持设备、子系统、服务、平台、算法、流媒体的统一抽象和接入；还支持Docker容器化一键部署、一站式设备管理、数据模型及组态可视化绑定、事件告警联动、规则图形配置、北向多种方式的数据API接口等。

物联网平台除了支持偏C端的智能硬件、传感器等增量设备接入，对工业、建筑等现有存量设备、子系统，更具有快速集成和接入能力，并且极具扩展性和开放性。物联网平台统一制定了设备服务标准接口，用户可以原生方式扩展系统服务、采集服务，以及基于提供的采集引擎和驱动SDK开发框架，开发设备扩展驱动，实现快速接入。

除了支持常规IoT平台对智能硬件增量设备三元组和证书鉴权方式的接入，平台对智慧建筑相关的存量接入对象（比如传感、设备、服务、平台、数据库、算法等），还可以统一进行抽象封装，提供网关、设备/系统、数据点三项分层，并且能实现设备到云端、设备到设备的通信（图5.1-15）。

1. 物联网平台与网关的关系（图5.1-16）

物联网平台是分布式微服务架构，提供统一的域名作为入口，可接入任意数量的网关；网关彼此以全球唯一ID作为区分和识别。网关接入时调用登录接口，并以用户名、密码、UUID三者一起作为传入参数。

2. 网关与系统、数据点的关系（图5.1-17）

创建网关，网关下创建系统（设备），并在创建设备时选择已创建的模板，从而让系统（设备）关联了特定的数据点。

网关导出数据点表时，带有网关、设备、数据点三者信息，除了带有模板ID信息之外，不包含模板其他信息。

网关导入已有的设备数据点表时，将自动创建新的模板用来存放数据点，并且自动关联

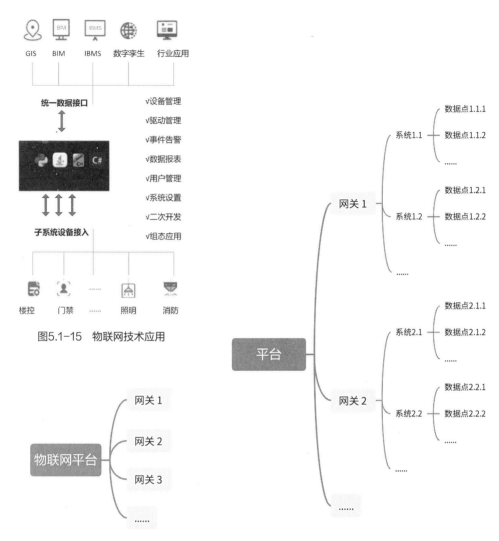

图5.1-15 物联网技术应用

图5.1-16 物联网平台与网关的关系

图5.1-17 网关与系统、数据点的关系

设备。一个网关下可以有多个系统（设备），一个系统（设备）当下只能对应一个网关，网关ID是全局唯一。

3. 模板与系统、数据点的关系（图5.1-18）

创建模板，在模板下创建数据点。

系统（设备）与数据点的关联，是以模板作为纽带，并非直接关联，除了在到处的数据点表中（Json或Excel格式）。

一个模板可以关联多个系统（设备），一个系统（设备）当下只能对应一个模板；一个模板可以关联多个数据点，一个数据点只能对应到一个模板。模板ID、系统（设备）ID是全局唯一，数据点ID是模板内局部唯一。

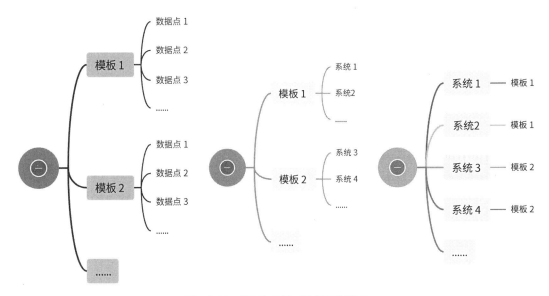

图5.1-18　模板与系统、数据点的关系

5.1.6.3　物联网技术在场景安全和隐私保护中的应用

物联网平台具有高度的安全性和保密性。通过系统分级保护、数据存储权限控制、内外网设置防火墙及虚拟路由隔离等手段，防止系统被各种形式非法侵入以及DDOS攻击等。

平台支持对设备授权，也支持账号密码、设备证书、一机一密等认证方式，杜绝设备非法接入。数据传输采用SSL非对称私钥公钥以及服务证书鉴权加密，保障数据安全不被篡改，并支持核心密钥和数据加密存储，以及多租户数据隔离。

物联网平台的安全性保障自下而上分为五点：

（1）采集引擎作为网关与设备通过驱动进行鉴权认证，这方面属于驱动开发来保障设备的合法连接，对增量设备通常需要证书以及分配的密钥来保证。对于存量设备需要驱动程序识别设备固有的MAC地址、识别码或者心跳包中带有的固定编码信息，实现对合法接入的识别支持。

（2）采集引擎与平台路由通信服务，是严格非对称加密以及证书鉴权，杜绝采集引擎非法接入。

（3）路由服务器节点可以动态扩容以及灾备，当某个节点故障，在节点下的连接会自动根据路由表，被指向到新分配的路由节点，确保底层设备系统与上层业务应用对路由接入的容错和切换无感，内部进行上下数据业务衔接不受影响。

（4）在数据库存储侧设计有主备灾备，支持容错切换，并支持数据实时、定时转储备份。

（5）北向API接口侧，用HTTPS加密，并且通过用户名密码对应的API Key请求用户合法。支持API Key进行刷新和过期机制。

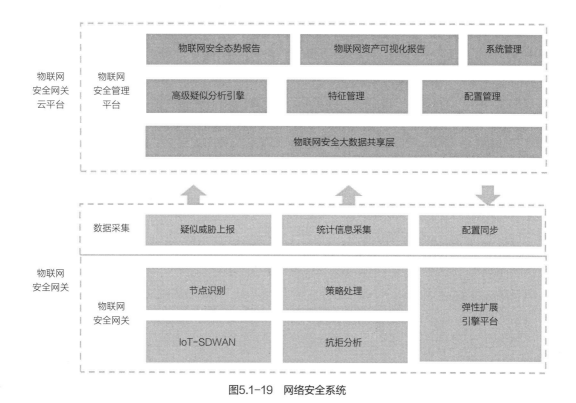

图5.1-19　网络安全系统

平台支持异构系统和不同网络协议的互联，提供开放的网络接口和数据接口，达到不同产品的协同运行、数据交换及信息共享的目的。开放性应不仅仅体现在应用程序上，还应体现在操作系统和网络上。

支持多语言跨平台，南向提供SDK设备驱动开发框架，北向提供数据应用API以及推送接口，基于接口即可实现深度二次开发。

网络安全系统（图5.1-19）应为物联网提供设备管理、网络连接、数据分析、安全防护的统一管理平台，实现对MQTT、LoRa WAN、NB-IoT等主流物联网设备的接入、控制、数据加解密、数据存储、数据分析、实时计算、开放API接口等智能业务，简化并标准化设备接入流程。提供可视化的方式展示整体物联网网络的资产态势、威胁态势，以及整体健康度打分，以地图的方式呈现全网安全网关以及物联网终端的运行状态，对物联网终端和物联网网络进行多维度的行为分析呈现。

5.1.6.4　物联网技术在设备管理中的实际应用

1. 楼控管理

楼宇自控管理实现对暖通、给水排水、变配电、电梯等机电专业系统的优化控制，保证各专业系统能够按照使用者的需求提供相应的空间环境服务。楼宇自控管理包含的具体功能如下：

1）冷源系统监控

通过构建冷源系统模型，采用自适应调节方法与优化算法，将社区中央空调系统中制冷主机、冷却水泵、冷冻水泵等设备联网基础控制，实现冷源系统的远程监控，在保障室内环境舒适性的需求的前提下，提高冷源系统的运行能效。该模块将提供以下功能：

冷源系统实时监控：提供直观的冷源系统监控界面，监测冷源系统各设备运行参数。

冷源系统自动控制：提供优化开关机策略、定时启停策略、制冷主机优化控制、冷冻水系统优化控制、冷却塔优化控制、负荷预测等功能。

冷源运行数据分析：提供冷源运行状态分析、能耗与能效监测、统计及分析。

2）新风机组监控

通过现场通信网络对园区的各新风机组进行联网监控，建立新风机组节能优化控制系统，实现新风机的统一在线实时控制。该模块提供以下功能：

新风机组实时监控：提供直观的新风机组监控界面，监测新风机组各设备运行参数。

新风机组自动控制：提供新风量调节、分区分时控制策略等功能。

新风机组运行数据分析：提供新风机组运行状态分析、能耗与能效监测、统计及分析。

3）风机盘管优化控制

将所有风机盘管实现联网集成控制，建立风机盘管节能优化控制系统，实现风机盘管远程集中控制、风机盘管自定义分区分类定时控制及风机盘管参数优化调节等功能。该模块将提供以下功能：

风机盘管实时监控：实现运行状况监测和记录功能，能够监控所有房间风机盘管运行状态。

风机盘管自动控制：提供室内温度优化、分区分时控制、远程控制功能。

风机盘管运行数据分析：提供风机盘管运行状态分析、能耗与能效监测、统计及分析。

4）空调机组监控

针对空调机组、空调箱末端的送风风量、送风温度、新回风比例等方面进行自动化控制，以及对新/排风机进行联动控制，以达到为居民提供良好空气质量的目的，该模块将提供以下功能：

空调机组实时监控：提供对空调机组的风机运行状态、风机压差、送风温度、回风温度、风机频率、水阀开度、回风CO_2浓度，以及区域当前温度、设定温度、需求风量、当前风量等进行实时监控。

空调机组自动控制：基于控制算法对空调机组和末端设备进行协同控制，包括静变压控制、送风温度控制、室内CO_2控制、季节模式切换、新风排风协同控制等功能。

5）排送风系统监控

根据补/送（排）风机管控区域的空气品质（如CO_2浓度），实现对补/送（排）风机系统的智能化节能控制，提升设备智能化管理水平。该模块将提供以下功能：

排送风系统实时监控：实现运行状况监测和记录功能，监控排送风设备运行参数。

排送风系统自动控制：提供分区分时控制功能。

6）给水排水系统监控

建立给水排水节能控制系统，实时监测给水排水系统的集水池、排污池液位情况，实现对集水井排污泵的自动运行控制，监测给水系统供水水压情况，动态调节给水系统运行参数，提升设备节能监管水平。该模块将提供以下功能：

给水排水设备实时监控：实现运行状况监测和记录功能，监控给水排水设备运行参数。

给水排水设备自动控制：提供排水泵及污水泵启停控制、给水系统节能控制、分时控制等功能。

7）电梯系统监控

支持与电梯厂家的系统对接，完成对电梯运行状态、故障状态的监控，通过扫描二维码实现电梯的呼梯功能。该模块将提供以下功能：

实时监控：提供电梯运行状态监视、故障报警、紧急状况监测功能。

联动呼梯：提供通过扫描二维码或者刷卡的方式联动呼叫电梯，或使用人脸识别通过通道闸机的验证后自动呼叫关联楼层的电梯服务的方式。

8）变配电系统监控

提供变配电系统监控能力，变配电监控主要实现了配变电系统的遥测、遥信功能。该模块将提供以下功能：

数据实时采集：数据采集应支持在线实时自动采集，针对不同的设备类型开发相应的数据协议适配，可全面接入各种厂家、型号的计量装置或表计。

实时运行监控：系统应实时展示变配电系统结构、电气主接线图，以图形方式展示模拟量、开关量实时数据。

故障报警：系统应对运行参数越限以及系统运行状态、仪表故障提供报警功能，并将报警上传至统一告警平台进行后续告警处理。

数据查询与分析：支持以多维度对关键用能参数进行统计分析。

2. 照明管理

照明管理模块通过与照明控制器进行组网、通信，结合系统规则引擎、调度引擎、跨系统联动机制和场景定制功能，实现智能照明回路控制、应用场景照明控制和照明设备的状态实时监控。照明管理模块包含的具体功能如下：

照明场景控制：系统应有针对性地制定不同场景下照明设备的调度策略，实现智能照明系统的高度自动化和智能化。

照明远程控制：系统应提供Web界面、本地开关、微信App等多种远程照明控制方式。

照明状态监控：系统应通过采集智能照明控制器接入回路的状态数据，实现对照明设备的运行状态的实时监控。

3. 能耗管理

能耗管理通过对社区整体电力分配拓扑、水分配拓扑进行建模，对各类机电设备的能耗和产生的冷热量进行计量，对各功能单元的用电、用水、冷热量等进行计量，按照不同维度对能耗和能效进行统计分析，找出导致能耗高或能效低的问题所在，确定降低能耗或提升能效的措施和策略，将节能增效策略固化到系统中，通过BA的综合控制能力，实现设备的节能增效，从而不断提升综合能源管理水平。能耗管理具体包含的功能如下：

1）能耗分配管理

通过组态设计为社区电力分配、水分配建立能源分配拓扑，确定拓扑中关键采集点的计量设备，定义和设置计量设备归集的统计指标，监控计量设备的运行状态，采集计量设备数据，为能耗管理和能效分析奠定基础。

电力分配组态设计：根据业务需求通过组态设计工具建立一个或多个电力分配的拓扑图，对电力分配关键节点的计量设备进行配置，按照计量指标对计量设备进行归集。

能源计量指标配置：用户根据业务需求定义能源计量指标，确定能源计量指标关联的计量设备类型，根据计量设备类型确定能源计量指标的计算方法。

能源分配监控：将设计的电力分配组态或其他类型能源分配组态图实例化，用户可以查看能源的分配去向、计量设备采集的能源计量数据以及按照定义的计量指标所归集的能源数据。

2）计量设备管理

计量设备管理实现对综合能源管理涉及的所有采集器、智能冷热量表等硬件设备进行统一管理，包括对当前在线状态、设备名称、表计型号、表计厂家、表计属性、安装位置等信息进行记录。

3）能耗计量监测

能耗计量监测支持对用电、用水、用气等能源使用情况进行计量检测。冷热量计量监管：实现建筑内总冷/热量消耗的监测与计费。用水量计量监管：通过一体化水表计量各住户的用水量，并通过远程传输装置将电表数据传输到智慧平台，实现用水监测与计费。用电计量监管：通过智能电表计量各住户的用电量，并通过远程传输装置将电表数据传输到智慧平台，实现用电监测与计费。用气计量监管：通过计量表计量各住户的用气量，并通过远程传输装置将计量表数据传输到智慧平台，实现用气监测与计费。

系统发现某一计量表具产生了异常高或异常低的计量数据，或计量设备无法连接时，应当产生报警并上报至统一告警平台进行集中告警处理。

4）能耗统计分析

能耗统计分析支持对用电、用水、用气的能耗统计分析。能耗总览：核算用水、用电、用气的能耗排名、不同时段能耗占比，实现对社区年度能源资源消耗/费用状况的统计并能导出统计报表。能耗监测：监测用水、用电、用气在逐时、逐日、逐月、逐年等不同时间粒度以及折线图或者柱状图等不同的展示形式显示的能耗/费用趋势；能耗指标管理：对用水、用电、用气的能耗指标进行管理。

5）能耗费用管理

能耗费用管理支持按照不同租户对能耗费用进行精细化管理。用能核算单元管理：核算单元基本信息，包括单元人数、面积、房间号等；同时需进行独立核算单元房间、面积、计量设备调整功能。收费科目管理：对收费的科目、单价、计价规则进行管理。收费管理：自动生成费用详单，支持线上、线下的缴费管理。单元成员可以通过移动终端应用在线进行缴费，收费人员可以查看欠费和缴费的情况。催缴管理：对于欠费的居民，可以通过向单元成员移动终端应用发送催缴信息，提醒宿舍成员及时缴纳欠费。

6）能耗基础数据管理

能耗基础数据管理提供能源分摊管理、标杆录入、标杆信息配置、能源单价管理、定额管理、能耗时间管理、能耗编码管理等功能模块，实现基础能源信息的统一管理。

5.1.7 智慧社区高品质生态住宅自动化技术

随着科技的发展，住宅建筑的智能化水平越来越高，其主要功能体现在为人们创建了一个方便、舒适、安全、高效节能的居住环境。目前，住宅建筑智能化的实现主要是建立在计算机、通信、网络等高新技术之上的。通过研究的不断深入，未来建筑的智能化水平将会更高，建筑行业的可持续发展的战略目标将逐步实现。

1. 设备自动化系统与通信自动化

住宅的智能化是从设备自动化开始的，设备自动化是以计算机控制、管理为核心，对空调、水、电、电梯、天然气、煤气等设备进行监测，以节约能源、减少经济上的开支和增加便捷度为目标，来进行一体化的检测和调控。卫星和网络电视是与外界沟通的关键，是取得消息的关键途径，是增加信息流通的重要手段。该系统如电话、可视电话、计算机等，可实现高速信息传输和信息交换，确保住宅内数字、文字、声音、图形、图像和电视信息的高速流通，与住宅小区、市内、国内和国外等有关部门实现信息交换和资源共享。

2. 紧急情况控制系统

紧急情况控制系统是指在小区出入口进行适当的管理控制。对住宅管理极为重要的内容大致是确保住宅、住户的安全。在生活中，每个人都会出现某些意想不到的求助情况，在室内应当安装红外报警探测器、烟感探测器、可燃气体泄漏报警探测器以及紧急按钮装置等。而当室内的煤气、烟雾超过正常指标时，可燃气体泄漏报警探测器、烟感探测器就会及时发出信号，告知管理中心，并能够及时采取措施。因此，当家中有老人或孩子生病或者其他紧急情况发生时，就可以通过紧急按钮向管理中心求助。

3. 家居智能控制

智能家居系统是利用先进的计算机技术、网络通信技术、智能云端控制、综合布线技术在住户家里构建高效、便捷的用户设施与实现日常事务的管理,提升日常生活的便利性、舒适性进而实现环保节能(图5.1-20)。

智能家居通过物联网技术可实现现场或远程控制,如对窗帘、灯光、空调、地暖、新风、背景音乐等的控制。主流智能家居系统主要分为无线及有线两种模式,并且面板可实现多功能集成化。无线主要以Zigbee系统架构为代表,有线形式主要以KNX系统代表,其中近些年推出了电力载波形式的有线智能家居(图5.1-21)。

无线系统架构(Zigbee):无线架构中心主要采用无线网关形式,与末端设备通过Zigbee无线通信协议进行数据传输。以户为单位设置一个无线网关,网关通过无线(或有线)形式连接互联网并通过Zigbee无线通信协议对如灯光面板、场景面板、空调面板、新风面板、地

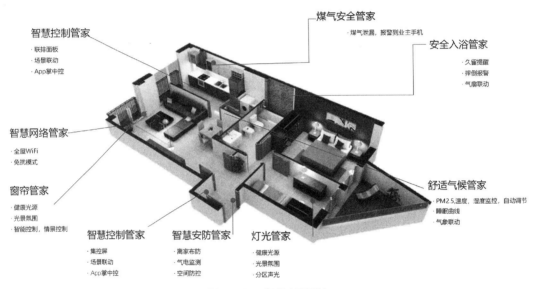

图5.1-20 智能家居系统

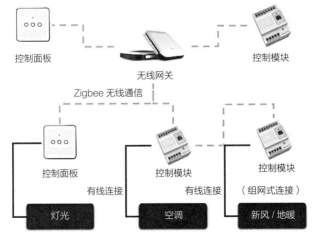

图5.1-21 智能家居系统架构

暖面板等实现智能家居控制。

每个功能均会设置单独面板或联排面板，进而实现对智能家居空调、地暖、新风、照明、窗帘、场景模式的控制。

近些年随着智能家居的发展，面板集成度越来越高，无线Zigbee形式的智能家居也发生了一些变化，以集成面板为核心的无线Zigbee系统架构也慢慢进入人们眼中。

集成面板以室内房间为单位，最核心的地方是每个集成面板就是网关，不会因为一个网关的问题导致所有房间的设备失联，提高了系统稳定性。集成面板安装在每个房间墙面，替代所有传统开关或智能联排开关。一个集成面板可控制最多8路灯、2路电动窗帘、1路空调（或多联机）、1路地暖和1路新风设备（图5.1-22）。

有线系统架构（KNX）：主要以KNX架构为主，通过中控主机与末端设备有线连接来传输数据，通过控制线连接到如开关执行器、窗帘执行器、空调、新风、地暖网关等来实现集中控制。由于是中心主机集中控制，所以需单独配置箱体承载中央控制设备，配合集成面板对灯光、窗帘、空调、新风、地暖进行集中控制管理（图5.1-23）。

有线（电力载波）系统架构：电力载波形式的智能家居主要采用电力载波+WiFi的方案，主要由智能主机、PLC系统和全屋WiFi组成。PLC系统主要接入灯光、窗帘、传感器，通过现场中控屏进行集中控制；全屋WiFi主要实现空调、新风、地暖及单品设备接入，如扫地机器人、监控摄像机（单品设备需在自身品牌生态平台下）（图5.1-24）。

图5.1-22 集成面板

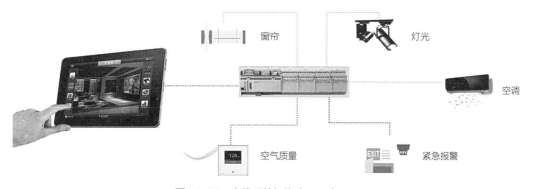

图5.1-23 有线系统架构（KNX）

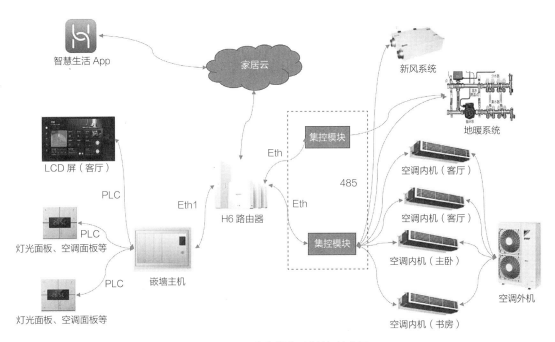

图5.1-24　电力载波形式的智能家居

Zigbee无线、KNX有线、PLC有线系统均可以实现灯光、窗帘、新风、地暖、空调的现场控制或远程控制。

灯光控制主要实现的功能模式：①离家模式，一键关闭家中灯光，自动关闭窗帘。②会客模式，启动客厅会客场景面板，客厅主灯打开，筒灯关闭，窗帘关闭，营造明亮的、封闭的会客气氛。③观影模式，启动客厅观影模式场景面板，联动其他区域灯光关闭，营造出观影氛围。④睡眠模式，按下床头睡眠模式场景面板，灯光关闭，窗帘全都闭合，使用户安心入睡。⑤起夜模式，按下床头起夜模式场景面板，地灯亮起，过道和卫生间的微弱夜灯亮起，既可看清路，又不刺眼。⑥晨起模式，可自定义设置时间如在早上7：00，系统自动打开卧室布帘，让室外的阳光少量地透进来；早上7：30，系统自动打开纱帘，让室外的阳光全部透进来，如此循序渐进地把用户自然地从睡梦中唤醒（图5.1-25）。

空调、新风、地暖实现的功能模式：①主要可调节空调风速、温度、开关；新风的进风量；地暖的温度调节和开关。②可根据现场设置的空气质量和温湿度传感器自动调节温度以及新风量（图5.1-26）。

窗帘控制实现的功能：主要实现窗帘、纱帘的开关，也可以结合场景面板和灯光做场景联动。

远程控制实现的功能：①用户可通过手机远程控制面板上的情景模式。用户以后无须再一个个地点击开灯、调整温度、控制窗帘等，只需一键便可远程控制房间所有状态。②用户可以将卧室场景面板的一个模式设置为起床模式，即窗帘自动打开，灯光微亮。用户可以将这个模式定时，比如每天7：15自动启动起床模式，每天8：15自动启动离家模式。

图5.1-25 智能家居系统的功能

③用户通过手机App可实现对全屋所有房间一起下发情景模式,如一键所有房间离家,一键所有房间舒适模式等。用户还可以对房间进行分组,然后再进行集中情景模式控制(图5.1-27)。

家电联网控制:系统接口对接实现家电控制(图5.1-28)。

环境智控:分布式全屋传感器决策判断,分区域净化换气(图5.1-29)。

恒温恒湿恒氧:全屋智能主机统一协调,每一口呼吸都洁净如初。

图5.1-26 空调、新风、地暖功能模式

情景模式不仅可以通过面板控制，也可以通过手机 App 端控制，可实现的功能有：

- 远程控制：
用户可通过手机远程控制面板上的情景模式。用户以后无须再一个一个地点击开灯、调整温度、控制窗帘等，只需一键便可远程控制房间所有状态

- 定时控制：
用户可以将卧室场景面板的一个模式设置为起床模式，即窗帘自动打开，灯光微亮。用户可以将这个模式定时，比如每天7:15自动启动起床模式，每天8.15自动启动离家模式

- 情景模式集中控制：
用户通过手机App可实现对全屋所有房间一起下发情景模式，如一键所有房间离家，一键所有房间舒适模式等。用户还可以对房间进行分组，然后再进行集中情景模式控制

图5.1-27　窗帘控制实现功能

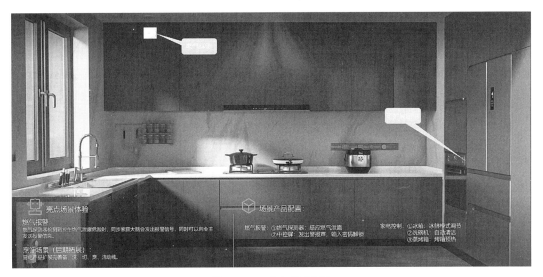

图5.1-28　家电联网控制

图5.1-29　环境智控

居家模式联动：睡眠/休闲/聚会场景，面板一键定制全屋空气。

智能设备管理：智慧App面板呈现设备耗材/能耗/状态，智能提醒。

5.2 大型智慧社区高品质生态建筑运维技术

5.2.1 概述

高品质生态建筑定义为通过采用高效外围护结构、温湿度独立控制的冷暖设备、置换式新风、智能控制等科技生态技术，在室内空气品质、温湿度、声、光等方面追求更高的舒适感受，达到绿色、健康、智慧的居住目的。

高品质生态建筑社区的能源使用模型，需要建造更高标准、更加智能的能源控制设备，能够确保热量和光能直接送达被需要的区域，不会将能源浪费在空置的区域内；建设个性化、泛在化的绿色公共空间、社区公园、屋顶花园等，提高立体复合绿化率，完善配备服务设施，打造节能与生态风貌交融的未来建筑场景。

建造高品质生态建筑社区的目标是建设可持续发展社区，并致力于节约能源和可再生能源的使用。生态建筑社区是以人为核心的城市现代化最基本单元，对于满足人民日益增长的美好生活需要具有重大意义。

高品质生态建筑社区是以满足人民美好生活向往为根本目的的社区，是围绕社区全生活链服务需求，以人本化、低碳化、智能化、可持续化为价值导向，以未来邻里关系、教育、健康、创业、建筑、交通、能源、服务和治理等众多场景创新为引领的新型城市功能单元（图5.2–1）。

5.2.2 便捷交互场景管理与运维

5.2.2.1 智慧停车场景

1. 室内智能停车系统

智能停车系统通过采集实时停车泊位信息，依托大数据和人工智能技术分析，最终发布停车引导动态信息，帮助车场做车位管理、车位引导、反向寻车、无人值守等日常业务，并对停车场流量进行实时监控及预测，提高停车位流转率，更加高效、安全、低成本地管理停车场。

2. 路侧智能停车

路侧智能停车是集路灯杆、充电桩、天眼系列设备和城市监测传感器于一体的停车场景，在实现停车功能的同时，也包含支付、充电、环境监测和违规监测等场景。并可在无

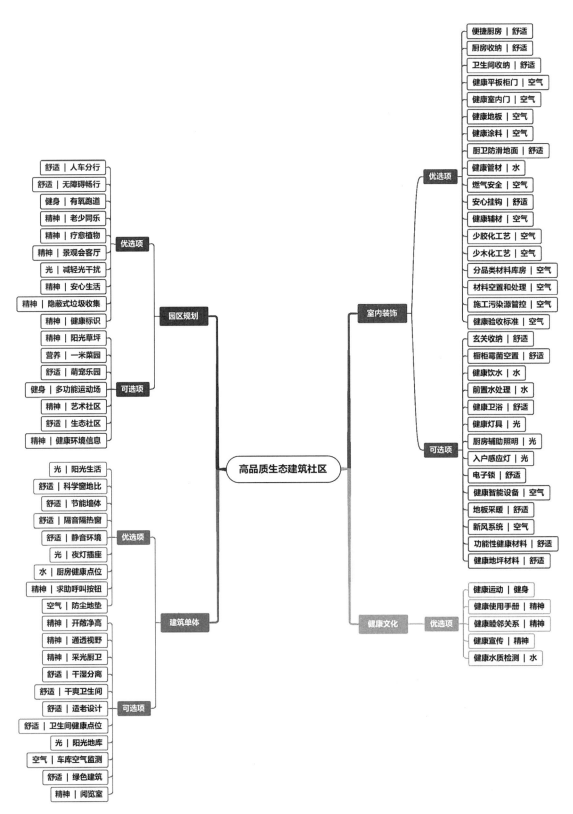

图5.2-1 高品质生态建筑社区

人值守时，通过打通市民信用体系，建立奖惩机制，有效约束困扰城市停车许久的路侧逃单行为和解决违法停车造成交通拥堵的问题（图5.2-2）。

5.2.2.2 智能医疗场景

通过数字孪生技术，基于患者的健康档案、就医史、用药史等数据信息在云端为用户建立虚拟人模型，并在生物芯片、增强分析、边缘计算、人工智能等技术的支撑下模拟人体运作，实现对其健康状况的预测分析。

1. 生物芯片用于实时监测身体体征

植入于居民身体各主要器官及系统的纳米传感器和生物芯片可实时监测人体体征，并通过健康手环等智能可穿戴设备进行集成，并进行初步分析、整理，同步至云平台。

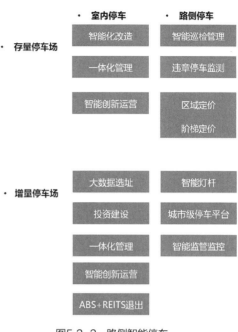

图5.2-2 路侧智能停车

2. 增强分析预测并干预未来可能出现的健康问题

通过对上传至云平台的居民实时体征、生活环境、生活习惯（作息、饮食、出行等）、地理位置、工作特性等数据进行整合，实时修正用户的虚拟模型，得出最贴合用户实际的生活状态，在模拟分析中对用户未来一段时间内的潜在健康风险进行预测，并为用户提供精准、合理的医疗建议，使用户在生活中及时对饮食、作息等做出相应调整，降低发病风险，达到以预防代替治疗的效果。

3. 实现超前的区域健康资源的优化配置

基于这样的医疗模式，未来医疗资源得以根据区域总体健康情况更加合理的分配。区域总体健康数据可服务于区域内各领域治理管理，如在资源环境领域根据市民健康影响情况，加强对相关污染排放的整治等。

5.2.2.3 智慧养老场景

利用5G、物联网、智能呼叫、云技术、GPS定位技术等数字化技术，创建"老人+终端+服务"的智慧养老模式，通过跨终端的数据互联及同步，实现老人与子女、服务机构、医护人员的信息交互，对老人的身体状态、安全情况和日常活动进行有效监控，及时满足老人在生活、健康、安全、娱乐等各方面的需求（图5.2-3）。

图5.2-3 智慧养老场景

5.2.2.4 智慧物业场景

1. 智慧垃圾处理

炎热的天气会使垃圾加速变质,而现有社区垃圾桶几乎都是敞口型的,垃圾桶周边弥漫着难闻的气味,同时也会吸引流浪猫、狗或老鼠等动物,进而增加传染疾病的风险,影响人们的生活舒适感和健康。智慧垃圾处理解决方案配备由太阳能供电的容量传感器,垃圾箱内废物的填充比例得以实时上报,供管理员据此优化垃圾车的清运路线和清运周期,提高垃圾回收效率;同时,垃圾车的油耗情况也会受到监控,提醒管理员油量异常变化。

2. 智慧路灯

智慧路灯以单灯为控制单元,通过集成数字标牌、环境监测传感器、应急报警装置、扬声器和监控摄像头等终端设备,还能向社区居民提供紧急通告、政务、商业和天气等信息,以及应急呼救、视频监控等服务,为政府与市民之间沟通搭建了更好的交互平台。

采用GIS技术,将灯源、灯杆、控制箱、箱变以及现场监控设备等各类照明部件与地理位置和空间信息有机结合,实现照明设施的位置可视化,并支持基于GIS的动态监控管理(图5.2-4)。

3. 智慧充电桩系统

对充电桩的使用进行设备和业务的监控。充电桩显示详细信息(片区充电桩总数量/空闲充电桩数量,单充电站/车场总数量/空闲数量),能够通过红、黄、绿颜色区分车场充电桩的使用紧张情况;以数据可视化形式展现故障充电桩、正常电桩数、是否空闲、故障率、使用

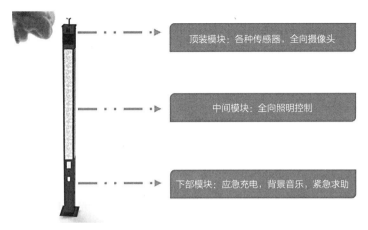

图5.2-4 社区道路的智慧路灯

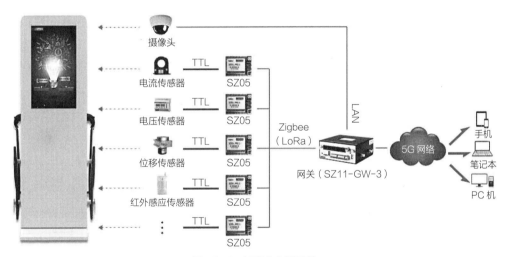

图5.2-5 智慧充电桩系统

率、使用时间、收费金额和站点详情监控；同时实现充电桩基本信息的管理，内容包括：充电桩编码、二维码、充电类型、电桩标准、名称、IP、选择所处车场-车位进行管理等；结合停车场充电桩位的充电数据、车位占用数据分析充电桩位的停车及充电占比，即充电桩位车辆只停车不充电与停车充电的比例分析，以指导决策人员对充电桩位的合理布设（图5.2-5）。

5.3 未来展望

未来，随着社会生产力不断提升，以5G、人工智能与物联网为代表的新一代数字技术将进一步发展，必然会融入高品质生态住宅的方方面面，扩充高品质生态住宅的智慧内涵，呈现以下主要发展趋势：

第一，大数据将大幅度提升设计效率，将以前的不可能变为现在的可能。可快速收集、处理建筑物性能、环境条件、设计方案、材料信息、施工流程等大量信息，解决信息不全、效率低下等问题，深入优化设计方案和提升设计效率，更好地设计出与自然融合、高效节能、安全舒适、智慧健康的高品质生态住宅。

第二，智慧化施工将更好地保障工程质量，让高品质生态住宅更舒适。工程实施阶段，通过智慧化施工，更好地进行进度、质量管理，实时监测、分析现场数据，及时发现问题并进行处理，提高施工效率和工程质量。

第三，随着智能科技的不断发展，高品质生态住宅将更加智能化。一是智能家居系统将会普及，可以通过智能设备控制家中的各种功能，例如照明、供暖、安全系统等。人工智能和机器学习技术将在家居中扮演更重要的角色，将遍布未来的整个家庭，语音、手势将取代传统的开关和按钮，个性化的人工智能系统来协助完成日常任务。二是大数据结合人工智能、物联网等技术，如交通管家、智能照明、智能空调等，根据人们的需求进行智能化调整，并且积累使用数据，进一步优化性能，从而实现建筑的智能化管理。

第四，大数据将全面帮助运营方进行设备维护、能源管理。一是通过对建筑物的数据进行实时监测，及时发现设备故障并进行维修，保障设备正常运行。二是大数据可以通过数据整理、分析、总结，帮助运营方进行能源管理，从而提高建筑物的能效性能。

第五，增强现实和虚拟现实将会不断融入生活，彻底改变人们的生活习惯。一是AR和VR技术的发展将会对房屋的设计和购买产生影响，人们可以使用AR和VR技术在现实世界中预览和定制房屋的外观和内部布局，以便更好地满足其需求和喜好。二是人们的生产、生活将会进一步与AR和VR技术相结合，通过其完成工作、社交、购物、教育、医疗等，将高品质生态住宅的有限空间放大到AR和VR技术这个无限的空间中去。

第6章

大型智慧社区集成管理平台研发及应用

6.1 概述

6.2 社区智慧大脑概述

6.3 技术基础

6.4 社区智慧大脑设计与实现

6.5 社区智慧大脑应用

6.6 典型案例

6.7 评估与未来发展趋势

6.1 概述

6.1.1 研究背景

6.1.1.1 研究背景和动机

当今世界正处于迅速的城市化进程中，城市人口快速增长，社区规模不断扩大，导致了城市基础设施、交通、环境、安全等方面的挑战。随着人工智能、物联网、大数据等信息技术的飞速发展，有了更多的数据和工具来解决城市问题。智慧城市概念强调通过信息技术来改善城市的生活质量、效率和可持续性。社区作为城市的基本单元，也需要逐步演进为智慧社区，以更好地满足居民的需求。现代社区居民更加关注社区事务，居民有参与自治需求，并希望能够参与社区的决策和管理。集成管理平台为居民提供更多参与的机会，使居民自治得以实现。综合管理平台整合各个领域的信息，实现更全面、一体化的管理，大量的数据用于分析社区内的趋势、问题和需求，通过数据分析，帮助管理者做出更明智的决策，从而提升社区的运营效率和居民的生活品质。

大型智慧社区集成管理平台（以下简称"社区智慧大脑"）的研发及应用研究旨在充分利用信息技术，通过数据整合、分析和共享，以及提供居民参与机会，来实现社区的智能化管理，解决城市化过程中出现的多种问题，提升居民的生活质量和推动城市的可持续发展。

6.1.1.2 研究目的和内容

研究社区智慧大脑的目的是探索和实现更智能、高效的社区管理模式，通过信息技术的应用，提升社区居民的生活质量，改善城市环境，实现可持续发展。

1. 研究目的

（1）智能化社区管理，探索如何借助人工智能、大数据、物联网等技术，实现社区管理的智能化，提高管理效率和服务质量。

（2）数据驱动决策，研究如何从社区内部和外部收集、整合、分析数据，为社区管理者提供数据支持，帮助他们做出更明智的决策。

（3）居民参与和自治，探讨如何通过信息技术手段，促进居民的参与和自治，使他们能够更好地参与社区事务，提出意见和建议。

（4）综合管理，研究如何整合社区内的各个领域，如安全、交通、环境等，实现综合管理，避免信息孤立和决策碎片化。

（5）可持续发展，着重研究如何通过智慧大脑平台，推动社区的可持续发展，包括资源利用、环境保护等方面。

2. 研究内容

研究的内容涵盖了平台架构设计、数据整合与分析、智能决策支持、居民参与、综合管理以及可持续发展策略等多个方面，旨在打造一个能够真正提升社区管理水平和居民生活质量的智慧大脑。

（1）平台架构设计，设计一个集成的智慧大脑，包括数据采集、存储、处理、分析和展示等模块，以支持社区管理和决策。数据整合与分析，研究数据整合的方法，将来自不同领域的数据整合到平台中，并开发数据分析算法，为管理者提供有关趋势、问题和需求的洞见。

（2）智能决策支持，开发智能决策支持系统，利用人工智能技术，为社区管理者提供基于数据的决策建议，帮助他们更好地应对问题和挑战。居民参与平台，设计一个互动平台，鼓励居民参与社区事务，提出建议和反馈，实现居民的自治和参与。

（3）综合管理模块，开发综合管理模块，整合不同领域的信息，实现社区内部的信息流通和协调。可持续发展策略，研究如何将可持续发展理念融入平台，包括节能减排、资源循环利用等方面的策略。

（4）实际应用验证，在实际大型社区中进行平台的应用验证，收集用户反馈，不断优化平台功能和性能。

6.1.2 社区管理的挑战和需求

6.1.2.1 社区管理的瓶颈和问题

社区管理在现实中存在较多问题，比如：不同部门和领域的信息可能分散在不同的系统中，导致信息孤立和碎片化，难以形成全局的管理视角；决策缺乏数据支持，许多决策可能基于主观判断，缺乏充分的数据支持，这可能导致决策的不准确性和效果不佳；应急响应能力不足，在紧急情况下，如自然灾害或突发事件，社区管理可能面临应急响应能力不足的问题，影响居民的安全和福祉；管理效率低下，传统的社区管理方式可能存在流程繁琐、信息传递不畅等问题；居民参与不足，一些社区可能存在居民参与度不高的情况，居民对社区事务的了解和参与度有限；安全隐患，如监控不足、治安问题等，影响居民的安全感；环境问题，如垃圾处理、污染等，可能影响居民的生活质量和健康；资源分配不均衡，导致一些区域或人群得不到充分的服务和支持；可持续发展挑战，如能源消耗、环境污染等，需要寻找可持续的解决方案。

解决这些问题需要综合运用信息技术、数据分析、社会参与等手段，建立更智能、高效、可持续的社区管理模式。社区智慧大脑的研发和应用正是为了应对这些问题，提供更好的解决方案。

6.1.2.2 社区居民的期望和需求

社区居民的期望和需求是社区管理和发展的重要参考，不同的社区和文化可能会导致期望和需求的差异，主要体现在：

（1）安全与安宁，居民希望生活在一个安全、宁静的环境中，不受犯罪、安全隐患等威胁。

（2）便利的基础设施，居民期望有便利的基础设施，如交通便利、道路通畅、供水供电稳定等。

（3）高质量的公共服务，包括教育、医疗、文化等领域的公共服务应当充足且具有高质量。良好的环境质量，居民关心环境问题，期望社区内有清洁的空气、干净的水源以及良好的垃圾处理。

（4）参与决策，居民希望能够参与社区事务的决策，包括社区规划、公共项目等。社区应提供社交和文化活动的机会，以促进居民之间的互动和交流。便捷的商业与服务设施有助于提供生活便利。

（5）绿地与休闲空间，公园、绿地和休闲空间对于居民的身心健康和休闲活动至关重要。

（6）信息透明与沟通渠道，居民希望能够获得社区内的信息，了解重要消息和决策。可持续发展，越来越多的居民对社区的可持续发展产生关注，期望社区采取环保、节能等措施。

（7）交通便利和停车管理，居民关心交通拥堵问题，期望有合理的交通规划和停车管理。

（8）安居乐业的经济环境，居民希望社区内有良好的就业机会和创业环境。

了解和满足居民的期望和需求是一个持续的过程，社区管理者需要通过调查、反馈机制、居民参与等方式与居民保持紧密联系，以便更好地提供适应性的服务和管理。

6.1.3 大型智慧社区集成管理平台——社区智慧大脑的意义和作用

6.1.3.1 提升社区管理效率和服务质量

社区智慧大脑显著提升了社区管理效率和服务质量，通过数据整合、智能分析和居民参与等手段，实现更智能、高效的社区管理。它可能带来的作用包括：

（1）数据整合和共享，平台整合社区内部各领域的数据，实现信息共享和流通。这有助于消除信息孤立，让管理者从全局角度了解社区状况。

（2）智能分析和决策支持，平台利用数据分析和人工智能技术，能够提供有关社区运行趋势、问题和需求的深入洞察。这为管理者提供数据支持，使他们能够做出更明智的决策。

（3）综合管理，平台整合了各领域的信息，帮助管理者进行综合管理。例如，在交通拥堵时自动调整路线，同时考虑环境影响和居民出行需求。实时监测和预警，平台实时监测社区内的各种指标，如交通流量、空气质量等，及早发现问题并采取相应措施。

（4）居民参与和反馈，平台提供居民参与社区事务的机会，他们通过平台提出意见、反馈问题，促进居民自治和参与。

（5）快速应急响应，在紧急情况下，平台快速调动资源，协助应急响应，保障居民的安全。

（6）个性化服务，平台根据居民的需求和习惯，提供个性化的服务，如定制化的健康建议、社交活动推荐等。

（7）优化资源分配，通过数据分析，平台更好地理解社区内资源的使用情况，从而优化资源的分配和利用。

（8）可持续发展，平台监测社区内的环境状况，提供可持续发展的建议，如能源节约、垃圾分类等。效率提升，由于平台的自动化和智能化，社区管理的各个环节更快速、高效地完成，减少繁琐的人工操作（图6.1-1）。

社区智慧大脑能够通过数据整合、智能分析和居民参与等手段，实现社区管理的数字化、智能化，提升管理效率和服务质量，使居民生活更加便捷、安全和舒适。

图6.1-1 大型智慧社区智能化响应

6.1.3.2 优化资源配置和能源利用

社区智慧大脑在优化资源配置和能源利用方面发挥重要作用。通过数据采集、分析和智能决策支持，平台帮助社区实现更有效的资源管理和能源利用，从而实现可持续发展的目标。

（1）能源消耗监控，平台实时监测社区的能源消耗情况，包括电力、水资源、燃气等。通过数据分析，识别出能源消耗的高峰时段和低谷时段。预测需求，基于历史数据和趋势分析，平台预测未来的能源需求，帮助社区规划能源供应。优化能源供应，平台根据预测需求，调整能源供应策略，避免能源的浪费和不必要的成本。

（2）智能照明和设备控制，平台控制照明和设备的使用，根据时间、人流和光照等因素智能调整，以节省能源。

（3）智能建筑管理，对于建筑，平台通过自动调整温度、湿度、通风等参数，实现能源的高效利用。

（4）可再生能源利用，平台监测社区内的可再生能源产生情况，如太阳能、风能等，推动其合理利用。

（5）垃圾处理和回收，平台监控垃圾处理过程，优化垃圾分类和回收，降低资源浪费。

（6）水资源管理，平台监测用水情况，提供用水建议，帮助社区合理利用水资源。数据驱动决策，平台通过数据分析，为社区管理者提供关于能源消耗和资源利用方面的决策支持，帮助他们做出更明智的决策。

通过这些方式，社区智慧大脑帮助社区实现资源的高效配置和能源的可持续利用，减少浪费，降低成本，为社区的可持续发展做出贡献。

6.1.3.3 加强社区安全和环境监测

社区智慧大脑在加强社区安全和环境监测方面发挥重要作用。整合数据、智能分析和实时监测，平台提升社区的安全性和环境质量，保障居民的生活和健康。

（1）在社区安全加强方面：视频监控和智能分析，集成社区内的视频监控系统，并应用人工智能技术进行实时分析，识别异常行为或事件，及时采取措施。入侵侦测和报警，监测社区内的入侵行为，如门窗被撬动等，触发报警并通知相关人员。紧急事件响应，在紧急情况下，平台实时调动资源和人员，进行紧急事件处理，确保居民的安全。人员识别与身份验证，利用人脸识别等技术，平台识别进入社区的人员，确保社区内只有合法的居民和访客。交通安全监测，平台监测交通状况，预防交通事故，提供交通安全建议。

（2）在环境监测与改善方面：空气质量监测通过平台实时监测社区的空气质量，检测有害物质浓度，提醒居民采取必要的防护措施。噪声监测，平台监测噪声水平，及时发现噪声污染问题，并采取措施改善。水质监测，平台监测社区供水的水质，保障居民的饮用水安全。环境事件报告，平台让居民随时报告环境问题，如垃圾堆积、污染等，帮助管理者及时解决。自然灾害预警，平台接收气象和地质数据，预测自然灾害，及早发出预警，保障居民安全。

通过加强社区安全和环境监测，社区智慧大脑使社区变得更安全、更宜居，提升居民的生活质量和幸福感。同时，及时响应问题和风险，有助于减少社区内的问题扩大和蔓延，维护社区的稳定。

6.1.3.4 促进社区居民参与和互动

社区智慧大脑在促进社区居民参与和互动方面具有重要作用，它提供多种渠道和机制，鼓励居民积极参与社区事务、提出建议、参与决策，从而增强居民的自治意识和社区凝聚力。主要的方法和策略有：

（1）开发社区智慧大脑和移动应用程序，为居民提供方便的渠道，通过这些平台发布信息、提问问题、反馈意见等。开发居民互动社交平台，创建一个专门的社交平台，居民在上面互相交流、分享经验、讨论问题，增强社区居民之间的联系。

（2）利用社区智慧大脑，进行在线调查和投票，征求居民的意见，例如关于社区活动、基础设施改善等的决策。居民议事会和会议，定期组织居民议事会或会议，邀请居民参与，讨论社区事务，集思广益，共同制定发展计划。在社区内设置居民意见箱，居民书面提交建议、问题或意见，管理者定期查看并采取相应措施。

（3）主题活动和社区项目，组织与居民兴趣相关的主题活动、社区项目，吸引居民积极参与，增强他们对社区的关注度。居民培训和教育，提供培训和教育课程，使居民了解社区管理、环保、健康等方面的知识，增强他们参与的主动性。定期沟通和反馈，社区管理者定期与居民进行沟通，分享社区动态，同时反馈之前居民提出的问题和建议的处理情况。荣誉奖励制度，设立一些社区贡献奖项，表彰在社区建设中积极参与的居民，激励更多人参与互动。开放式决策过程，在重要决策中，邀请居民代表参与，让他们直接参与决策的制定，增强决策的民主性和透明度。

通过上述方法，社区智慧大脑打造一个更加开放、民主和参与性的社区环境，增强居民的参与感和归属感，同时也能够更准确地反映社区居民的需求和期望，从而更好地满足居民的实际需求。

6.2 社区智慧大脑概述

6.2.1 定义和概念

社区智慧大脑（Smart Community Brain），是一个基于现代信息技术的综合性平台，旨在将社区内的多元数据、资源和服务整合、分析和优化，以实现更智能、高效、便捷的社区管理和生活方式。它的概念源于数字化时代的需求，通过数据整合、智能分析和科技应用，将社区打造成一个具有高度智能化的生活环境。

社区智慧大脑的核心思想是将社区看作一个生态系统，将各种数据源、物联网设备、人工智能技术和居民互动纳入一个整体的框架中，实现信息流通、资源共享和智能决策，从而提升社区管理的效率和居民的生活质量。

关键特征和功能有：数据整合和共享，智慧社区大脑通过整合社区内部和外部的各类数据，如环境数据、交通数据、居民行为数据等，实现数据共享，消除信息孤岛。智能分析和决策支持，基于大数据分析和人工智能技术，平台能够从海量数据中提取有价值的信息，为社区管理者提供决策支持，优化资源配置和问题解决方案。实时监测和预警，平台实时监测社区内的状况，如环境质量、交通状况等，及时发出预警，帮助社区做出相应调整。居民互动和参与，智慧社区大脑提供居民参与的渠道，通过移动应用、社交媒体等方式，居民提出问题、建议，参与社区决策。资源优化和节能环保，平台能够优化资源分配，如能源利用、垃圾处理等，推动社区的可持续发展，减少浪费。个性化服务，平台根据个人需求和偏好，提供个性化的服务，如健康建议、社交活动推荐等。

社区智慧大脑应用于城市社区、住宅小区、商业园区等各种类型的社区。它有助于实现的实际效益有：城市管理优化、提升城市社区管理的智能性、加强资源调配、提高城市整体运行效率。居民生活便捷，为居民提供更智能的公共服务，如智能停车、居家养老服务等。环境改善和安全保障，通过环境监测和安全预警，改善社区环境质量，提升居民安全感。可持续发展推动，通过资源优化和节能环保措施，推动社区朝向可持续发展方向发展。

社区智慧大脑是一个涵盖数据整合、智能分析、居民互动等功能的综合性平台，通过科技的力量，创造更智能、便捷、可持续的社区生活方式，提升管理效率和居民满意度。

6.2.2 架构和组成要素

6.2.2.1 数据采集和处理

社区智慧大脑的数据采集和处理是实现智能化社区管理和居民服务的关键步骤。它涉及从多个来源收集不同类型的数据，并通过适当的技术进行处理和分析，从而为社区管理者和居民提供有用的信息和洞察。社区智慧大脑中数据采集和处理的主要内容有：

（1）数据采集。传感器数据在智慧社区中部署的各种传感器，如环境传感器、交通传感器、能源监测传感器等，用于采集实时环境数据，如温度、湿度、CO_2浓度、交通流量等。用户数据，居民通过移动应用、网站等渠道产生的数据，包括用户注册信息、活动参与记录、偏好设置等。设备数据，智能家居设备、智能公共设施等产生的数据，如智能电表的能源使用数据、智能门锁的操作记录等。社交媒体数据，社区居民在社交媒体上产生的数据，如社区话题的讨论、事件的评论等。视频监控数据，安装在社区各处的摄像头捕捉的视频数据，用于监控安全情况、交通流量等。

（2）数据处理、数据清洗与整合。采集到的数据可能存在噪声、错误或不一致，需要进行清洗和整理，确保数据的准确性和一致性。同时，来自不同来源的数据需要整合，形成一个统一的数据集。数据存储，大量的数据需要进行存储，使用数据库、数据仓库或云存储等技术。数据存储应当具备高可用性和可扩展性，以应对不断增长的数据量。数据分析与挖掘，使用数据分析工具和技术，对采集的数据进行统计分析、模式挖掘、趋势预测等，从中撷取有价值的信息和洞察。实时处理，部分数据需要实时处理，如交通拥堵预警、紧急事件响应等。实时处理借助流数据处理技术，及时产生警报或洞察。

（3）数据应用，智能决策支持。通过对采集和处理后的数据进行分析，社区管理者做出更明智的决策，优化资源分配和服务策略。个性化居民服务，基于居民的偏好和行为数据，智慧社区大脑提供个性化的服务，如活动推荐、健康建议等。环境监测与改善，分析环境数据有助于实时监测环境状况，如空气质量、噪声水平等，从而采取措施改善环境质量。资源优化与能源管理，数据分析帮助优化能源使用，识别节能潜力，改善社区能源效率。预警与安全，通过实时处理数据，智慧社区大脑发现异常情况并发出警报，支持紧急事件的及时响应。社区互动和参与，利用数据分析，社区推出社区居民感兴趣的活动和项目，增强居民参与感和社交互动。

社区智慧大脑的数据采集和处理是实现智能化社区管理和服务的基础，通过高效地采集、处理和分析数据，为社区管理者和居民提供更智能、高效的解决方案，推动社区的可持续发展。

6.2.2.2 数据存储和管理

社区智慧大脑的数据存储和管理是确保采集的数据安全、可靠和可访问的关键。有效的数据存储和管理方案能够支持数据的持久性存储、高效查询和分析，同时确保数据隐私和合规性。社区智慧大脑中数据存储和管理的主要内容有：

（1）数据存储。数据库管理系统（DBMS），使用关系型数据库（如MySQL、PostgreSQL）或NoSQL数据库（如MongoDB、Cassandra），以存储结构化和半结构化数据，如居民信息、设备数据等。数据仓库，为了支持复杂的分析和报告需求，采用数据仓库技术，将来自不同数据源的数据集成，以便进行全面的数据分析。云存储，将数据存储在云平台（如Amazon S3、Google Cloud Storage）中，以实现高可扩展性、弹性和可靠性。云存储还支持异地备份和灾难恢复。分布式文件系统，采用分布式文件系统（如Hadoop HDFS、GlusterFS）存储大规模的数据，以便进行大数据处理和分析。

（2）数据管理、数据分区与索引。对数据进行分区和建立索引，加速数据查询和访问。例如，按时间分区数据支持时间序列数据的高效检索。数据备份与恢复，定期进行数据备份，确保数据的安全性。在数据丢失或损坏时，及时恢复数据，避免数据丢失。数据压缩，对数据进行压缩减少存储空间的占用，提高存储效率，但需要权衡压缩带来的数据读取性能损失。数据安全与权限控制，设定严格的权限控制，确保只有授权人员能够访问特定的数据。数据加密技术也用于保护敏感数据的安全性。数据质量管理，实施数据清洗、去重和验证等措施，确保数据的准确性和一致性，防止错误数据对分析造成影响。数据生命周期管理，制定数据的生命周期策略，根据数据的价值和使用频率，决定何时存档、删除或归档数据。

（3）数据访问与分析，查询与报告。提供查询工具和报告生成功能，使社区管理者和决策者能够从数据中提取有用信息,支持决策和规划。数据分析平台,集成数据分析平台,如数据可视化工具、机器学习平台,以便进行数据挖掘、模式分析等高级分析工作。实时数据流处理,对于需要实时响应的应用,使用流数据处理技术(如Apache Kafka、Apache Flink),对数据流进行实时处理和分析。用户访问控制,实现细粒度的用户访问控制,确保只有授权人员能够访问特定数据,保护数据隐私。

社区智慧大脑的数据存储和管理是确保数据安全、可靠和高效使用的关键环节。通过采用合适的数据存储技术、管理策略和访问控制机制,最大限度地提升数据的价值,支持社区管理和居民服务的各项需求。

6.2.2.3 数据分析和智能决策支持

社区智慧大脑的数据分析和智能决策支持是利用数据分析技术和人工智能技术,从采集的数据中提取有价值的信息,为社区管理者和决策者提供有关社区运营、居民需求和服务优化的洞察。数据分析和智能决策支持在社区智慧大脑中的主要内容有:

(1)统计分析,通过对社区数据进行统计分析,得出数据的平均值、标准差、趋势等,从中识别出潜在的问题或趋势。趋势分析,对历史数据进行趋势分析,预测未来发展方向,如交通流量、能源消耗等,从而进行合理规划。模式识别,利用机器学习技术,识别数据中的模式和关联性,发现隐藏在数据背后的规律和信息。数据挖掘,运用数据挖掘技术,从大量数据中发现新的见解和关联,帮助发现潜在问题和机会。可视化分析,利用数据可视化工具,将复杂数据转化为可理解的图表和图形,帮助管理者快速洞察数据信息。

(2)预测分析,基于历史数据,运用预测模型来预测未来事件,如交通拥堵、能源需求等,帮助做出更准确的决策。优化资源分配,通过数据分析,找到资源分配中的瓶颈和优化空间,如交通信号优化、能源分配等。智能推荐,基于个人行为和偏好数据,为居民和管理者提供个性化的建议和推荐,如活动推荐、服务选择等。风险管理,通过数据分析识别风险因素,制定相应的风险管理策略,预防潜在问题的发生。实时决策,利用实时数据分析,实现快速决策支持,如交通拥堵预警、应急事件响应等。多维度决策分析,结合不同维度的数据,进行复杂的多维度分析,帮助制定更全面的决策。

数据分析和智能决策支持是智慧社区大脑的关键功能之一,它们通过从数据中提取有用的信息和洞察,帮助管理者做出更明智的决策,优化社区运营和居民服务。这些技术的应用可以提升社区的效率、可持续性和居民满意度。

6.2.2.4 用户界面和交互设计

社区智慧大脑的用户界面和交互设计是确保居民、管理者和其他相关人员能够轻松使用和与系统进行有效互动的关键部分。良好的用户界面和交互设计提升用户体验,增加系统的可用性和可接受性。社区智慧大脑中用户界面和交互设计的主要内容有:

（1）用户界面设计，直观性，用户界面应简洁直观，遵循常见的设计模式和约定，使用户能够快速理解和使用系统。信息架构，设计合理的信息架构，将不同类型的功能和数据组织清晰，使用户能够轻松找到所需信息。可视化，使用数据可视化技术，将复杂的数据转化为图表、图形等直观的形式，帮助用户更容易理解和分析数据。一致性，保持界面的一致性，包括颜色、字体、图标等，使用户在不同部分之间能够无缝切换。响应式设计，界面应具备响应式设计，能够适应不同设备和屏幕尺寸，提供一致的使用体验。

（2）交互设计，用户友好的导航，设计易于使用的导航结构，使用户能够迅速找到所需功能和信息，避免用户迷失。个性化体验，根据用户的偏好和行为，提供个性化的内容和建议，提升用户参与和满意度。反馈机制，提供实时的操作反馈，确保用户了解他们的操作结果，减少误操作和不确定性。交互动画，使用合适的交互动画，如过渡效果、加载动画等，增强用户的互动感和参与感。搜索和过滤，提供强大的搜索和过滤功能，帮助用户快速找到需要的信息，提升系统的实用性。

社区智慧大脑应具有一个用于管理社区活动的用户界面：导航和布局，界面的顶部有一个简洁的导航栏，包括主页、活动、居民、设置等常见链接。主页面布局清晰，将不同的活动分类显示。活动列表，在活动页面，活动按照时间和类型分类展示。每个活动块包括活动名称、时间、地点和报名状态。搜索与过滤，用户使用搜索框快速查找感兴趣的活动，也使用过滤选项按照类型、时间等条件进行筛选。活动详情，点击活动块，弹出活动详情页面。此页面显示活动的详细信息、参与人数、报名情况等，同时提供报名按钮。个性化建议，根据用户的历史参与记录和兴趣，界面会显示个性化的活动建议，以鼓励更多的社区互动。用户反馈，当用户报名成功或取消报名时，界面会立即给予反馈，确认用户的操作已被成功执行。

通过这样的设计，社区居民轻松浏览、搜索和报名活动，界面的友好交互设计能够提升用户体验，增加他们参与社区活动的意愿。

6.3 技术基础

6.3.1 云计算和大数据技术

6.3.1.1 云计算概述

云计算（Cloud Computing），是一种基于互联网的计算模式，通过将计算资源和服务提供给用户，使其能够按需获取和使用这些资源，而无须拥有和管理实际的物理硬件。云计算提供了灵活、可扩展、经济高效的方式来满足不同的计算需求，包括基础设施、平台和软件服务。

大数据技术，涉及处理和分析海量、高维度、多样性的数据。它包括数据采集、存储、处理、分析和应用，以从数据中提取洞察和价值。大数据技术使用各种工具和技术，如分布式计算、数据挖掘、机器学习等。

社区智慧大脑是一个综合性的解决方案，结合了云计算和大数据技术，以实现对社区资源、设施和居民的智能化管理和优化。云计算提供了强大的数据存储和处理能力，社区智慧大脑将传感器网络、居民信息等数据存储在云端，实现集中式管理和分析。通过结合云计算和大数据技术，社区智慧大脑集成平台实现更高效、智能和便捷的社区管理，提升居民生活质量，优化资源分配，提供更多个性化的服务。

6.3.1.2 大数据处理和分析

大数据处理和分析是指对大规模、高维度、多样性的数据进行整理、存储、处理和分析的过程。这些数据的来源多种多样，如传感器、社交媒体、交易记录等。大数据处理和分析旨在从这些数据中提取有价值的信息、模式和洞察，以支持决策制定、预测趋势、发现问题等。它通常包括数据清洗、数据转换、数据存储、数据分析和数据可视化等步骤。

社区智慧大脑将大数据处理和分析应用于智慧社区的管理和运营中，以提升社区的效率、便利性和居民生活质量。主要应用有：

（1）数据采集和监测，通过在智慧社区中部署各种传感器，平台实时采集社区内的环境、设施和资源数据，包括交通流量、能源消耗、空气质量等。

（2）数据存储和管理，大量采集的数据需要进行有效的存储和管理，社区智慧大脑提供数据存储解决方案，确保数据的安全和可靠性。

（3）数据分析和洞察，利用大数据分析技术，平台从海量数据中发现模式、趋势和关联。

（4）资源优化，基于分析结果，平台优化社区资源的分配和使用。例如，根据能源消耗数据，调整能源供应计划，实现能源的有效利用。智能决策支持，平台通过数据分析为社区管理者提供智能决策支持。例如，根据天气预测和居民行为模式，预测公共设施的使用情况，为维护和资源分配提供指导。

（5）居民互动和参与，平台提供居民互动的渠道，如移动应用程序，居民查看社区信息、提出建议、参与投票等，增强居民的参与感。

（6）安全监测，平台利用大数据分析技术监测社区的安全状况，通过分析视频监控和声音传感器数据，及时发现异常情况并进行预警。

通过将大数据处理和分析技术应用于社区智慧大脑，社区管理者可以更好地了解社区运营情况，做出更明智的决策，提供更优质的服务，从而提升社区的整体质量和居民满意度。

6.3.1.3 云存储和数据安全

云存储是一种将数据存储在云端服务器上的技术，为用户提供灵活的存储解决方案，避免了传统硬件存储的一些问题。然而，数据安全在云存储中是一个重要的考虑因素。数据安全涉及保护数据的机密性、完整性和可用性，防止数据被未经授权的访问、篡改或丢失。

云存储中的数据安全措施包括：

（1）数据加密，数据在传输和存储过程中进行加密，确保即使数据被未经授权的人访问，也无法读取其中内容。

（2）访问控制和身份验证，云存储提供商实施访问控制和身份验证机制，只有授权用户才能访问数据。多因素身份验证，引入多因素身份验证，提高用户登录的安全性，防止未经授权访问。

（3）数据备份和灾难恢复，云存储提供商实施数据备份和灾难恢复策略，以应对数据丢失或不可用的情况。

（4）数据隔离，不同用户的数据被隔离存储，防止数据混淆和泄露。安全审计和监控，监控和审计云存储环境，及时发现异常活动，防止未经授权的访问。

综上所述，云存储和数据安全技术在社区智慧大脑中起到了关键作用，保护社区数据的安全，支持数据分析和决策。通过合理的数据安全措施，居民可以更放心地使用智慧社区提供的各种服务和功能。

6.3.2 物联网技术和传感器网络

6.3.2.1 物联网架构和技术

社区智慧大脑是一个基于物联网技术的综合性系统，用于实现对智慧社区各种设施、资源和服务的集成管理。以下是其应用示例：

（1）环境监测，通过传感器监测空气质量、噪声水平、温度等，分析数据以实现社区环境的实时监测和改善。

（2）能源管理，使用传感器监测电力、水和燃气的使用情况，通过数据分析提供居民节能建议，优化能源利用。

（3）智能停车，车位传感器实时监测停车位的使用情况，驾驶员通过应用查找可用的停车位。

（4）安防监控，通过摄像头和传感器，实现社区内的安全监控，检测异常活动并发出警报。

（5）社区服务提供，居民通过应用访问社区服务，如报修、活动信息、社区通知等。

（6）社交互动，在公共区域设置互动设备，居民参与社区投票、活动等。

（7）数据分析和决策支持，将各种传感器数据集成，进行综合分析，提供给社区管理者实时洞察，支持决策制定。

社区智慧大脑的应用基于物联网技术，实现了社区内各种设施和资源的智能化监测、管理和服务，为居民提供更便捷、舒适的社区生活。

6.3.2.2 传感器网络和数据采集

社区智慧大脑是一个综合性的管理和服务平台，整合了传感器网络和数据采集技术，以实现对社区内各种设施、资源和活动的实时监测、分析和管理，为居民提供更智能化、便利化的生活体验（图6.3-1）。

图6.3-1 大型智慧社区物联网集成示意图

（1）环境监测与安全，通过在智慧社区内部署环境传感器，实时监测空气质量、噪声水平、温湿度等参数。当环境异常时，系统会自动发出警报，保障居民的健康和安全。

（2）资源优化和节能，通过能源传感器，监测电、水、气的使用情况。智慧大脑集成平台分析数据，为社区提供能源消耗情况的实时报告，鼓励居民节能，减少浪费。

（3）停车管理和导航，在停车场设置车位传感器，通过智慧大脑集成平台，居民查看实时的停车位情况，预订停车位，并利用导航系统指引到达空闲车位。

传感器网络和数据采集技术在社区智慧大脑中扮演着重要角色。通过实时监测和分析社区内的各种数据，该平台提供更智能、便捷、安全的社区生活，满足居民的需求，提升社区管理效率。这种智慧社区解决方案在提升居民生活质量和城市可持续发展方面具有潜力。

6.3.3 人工智能和机器学习技术

6.3.3.1 人工智能概述

人工智能（Artificial Intelligence，AI），是计算机科学的一个分支，旨在使机器能够模拟人类智能的一系列技术和方法。AI技术使计算机能够执行如感知、推理、学习、决策等人类智能活动。人工智能分为弱人工智能和强人工智能两种类型。弱人工智能是指在特定任务上表现出人类智能水平，如语音识别、图像识别等；而强人工智能则是指机器具有与人类相当或超越人类的智能，能够理解、学习和解决各种问题。

社区智慧大脑通过整合各类数据和资源，实现社区管理的智能化和优化。人工智能在这个平台中发挥重要作用，从数据分析到决策支持，都利用AI技术来提升社区管理效率和居民生活质量。

数据分析和预测，智慧社区的大量数据通过人工智能的数据分析技术进行挖掘和分析，从中识别出模式、趋势和异常。AI预测人口流动、交通拥堵、能源使用等，帮助社区做出相应调整和规划。

智能安防，人工智能在智慧社区的安防系统中实现人脸识别、行为分析等功能，自动检测异常行为并发出警报。AI还能识别陌生人进入社区，并通知相关人员。智能设施管理，AI帮助监测社区设施的使用情况，如健身房、游泳池等。根据使用情况，智能系统自动调整开放时间，优化资源分配。

居民互动与服务，智能社区平台利用人工智能的自然语言处理技术，实现与居民的互动。居民通过语音或文字与智能平台交流，获取社区信息、报修请求等。事件响应和决策支持，当社区发生紧急事件时，人工智能帮助自动分析情况，并向管理人员提供建议和决策支持，提高应急响应效率。

资源优化，通过分析数据，人工智能优化资源分配，如水电的使用，减少浪费，提高资源利用效率。

人工智能在社区智慧大脑中的应用使社区管理更智能化、高效化，提供更好的服务和居住环境，从而增强社区的整体品质。

6.3.3.2 机器学习算法和模型

社区智慧大脑是一个综合性的智能化系统，利用机器学习和模型来实现多种功能，以提升社区的管理、服务、安全等方面的效率和质量。主要功能和作用有：

（1）数据分析与预测，通过收集社区内的大量数据，包括人流、车流、环境监测等信息，利用机器学习模型分析数据趋势，预测未来事件，帮助社区做出更加明智的决策，如交通疏导、人员调配等。

（2）智能安防，基于视觉和声音数据，建立安全监控系统。机器学习模型可以自动检测异常活动，如入侵、火灾等，及时发出警报，确保社区安全。

（3）智能设备管理，通过连接和控制各种智能设备，如路灯、摄像头、门禁系统等，实现远程监控和控制。

（4）机器学习可优化设备调度，提升资源利用效率。社区服务优化，根据居民的需求和习惯，利用机器学习推荐社区活动、服务，提升居民生活质量；还可以自动化管理物业维护、垃圾处理等流程。

（5）环境保护与节能，利用传感器监测空气质量、噪声等环境因素，采用机器学习分析，提出改善措施，帮助社区减少污染，提高环境质量。此外，优化能源使用，实现智能节能。

社区智慧大脑平台通过整合机器学习和模型，实现了数据分析、预测、安防、设施管理、交通管理、社区服务改进、环境监测等多个功能，旨在提升社区的智能化水平，优化居民生活体验，提高社区管理效率。

6.3.3.3 智能决策和预测分析

智能决策是指利用数据、分析和技术来支持决策制定的过程，以实现更明智、更有针对性的决策。预测分析是其中的一种关键技术，它利用历史数据和模型来预测未来事件的可能性，从而为决策者提供有关未来情况的信息。这些技术结合起来为决策者提供基于事实的见解，从而更好地应对复杂的问题。

在社区智慧大脑中，智能决策和预测分析技术应用于多个方面，以优化社区管理和居民服务。

（1）资源分配和规划，利用预测分析，平台预测社区内各种资源的需求趋势，如水、电、停车位等。这有助于社区管理者合理分配资源，避免资源短缺，提高资源利用率。

（2）垃圾收集优化，基于传感器数据和历史数据，平台预测垃圾桶的填充情况，这样清洁工作人员根据实际情况制定最优的垃圾收集路线，提高效率。

（3）能源管理，平台监测社区内电、水、气的使用情况，基于历史数据和季节性趋势，预测未来能源需求。这有助于居民和社区管理者优化能源使用，降低费用。安全预警，通过智能分析监控数据，平台预测安全风险，如异常声音、行为等。当出现异常情况时，自动发出警报，帮助保安人员及时采取行动。

（4）社交活动规划，平台分析社区居民的兴趣和活动历史，预测社交活动的受欢迎程度。这有助于社区规划更吸引人的社交活动，促进居民互动。交通流量优化，平台分析交通数据，预测交通拥堵的可能发生情况。基于这些预测，社区采取措施来优化交通流量，改善交通状况。

（5）环境监测和预警，平台分析环境数据，预测空气质量、天气变化等情况。当环境状况恶化时，提前发出预警，居民做好相应的防护措施。

在社区智慧大脑中，智能决策和预测分析技术通过整合数据和应用算法，为社区管理者和居民提供实时、准确的信息，以支持更智能、高效的决策制定。这有助于提升社区管理水平，优化资源利用，改善居民生活质量。

6.3.4 区块链技术在社区智慧大脑中的应用

6.3.4.1 区块链概述和基本原理

区块链是一种分布式的、去中心化的数据库技术，它通过加密和共识算法，使多个参与者能够在一个网络中共享和记录交易数据，而无需中间机构的参与。区块链的核心原理包括去中心化、分布式账本、加密和共识机制。

去中心化：区块链不依赖于中心化的机构或第三方信任，而是由网络中的多个节点共同维护。每个参与者都有副本的完整账本，这些账本相互独立但又相互连接。分布式账本：区块链使用分布式账本来记录所有的交易和数据。每个区块链节点都有一个完整的账本副本，这些账本通过加密和哈希算法保证数据的安全性和不可篡改性。加密：区块链使用加密技术确保交易的安全性和隐私性。数据在存储和传输过程中被加密，只有具有正确密钥的参与者才能访问和验证数据。共识机制：为了确保数据的一致性，区块链网络需要达成共识，即网络中的节点在某个交易或事件上达成一致意见。共识机制是工作量证明（Proof of Work）、权益证明（Proof of Stake）等。

区块链技术在社区智慧大脑中有许多潜在的应用：

（1）资源共享与交易，在智慧社区中，居民通过区块链平台共享和交易资源，如房屋出租、停车位共享等。区块链提供可信的记录和安全的交易。

（2）电能交易与管理，居民通过区块链进行太阳能发电和电能交易。智能电表数据被记录到区块链上，居民自由买卖电能，实现更高效的电力管理。

（3）数据隐私和安全，区块链技术用于加强社区居民的数据隐私和安全，确保敏感信息不被未授权访问。数据加密存储在区块链上，只有授权用户能够访问。

（4）身份认证和访问控制，区块链用于建立可信的身份认证系统，使居民通过数字身份验证访问社区内的服务和设施，如门禁系统、共享设备等。

（5）智能合约管理，区块链平台支持智能合约，即自动执行的代码，用于管理各种社区活动和服务，如租赁合同、维护服务等。

（6）治理和投票，区块链技术用于社区治理和投票，实现去中心化的决策制定和居民参与。投票结果安全透明地记录在区块链上。

区块链技术在社区智慧大脑中具有广泛的应用潜力，其能够改善数据安全性、提升资源利用效率，增强社区居民的参与和信任。然而，应用区块链也需要考虑技术难题、合规性和适用性等方面的问题。

6.3.4.2 区块链安全和隐私保护

区块链技术本身具有一定的安全性和隐私保护特点，但也存在一些挑战和考虑因素。区块链安全和隐私保护的关键点有：

（1）去中心化安全，区块链的去中心化结构增强了系统的安全性，因为没有单一的攻击目标。然而，攻击者可能会试图攻击网络的多个节点，因此节点的安全性仍然很重要。

（2）加密保护，数据在区块链中是以加密形式存储，确保只有授权的用户能够访问和解密数据。这有助于保护隐私和防止未经授权的访问。

（3）不可篡改性，一旦数据被写入区块链，就很难修改。这保护数据免受篡改，确保数据的完整性。

（4）智能合约安全，智能合约是区块链中的代码，需要仔细编写和审查以确保没有漏洞。不安全的智能合约可能会被滥用或导致资金损失。

（5）隐私挑战，区块链的公开性可能导致数据隐私泄露。虽然交易内容是加密的，但交易数据本身被分析以揭示交易者身份。

在大型社区智慧大脑中，区块链技术应用于以下方面以提升安全性和隐私保护：

（1）身份验证和访问控制，区块链用于建立安全的数字身份认证系统，确保只有授权用户能够访问社区设施和服务。这有助于防止未经授权的访问和滥用。

（2）数据隐私保护，区块链用于存储敏感数据，确保数据在存储和传输过程中得到加密保护。居民的个人数据和交易信息受到更强的隐私保护。

（3）授权数据共享，居民选择授权特定的数据共享，只有在得到授权的情况下，其他人才能访问他们的数据。这有助于在保护隐私的同时实现数据共享。

（4）可追溯性和安全审计，区块链的不可篡改性确保交易和操作记录的完整性，用于安全审计和追溯。管理者更容易地检测异常行为。

区块链技术在社区智慧大脑中的应用有利于加强数据安全性和隐私保护，为居民和管理者提供更安全、可信赖的环境。然而，在应用区块链时，仍需要综合考虑安全性和隐私问题，确保系统的完整性和用户的权益。

6.4 社区智慧大脑设计与实现

6.4.1 平台架构设计

6.4.1.1 总体架构设计

社区智慧大脑的总体架构设计通常涵盖多个模块和子系统，用于实现智能化的社区管理和服务提供。总体架构设计主要包括：

（1）数据采集与传感器网络，这个模块负责收集社区内各类数据，包括环境数据（温度、湿度、空气质量等）、设施状态（停车位、公共设施使用情况等）、居民活动数据等。传感器网络负责实时监测并将数据传输至平台。

（2）数据存储与区块链，收集到的数据会被存储在数据库中，并在需要的情况下被记录到区块链上，以确保数据的安全性和不可篡改性。区块链还用于存储重要交易记录、合同、投票结果等。

（3）云计算与大数据分析，这个模块用于存储和处理大量数据。通过云计算，平台弹性扩展资源以满足不同需求。大数据分析从数据中提取有价值的信息，支持决策制定和预测分析。

（4）智能决策与预测分析，利用大数据分析和机器学习技术，这个模块支持智能决策制定和预测分析，为社区管理者提供实时见解和未来趋势预测。

（5）用户界面与交互设计，这个模块涉及平台的用户界面和交互设计，为居民和管理者提供友好的界面，使他们方便地查看数据、参与活动、提交反馈等。

（6）智能合约与自动化流程，通过智能合约，平台自动执行各种任务和流程，如资源共享、物业费用支付、设施预订等，从而提高管理效率。

（7）数据安全与隐私保护，这个模块关注数据的安全和隐私保护，使用加密技术确保数据的机密性，采取措施保护用户隐私，遵循合规性要求。

（8）社交互动与社区参与，平台通过社交互动功能，促进居民之间的互动和社区参与。居民发布信息、参与活动、投票决策等。

（9）系统监控与维护，这个模块负责监控整个平台的运行情况，及时发现并处理故障。维护人员通过该模块对平台进行管理和维护。

（10）移动端应用与设备接入，平台开发移动端应用，使居民随时随地访问平台功能。同时，各类设备（传感器、智能设备等）通过API接入平台。

社区智慧大脑总体架构设计是一个高层次的概览，具体情况会根据社区的需求和技术情况进行调整和定制（图6.4-1）。该架构设计旨在实现智慧社区的全面管理和服务，提供智能化的、便捷的社区体验。

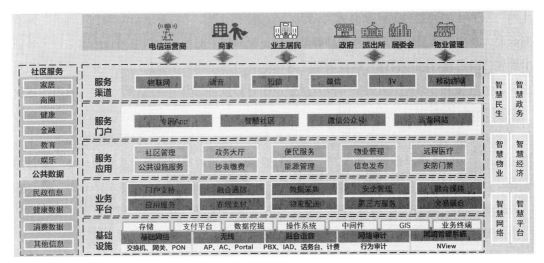

图6.4-1 大型社区智慧大脑总体设计

6.4.1.2 分层架构设计

社区智慧大脑的分层架构设计旨在将不同的功能和模块划分到不同的层级，以实现系统的模块化、可扩展性和易于维护。分层架构设计示例：

（1）用户界面层，这是用户与系统交互的界面层，包括各种终端设备（如手机、平板电脑、电脑）上的应用程序和网页。用户通过这些界面访问系统的各种功能和服务，如查询信息、提交请求、参与投票等。

（2）应用逻辑层，这一层负责处理用户请求并协调不同的系统模块。它包括业务逻辑、数据处理、智能决策和预测分析等功能。这一层通常包含各种服务、处理逻辑和算法，以支持不同的社区管理和居民服务。

（3）数据处理与存储层，这一层数据被处理、存储和管理。它可能包括数据库、区块链等技术，用于存储居民信息、设施数据、交易记录等。数据被不同的模块访问和共享，确保信息的一致性和准确性。

（4）物联网感知与传感器网络层，这一层包括各种传感器和物联网设备，用于实时监测环境参数、设施状态等。传感器网络收集的数据被传输到数据处理层进行分析和决策，从而实现智能化的资源管理和环境监测。

（5）安全与隐私层，这一层负责保护系统和用户的数据安全和隐私。它可能包括身份认证、加密技术、访问控制、数据隐私保护等。这一层确保系统的安全性，防止未经授权的访问和数据泄露。

（6）网络通信与云服务层，这一层负责处理系统内部和外部的通信，包括与用户界面层的交互、传感器数据的收集和传输，以及与外部云服务的集成。云服务用于存储大量数据、提供计算资源等。

（7）系统基础设施与集成层，这一层包括系统的基础设施，如服务器、网络设备、数据库管理系统等。它还负责不同模块的集成，确保系统的整体协调运行。

分层架构设计将系统的各种功能和组件划分到不同的层级，使系统的不同部分独立开发、测试和维护，同时也促进了模块之间的松耦合。具体的架构设计应根据实际需求和技术选择进行调整。

6.4.1.3 模块划分与功能设计

社区智慧大脑是一个复杂的系统，涵盖了多个模块和功能，以实现全面的社区管理和智能化服务。模块划分和功能设计示例：

（1）用户管理与身份认证模块，用户注册与登录，数字身份认证，访问权限管理，用户信息管理。

（2）数据采集与传感器网络模块，传感器节点部署与管理，数据采集与传输，数据质量监控与校验。

（3）数据存储与管理模块，区块链数据存储，数据加密与隐私保护，数据共享与权限控制，数据备份与恢复。

（4）数据分析与智能决策模块，数据预处理与清洗，数据分析与挖掘，预测分析与趋势预测，智能决策支持。

（5）资源管理与优化模块，能源管理与优化，资源调度与分配，垃圾处理与资源回收，设施设备维护与管理。

（6）环境监测与安全模块，空气质量监测，声音和视频监控，安全预警与报警，事件和异常管理。

（7）社区互动与社交模块，社区论坛与讨论，社交互动和活动管理，社区投票和决策，公告发布与通知。

（8）移动应用与用户界面模块，移动应用开发与维护，用户界面设计与交互，实时数据展示与监控，跨平台支持与适配。

（9）区块链技术与安全模块，区块链节点管理，智能合约编写与管理，安全审计与漏洞检测，数据隐私与加密保护。

（10）智能服务与自动化模块，自动化任务执行，智能客服与问题解答，智能设备控制与管理，个性化服务与推荐。

（11）数据可视化与报告模块，数据可视化与仪表盘，数据报告与分析结果展示，实时监控与统计信息。

社区智慧大脑可根据具体需求进行定制，模块之间的交互和整合是平台的关键部分，确保数据的流畅传输、智能分析和决策，以及用户的便捷使用体验。平台的设计要考虑模块的互联性和整体一致性，以实现综合的社区管理和智能化服务（图6.4-2）。

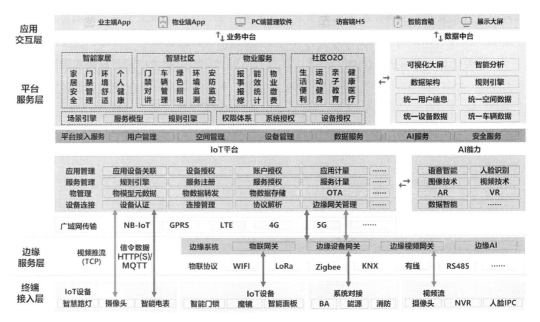

图6.4-2 大型社区智慧大脑系统管理平台规划与分层

6.4.2 数据采集与处理

6.4.2.1 传感器设备选型与部署

传感器设备选型与部署是社区智慧大脑搭建中的关键步骤，合理的选型和部署可以确保数据的准确性、全面性和及时性，从而支持平台的各项功能。感器设备选型和部署主要有：

（1）识别需求，首先需要明确社区中需要监测的资源和环境参数，包括能源使用情况、空气质量、垃圾桶填充程度、设施设备状态等。选型根据需求，选择适合的传感器设备。不同类型的传感器适用于不同的监测任务，如温度传感器、湿度传感器、运动传感器等。数据准确性和可靠性，在选型时要考虑传感器的数据准确性和可靠性。一些高品质的传感器可能会更贵，但其数据质量更高，适合需要高精度数据的场景。通信技术，选择传感器设备时要考虑通信技术，如WiFi、蓝牙、LoRa等。不同的通信技术适用于不同的范围和传输速率。电源和维护，考虑传感器的电源需求和维护周期。一些传感器可能需要定期更换电池，而其他传感器可能通过太阳能充电等方式维持稳定电源。

（2）部署策略，在社区内合理部署传感器设备，确保覆盖范围全面。根据监测需求，将传感器安装在合适的位置，如停车场、公共区域、设施设备等。

（3）数据采集和传输，配置传感器设备以进行数据采集，并确保数据能够及时传输到数据处理中心或区块链平台。

传感器设备选型与部署在大型智慧社区智慧大脑集成管理平台中的应用：

（1）资源管理和优化，使用垃圾桶传感器监测垃圾桶的填充程度，以便合理安排清理计划，优化资源利用。

（2）能源监测与管理，安装电能传感器和水能传感器，监测能源的使用情况，为居民提供能源使用数据和建议。

（3）环境监测，利用空气质量传感器监测社区内的空气质量，向居民提供实时的环境数据，帮助他们做出健康决策。

（4）安防监控，使用视频监控传感器和声音传感器，实现社区内的安防监控，检测异常事件并及时报警。

（5）车位管理，在停车位上安装车位传感器，监测车位的使用情况，居民通过应用程序查看空闲车位并进行预订。

（6）社交互动，利用互动式传感器设备，如互动展示屏幕，居民通过扫描二维码参与社区活动、投票等。

（7）数据分析与决策，传感器设备采集的数据被汇总、分析，为社区管理者提供数据支持，进行更智能的决策制定。

传感器设备在社区智慧大脑中扮演着关键的角色，通过实时的数据采集和传输，支持平台各个模块的功能实现，提升社区管理效率和居民生活质量。

6.4.2.2 数据采集与传输技术

数据采集与传输技术是社区智慧大脑中的重要组成部分，它涉及将各种类型的数据从不同的传感器、设备和源头采集，然后通过合适的通信方式传输到中心平台进行处理和分析。常见的数据采集与传输技术主要有：

（1）传感器网络，传感器网络由多个分布式传感器组成，用于采集各种环境和设备数据，如温度、湿度、光照、气体浓度等。这些传感器通过有线或无线方式与中心平台通信。

（2）物联网（IoT）技术，物联网设备连接到互联网，并通过各种通信协议（如WiFi、蓝牙、Zigbee等）将数据传输到云端平台。这些设备包括智能家居设备、智能电表、车辆传感器等。

（3）移动应用，社区居民使用移动应用上传个人数据，如报修请求、活动参与等。这些数据通过移动网络或WiFi传输到平台。

（4）视频监控，视频监控摄像头实时采集视频数据，用于安全监测和事件检测。这些视频数据通过网络传输到中心平台。

（5）数据集成接口，平台提供数据集成接口，允许其他系统和设备将数据推送到平台，如社区门禁系统、交通信号控制系统等。

在社区智慧大脑中,数据采集与传输技术发挥着关键作用,用于将各种社区内外的数据汇集到中心平台,以支持各项管理和决策。在平台中应用数据采集与传输技术如:

(1)环境监测,通过传感器网络采集社区内的温度、湿度、空气质量等数据,实时监测环境情况,帮助管理者优化能源使用和居住条件。

(2)垃圾桶管理,垃圾桶传感器监测填充程度,数据传输至平台,帮助规划垃圾收集路线,提高资源利用效率。

(3)能源管理,智能电表采集电能使用数据,通过IoT传输至平台,实现电能使用监控、费用计算和节能优化。

(4)社交互动,移动应用上传活动参与数据,让居民更方便地注册和参与社区活动,促进社区居民互动。

(5)安全监控,视频监控摄像头采集图像数据,数据传输至平台进行实时监控、事件检测和报警。

(6)资源共享,IoT设备管理停车位共享,居民通过移动应用查看停车位可用情况,进行预定。

(7)事件管理,社区设施传感器捕捉异常事件,数据传输至平台,触发自动通知和相应措施。

通过数据采集与传输技术,社区智慧大脑能够实时获得多样化的数据,从而支持智能决策、提升社区居民生活质量,以及实现资源的高效利用和管理。

6.4.2.3 数据预处理与清洗

数据预处理与清洗是数据分析过程中的重要步骤,旨在清除数据中的错误、不一致性和噪声,以确保数据质量,从而提高后续分析的准确性和可靠性。数据预处理包括数据清洗、数据转换、数据规范化和数据集成等步骤。

数据清洗是指从数据中去除不正确、不完整或不合适的记录。这可能涉及删除重复数据、填补缺失值、纠正错误值等操作,以减少对后续分析的影响。数据转换包括将数据从一种形式转换为另一种形式,以便于分析。例如,将日期格式统一,将文本数据转换为数值型数据,进行单位转换等。数据规范化是将数据缩放到相同的尺度,以便于不同特征之间的比较。常见的规范化方法包括将数据缩放到0~1范围内或使用标准化方法。数据集成,如果数据来自多个源头,可能需要将它们整合在一起,以便进行综合分析。数据集成涉及数据匹配、去重和合并等操作。

数据预处理与清洗在社区智慧大脑中起着至关重要的作用,例如,传感器数据清洗,从传感器网络中收集到的数据可能包含噪声、异常值或缺失值。数据清洗帮助提取有效数据,减少错误对分析结果的影响。数据转换与规范化,将不同传感器采集的数据统一到相同的单位和尺度,以便进行比较和分析。又如,将温度数据从不同单位(摄氏度、华氏度)转换为统一的单位。用户行为数据清洗，在社区互动模块中，收集到的用户行为数据可能包含无效的或重复的记录。数据清洗确保分析基于可靠和准确的数据。环境监测数据整合，从不同传感器获取的环境数据可能需要整合在一起，形成整体的环境状况报告。数据集成确保综合分析的准确性。数据预处理与特征工程，在预测分析和智能决策中，需要进行特征工程，对数据进行处理和转换，以提取有用的特征。这包括数据清洗、规范化和转换等操作。

数据预处理与清洗在社区智慧大脑中是确保数据质量和分析准确性的关键步骤。通过对采集的数据进行有效的清洗、转换和整合，平台提供更可靠的分析结果，帮助社区管理者做出更明智的决策。

6.4.3 数据存储与管理

6.4.3.1 数据库选择与设计

在设计社区智慧大脑时，数据库的选择和设计是至关重要的，因为数据的存储和管理直接影响平台的性能、可靠性和可扩展性。数据库选择与设计的关键考虑因素：

（1）数据类型和结构，考虑平台需要存储的数据类型和结构，如传感器数据、用户信息、交易记录等。这将影响数据库的数据模型设计。性能需求，平台需要支持多用户并发访问和高吞吐量的数据操作。因此，选择具有高性能和优化查询功能的数据库引擎是重要的。

（2）可扩展性，考虑未来平台的增长和扩展，选择支持水平扩展和集群化的数据库系统，以适应不断增加的数据量和用户。

（3）数据一致性和可靠性，平台需要确保数据的一致性和可靠性，选择具备事务支持和数据复制功能的数据库系统。

（4）安全性和隐私，数据库应提供强大的安全性功能，如访问控制、数据加密和权限管理，以保护用户隐私和数据安全。

（5）灵活性，数据库应支持灵活的数据查询和操作，以满足不同业务需求的变化。

（6）成本考虑，根据平台的预算，考虑数据库的许可费用、维护成本和性价比。

在社区智慧大脑中，数据库的应用十分广泛，涵盖了多个模块和功能：

（1）数据存储与管理，数据库用于存储传感器数据、居民信息、设施信息等。每个模块都有一个独立的数据表或集合。

（2）用户管理与权限控制，用户信息、角色和权限存储在数据库中，以实现访问控制和身份验证。

（3）交易记录与历史数据，数据库存储交易记录、事件日志和历史数据，用于查询和分析。

（4）智能决策支持，数据库中存储的历史数据用于预测分析和智能决策支持，为社区管理者提供更准确的信息。

（5）数据共享与权限管理，数据库用于记录居民的数据共享和权限设置，确保数据隐私和合规性。

（6）数据分析与报告，数据库存储的数据用于生成报表、仪表盘和数据可视化，展示实时和历史数据。

（7）智能合约与区块链集成，数据库中的智能合约数据与区块链集成，实现智能合约的执行和管理。

（8）系统配置与参数，数据库存储系统配置、参数和设置，以便对平台进行定制和调整。

数据库在社区智慧大脑中扮演着重要角色，支持数据存储、管理、分析和应用。正确的数据库选择和设计将有助于平台的高效运行和优化用户体验。

6.4.3.2 数据存储与索引优化

数据存储与索引优化是数据库系统设计中至关重要的一部分，它涉及如何有效地存储和管理大量数据，并且通过索引技术快速检索所需信息。在社区智慧大脑中，优化数据存储和索引可以提升数据访问速度、减少查询时间，并支持高效的数据分析和决策。

（1）数据存储优化：数据分区和分片，将数据分成较小的块，分布在不同的存储设备上，提高数据的访问效率。根据数据的特点，进行合理的分区和分片，以降低查询成本。压缩和编码，使用压缩算法和数据编码减少存储空间占用。适当的压缩和编码方法能够在不影响数据访问速度的前提下节省存储资源。冷热数据分离，将常用的热数据与不常用的冷数据分开存储，使得常用数据更容易访问，同时减轻存储压力。

（2）索引优化：选择合适的索引类型，不同的索引类型，如B树、哈希索引等，适用于不同的查询场景。根据查询频率和查询类型，选择合适的索引类型来优化查询速度。覆盖索引，覆盖索引是一种索引优化技术，通过在索引中包含查询需要的所有字段，避免了对数据表的实际访问，从而提高查询性能。多列索引，在经常联合查询多个字段的情况下，创建多列索引减少查询的时间复杂度，提升查询效率。

在社区智慧大脑中，数据存储与索引优化对于平台的性能和用户体验至关重要。例如：传感器数据存储，平台需要存储大量的传感器数据，通过合理的数据分区和压缩，减少存储成本，同时通过索引优化，实现实时的数据查询和分析。用户数据管理，用户数据、权限信息等需要高效地存储和访问。通过合适的索引，实现用户身份认证和访问权限控制的快速查询。事件日志和审计，平台可能需要记录各种事件和操作日志，以便安全审计。通过采用适当的索引策略，实现对事件和操作的快速检索和分析。数据分析与决策支持，在智慧大脑平台中，数据分析和决策需要从大量的数据中提取有价值的信息。通过索引优化，加速复杂查询和分析操作。

数据存储与索引优化在社区智慧大脑中发挥着重要作用，它们提升数据访问效率、加速查询操作，从而支持更高效的社区管理和服务提供。

6.4.3.3 数据安全与隐私保护

数据安全与隐私保护是任何社区智慧大脑的重要组成部分。在大型智慧社区中，涉及的数据涵盖居民个人信息、交易数据、环境监测数据等。确保这些数据的安全性和隐私保护对于建立用户信任、防止数据泄露和滥用至关重要。数据安全与隐私保护的关键方面主要有：

（1）数据加密，所有在传输和存储过程中的敏感数据应该使用强大的加密算法进行加密。这包括居民的个人信息、交易数据等。

（2）访问控制与权限管理，通过建立严格的访问控制策略，只有经过授权的用户访问特定的数据。不同的用户角色应有不同的权限级别。

（3）匿名化和脱敏化，对于一些需要分析的数据，进行匿名化处理，以保护个人隐私。例如，用唯一标识符代替真实姓名。

（4）区块链技术，在适当的情况下，使用区块链技术来确保数据的不可篡改性和透明性，同时保护数据隐私。

（5）安全审计，实施安全审计，跟踪谁访问了什么数据，并记录操作的时间和地点，以便在有问题时进行追溯。

（6）漏洞管理和漏洞修复，及时监测和修复系统中的漏洞，以防止黑客入侵或其他安全威胁。

数据安全与隐私保护在大型智慧社区智慧大脑集成管理平台中，数据安全和隐私保护应用的关键领域包括：

（1）个人数据保护，平台应确保居民的个人数据（如身份信息、联系方式）受到严格的加密和访问控制，只有授权人员访问。

（2）交易隐私，对于涉及金融或资源交易的数据，平台应该使用加密技术确保交易的隐私和安全性，防止数据泄露。

（3）环境监测数据，在传输和存储环境监测数据时，采取加密和权限控制措施，确保只有授权人员查看和操作这些数据。

（4）智能合约数据，如果平台使用智能合约，其中的数据也应该受到隐私保护。涉及智能合约的交易采用零知识证明等技术，实现隐私的验证。

（5）公共数据发布，如果平台需要向公众发布某些数据，应该经过匿名化处理，以确保个人隐私得到保护。

（6）定期安全审计，对系统进行定期的安全审计，发现潜在的安全漏洞，并及时修复，确保数据安全性和隐私。

社区智慧大脑应该在设计和实施过程中，充分考虑数据安全和隐私保护，采用加密、访问控制、隐私保护技术等，为居民和管理者提供安全、可信赖的服务。

6.4.4 数据分析与智能决策支持

6.4.4.1 大数据分析算法与模型

大数据分析算法与模型是用于从大规模数据中提取有用信息和洞察的工具。这些算法和模型帮助识别模式、关联和趋势，从而支持决策制定、优化资源分配和改进服务。常见的大数据分析算法和模型有：

（1）聚类分析，是将数据点分组成类别，从而发现数据内部的相似性和差异性。在社区管理中，聚类用于分析居民的行为模式、资源利用等。

（2）分类与预测模型，是利用历史数据来训练模型，预测未来事件的可能结果。

（3）时间序列分析，是分析数据随时间的变化，用于发现周期性趋势、季节性变化等。在智慧社区中，用于预测能源使用、环境变化等情况。

（4）回归分析，分析两个或多个变量之间的关系，用于预测一个变量的值。例如，分析社区人口增长与资源需求之间的关系。

（5）自然语言处理（NLP），是用于分析文本数据，从中提取信息、情感分析等。在社区管理中，用于分析居民的反馈、投诉等文本数据。

（6）推荐系统，基于用户的行为和偏好，推荐适合的产品、服务或信息。在社区中，用于推荐社交活动、资源共享等。

大数据分析算法和模型在智慧社区智慧大脑平台中有多种应用：

（1）资源优化和分配，利用大数据分析，平台预测资源需求和供应，优化资源的分配，如能源、停车位等。

（2）环境监测和预警，分析环境传感器数据，平台预测环境变化、空气质量等情况，并发出相应的预警。

（3）居民行为分析，分析居民的行为模式，如消费习惯、社交互动等，帮助社区提供更精准的服务。

（4）服务推荐，基于居民的历史数据，平台推荐适合的社交活动、资源共享、服务等，增强居民参与感。

大数据分析算法与模型在社区智慧大脑中应用于多个方面，从资源管理到居民服务，从环境监测到决策支持，都通过数据分析实现更智能、高效的社区管理。

6.4.4.2 数据可视化与报表展示（图6.4-3）

数据可视化是将复杂的数据和信息通过图表、图形、仪表盘等视觉方式呈现，以便用户

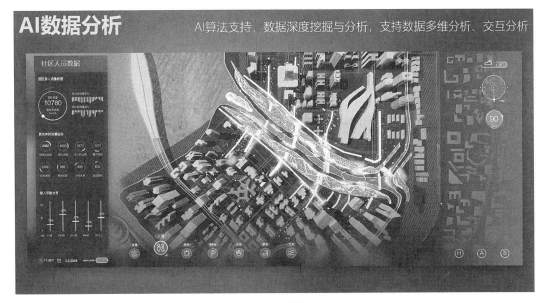

图6.4-3　社区智慧大脑数据可视化示意图

能够更直观、更容易地理解和分析数据。报表展示是将数据可视化呈现的结果整理成具有结构的文档或报告，帮助用户了解数据背后的趋势、关系和见解。

数据可视化与报表展示在社区智慧大脑中具有重要作用，可以帮助管理者和居民更好地理解社区运行状况、资源利用情况等，以做出更明智的决策。

（1）实时监控和仪表盘，设计仪表盘显示社区重要指标的实时状态，如能源消耗、环境参数、设备运行状态等。管理者和居民一目了然地查看当前情况，及时采取措施。资源利用展示，是展示电、水、气等资源的消耗情况和费用。通过柱状图、折线图等形式，居民更好地了解自己的资源使用情况，优化能源消耗。

（2）环境监测图表，通过线性图、热力图等展示空气质量、噪声水平、温度等环境参数。这有助于居民了解社区环境的变化趋势。

（3）社区活动与互动报表，可以展示社区内各种活动的参与人数、反馈意见等。这可以帮助社区管理者了解活动受欢迎程度，优化活动策划。

（4）安全事件与预警报表，展示安全事件的发生次数、类型和趋势。当出现异常情况时，报表提供相关的警告和建议。

（5）资源分配与优化报表，展示资源调度和分配的效果，帮助管理者评估资源利用的效率，并进行合理的优化。

（6）用户满意度调查结果，展示用户对社区服务满意度的调查结果。这有助于改进服务，满足居民的需求。

通过数据可视化与报表展示，社区管理者和居民更深入地了解社区的状况，从而更好地规划和优化社区运营。这也有助于提高数据传达的效率，让非技术背景的人员也能够轻松理解和利用数据。

6.4.4.3 智能决策支持系统

智能决策支持系统是基于数据分析和预测模型的软件系统，旨在为决策者提供有关决策问题的信息和见解，从而支持更明智、更有针对性的决策制定。在社区智慧大脑中，智能决策支持系统发挥着关键作用，可以帮助社区管理者更好地管理资源、规划服务、解决问题。

（1）资源优化与分配，智能决策支持系统分析社区内不同资源的使用情况和趋势，预测未来的需求，从而帮助社区管理者优化资源的分配，避免浪费和短缺。

（2）设施维护计划，根据传感器数据和历史维护记录，智能决策支持系统预测设施设备的维护需求和寿命。管理者根据这些预测制定有效的维护计划，减少设备故障和停工时间。

（3）环境监测与安全，智能决策支持系统实时分析环境监测数据，预测安全风险和异常情况。在检测到潜在问题时，系统自动触发警报，帮助保安人员采取必要的措施。

（4）社区活动和活动规划，基于居民的兴趣和历史数据，智能决策支持系统推荐适合的社区活动，并预测参与人数。这有助于社区规划更有吸引力和成功的社交活动。

（5）能源管理与优化，智能决策支持系统分析社区能源消耗模式，识别能耗峰谷，并根据天气预测等因素预测未来的能源需求。这帮助社区优化能源使用和降低费用。

（6）社区治理和决策，智能决策支持系统为社区居民和管理者提供数据支持，帮助他们做出更明智的决策，如投票决策、资源分配等。预测分析与趋势预测，基于历史数据和数据模式，智能决策支持系统进行趋势分析和预测，帮助社区管理者了解未来发展趋势，做出相应的计划。

在社区智慧大脑中，集成智能决策支持系统为社区管理者提供更多信息和见解，帮助他们更明智地做出决策，提升社区管理的效率和质量。通过数据的分析和预测，平台帮助社区管理者更好地应对各种挑战和问题，实现更智能化的社区管理。

6.4.5 用户界面与交互设计

6.4.5.1 用户需求调研与分析

用户需求调研是开发社区智慧大脑的重要步骤，它有助于了解不同用户群体的需求、期望和痛点，以便设计出更符合实际需求的系统。需求调研和分析的关键步骤：

（1）确定用户群体，首先要明确平台将面向哪些用户群体，如社区居民、物业管理者、社区活动组织者等。

（2）收集需求数据，使用问卷调查、访谈、焦点小组讨论等方法，收集用户对社区管理和生活的需求、痛点和期望。

（3）分类整理，将收集到的需求数据进行整理和分类，分为功能性需求和非功能性需求，如用户界面友好性、数据隐私等。

（4）优先级评估，对不同需求进行优先级评估，确定哪些需求对用户最为关键和紧迫。

（5）建立用户故事，根据需求数据，编写用户故事，详细描述用户在不同情景下的行为、需求和期望。

（6）验证与反馈，将用户故事呈现给用户，征求他们的反馈和确认，以确保需求的准确性和完整性。

基于用户需求调研与分析，社区智慧大脑根据不同用户群体的需求提供以下功能：

（1）居民用户，主要有数字身份认证与访问控制，方便进出社区设施。查看个人物业费用、交易记录，方便缴费管理。提供资源共享和交易平台，如停车位共享、图书交换。参与社区活动和投票，与社区互动。

（2）物业管理者，主要有数据分析和预测功能，优化资源分配和设施维护。垃圾桶和能源设备的智能监测与管理。安全预警与事件管理，提升社区安全性。生成数据报告和分析结果，支持决策制定。

（3）社区活动组织者，主要有发布社区活动信息，管理报名和参与情况。进行社区投票和决策，推动社区发展。查看社区居民的兴趣和反馈，优化活动策划。

（4）系统管理员，主要有区块链节点管理和维护，保障系统稳定性。数据隐私保护和加密技术，确保数据安全。用户权限管理和身份认证，维护系统安全。

通过在平台中整合用户需求所涉及的不同功能模块，实现更符合用户期望的智慧社区管理体验，提升居民满意度和参与度，同时提高物业管理效率和社区整体运营水平。

6.4.5.2 界面设计与交互设计原则

用户界面设计（UI）关注界面的外观和布局，而交互设计（UX）则关注用户与界面的互动体验。两者密切相关，共同决定了用户对系统的感知和满意度。重要的UI/UX设计原则有：

（1）简洁性与清晰性，界面应该简洁明了，避免过多的视觉噪声。信息层次结构应清晰，用户能够迅速找到所需信息。

（2）一致性，界面元素的排列、颜色、字体等应保持一致，使用户在不同页面间感到熟悉并容易上手。

（3）可用性与易用性，界面设计应考虑用户的需求和心理模型，使其易于使用和导航。功能布局应自然和直观。

（4）反馈与确认，系统应及时提供反馈，让用户知道他们的操作是否成功。确认步骤的设计能避免误操作。

（5）可预测性，用户操作和系统反应应该是可预测的，用户合理地预测下一步会发生什么。

（6）可访问性，界面设计应考虑到不同用户的需求，包括残障人士。合适的配色和字体、可放大缩小的界面等都是考虑的因素。

（7）情感共鸣，界面应能引发用户的情感共鸣，与用户的情感和价值观保持一致。

（8）导航与信息架构，界面的导航和信息组织应合理，让用户能够轻松找到所需信息。

（9）可见性与发现性，重要功能和信息应该在界面上明显可见，用户无须过多点击来找到它们。

在社区智慧大脑中，UI/UX设计至关重要，它将确保用户能够轻松地使用平台，从而更好地管理社区和享受智能化服务。社区智慧大脑的UI/UX设计应兼顾界面的美观性、易用性、信息呈现和互动性，以创造出更好的用户体验，提升社区管理和服务的效率和效果。

6.4.5.3 移动端应用与Web界面开发

移动端应用与Web界面开发是社区智慧大脑中的重要组成部分。通过移动端应用与Web界面，居民和管理者可以方便地访问和使用平台提供的各种功能和服务。移动端应用与Web界面开发的关键点有：

（1）移动端应用开发，选择适合移动应用开发的平台，如iOS、Android或跨平台开发框架。设计用户友好的界面，考虑移动设备的屏幕大小和交互方式，保证操作的便捷性。

（2）Web界面、用户界面，应直观、易用，并考虑不同屏幕分辨率和浏览器兼容性。

移动端应用与Web界面开发在社区智慧大脑中发挥着关键作用，为居民和管理者提供了便捷的访问渠道和智能化的服务体验。开发过程需要充分考虑用户需求、界面设计、性能优化和安全性等因素。

6.4.6 平台集成与部署

6.4.6.1 第三方系统集成

第三方系统集成在社区智慧大脑中扮演着重要的角色，它允许不同的系统和服务之间实现互操作性，从而提供更全面、综合的功能（图6.4-4）。集成在社区智慧大脑中的第三方系统主要有：

（1）支付与结算系统，社区内的居民可能已经习惯使用特定的支付方式，如移动支付、

图6.4-4 智慧社区大脑集成规划

在线银行等,将现有的支付系统与智慧大脑平台集成,使居民直接在平台上进行物业费用支付、活动费用支付等,提高支付便捷性。

(2)安全系统,社区可能已经配备了安全监控、门禁系统等,将这些系统与智慧大脑平台集成,在平台上显示实时监控画面,同时也在平台上记录和查看安全事件的历史数据。

(3)物业管理系统,社区的物业管理可能已经使用了特定的物业管理软件,涵盖合同管理、维修管理等,将这些系统与智慧大脑平台集成,实现更高效的物业信息共享和资源协调。

(4)能源管理系统,如果社区已经使用了能源管理系统来监测和优化能源使用,将其与智慧大脑平台集成让居民实时了解自己的能源消耗情况,优化能源使用。将社交媒体平台(如抖音、微信等)与智慧大脑平台集成,让居民方便地获取社区信息、参与社区讨论,促进社区互动。

(5)在线服务系统,社区可能已经有在线报修系统、预约系统等,将这些系统与智慧大脑平台集成,让居民更方便地提交维修请求、预约社区设施等。

第三方系统集成在社区智慧大脑中是非常有益的,它将不同系统的功能整合在一个统一的平台上,为居民和管理者提供更便捷、综合的服务和功能。这要求系统具有良好的接口和互操作性,确保数据流通和功能互补。

6.4.6.2 平台部署与性能优化

平台部署与性能优化是确保社区智慧大脑正常运行和高效工作的关键。平台部署与性能优化的关键考虑因素有:

（1）基础架构选择，选择适合规模的云计算基础架构，如AWS、Azure、Google Cloud等，以满足平台的计算和存储需求。

（2）服务器配置，针对不同模块的需求，选择适当的服务器配置，包括CPU、内存、存储等。

（3）分布式部署，是将平台各个模块部署在不同的服务器上，以避免单点故障，提高系统的可靠性和稳定性。

（4）负载均衡，是使用负载均衡技术，将请求分发到不同的服务器，以确保服务器资源充分利用和均衡负载。

（5）数据库优化，是选择适当的数据库引擎，并进行索引优化、查询优化等，以提升数据库性能。

（6）缓存策略，是使用缓存技术，如Redis，以减轻数据库负载，提高数据访问速度。

（7）网络优化，是使用CDN、压缩和加速技术，减少网络延迟，提高平台的响应速度。

（8）安全性和防护，部署安全防火墙、入侵检测系统等，保护平台免受恶意攻击和入侵。

（9）监控和日志，部署监控工具，实时监测平台的运行状况，及时发现和解决问题。同时，记录日志以便分析和排查问题。

（10）容灾与备份，设置容灾策略，确保平台在硬件故障或其他灾难情况下仍能正常运行。定期备份数据以防数据丢失。

在社区智慧大脑中，平台部署和性能优化是至关重要的，因为平台需要处理大量的实时数据、用户请求和复杂的智能分析，主要包括：

（1）数据实时处理，平台需要能够实时处理来自传感器网络的大量数据，进行快速的数据清洗、聚合和分析。

（2）用户互动，平台需要支持大量用户的同时访问和互动，确保用户能够流畅地使用社区服务和功能。

（3）智能决策，平台需要高性能的数据分析和预测功能，以支持智能决策制定，如资源分配、能源管理等。移动应用，平台的移动应用需要保证在不同设备上的流畅运行，保证用户随时随地访问平台。

（4）安全性和隐私，平台需要保护用户数据和交易信息的安全性和隐私，确保用户信息不被泄露或篡改。大规模活动管理，平台需要在社区活动高峰期能够处理大量的活动信息、报名和交互。

通过合理的部署和性能优化，社区智慧大脑确保高效、稳定地提供智能化的社区管理和服务，满足居民和管理者的需求。

6.5 社区智慧大脑应用

6.5.1 社区安全与监控

6.5.1.1 实时视频监控与智能警报

社区智慧大脑的实时视频监控与智能警报是通过结合网络摄像头、人工智能和数据分析技术，实现对社区内实时情况的监控，并在检测到异常行为时自动触发警报，以保障社区的安全和居民的安宁（图6.5-1）。

例如：在高档住宅小区，采用了实时视频监控与智能警报系统以加强社区安全。一天晚上，系统检测到停车场内的一辆车停留时间异常长，并且多次有人靠近车辆。系统分析认为这可能是一起可疑的事件，于是自动触发了警报。收到警报后，安保人员通过社区智慧大脑迅速查看停车场的实时监控视频。从视频中，他们注意到有几名陌生人在靠近车辆周围徘徊，看起来十分可疑。安保人员立即前往现场，阻止了任何潜在的盗窃行为。在事后的调查中，他们发现这些人确实是来盗窃的，但得益于智能警报系统的快速响应，他们的行为被及时制止，社区的财产和居民的安全得到了保障。

这个案例展示了实时视频监控与智能警报系统在保障社区安全方面的价值。通过智能分析技术，系统准确地检测出异常行为，自动触发警报，帮助社区管理人员迅速做出反应，防止潜在的风险和问题。这种智能化的监控和警报系统有效地提升了社区的安全水平。

图6.5-1 视频监控与智能报警

6.5.1.2 智能门禁与访客管理

智能门禁与访客管理是一种利用先进技术实现社区出入口的智能化管理方法（图6.5-2）。通过整合物联网、人脸识别、移动应用等技术，实现居民的便捷出入，同时保障社区的安全

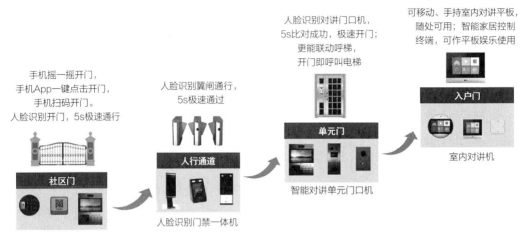

图6.5-2 智慧社区大脑智慧通行

性。该系统不仅提高门禁系统的效率,还增加对访客的管理与监控,以及实现远程控制和访问。

(1) 智能门禁系统,具有人脸识别技术,社区的入口处安装了高精度人脸识别设备。居民将自己的人脸信息注册到系统中,实现刷脸进出。系统通过人脸识别迅速核验居民身份,提高通行效率。身份认证与远程控制,居民使用移动应用远程控制门禁,如远程开门,将访客邀请进入。系统还与车牌识别系统结合,自动识别居民车辆。

(2) 访客管理系统,访客预约,居民在移动应用上预约访客,输入访客信息和预约时间。系统会为访客生成临时通行二维码。访客身份核验,访客到达社区后,通过扫描二维码进入。门禁系统自动核验访客身份,与预约信息匹配。实时监控,在门禁处安装了摄像头,实时监控访客进出情况。访客的入口时间、离开时间等信息都会被记录。

例如:在大型智慧住宅社区中,居民使用智能门禁系统刷脸进出,极大地方便了他们的日常通行。陌生人试图进入社区,但由于没有注册的人脸信息,门禁系统立即触发警报。社区安保人员收到警报后,前去核实并要求陌生人出示身份证明。通过智能门禁系统的安全措施,社区成功防止了潜在的安全威胁。这个案例展示了智能门禁系统在社区安全管理中的重要作用。

通过智能门禁与访客管理系统,居民和管理人员能够更方便、更安全地管理社区出入,同时平台也提供了智能警报功能,增强了社区的安全性和管理效率。

6.5.1.3 突发事件管理与应急响应

大型社区在面临突发事件(如火灾、地震、洪水、恶劣天气等)时需要快速、有序地应对,以保障居民的人身和财产安全。突发事件管理与应急响应是一个综合性的系统,旨在准备、应对和恢复社区内发生的紧急事件。步骤和要点:

（1）风险评估与预防，是识别社区可能面临的风险，制定预防措施，如制定防火计划、疏散计划等。

（2）应急计划制定，制定详细的应急计划，明确各部门的职责和任务，以及应急资源的调配方案。

（3）预警系统建立，部署智能预警系统，通过短信、应用通知等方式向居民发布预警信息。

（4）实时监控与数据采集，是使用传感器网络和监控设备实时监测社区内的情况，获取数据以辅助应急决策。

（5）智能决策支持，利用数据分析和人工智能技术，对突发事件进行预测分析和智能决策，提前制定响应策略。

（6）快速响应和指挥，在突发事件发生后，迅速调动应急资源，指挥应急人员执行任务，确保有序应对。

（7）紧急通信和协调，建立紧急通信机制，确保各部门、居民之间的信息协调和流通。

（8）救援和救护，对受伤、被困人员进行救援和紧急医疗救护，确保人员安全。

例如：在大型智慧社区中所在的区域突然发生了暴雨和洪水。社区智慧大脑监测到水位升高的情况，自动触发了洪水预警。社区的应急指挥中心收到警报后，立即启动应急响应预案。他们通知了社区居民关于洪水的情况和应对措施，同时调配了救援队伍和救援设备。社区安保人员在洪水到来之前已经开始疏散危险区域的居民，并提供安全的避难场所。洪水过后，社区进行了应急响应的事后分析，发现了一些改进的地方，以提升未来的应急响应效率。

这个案例展示了大型社区如何利用智慧技术和应急响应机制来处理突发事件，确保居民的安全和社区的稳定。

6.5.2 能源管理与环境监测

6.5.2.1 智能能源管理与优化

智能能源管理与优化旨在通过使用智能技术和数据分析来监控、控制和优化社区内的能源消耗，以提高能源利用效率、降低能源成本，并减少环境影响。这涉及对电力、燃气、水等能源的监测、分析和管理，以实现可持续的资源利用和能源效率。

大型住宅社区拥有多个楼宇、住户和公共设施，希望通过智能能源管理来提升能源效率和降低能源成本。相关内容如下：

（1）智能计量与监测系统，在每个楼宇中安装智能电表、水表和燃气表，实时监测能源消耗。数据被传输到社区智慧大脑进行分析。

（2）能源数据分析，平台使用大数据分析技术，对能源数据进行分析，识别出高能耗设备和时段，找出潜在的节能机会。

（3）负荷管理与优化，平台根据能源数据的分析结果，通过智能控制系统优化设备的使用，减少能源浪费，如自动调整照明和空调的开关。

（4）能源预测与调整，基于历史能源消耗数据，平台预测未来的能源需求，帮助社区规划更有效的能源使用策略。

（5）分时电价优化，利用电力市场的分时电价信息，平台在低谷时段启动高能耗设备，降低能源成本。

（6）智能能源报告，居民通过移动应用访问他们的能源消耗情况，了解每项能源的使用情况和成本。

例如：在大型智慧社区中，通过社区智慧大脑智能能源管理系统，成功实现了能源消耗的优化。平台分析了每栋楼的能源数据，发现夜间照明的能源消耗较大。系统自动调整照明设备，在夜间降低照明强度，同时启用节能模式，大幅减少能源消耗。居民通过移动应用查看自己的能源消耗情况，得到节能建议，并与邻居比较能源使用情况。这个案例表明，智能能源管理在大型社区中实现节能效果，同时提高居民的参与和意识。

6.5.2.2 环境监测与污染控制

环境监测与污染控制是通过使用传感器网络、数据分析和智能技术来监测和管理社区内的环境因素，以减少污染并提升居民生活质量。这种方法帮助社区监测空气质量、噪声水平、水质等，及时发现问题并采取措施来保护环境和居民的健康。

在大型智慧住宅社区中，环境监测与污染控制系统得到了成功应用。由于城市化和交通增加，社区内的空气质量和噪声水平逐渐受到影响，居民开始关注环境健康问题。解决方案：

（1）传感器网络部署，在社区内部署了一套传感器网络，包括空气质量传感器、噪声传感器和水质传感器等。这些传感器定期收集数据，并将数据传输到社区智慧大脑进行分析。

（2）实时监测与数据分析，社区智慧大脑使用实时数据分析技术，监测空气中的颗粒物、VOCs（挥发性有机化合物）、噪声水平、水质等因素。平台追踪这些因素的变化，并生成实时报告。

（3）智能警报与预警，当某个环境因素超过预设的安全阈值时，社区智慧大脑会自动触发警报通知。例如，当空气中的PM2.5浓度升高时，系统将向居民发送警报，提醒他们采取必要的防护措施。

（4）数据共享和意识提升，平台还将环境数据与居民共享，使他们能够实时了解社区内的环境状况。这有助于提高居民的环保意识，鼓励大家共同努力改善环境质量。

通过大型社区环境监测与污染控制系统的应用，取得了一系列成果。环境质量提升，社区内的环境质量得到了有效监测和管理，空气质量和噪声水平得到改善，居民的生活质量得到提升，健康意识增强，居民更加关注环境健康问题，采取主动措施来减少对环境的负面影响，如减少机动车使用、垃圾分类等。智能管理效率提升，社区智慧大脑能够及时发现和响应环境问题，管理者根据数据采取针对性的措施，提高管理效率。

这个案例展示了大型社区环境监测与污染控制的实际应用效果，如何通过智能技术保护环境、提升居民生活质量，并在社区中形成良好的环保氛围。

6.5.2.3 智能垃圾管理与回收

智能垃圾管理与回收是利用智能技术来优化垃圾处理流程、提高资源回收率，并降低环境污染的一种综合性解决方案。通过物联网、数据分析和人工智能等技术，实现垃圾分类、垃圾桶监测、回收资源跟踪等功能，从而实现更智能、高效的垃圾管理与回收体系。

（1）智能垃圾分类系统，在社区内设置智能垃圾分类桶，每个桶配备传感器和标签，能够识别垃圾的类型。居民只需将垃圾投放到相应的分类桶中，系统会自动识别并记录。

（2）垃圾桶状态监测，每个垃圾桶配备填充传感器，监测垃圾桶的填充程度。当桶满时，系统会发送通知给清洁人员，提醒及时清理，减少垃圾溢出和异味。

（3）回收资源追踪，对于可回收物品，系统会在投放时标记，并记录。当垃圾车进行回收时，根据记录的数据追踪资源的去向，实现更精准的回收和再利用。

（4）奖励机制，社区设置垃圾分类的奖励机制，通过积分或优惠券激励居民积极参与垃圾分类和回收活动。

（5）数据分析与改进，平台收集和分析垃圾数据，帮助社区管理者了解垃圾生成和分类情况，进行优化和改进，实现更有效的垃圾管理。

通过智能垃圾管理与回收方案，大型智慧社区实现了垃圾分类的便捷化和高效化，提高了可回收资源的回收率，降低了垃圾对环境的影响。这不仅有益于社区居民的环境意识，也有助于社区整体的可持续发展。

6.5.3 社区服务与居民互动

6.5.3.1 社区服务平台与移动应用

大型社区智慧服务平台是一个综合性的在线平台，旨在提供居民与社区管理之间的连接，以及多种社区服务的便利访问。这个平台通常会有一个移动应用作为其重要的访问途径，让居民通过移动设备随时随地获取社区信息、使用服务，并与社区互动。

平台功能：

（1）社区信息发布，提供社区公告、活动信息、新闻等发布功能，确保居民及时了解社区动态。

（2）社区服务预约，居民通过平台预约健身房、游泳池、场地等社区设施，提高资源利用效率。

（3）报修与投诉，提供在线报修和投诉功能，让居民能够方便地提交问题，并追踪处理进度。

（4）社交互动，提供社区论坛、活动发布和邻里互动功能，促进居民之间的交流和社交。

（5）安全与警报，集成实时监控和智能警报，使居民能够获取社区安全信息并报警。

（6）物业费用管理，居民查看和缴纳物业费用，管理方便实现费用收支管理。

移动应用是社区服务平台的延伸，为居民提供在手机上访问平台功能的便捷方式。居民通过移动应用，接收实时社区通知和新闻，预约社区设施和服务，如健身房、活动室，提交维修请求和投诉，参与社交互动，发布信息和参加社区活动，查看社区地图和导航指引。

例如：在一座大型住宅社区中，引入了社区服务平台和移动应用。居民发现他的停车位被人占用，并通过移动应用提交了一个停车位被占用的报修请求，同时上传了现场照片。物业管理人员接到报修后，查看照片确认问题后，通过平台派遣维修人员前往处理。居民可在移动应用中实时追踪维修进度。同时，社区内有一个即将举行的社区瑜伽活动。居民通过移动应用预约参加活动，系统会提醒他们活动时间和地点。活动的通知也在社区服务平台上发布，其他居民查看并报名参加。

这个案例展示了大型社区服务平台与移动应用的实际应用情景，如报修服务、活动预约等，提高了社区管理效率和居民参与度。

6.5.3.2 社区活动与社交互动

大型社区活动与社交互动是智慧社区管理平台的重要组成部分，旨在促进居民之间的互动、社交和参与感（图6.5-3）。通过举办多样化的社区活动和提供便捷的社交互动渠道，增强社区凝聚力、改善居民生活质量。

图6.5-3 智慧社区业主交互

功能与特点：平台发布各类社区活动的信息，包括运动、文化、娱乐等，让居民了解活动详情和时间。居民通过平台报名参加感兴趣的活动，提前规划和安排自己的时间。提供社交互动的虚拟空间，让居民在平台上相互交流、分享经验和感受。用户评价和反馈，居民在活动结束后对活动进行评价和反馈，为社区提供改进意见。社区投票和决策，在一些重要事务上，如社区设施改善计划，居民通过平台投票和参与决策。

例如：健康运动日活动，在大型智慧社区中，举办健康运动日活动，鼓励居民参与户外运动。平台发布活动通知，包括晨跑、瑜伽、自行车骑行等多个项目。居民通过平台报名参加感兴趣的项目，还在社交互动空间分享自己的运动经验和成果。活动结束后，居民对活动进行评价，提供宝贵的反馈意见。此外，社区还根据居民的投票结果，决定下一次健康运动日的具体项目和时间。

通过这个案例，大型社区活动与社交互动在促进社区居民之间的互动、增进社区凝聚力方面发挥了积极作用。平台提供了方便的报名、交流和反馈渠道，使居民更加积极参与社区活动，共同打造一个融洽、健康的社区氛围。

6.5.3.3 居民投诉与反馈系统

居民投诉与反馈系统是一个用于居民向社区管理部门提供问题、建议和反馈的平台。该系统旨在提供一种高效、透明的方式，使居民能够表达他们的关注和需求，同时也让社区管理部门能够快速响应和解决问题，改善社区环境和服务。

（1）问题提交，居民通过系统提交投诉、问题或建议，包括文字描述和相关图片。问题分类，提交的问题会被分类，例如设施维护、噪声投诉、安全问题等，以便管理部门能够有针对性地处理。

（2）问题跟踪，居民随时查看他们提交的问题的状态和处理进展，保持透明度。快速响应，管理部门能够迅速接收问题，并在一定时间内做出回应，显示他们对居民关切的重视。

（3）问题解决，管理部门与相关团队合作，解决问题并在系统中记录解决方案和处理过程。

（4）满意度调查，在问题得到解决后，居民对解决方案进行评价，从而提供反馈。数据分析与改进，系统会记录所有问题和反馈，管理部门通过数据分析发现潜在问题，并采取措施改进社区管理和服务。

例如：在大型住宅社区中，居民一直抱怨停车位不足的问题。他们觉得社区停车位分配不公平，经常导致停车难、违规停车等问题。为了解决这个问题，社区引入了居民投诉与反馈系统。居民使用系统提交了一个投诉，详细描述了停车位不足的情况，并提出建议，希望社区能够增加停车位或者改善停车位分配方式。投诉被分到了"停车问题"分类下，社区管理部门迅速收到通知。管理部门组织了一次会议，讨论了居民的问题和建议。他们决定在社区内增加一些临时停车位，并优化停车位的分配策略。随后，他们将解决方案在系统中记录，并对居民的投诉进行了回应。居民收到通知后对解决方案表示满意，并在系统中评价了解决方案。社区管理部门也通过系统收集了有关停车位问题的数据，这些数据将有助于未来更好地管理停车资源，改善社区居民的停车体验。

这个案例展示了大型社区智慧大脑平台居民投诉与反馈系统的应用，通过这个系统，社区居民能够提出问题、获得解决方案，并为社区改进提供宝贵的反馈。

6.5.4 交通管理与出行服务

6.5.4.1 智能交通管理系统

智能交通管理系统旨在利用先进的技术手段来提升社区内交通的效率、安全性和便捷性。该系统集成了物联网、人工智能、数据分析等技术，用于监控和优化社区内的交通流动，以及提供居民和管理者更智能的交通服务（图6.5-4）。

（1）实时交通监测，使用摄像头、传感器等设备监测社区内交通流量、拥堵情况和车辆行驶轨迹。交通流量预测，基于历史数据和实时监测，利用机器学习等技术预测未来交通流量，以便做出相应调整。

（2）停车管理，提供实时停车位信息，引导车辆快速找到可用停车位，减少寻找停车位的时间。交通违规监测，通过摄像头等设备，监测交通违规行为，如闯红灯、超速等，自动产生警报或罚单。

（3）交通事件处理，对交通事故、道路损坏等事件进行实时监测和处理，减少交通干扰和安全隐患。居民出行建议，根据交通状况，为居民提供出行建议，推荐最佳的出行路线和交通工具。

例如：在大型社区中，智能交通管理系统成功应用于社区内的交通优化和安全提升。

场景一：交通流量预测与优化

早晨和下午上下班高峰期，社区内交通流量大增，容易造成拥堵。系统利用历史数据和实时监测预测交通流量，并根据预测结果实时调整信号灯时序，优化交通流动。结果显示，

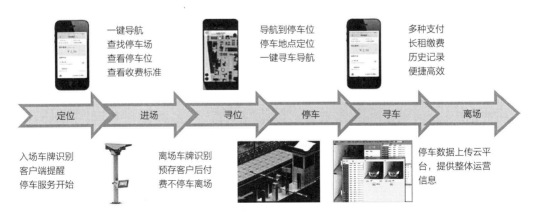

图6.5-4 智能交通管理系统

交通拥堵减少，居民出行更加便捷。

场景二：交通违规监测

通过摄像头，系统监测到有车辆闯红灯的情况。系统自动识别违规行为，生成警报通知社区安保人员。安保人员立即介入，制止了违规行为，提高了社区的交通安全性。

这些案例展示了社区智慧大脑智能交通管理系统的实际应用效果，通过优化交通流动、提升停车效率和监测交通违规，为社区居民提供更加智能和便捷的交通服务。

6.5.4.2 公共交通优化与智能停车

公共交通优化和智能停车系统，旨在提升社区内的交通流动性、减少交通拥堵，同时提供便捷的停车解决方案，提升居民的出行体验（图6.5-5）。

公共交通优化，通过社区智慧大脑，社区实时监测公共交通工具的位置和运行状态，同时结合实时交通数据，提供实时的公共交通信息和线路规划。居民通过移动应用获得公交车辆到达时间、最佳乘车方案等信息，从而优化出行计划，减少等待时间和转车次数，提高出行效率。

智能停车，社区智慧大脑整合了智能停车系统，使用传感器和摄像头监测社区停车位的占用情况。居民通过移动应用查看停车位的实时可用情况，预订停车位，并导航至空余的停车位。智能停车系统还通过车牌识别技术实现自动识别和进出，减少人工干预，提高停车效率。

例如：在一座大型智慧社区中，居民常常遇到停车位紧张和交通堵塞问题。通过社区智慧大脑的公共交通优化和智能停车系统，居民的出行体验得到了显著改善。一名居民每天都需要乘坐公共交通去上班。她打开平台的移动应用，查询到附近的公交车和地铁到达时间，帮助她选择最方便的出行方式。平台还提供了拼车选项，她选择了拼车，与同社区的其他居民一起上下班，减少了通勤成本和环境污染。另一名居民有一辆车，但经常在社区内难以找

图6.5-5 公共交通优化与智能停车

到停车位。通过智能停车系统，他在平台上预约了一个停车位，到达后直接导航至停车位，省去了很多寻找停车位的时间。停车时，他使用移动支付轻松付款，避免了现金交易的不便。

通过这些功能，社区智慧大脑不仅改善了居民的出行体验，还减少了社区内的交通拥堵和停车难题，实现了更加智能和便捷的交通管理。

6.5.4.3 出行导航与智能交通信息服务

社区智慧大脑整合出行导航和智能交通信息服务，以提供居民更便捷的出行体验和实时的交通信息。这种整合包括道路导航、交通拥堵信息、公共交通信息等，帮助居民规划出行路线、避免拥堵，同时促进可持续交通方式的使用。

功能和应用场景：实时交通状况展示，平台显示社区周边道路的实时交通状况，包括拥堵程度、车流情况等。居民提前了解交通情况，避免高峰期拥堵。导航与路径规划，居民使用平台的导航功能，输入目的地并获取最佳的出行路线，包括步行、骑行、开车等多种交通方式的选择。公共交通信息，平台整合公共交通时刻表、站点信息，为居民提供公交、地铁等公共交通的路线和出行时间。多模式出行，平台推荐多种出行方式的组合，如步行与公交的结合，帮助居民选择最优的出行方式。智能预测和推荐，基于历史数据和实时交通信息，平台预测未来交通状况，提前提醒居民避开拥堵路段。

例如：在一个大型智慧社区中，居民需要前往市中心进行购物。他们使用社区智慧大脑的出行导航功能，在平台上输入购物中心的地址作为目的地。平台分析实时交通状况，发现主要道路出现拥堵，于是智能路线规划提供了一条绕行路线，避开了拥堵区域。同时，平台还提供了公交线路信息，居民选择坐公交车前往，以减少交通拥堵。在出行过程中，居民随时查看实时交通情况，以便根据需要进行调整。

这个案例展示了社区智慧大脑出行导航与智能交通信息服务的应用。通过整合多种交通工具、实时交通信息和智能路线规划，居民更智能、高效地规划出行，减少时间浪费和交通拥堵，提升出行体验。

6.6 典型案例

6.6.1 四川眉山中铁生态城智慧大脑总体设计

根据四川眉山中铁生态城发展定位，结合项目建设目标，项目采用5G、大数据、AI、物联网、区块链等先进技术，围绕"新型智慧城市、智能社区、智能景区"三大应用场景，搭建数字化、智能化的各类应用系统，更好的服务辖区内的管理者、居民、商家、游客等各类主体，完成中铁生态城智慧城市建设（图6.6-1~图6.6-5）。

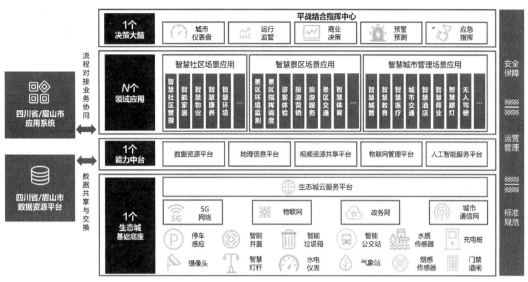

图6.6-1　中铁黑龙滩国际文化旅游度假区的生态城大脑框架图

图6.6-2　中铁黑龙滩国际文化旅游度假区基础底座

图6.6-3　中铁黑龙滩国际文化旅游度假区的生态城能力中台

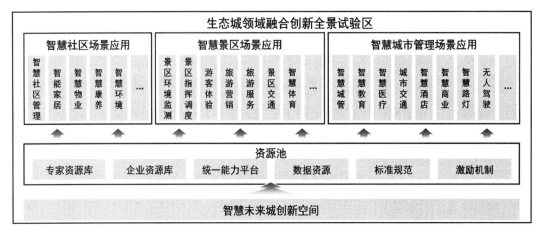

图6.6-4 中铁黑龙滩国际文化旅游度假区的生态城生态领域应用底座

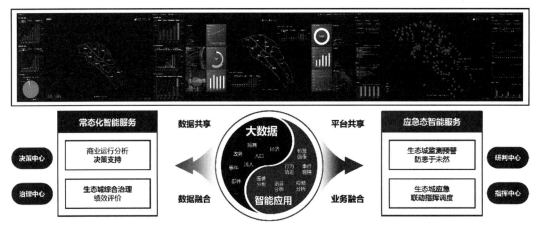

图6.6-5 中铁黑龙滩国际文化旅游度假区的生态城决策大脑

四川眉山中铁生态城智慧社区项目建设主要围绕智慧社区底座、智慧社区场景、智慧景区场景、社区运行管理四大应用场景进行建设。主要以智能社区底座为基础支撑，汇聚智慧社区、智慧景区相关应用系统，采用大数据+AI分析能力，通过社区运行管理平台为管理者提供辅助决策支撑。

按照"统筹规划、分期实施、小规模试错"的原则，结合生态城智慧城市当前的建设情况，本项目主要完成的建设内容是"1个基础底座+1个能力中台+N个领域应用+1个决策大脑"。采用新一代信息化技术，为中铁黑龙滩国际文化旅游度假区量身定做1个共建共享的基础底座与1个共性复用的能力中台，选取黑龙滩具有代表性的区域作为示范点，为城市管理、旅游产业、市民生活提供N个领域应用。基于N个领域产生的数据进行融合分析，建立1个符合中铁黑龙滩国际文化旅游度假区的生态城大脑，为常态化管理与应急态指挥提供辅助决策工具，"反哺"城市管理、城市建设、产业发展。

（1）1个生态城基础底座。利用生态城现有信息化基础设施"一张白纸"的优势，从顶层规划的角度建设"端-网-云"全覆盖的新一代城市基础设施。

（2）1个生态城能力中台。建设智慧文旅生态城能力中台，着力推进能力平台化建设和共性能力服务模式的构建，为上层智慧应用提供人工智能、大数据、地理信息、物联网、视频共享等面向未来的核心服务能力，减少重复建设，实现城市数据融合、业务协同与敏捷创新。

（3）N个生态城领域应用。依托生态城基础底座与能力中台，面向社区、景区、城市管理等业务领域，将生态城作为人工智能+物联网+大数据的全景试验区开展创新应用项目建设，通过高效管理、集约建设、鼓励创新，推动一批创新应用项目建设，服务生态城城市管理、城市建设、产业发展。

（4）1个生态城决策大脑。构筑智慧生态城决策大脑，为后续打造协调联动生态城管理体系打基础，同时加强整个区域资源集约共享，提升数据汇聚效能，形成具有生态城特色的服务能力，以促进区域不同领域高质量发展。

6.6.2 智慧社区底座

"1底座"是指生态城智慧社区操作系统底座（图6.6-6），是一个开放的、组件化、标准化的集采集、存储、管理、挖掘、分析、可视化于一体的智能城市大数据AI使能平台，涵盖大数据基础平台、数据汇聚平台、数据治理与管控平台、空间数据管理（时空数据管理引擎）、空间数据AI算法模型（城市时空智能引擎）、跨域学习模型（联邦数字网关系统）、城

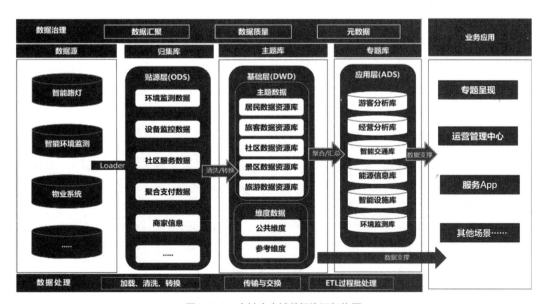

图6.6-6　中铁生态城数据资源架构图

市可视化平台、数据赋能平台、视频融合平台、数据安全管理平台和运维管理平台等不同平台,实现城市大数据"落得下、管得住、用得好",提升大数据整合与利用效率、释放数据价值,为城市指挥中心、业务应用场景提供支撑。

未来所有业务系统的数据采集、数据存储、数据分析等数据中台业务都将集成到本底座中。该底座是一个开放的平台,除了支撑本项目建设的所有应用系统之外,未来还可以支撑第三方业务系统。数据存储需要搭建私有云平台或租赁公有云平台。本项目涉及众多业务系统,每个业务系统都有自己的数据标准。因此,为了更好地对所有数据进行统一管理,需要制定统一的数据标准。基于各类数据以及未来各业务系统所产生的大量数据,所以本底座需要搭建分布式数据存储架构,也就是搭建大数据基础平台,用来支撑未来海量数据的存储挖掘分析等。同时,通过大数据基础平台,还将对接物业、路灯、销控等第三方业务系统和IoT等物联网设备,因此在数据传输、存储、使用的过程中一定要保证数据的安全,需要搭建数据安全管理组件。对于不同渠道汇聚的同一数据源、一台设备重复发送的数据等不合理数据都需要进行数据治理,因此需要搭建数据治理与管控模块来保证各类汇聚数据的准确和价值,避免垃圾数据存在。本项目数据中心涉及各类业务系统、各种服务器、各种终端设备、网络设备等众多设备和众多系统,光靠人工管理是远远不够的,因此需要搭建运维管理平台,通过信息化手段智能对各种服务器、设备等进行智能监测、自我修复、预警等管理。

6.6.3 智慧社区运营管理中心

"1中心"是指基于智慧城市操作系统底座搭建的智慧城市运营管理中心,以决策部门及其辅助部门为主要服务对象,围绕中铁生态城发展战略和重要工作,根据领导职责和关注内容不同为决策者设计领域信息智能搜索和数据分析服务。以领导驾驶舱的形式对综合服务App、聚合支付、第三方业务系统等所有相关业务系统的汇聚数据进行实时展示和挖掘分析(图6.6-7)。

该中心主要作为数据驱动、模型驱动、智能驱动的轻量级、定制化城市管理决策辅助工具,可以在电脑桌面、Android平板、手机等各类终端上运行,以便随时随地为领导搜索景

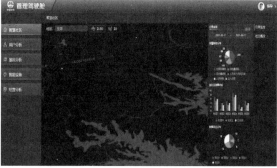

图6.6-7 中铁生态城运营驾驶舱

区内商业服务信息、生活服务信息等各类信息，以及掌控城市运行态势、督导部门行政效率、快速展开城市管理问题分析研判等内容。

除此之外，该中心还将对智慧社区综合服务平台所采集的数据进行综合分析，主要功能包括：社区进出记录管理、社区整体画像、多人员间关系挖掘、单人员潜在社会关系挖掘、小区人员异常情况预警、一标三实大数据分析等内容。

6.6.4 生态城综合服务App

"1抓手"是指中铁生态城综合服务App（图6.6-8），包括中铁生态城综合服务系统后端管理平台、B端用户（中铁监管人员、商家用户、景区监管人员）综合服务App、C端用户（居民、游客）综合服务App。中铁生态城综合服务App即结合城市现有资源，依托于智慧城市操作系统底座的核心技术，通过一个App向游客、地方居民等提供城市的所有服务，通过终端连接游客、居民、商家和中铁等管理方，用一部智能手机"走遍全城"，将生活、旅游、交通、医疗、娱乐等应用融为一体。

图6.6-8 中铁生态城综合服务App

中铁生态城综合服务系统后端管理平台主要功能包括基本信息管理、聚合支付码管理、商家优惠券管理、交易结算管理、优惠活动管理、游乐主题管理、生活服务管理、交通出行管理、旅游服务管理、日常运营管理、智慧社区综合服务平台等第三方应用集成管理等内容。B端用户综合服务App主要功能包括基本信息维护、商家优惠管理、交易结算管理、优惠券核销管理、生活服务统计查询、交通出行状态、旅游态势分析、基本信息查验等功能。C端用户综合服务App主要功能包括个人信息管理、健康打卡、优惠券管理、旅游服务、交通出行服务、智慧社区综合服务等内容。

6.6.5 重点应用场景

（1）智慧社区创新应用。智慧社区秉承"服务带动管理，管理推动服务"的运营理念，致力于实现智能化运营和谐社区，改善物业、租客、业主关系，逐步实现社区智能化。充分利用物联网、云计算、移动互联网等新一代信息技术的集成应用，为社区居民提供一个安全、舒适、便利的现代化、智慧化生活环境，从而推动整个智慧生态城发展（图6.6-9）。

（2）智慧灯杆创新应用。智慧生态城全域覆盖、全面智能的感知能力。建设以智慧灯杆为核心，涵盖智慧照明、气象站、5G基站、信息发布、智慧安防、新能源充电桩等市政基础设施的生态城感知体系（图6.6-10）。基于物联网中间件服务，实现智慧灯杆多源异构物联网设备的接入、管理、控制，实现智慧生态城物联网设备的全域感知与互联互通。

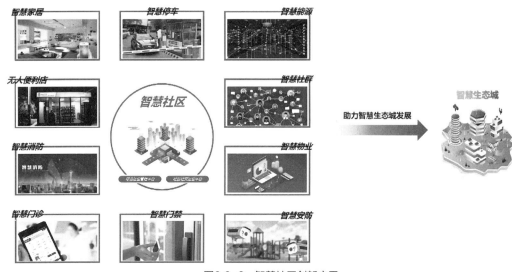

图6.6-9　智慧社区创新应用

图6.6-10　智慧灯杆创新应用

（3）智慧井盖创新应用。在井盖内壁安装终端，可实现智能监控井盖的目的，且体积小，安装比较方便。另外，其还具有外观密封，耐腐蚀，阻燃，耐压、防震、防水等级别高等优点。在GIS地图上显示井盖位置、基本信息、实时状态、水位状态等，实现井盖一张图览。通过平台发送井盖丢失、水位红线告警等事件，报警信息推送（图6.6-11）。

（4）智慧垃圾箱创新应用。智慧垃圾箱应用功能主要有满溢报警，设备定期对垃圾箱内垃圾容量进行采集，当垃圾容量高于设定值时，主动上报平台，并通知相关人员进行处理，做到快速及时。温度报警，设备定期进行对垃圾箱温度进行采集，当采集的温度高于设定值时，主动上报平台，并进行防火报警。自动定位、路线规划：根据满意情况，为收集人员自动规划垃圾回收路线（图6.6-12）。

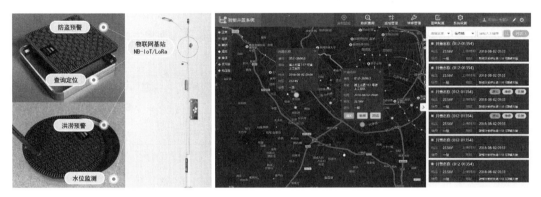

图6.6-11　智慧井盖创新应用

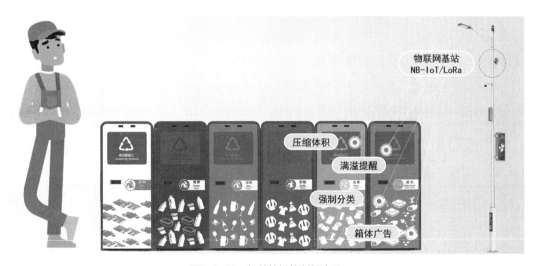

图6.6-12　智慧垃圾箱创新应用

6.7 评估与未来发展趋势

6.7.1 应用评估与效果分析

6.7.1.1 社区管理效率提升

社区智慧大脑在社区管理方面显著提升效率,可以实现更智能、更高效的管理方式。主要有:

(1) 数据集成与共享,社区智慧大脑集成了多个模块和数据源,如居民信息、设施设备状态、环境监测数据等,通过集成和共享数据,管理人员更轻松地获取全面的信息,不再需要在多个系统之间来回切换,从而提高了信息获取的效率。

(2) 实时监控与警报,平台的实时监控功能迅速捕捉到异常情况,例如安全问题、设施故障等。智能警报系统能够自动触发警报,使管理人员能够迅速做出响应,避免问题进一步扩大,从而提高了事件响应的效率。

(3) 智能决策支持,平台通过数据分析和预测分析模块,为管理人员提供决策支持。这使得管理人员基于数据做出更明智的决策,从而减少了盲目性,提高了决策的效率和准确性。

(4) 资源优化和调度,平台优化资源的分配和调度,例如优化能源的使用、设施的维护计划等。通过智能的调度算法,资源更有效地利用,减少了资源浪费,提高了资源利用的效率。

(5) 自动化任务执行,平台执行一些重复性和标准化的任务,如自动化缴费、设备控制等。这减少了人工干预的需要,提高了管理的效率。

(6) 居民参与和互动,平台通过移动应用和社交模块,鼓励居民参与社区事务和互动。这减轻管理人员的工作负担,提高居民与社区的互动效率。

社区智慧大脑通过集成、分析和智能化等手段,能够提高社区管理的效率。管理人员能够更准确地了解社区状况,做出更明智的决策,快速响应事件,并通过自动化任务和居民参与等方式,减少了人工工作量,实现了更高效的社区管理。

6.7.1.2 居民生活质量改善

通过社区智慧大脑,居民的生活质量得到显著的改善。主要有:

(1) 安全和保障,实时视频监控、智能警报系统和安全事件的快速响应,使居民在社区内感到更加安全。犯罪事件和不安全行为得到及时的发现和处理,提高了社区的整体安全性。

(2) 便捷的服务,居民通过智能移动应用轻松访问社区服务,如物业报修、资源共享、活动参与等。这减少了繁琐的流程和等待时间,提供了更便捷的生活方式。

（3）资源优化和环保，社区智慧大脑优化资源分配，例如能源、水资源等，降低能耗和浪费。这不仅有助于节省费用，还有助于减少对环境的负担。

（4）社交互动和参与，社区智慧大脑提供社交功能，居民在线参与社区活动、互动和讨论。这增强了社区凝聚力，促进了居民之间的交流和合作。

（5）数据透明和参与，居民访问实时数据，如环境质量、能耗情况等。这促使他们更关心和参与社区管理，有助于形成共同关心的社区意识。

（6）智能化服务，社区智慧大脑提供智能化的服务，如预测分析等。

（7）方便的管理和通知，物业管理和社区通知通过平台集中管理，居民能够及时获得社区内的重要信息，如活动通知、停水停电通知等。

社区智慧大脑通过提供安全、便捷、智能化的服务，促进社交互动和居民参与，以及优化资源和环境，能够显著提升居民的生活质量，创造更宜居、便捷和智能的社区环境。

6.7.1.3 资源利用和环境保护

通过社区智慧大脑，实现资源利用的优化和环境保护的目标。主要有：

（1）资源利用优化方面：能源管理和优化，平台监测社区内的能源消耗情况，例如电力、水、天然气等。通过实时数据分析，发现能源浪费和异常消耗情况。智能算法调整设备的运行时机和温度，以减少不必要的能源消耗。设施设备调度，在社区设施的使用中，如电梯、空调、照明等，平台根据实时需求优化调度。例如，在低峰时段降低电梯运行频率，节省能源。垃圾管理和资源回收，平台跟踪垃圾箱的填充情况，避免过早或过晚的清理，实现垃圾管理的优化。此外，设置垃圾分类提示和回收点的定位，鼓励居民参与资源回收。

（2）环境保护方面：空气质量监测，平台部署空气质量传感器，监测社区内的空气污染情况。居民通过平台了解空气质量指数，采取适当的措施来保护自己的健康。水资源管理，平台监测水的消耗情况，检测水漏和浪费。智能水表提醒居民及时修复漏水，降低浪费。环境污染预警，如果环境参数超出安全范围，平台自动发出警报，提醒居民和相关部门采取行动，以防止进一步的环境污染。

通过社区智慧大脑，资源利用和环境保护得以更加高效、智能的实现。这不仅帮助社区节约资源和成本，还提升居民的生活质量，创造一个更健康、宜居的社区环境。

6.7.2 未来发展趋势与挑战

6.7.2.1 数据安全与隐私保护

随着社区智慧大脑的发展，数据安全和隐私保护变得越来越重要。以下是该领域的趋势和挑战：

趋势：多层次加密，数据在存储、传输和处理过程中将采用多层次的加密措施，以保护数据免受未经授权的访问。区块链应用，区块链技术提供去中心化的数据存储和不可篡改的记录，以增强数据的安全性和可信度。隐私保护技术，差分隐私、同态加密等技术将用于保护个人隐私，确保数据在分析过程中不被泄露。可控数据共享，居民和管理者选择性地授权数据共享，确保数据在共享过程中受到保护。安全审计和监控，实时监控数据访问和操作，及时发现异常行为并采取措施。

挑战：数据泄露和滥用，大量的敏感数据被收集和处理，存在数据泄露和滥用的风险，需要采取严格的安全措施。隐私保护平衡，在保护隐私的同时，平台需要平衡数据的可用性和功能性，以确保用户体验。合规性要求，不同地区可能有不同的隐私法规和数据保护法规，平台需要满足各种合规性要求。技术复杂性，部署和维护安全和隐私保护技术可能会很复杂，需要专业的技术团队。社会认可度，用户需要对数据的收集和处理过程有充分的了解和信任，否则可能会面临社会认可度的问题。数据共享困难，跨部门、跨组织的数据共享可能涉及数据安全和隐私问题，需要解决共享困难。

社区智慧大脑需要通过合适的技术和政策手段来应对数据安全和隐私保护的挑战。在保护数据安全的同时，平台也应该致力于提高用户对数据使用的透明度和信任度。随着技术的不断进步，数据安全和隐私保护将持续成为大型社区智慧大脑平台发展的重要议题。

6.7.2.2 技术创新与升级

随着科技的不断发展，大型社区智慧大脑平台也会面临技术创新和升级的趋势。主要有：

（1）边缘计算与物联网融合，将边缘计算与物联网技术结合，将数据处理推向更接近数据源，减少数据传输延迟，提高实时性和效率。

（2）增强现实与虚拟现实，利用增强现实（AR）和虚拟现实（VR）技术，为居民提供更丰富的互动体验，例如在平台上实时查看社区内的信息、活动等。

（3）人工智能和机器学习，深度学习和强化学习等技术加强社区管理的自动化和智能化，例如更准确的预测分析、智能客服等。

（4）区块链扩展应用，区块链技术不仅用于数据安全和隐私保护，还扩展到更广泛的领域，如社区内的交易、合同管理等。

（5）5G技术的应用，5G技术将提供更高的网络速度和带宽，支持更多的连接和实时性，有助于实现更强大的社区智慧大脑平台。

（6）可持续性和绿色技术，针对能源管理和环境监测，平台可能会集成更多的可再生能源和绿色技术，以推动社区的可持续发展。

（7）个性化与定制化服务，利用数据分析，平台为居民提供个性化的建议和服务，满足不同居民的需求。

挑战：数据隐私与安全，随着平台功能增强，对居民和社区数据的隐私和安全要求也会增加，需要加强数据加密、权限控制等措施。技术集成与互操作性，不同的技术和模块需要无缝集成，确保它们能够有效地交互和协同工作，而不会造成冲突或延迟。人机交互与可用性，尽管技术变得更智能，但用户界面的友好性和人机交互的设计仍然是挑战，确保居民轻松使用平台。复杂性和成本，平台的复杂性可能导致开发和维护成本上升，需要在平台设计中找到平衡点，确保性能和成本的可行性。法律法规与合规性，在数据隐私、安全等方面，平台需要遵守各种法律法规，确保合规性，避免法律风险。用户接受度，对于一些用户来说，新技术可能带来变化和不适应，需要平台设计以及教育和培训来提高用户接受度。技术更新和快速发展，科技领域发展迅速，技术很快就会更新换代，平台需要能够灵活升级和适应新技术。

社区智慧大脑在技术创新和升级方面有着巨大的潜力，但也需要克服一系列挑战，以确保平台的可持续性和成功实施。

6.7.2.3 可持续发展和社区参与

可持续发展趋势主要有：社区智慧大脑将不仅仅局限于管理和安全，还会逐渐融合更多的功能，如社交互动、教育、健康等，实现多元化服务。数据驱动决策，随着数据不断积累，平台将越来越依赖数据分析和预测，以帮助管理者做出更智能的决策，优化资源配置和服务质量。可扩展性和模块化，可持续发展需要平台具备良好的可扩展性和模块化设计，以便随着需求的变化逐步增加新的功能模块。人工智能的集成，AI技术的不断进步将使平台能够更好地理解居民的需求和行为，提供个性化服务和推荐。智慧生态系统，智慧社区大脑可能逐渐成为一个生态系统的一部分，与城市管理、交通等其他系统进行集成，形成更大范围的智慧解决方案。

挑战：隐私和安全，随着平台收集更多数据，隐私泄露和数据安全问题将变得更加严重，需要加强隐私保护措施。数据标准化和整合，不同来源、不同格式的数据需要进行标准化和整合，以便实现全面的数据分析和利用。用户参与和接受度，平台的可持续发展需要居民积极参与和使用，但并非每个人都会立刻接受和适应新的技术。技术更新和迭代，技术发展迅速，平台需要不断更新和迭代，以适应新的技术趋势和用户需求。投资和维护成本，社区智慧大脑的建设和运维成本巨大，需要足够的投资和维护。

社区参与的主要趋势：用户定制化体验，社区居民希望拥有定制化的体验，平台需要根据个人需求提供不同的功能和服务。信息透明度，社区居民越来越关注社区管理的透明度，希望能够随时了解社区内的情况。社区治理参与，平台提供投票、建议等功能，使居民能够参与社区治理和决策。社交互动，平台促进居民之间的社交互动，增强社区凝聚力。

挑战：数字鸿沟，并非所有居民都熟悉使用技术，数字鸿沟可能导致一部分人无法有效参与。信息过载，大量的信息和功能可能让一些居民感到困惑，难以找到所需的信息和服务。隐私担忧，居民担心个人信息的泄露和滥用，可能会抵制使用社区智慧大脑。社区多样性，社区中有各种不同的居民，平台需要考虑不同年龄、文化、兴趣等因素，以满足不同群体的需求。

社区智慧大脑的可持续发展和社区参与面临多方面的趋势和挑战。平台需要在技术、隐私保护、用户体验等方面不断创新和完善，以实现更智能、更可持续的社区管理和服务。

6.7.3 未来展望与扩展应用领域

6.7.3.1 智慧城市与跨社区合作

随着智能技术的不断发展，社区智慧大脑将在未来进一步演进并扩展到更广阔的范围，涵盖智慧城市和跨社区合作的多个领域。未来展望和应用领域的主要有：

（1）智慧城市建设，社区智慧大脑成为智慧城市建设的核心组成部分。不同社区的平台互联互通，实现城市范围内的资源共享、环境监测、交通管理等。通过整合城市内的各类数据和信息，实现更高效的城市治理和服务。

（2）跨社区合作，社区智慧大脑未来可能在跨社区合作方面发挥更大作用。多个社区共同建立一个跨社区智慧平台，实现更大范围内的资源共享、安全合作等。例如，多个社区合作解决城市交通流量问题，共享交通数据和交通管控策略。

（3）智能交通与出行，社区智慧大脑在智能交通领域发挥重要作用，实现交通流量监测、拥堵预测、智能导航等功能。跨社区合作协调交通信号灯、优化道路网络，提升城市交通效率。

（4）环境保护与可持续发展，平台用于监测空气质量、水质等环境参数，实现实时环境监测和污染预警。通过智能分析，提供可持续发展的建议，如能源节约、垃圾分类等。

（5）教育和文化合作，平台促进教育和文化资源的共享。跨社区合作组织文化活动、教育培训等，丰富居民的生活。

（6）应急响应与安全管理，社区智慧大脑提供应急响应和安全管理功能。在灾害或紧急情况下，平台快速提供警报、指导和应急资源。

（7）人工智能与创新应用，随着人工智能技术的发展，平台将支持更多创新应用，如语音识别、自动化控制等。

社区智慧大脑在未来将成为构建智慧城市和促进跨社区合作的重要支撑。通过整合多个社区的数据、资源和智能化服务，实现城市管理的协同效应，提升居民的生活质量和城市的可持续发展。

6.7.3.2 社区智慧医疗与健康管理

随着科技的不断发展和社会的变化，社区智慧大脑在社区智慧医疗与健康管理领域将有许多创新和应用，未来展望和应用领域有：

（1）健康监测与预测分析，社区智慧大脑将进一步整合健康监测设备，如智能手环、智

能血压计等，实时监测居民的健康数据。结合大数据和机器学习，平台预测健康趋势，提前预警潜在健康问题，促进健康干预和预防措施的落实。

（2）个性化医疗方案，平台将根据居民的健康数据和历史记录，为每个人定制个性化的医疗方案和健康建议。这将有助于提高医疗效果，减少不必要的医疗资源浪费。

（3）医疗资源优化与调度，社区智慧大脑帮助医疗机构更好地管理和优化医疗资源，如医生资源、药品配送等，从而提高医疗服务效率。

（4）远程医疗与诊断，平台支持远程医疗和诊断，通过视频通话和远程检测，医生实时与患者沟通，提供诊断和治疗建议，减少患者前往医院的需求。

（5）社区医疗互助与共享，平台促进社区内的医疗资源共享，居民共同组织医疗互助活动，分享医疗经验和资源，提高社区整体健康水平。

（6）健康数据安全与隐私保护，未来随着对健康数据安全和隐私的要求越来越高，社区智慧大脑将强化数据加密、权限控制和隐私保护机制，确保居民的健康数据得到安全保护。

（7）生活方式指导与培训，平台提供关于健康生活方式的指导、培训和健康教育，帮助居民养成健康的生活习惯，预防慢性疾病。

（8）医疗合作与合作网络，社区智慧大脑将连接社区内的医疗机构、医生、药店等，构建医疗合作网络，加强医疗资源整合和协作。

社区智慧大脑在社区智慧医疗与健康管理领域的未来展望非常广阔。通过整合医疗资源、提供个性化服务、促进健康互助等手段，平台有望提升社区居民的健康水平，实现更加智慧和关怀的医疗健康管理体系。

6.7.3.3 教育与文化创意产业

社区智慧大脑在教育与文化创意产业领域有着广阔的应用前景。随着数字化和智能化的发展，社区不仅是生活居住的地方，也是文化交流、教育培训的场所。未来，这些平台将更加强调教育和文化创意的应用，为居民提供更丰富的学习、互动和娱乐体验。

（1）社区教育，社区智慧大脑将在线教育资源引入社区，提供居民在线学习的机会。居民通过平台参与课程、讲座、工作坊等，促进终身学习。

（2）文化创意活动，平台举办在线的文化创意活动，如艺术展览、书法班、音乐会等。这样的活动促进社区居民的文化素养，创造一个充满艺术氛围的社区环境。

（3）社区图书馆，平台提供数字图书馆服务，居民在线借阅电子书籍、杂志、报纸等，满足居民的阅读需求。

（4）艺术交流与展示，居民通过平台分享自己的艺术作品，参与社区艺术交流。平台还举办艺术作品展示，鼓励文化创意的交流与分享。

（5）社区历史与文化传承，平台呈现社区的历史与文化，通过虚拟展览、多媒体展示等形式，帮助居民了解和传承社区的文化遗产。

（6）虚拟现实体验，利用虚拟现实技术，平台为居民提供虚拟历史重现、文化体验等内容，让居民沉浸式地感受历史和文化。

（7）文化娱乐活动，平台举办社区文化娱乐活动，如电影放映、戏剧演出、音乐会等，提供居民娱乐和放松的场所。

通过将教育和文化创意融入社区智慧大脑，社区成为一个多元化、知识丰富、充满创意的环境，为居民提供更多元化的体验和机会，促进社区的发展和居民的满意度。这也将推动智慧社区向着更加丰富和有意义的方向发展。

社区智慧大脑利用先进技术实现社区管理的智能化和便捷化，涵盖了数据采集、处理、分析、决策、安全监测等功能。它促进了资源优化、居民互动、环境监测等，为社区管理带来积极影响。随着技术不断演进，这样的平台将在未来得到进一步发展和应用。

第 7 章

未来发展与展望

7.1 发展难点

7.2 发展重点

7.3 发展趋势

7.4 未来展望

自IBM于2008年提出"智慧地球"和"智慧城市"概念以来，与"智慧城市"一脉相承的"智慧社区"也在全球范围内快速兴起。相对而言，美国、日本、欧洲、新加坡等发达国家和地区的智慧社区起步较早，发展较快，经验丰富。根据2022—2027年中国智慧社区市场专题研究及投资评估报告数据，全球智慧社区市场规模稳定增长，市场规模从2017年的1491.43亿美元增长到2021年的1696.77亿美元，复合增长率为2.61%。

在国家政策的大力支持下，随着数字经济和新型基础设施建设共同发力，大型智慧社区建设将迎来新的发展机遇。《中华人民共和国国民经济和社会发展第十四个五年规划和2035年远景目标纲要》中，我国就提出要加快数字化发展，建设数字中国，迎接数字时代，激活数据要素潜能，推进网络强国建设，加快建设数字经济、数字社会、数字政府，以数字化转型整体驱动生产方式、生活方式和治理方式变革。数字经济将成为一个重要的发展方向，而我国智慧社区是数字经济发展的主要应用场景，通过运用物联网、云计算、大数据、空间地理信息集成等数字技术，对城市运营过程中所产生的种种问题进行分析、解决，从而促进城市的协调、可持续发展。新型基础设施也是我国"十四五"时期的建设重点，目前全国已有20多个省份出台实施新型基础设施建设（以下简称"新基建"）计划，而智慧社区建设是新基建必不可少的一部分，随着未来新型基础设施的不断发展，将助推智慧社区迎来新的发展机遇。

在加速推进城市化建设的过程中，建设现代化、完善的智慧社区是关键。《"十四五"城乡社区服务体系建设规划》提出，到2025年末，社区线上线下服务机制更加融合，精准化、精细化、智能化水平持续提升。规划将加快数字化建设，将对深化物联网、大数据、云计算和人工智能、信息技术在社区服务领域的应用，建设便民惠民的服务圈，提供线上线下相融合的社区生活服务做出部署；将推动智慧社区建设的系统集成、数据共享和业务协同，不断提升社区服务的标准化、规范化水平；规划明确，推动"互联网+政务服务"向乡镇（街道）、村（社区）延伸覆盖，加快部署政务通用自助服务一体机，完善村（社区）政务自助便民服务网络布局。目前智慧社区建设有两大方向，分别是老旧小区的智慧化改造和新建社区的智慧化提升，其中我国城镇需改造的老旧小区投资高达4万亿元，若改造期为五年，则每年投资额可新增8000亿元以上。随着城镇化率的提高，老旧小区的智慧化改造、新建社区的智慧化提升持续进行，我国智慧社区市场规模也将继续增长。随着社区服务及管理系统全面升级，国家发展改革委牵头发布了推进城镇智慧化改造等十多项重磅通知和指引，各地积极响应，共15个省（区、市）的"十四五"规划纲要提及智慧社区相关内容。智慧社区将科技融入社会的发展，很大程度上提升了社会治理的能力，并满足大众的智慧生活体验和对安全便捷性的要求。

下一步，民政部将会同有关部门开展智慧社区建设的试点和现代社区服务体系建设，指导各地运用信息化的技术，改造社区设施环境和文化，推动购物消费、居家生活、旅游休闲、交通出行等方面的社区服务场景化、数字化。另外，还将总结推广一些地方的经验，征集一批这些方面优秀的基层智慧治理的案例，挖掘一批运用信息技术通信设备系统、以信息化手段优化社区服务的好经验，加强经验交流，通过经验带动社区建设不断深化，进而更好地满足人民群众对美好生活向往的需求。

7.1 发展难点

目前，大型智慧社区建设已经进入了一个快速发展的阶段，不断走向成熟，相关技术产品更新迭代速度加快，智慧社区平台的兼容性、拓展性和维修保养等运营难题也日益凸显。但整体来看，国内的大型智慧社区建设与运营还有很长一段路要走。单从具体成效来看，现阶段的智慧社区还无法较好地匹配用户需求，虽然智慧社区建设有着广阔的发展前景，但与智慧城市类似，智慧社区要想获得发展，目前还存在诸多阻碍因素和难点，主要包括：

（1）智慧社区建设需要大量的资金投入。智慧社区建设是系统工程，从家庭到公共区域，从网络硬件到软件服务，时间周期长，需要不断地更新升级、协调各方利益。此外社区的智能设备更新换代非常快，更换和淘汰需要强资本作为保障。如安装智能设备、建设信息平台、推广宣传等，都需要巨额资金的支持。

（2）智慧社区建设需要涉及各种技术领域。比如物联网、云计算、大数据、人工智能等，这些技术都需要专业的技术团队来支持。智慧社区建设还需要与政府、社区、企业等多方面进行合作，需要协调各方面的资源，因此需要具备跨领域、跨部门的协作能力。

（3）智慧社区建设需要组织者角色出现。目前的智慧社区改造停留在浅层次，整体发展较为落后，各方关系难以打通，难以施展手脚；同时，在社区中利益相关方中间也没有出现主导者，物业公司大多属于劳动密集型，物业费用不足以支撑起高昂的改造与投资，工作人员的技术操作能力还需配套加强。

（4）智慧社区建设需要保障数据的安全。随着信息技术的不断发展，智慧社区建设所涉及的数据也越来越多，数据安全问题也变得越来越重要。智慧社区建设需要建立完善的数据安全保障机制，保护居民的隐私和数据安全。智慧社区建设需要面对居民的接受度。虽然智慧社区建设能够提高社区服务的水平和效率，但是也需要考虑居民的接受度问题。一些老年人和传统观念较为保守的人可能会对智慧社区建设持有抵触态度，因此需要在推广宣传上下足功夫，让居民了解智慧社区建设的好处，增强居民的接受度。

虽然智慧社区建设有着广阔的发展前景，但是也需要克服一些困难。只有克服了这些困难，才能够促进智慧社区建设的健康发展，提高社区服务的水平和效率，实现社区建设的可持续发展。

7.2 发展重点

大型智慧社区建设是当前城市管理和社区治理的重要方向之一，是城市智慧化建设的重要内容，也是城市基层治理创新的重要抓手，它能够提升社区的管理效率和服务质量，促进社区的发展和进步，为社区居民提供更加舒适、便捷和安全的居住环境。党的二十大报告提出，完善网格化管理、精细化服务、信息化支撑的基层治理平台，为加强大型智慧社区建设指明了方向和路径。

在推进大型智慧社区建设过程中，我们既要遵循数字智能技术发挥作用的基本逻辑，也要尊重基层社会治理的规律特征，为了更好地促进两者的深度融合发展，持续推进价值理念、建设模式、运营管理和制度规则的不断完善创新，我们应重点加强体制机制建设、加强顶层规划设计、完善框架体系构建、统一评价考核标准。

7.2.1 加强体制机制建设

（1）建立包容发展机制。社区是党和政府联系、服务居民的"最后一公里"，必须坚持以人民为中心，把着力解决人民群众急难愁盼等方面问题作为出发点和落脚点，拓展大型智慧社区建设及应用服务场景，让数字化成果更好更公平地惠及社区居民，而不要陷入"工具主义""效率至上"的误区，以及造成以政府管理便捷程度而非以居民实际需求为出发点，进而引发政府需求与居民需求之间的矛盾的现象。为此，我们必须摒弃以事为要的工具主义思维，将及时发现和满足群众需求、改进民生福祉作为大型智慧社区建设的第一要务；坚持服务优先、问题导向，在建设过程中充分尊重和吸纳居民意见，加强实际应用效果和居民满意度调查，推进供给与需求、技术要素与管理机制的有机融合；树立开放包容的建设理念，充分考虑残疾人、老年人、未成年人等弱势群体的基本需求，消除"数字鸿沟"，构筑更丰富、更便捷、更公平的社区生活，不断提升居民获得感、幸福感。

（2）建立业务与技术双轮驱动机制。技术的快速更新迭代，为基层政府优化管理决策流程、促进多元治理主体协同合作提供了有力支撑，但有效提升基层治理效能还需要政府业务流程的整体优化与再造、技术方案和治理方式的融会贯通。因此在建设思路上，大型智慧社区必须坚持业务与技术双轮驱动，以业务牵引促进数智技术与城市社区的深度结合；引入各种新兴技术手段，结合社区特点，明确重点应用场景，加强5G网络、物联网、智慧终端、视觉终端等技术设施建设，着力构建智能集约的平台支撑体系；以技术驱动社区治理体系和治理能力现代化建设，同时加快基层治理体制机制创新，优化社区服务供给体系，促进线上平台和线下业务流程的融合，避免技术上过度"求全、求新"，防止"用技术呈现问题"代替"用制度解决问题"。

（3）建立政府主导与多元共治机制。大型智慧社区建设必须坚持共建、共治、共享的社会治理制度，加强政府与居民、企业、服务商和其他社会主体的协同与合作，在广泛联系多方资源的基础上逐步建起来、强起来。一是拓展居民参与渠道，及时了解居民实际需求和用户体验，吸纳民众智慧，推动智慧建设从政府主导迈向社会建构；二是加强与社会单位合作，充分利用数据企业、服务企业等在建设资金、技术支持、专业服务等方面的优势，厘清权责边界、技术运用边界以及数据采集和使用边界，运用信息公开、经济激励等多种方式吸引多元主体参与，强化政府与服务企业之间的数据共享和业务协同，在合作中推动智慧社区发展；三是加强与科研院所的合作，加强人才培养、促进科技教育资源共享，探索以治理数字化项目为载体的灵活用人模式，强化科研院所、企业、基层政府之间的人才交流。

（4）完善建设运行保障机制。大型智慧社区建设和运营需要有相应的配套保障机制，并充分发挥其导向和支撑作用，从而确保大型智慧社区建设、运营协调一致及整体效能的实现。一是积极发挥各级政府的主导作用，按照"政府主导、行业引导、企业和社会共同参与"来建设和运营大型智慧社区，健全完善政府指导、多方参与的智慧社区建设资金投入机制，鼓励社会力量参与"互联网+社区服务"，创新提供服务模式和产品，探索智慧社区建设市场化运营模式，创新智慧社区建设投融资机制，通过政府购买服务或合作开发等方式，支持各类市场主体承接智慧社区建设项目运营，推进创新迭代；二是加强人才保障，加强对社区工作者信息化技能培训，引导高等院校信息化相关专业毕业生在智慧社区建设相关领域就业创业，开展知识普及和教育培训，提高智慧社区应用水平；三是大力推广个性化服务保障，积极扩展数字化支撑下的线下服务功能，支持社会组织、社会工作者、志愿者等提供专业化、特色化、个性化服务，推广"一站式"服务，为老年人、残疾人提供便捷服务，实现社区掌上查询、网上预约、掌上办理、生活服务、物业服务、政策渗透等服务方式。

（5）建立安全与发展机制。在基层社会治理中，诸多数据信息都与居民个体隐私安全息息相关，加强网络和数据安全管理、保护个人隐私安全，直接关系到大型智慧社区建设的顺利推进。建设过程中必须全面落实总体国家安全观，坚持促进发展和依法管理相统一、安全可控和开放创新并重。一方面，加强数据技术管理的制度建设，重点健全网络安全防护制度，规范数据采集、传输和共享等各环节管理，依法保护居民信息安全和个人隐私，建立健全算法风险应对机制，保证智慧社区建设以安全、透明且负责任的方式运行；另一方面，强化关键信息基础设施防护，包括开展对新技术新应用的安全评估，健全数据分类分级保护、风险评估和检测认证，健全对算法审核、运用、监督的技术措施，充分保证政府信息安全、保护居民和其他使用者的权利与选择。

7.2.2 加强顶层规划设计

目前，大型智慧社区建设还处在摸索过程中，社区智能化运用平台建设水平普遍较低，服务及运营场景覆盖单一，各社区信息系统彼此独立运行，多部门、多主体各自为政、分散作战，形成一个个"信息孤岛"。由于缺少资金，无法实现社区与居民之间网上互动、网上服务。目前智慧社区建设大多数还停留在满足物业基础服务上，社区工作人员中绝大部分缺乏基本的信息化知识，也缺乏一套信息化人才培养、培训机制，阻碍了社区信息化、智能化发展。因此，在大型智慧社区建设推进过程中应统筹规划、加强顶层设计，建立社区信息化体系。

一是做好统筹规划，大型智慧社区建设涉及基层治理和服务的各个方面，覆盖面广、关联性强，必须强化系统理念，整体谋划，加强政府间、企业间、政府与企业间纵向集中与横向合作，做好整体规划、统筹布局。

二是加强顶层设计，政府要围绕社区信息化建设的实际需要、发展方向、保障措施等制定切实可行的发展规划，纳入区域信息化建设规划，构建统一的社区治理信息化平台，统筹积极推进智慧社区基础设施、系统平台和应用终端建设，强化系统集成、数据共享和业务协同。

三是要厘清权责界限、整合数据资源，按照分级分类的原则逐步完善智慧社区管理体系与服务平台，建立基层治理数据库，加快社区治理大数据平台建设，推动不同部门、不同行业领域之间的数据开放共享，实现数据"一次采集、多方利用"，让数据充分地活起来、用起来。

四是要加强配套制度建设，需要制定相应的建设和运营配套保障制度，充分发挥保障制度的导向和支撑作用，确保平台规划建设协调一致和平台整体效能的实现；制定社区信息共享清单，建立社区数据资源标准体系，完善条块之间的数据共享交换机制，全面提升基层政府跨部门、跨层级的数字协同能力。

7.2.3 完善框架体系构建

随着信息化的发展，人们的生活、生产逐渐从封闭、单一走向开放、智能，并迈向协同处理、信息智能的时代。大型智慧社区作为信息产业新技术融合的产物，将控制和协同居民的生产和生活，可以将整个大型智慧社区看作一个有机的生物体，需要通过神经末梢感受体内、体外环境信息，通过周围神经传递到中枢神经进行加工，再经周围神经控制、协调生物体内部各系统的功能以及生物体和外部环境的平衡。故在大型智慧社区的建设过程中，同样需要构建神经末梢的感知层、周围神经的通信层、中枢神经的数据层以及服务于各个场景的应用层，进而构成大型智慧社区的框架体系，以达到高度互联、高度协同及自然平衡运行。

（1）神经末梢的感知层。感知层是指利用物联网技术，通过传感设备与智能装置采集社区中人、物、环境、能源、市政等数据，对物理世界进行感知、识别及控制，经过信息数据采集进行原始数据积累，比如个人信息检测、移动位置感知、物体状态感知等方法，进而为实现信息精准预测与社区的高效运行提供数据支撑。

（2）周围神经的通信层。通信层主要依赖于感知层提供的原始数据输入，通过宽带、

5G等通信基础网络，经过各种个人终端和信息系统，在多方之间实现信息交互与共享，为提高社区的多方协作能力提供支撑。

（3）中枢神经的数据层。构建大型智慧社区系统平台，需要存储、分析、处理社区各方面的生活、生产活动以及环境的感知数据，运用统计学、机械学习、专家系统和自动规划等多种方法，从海量的原始数据中快速地挖掘相关信息，提炼出信息中蕴含的内容，发现规律、进行预测，为社区管理、控制和服务提供支撑。

（4）服务于各个场景的应用层。大型智慧社区的应用层，主要是为社区居民用户提供多样化服务，将通过感知层、通信层、数据层分析处理后的数据具体应用到现实生活场景中，主要包括上层管理层面、下层经济建筑层面、重点民生层面等方面的应用，通过建设大型智慧社区统一的管理、应用平台，将社区所有终端连接，实现多方数据交互，为居民便捷、高效、健康、舒适的生活提供支撑。

7.2.4 统一评价考核标准

大型智慧社区是城市精细化治理的"最后一公里"，是智慧城市的基本单元，是为居民提供精准化、精细化服务的基础性工程，将直接影响人民群众的安全感、幸福感和获得感。随着物联网、人工智能、云计算、大数据、5G、区块链等新一代信息技术的发展，社区智慧化建设进程不断加快且取得了初步成效，但受相关标准滞后于技术产业发展的影响，暴露出了建设运营效益不持续、社区服务不联动、社区安全水平不高等一系列影响智慧社区成效发挥的问题。为规范和引导智慧社区规划、建设和运维，夯实智慧城市建设根基，应建立智慧社区评价体系、统一评价考核标准，促进智慧社区评价的规范化，使评价结论更加科学合理，保证评价结果的有效性和可靠性，切实提升智慧社区建设成效，让建设成果惠及更多居民，及时总结推广成功经验和典型做法，从而引导行业健康发展，推动智慧社区建设水平全面提升。

评价考核原则：为使评价考核更加科学合理，可从以下两方面考虑。一是贯彻以人为本要求，将居民幸福感、获得感和安全感作为居民体验维度评价指标并纳入评价考核体系，从居民视角分析智慧社区惠民服务的建设效果，提升社区居民参与智慧社区建设的积极性，切实增强智慧社区建设居民的幸福感、获得感和安全感；二是以目标为导向，智慧社区建设内容涵盖了居民的生活、工作、学习、娱乐等各个方面，通过客观数据采集和居民体验调查等综合方式进行评价，有助于改善现有技术赋能的社区建设瓶颈，系统量化智慧社区建设绩效，明确智慧社区的发展方向和建设重点，一方面有助于智慧城市建设的宏观战略落地，另一方面有助于从"微观居民感受变化"诠释"宏观治理效能涌现"，提升市域治理的整体效能，形成共建、共治、共享的整体格局，促进智慧社区可持续健康发展。

评价考核内容：应结合大型智慧社区项目实践及应用，立足于智慧社区中社区服务、社区安全、社区治理、民生体验、社会服务等智慧社区建设需求，来确定构建大型智慧社区评价考核体系，可从基础设施（含网络通信）、系统平台、社区治理、公共服务、居民体验、创新应用等方面进行统一考虑。

7.3 发展趋势

随着信息技术的不断发展，智慧社区已经逐渐成为城市管理的新理念、新模式，它是未来社区发展的趋势，可以为社区居民提供更加便捷、高效、优质的服务，提高社区居民的生活质量，促进社区的可持续发展；它是智慧城市建设的重要组成部分，随着5G、人工智能、物联网等新技术的不断发展，智慧社区建设将会得到更好的发展和应用，为人们的生活带来更多的便捷和惊喜；它是我国城市发展的重要方向，促进社区管理的现代化和居民生活的便捷化，也为未来城市的可持续发展提供了新的思路和方向。它将融合多种资源，覆盖智能建筑、视频监控、健康医疗、物业管理、数字生活、能耗管理等诸多领域，融合构建社区的人文、生活、经济环境，形成基于海量信息和智能处理的新型社区管理模式，以及面向未来的全新社区形态。

7.3.1 人文关怀更强

智慧社区系统不仅要满足居民的物质需求，还要关注居民的精神需求，打造一个有温度、有情感的社区。

通过建立社区文化中心、社区志愿者团队、社区互助平台等，增强社区内部的凝聚力和向心力，促进邻里之间的交流和互助，营造一个和谐友好的社区氛围。

通过提供老人心理疏导服务，帮助他们缓解焦虑、孤独等问题。可以组织老年人参加各种文化活动，提高他们的生活质量和幸福感。

通过智能科技提供个性化服务，可以根据居民的喜好和需求，为他们提供定制化的出行、居家、饮食、购物、医疗、康养等服务，从而更好地满足居民需求。

通过人性化管理提高生活质量，可以提供温馨的居住环境、贴心的服务、低碳健康舒适的生活等，让人感受到家的温暖。

7.3.2 新技术应用更多

智慧社区系统要不断引进和创新新一代信息技术，如5G网络、物联网、人工智能、大数据等，提高社区系统的运行效率和服务质量。

智能化建设可以实现社区服务的自动化、智能化，如通过人脸识别技术实现门禁系统自动开关、通过智能垃圾桶实现垃圾分类等，智能化建设可以提高社区服务的质量和效率，为居民带来更加便捷的生活。

物联网技术，可以实现对社区运营的全面监控和管理，同时也可以为社区居民提供更加便捷的生活服务，例如自助缴费、智能家居、智能安防等。

移动互联网的普及和发展，使得人们可以随时随地了解社区信息和公共服务，智慧社区未来将与移动互联网深度融合，提供更加智能、便捷的服务。居民通过终端设备可以随时随地查询社区信息，如停车位、空气质量等；社区管理人员也可以通过数据分析等手段，更好地了解社区居民的需求，从而提供更加精准的服务。

大数据分析处理技术，使智慧社区的内容更多元化，为用户带来更为丰富的应用体验。通过大数据技术的应用，将自动化、物联网、云计算等新技术应用集于一身，将用户的家用电器设备以及小区基础设施的应用状态进行自动获取，并通过智能控制技术对其进行控制，设备运行应用过程中能够实现自动化、个性化的系统性服务；人们可以足不出户进行网络购物、医疗保健、家政服务、教育娱乐等多元化的生活需求。

人工智能（AI）技术，通过机器人、语言识别、图像识别、自然语言处理和专家系统等将以往可望而不可及的美好生活场景的幻想，以虚拟现实、增强现实、元宇宙等手段进行呈现，而且还可实现合理分工优势互补、高度协作优化互动，实实在在地落地到智慧城乡大大小小的社区，实现个性化与标准化的有机结合。

7.3.3 平台建设更开放

智慧社区系统要建立一个开放共享的平台体系，实现社区内部和外部各方主体之间的信息共享和资源整合。

基础设施建设更融合，包括从监控监测设备到网络、智能设备设施等，真正实现一物多用、多功能，助力智慧产业发展。

平台建设更规范更统一，随着智慧城市、智慧社区的不断发展，其标准、规范将逐步统一，以实现各平台之间、平台与设备之间能更快捷、更方便地衔接。

数据共享产生数据价值，进一步打通数据孤岛；数据协同治理，在打通数据的基础上进一步打通相关业务系统，让指令在业务系统之间流转，让政府、机构、企业、居民可以相互串联，实现一网通办、一网统管，真正方便群众生活，提升效率。

7.3.4 应用场景更丰富

智慧社区的智能化元素渗透到民众生活的各个层面，随着物联网技术的发展进步，在未来的社区生活中，网络信息技术的应用能够渗透到生活的各个层面，更好地为社区民众生活服务。

生活服务更便捷、高效。居民们可以利用智能化的设备和系统来进行诸如智能门禁、智能照明、智能家电等各种智能化生活服务，这些服务能够带来更加便捷、高效的生活体验。例如：智能门禁可以实现无钥匙进出，让居民们不再为了找钥匙而烦恼；智能照明可以根据不同的场景调整光线亮度，提高舒适度和节能效果；智能家电可以实现远程控制，让居民们无论身处何地都能够享受到家电的便捷服务。智慧社区还将通过多种形式提供文化、娱乐等服务，满足居民的多元化需求。

社区管理服务更优质。在传统社区中，管理服务往往比较落后，效率也不高，而在智慧社区中，社区管理人员可以利用智能化设备和系统来实现对社区的智能化管理，例如人脸识别、车辆识别、视频监控等，提高社区的安全性和管理效率。智慧社区还可以通过智能化设备和系统来实现垃圾分类、智能停车等服务，提高社区的环保水平和居民的生活品质。社区管理人员将通过智能化的系统，对社区生活中的各个环节进行细致管理，从而提供更加精准、高效的服务。

智慧社区建设更安全。未来的智慧社区将通过智能化手段，实现对社区安全的全面保障。社区管理人员可以通过视频监控系统实时监控社区内的情况，防范意外事故的发生，对异常情况进行及时处理，从而保障社区内居民的安全。

7.3.5 绿色、可持续发展

智慧社区的发展，同时要注重环境保护和资源节约，要以绿色生态、可持续发展为指导，实现社区绿色化、数字化和智能化的有机融合。

在智慧社区中，利用智能化设备和系统来实现垃圾分类、节能减排等服务，可以有效地提高社区的环保水平，减少资源的浪费和污染。同时，智慧社区的发展也可以带动当地的绿色产业的发展，例如可再生能源、绿色交通等，实现绿色可持续的社区发展。

7.3.6 数据分析应用更深入

智慧社区将进一步发挥数据分析的作用，通过对社区居民的行为数据进行分析和挖掘，为社区管理和服务提供科学的数据支持和分析结果，提高社区管理和服务的质量和效率。

智慧社区的数字化是未来发展的重要趋势。数字化转型可以提高社区服务的效率和质量，同时也可以为社区居民提供更加智能化、便捷化的服务。数字化转型的核心是信息化建设，包括建设数字社区、打造智慧社区、推进智慧城市建设等方面。

数据收集与管理更全面，通过各种传感器、监控设备和智能终端，收集大量的数据，如人口结构、交通情况、环境污染、能源消耗等，这些数据经过有效的管理和整合，形成一个全面、准确的数据库，为社区发展提供强有力的支撑。

分析与决策更智能，通过大数据分析，可以发现社区存在的问题和潜在的机会，社区管理者可以通过智能分析工具，对数据进行深入挖掘，快速识别出问题，并做出相应的决策。如基于社区交通数据的分析，可以优化交通流量，提高交通效率；基于环境数据的分析，可以改善空气质量，提升居民的生活环境。

居民参与和反馈更深入，智慧社区中的大数据和智能分析不仅是社区管理者的工具，也为居民提供了参与和反馈的机会，通过智能终端设备，居民可以随时获取社区的相关信息，了解社区的发展动态，并主动参与社区的事务和决策，居民的反馈和需求也可以通过数据的分析得到更为精确的识别和满足，增进社区和居民之间的互动与合作。

7.3.7 社会参与更广泛

政府对智慧社区的建设和发展给予了大力支持，未来政府将继续推动智慧社区的建设，加大投资和政策支持力度，促进智慧社区的快速发展。

智慧社区建设将更加开放化。未来的智慧社区将与城市其他部分、其他社区、其他机构等进行更加紧密的互联互通，实现信息共享、资源共享。不同社区之间可以通过智能化的物流系统进行快递配送，社区内的居民也可以享受到城市其他地方的公共服务资源。未来将有更多的企业和机构参与到智慧社区的建设中来，推动智慧社区的多元化发展。

智慧社区建设将共建共赢。社区物业、建筑设计以及网络运营企业将形成完整的智慧社区网络构建。为迎合智慧社区的应用和建设需求，社区物业、建筑设计以及网络运营企业之间的相互协作将是必然的发展趋势，将智慧社区的建设理念在建筑项目的初始设计阶段便规划实施，将不同功能需求的建筑结构设置、网络信息线路设置进行综合评估，实现一体化和系统化的建设模式，建筑工程完工后智慧社区的功能便能够得到有效的应用，不仅能为小区民众的生活带来便利，还能实现建筑企业、物业企业以及通信网络企业的共赢建设应用模式。

智慧社区推动智慧产业发展。智慧社区还可以带来更加广阔的经济发展空间。智慧社区的不断发展，将带动相关产业的发展，例如智能家居、智能安防、智能物流等，这些产业的发展将直接带动当地的经济发展，为当地的就业和产业发展带来更多的机会和空间。

7.4 未来展望

未来城市发展的新趋势是智慧社区，它是智慧城市建设的重要组成部分，也是数字中国战略的微观体现，与"互联网+""中国制造2025"等多项国家战略契合，是重要的战略落地场景。智慧社区以人为本，通过智能化手段提升居民生活品质和幸福感，为居民提供更加智能、便捷、绿色、可持续的公共服务，将推动传统社区转型升级，促进社区与城市的可持续发展，使美好生活更加便捷智能。未来，智慧社区也会孵化更多创新业态，推动社区商业模式创新，这是未来社区建设的主流方向。

深度融入改变居民的生产生活方式。服务更高效，通过智能化的信息系统，社区管理者可以实时掌握社区各项事务的运行情况，包括公共设施的使用情况、居民的需求反馈等，这些数据分析后，可以为社区管理者提供更准确、更及时的决策支持，智慧社区建设提供的在线服务，也可以让居民更加方便地享受到社区提供的公共服务。社区更安全，通过智能化的安防系统，社区管理者可以及时掌握社区的安全情况，包括监控视频、门禁系统等，在紧急情况下，智慧社区建设可以及时向居民发送预警信息，提高居民的应急反应能力。生活品质更高，通过智能化的家居设备，居民可以远程控制家里的电器，如智能门锁、智能家电等，可以让居民更加便捷地掌握家庭生活的节奏，提高生活的舒适度。促进社区居民之间的交流和沟通，分享信息和资源，增强社区生活的互动性和交流性，提高社区居民的归属感和认同感。未来，随着技术的不断发展和应用，智慧社区建设将会变得更加智能化、便捷化和人性化，为居民提供更加优质的服务。

带动智慧产业助推绿色发展。智慧社区的不断发展，将带动相关产业的发展，如智能家居、智能安防、智能物流等，这些产业的发展将直接带动当地的经济发展，为当地的就业和产业发展带来更多的机会和空间。利用智能化设备和系统来实现垃圾分类、节能减排等服务，可以有效地提高社区的环保水平，减少资源的浪费和污染；智慧社区的发展也可以带动当地的绿色产业的发展，例如可再生能源、绿色交通等，实现绿色可持续的社区发展。

技术创新驱动带来产业升级。随着生活方式及消费模式的转变，必须要进行技术创新，以不断满足人民美好生活方方面面所需。这些技术创新将带来智慧产业的不断发展、升级，如视觉技术，随着智慧社区视觉方案应用日益广泛，传统的监控系统正在逐渐演变为智能化的安防系统，通过高清视频监控、智能识别技术等，结合了大数据和人工智能技术，实现对社区内各个区域、设备和人员的全面监控和管理，以及对社区内的数据进行深度分析，实现对异常行为和事件的预测和预警，提升了社区的安全性和管理效率。

数字化应用产生数据价值。数字化并非简单的数据收集和存储，它更强调从海量数据中提炼出有意义的信息，识别出总结性的机理、初态和环境。当今，数据已成为重要资源，而数字化技术的应用使得数据能够转化为可用的信息，从而提升效率，获得效益，企业可以利用数字化技术更精准地了解市场需求和客户行为，优化供应链、服务流程，如在医疗领域，数字化技术的应用使得医疗信息的记录和共享更加便捷，医生可以更快速、准确地做出诊断和治疗方案，从而提升了医疗效果。同时，数字化不仅能提升效率，更能推动创新，当面对问题复杂、信息不完备的情况时，数字化能够帮助我们从数据中发现模式和规律，开创性地解决问题，如人工智能。通过数字化和大数据分析，人工智能系统可以学习和发现数据中的隐藏信息，从而实现自主决策和智能推理，为科学研究、商业创新和社会发展提供了前所未有的机遇。数字化技术的广泛应用正深刻地改变着人类的生活方式和社会结构，为提升效率和解决问题带来了巨大潜力，更为人类的创新开辟了广阔的空间，应充分认识数字化的价值，不断拓展数字化技术的边界，将其发展成为推动社会进步的强大引擎。

我国智慧社区建设已经进入到以人为本、成效导向、统筹集约、协同创新的大型智慧社区发展阶段，发展的驱动因素也从新兴技术驱动向数据驱动转变，相信随着技术的不断进步、数据价值的不断发掘、产业的不断升级更新、可持续发展模式的不断完善，大型智慧社区必将提供更加智慧便捷、生态低碳、健康宜居的生产生活方式，成为人民生活密不可分的一部分，成为构建和谐社会的基础。